자본론
함께 읽기

일러두기

- 이 책에 나오는 『자본론』 인용문 상당수는 김수행 교수가 번역한 『자본론』 개역판(비봉출판사, 2015)을 참고했다.
- 문단 끝에 '＊'가 표시된 인용문의 고딕체 글씨는 저자가 강조한 부분이다. '＊' 표시 없이 고딕체로 된 부분은 원문에서 강조된 부분이다.
- 인용문 중 괄호 안에 '＊'된 부분은 독자들의 이해를 돕기 위해 저자가 붙인 설명이다.

이 도서의 국립중앙도서관 출판예정도서목록(CIP)은 서지정보유통지원시스템 홈페이지(http://seoji.nl.go.kr)와 국가자료공동목록시스템(http://www.nl.go.kr/kolisnet)에서 이용하실 수 있습니다.
CIP제어번호: CIP2016029112(양장), CIP2016029113(학생판)

KARL
MARX

자본론
함께 읽기

박승호 지음

DAS KAPITAL

한울
아카데미

이 저서는 2007년도 정부(교육과학기술부)의 재원으로 한국연구재단의 지원을 받아 수행한 연구결과물임
(NRF-2007-361-AM0005).

차례

이 책은 『자본론(Das Kapital)』 1권을 읽는 데 도움을 주기 위한 안내서 겸 해설서다. 특히 이 땅에서 고통받고 있는 청년 노동자와 대학생에게 『자본론』 1권을 읽어보도록 권하기 위해 집필되었다.

한국의 고통스러운 현실은 세계 최고의 자살률, 특히 노인의 자살률이 잘 보여주며, 청년들을 일컫는 '7포 세대'로 대변된다. 한국 노동계급은 대기업 정규직 노동자와 중소·영세·비정규직 노동자가 대략 10 대 90의 비율로 양극화되어 있다. 전체 취업자의 절반이 월 200만 원 이하의 보수를 받고, 전체 가구 중 자산 기준 상위 10%가 전체 자산의 60%를 차지한다. 이런 사회 양극화의 피해는 노인, 청년, 비정규직 노동자에게 집중된다. 한국에서 65세 이상 노인의 빈곤율은 49.6%로 경제협력개발기구(OECD) 국가들 중 1위다(OECD 평균은 12.6%). 2014년 한국에서 65세 이상 노인의 자살률은 인구 10만 명당 55.5명으로 세계 최고이며, OECD 평균의 3배다. 청년 세대의 고난은 높은 실업률로 나타난다. 2015년 8월 기준으로 청년층(15~29세)의 공식 실업률은 8.0%, 공식 실업자는 34만 5000명이다. 그러나 취업 준비생을 더하면 실업률은 22.6%, 실업자는 113만 8000명으로 크게 증가한다. 여기에 비자발적 비정규직 45만 8000명과 그냥 쉬고 있는 사람 19만 7000명을 합치면 청년의 체감 실업률은 34.2%, 체감 실업자는 179만 2000명으로 늘어난다. 사회에 첫발을 내딛는 청년에게 실업은 고통스럽고 희망 없는 지옥 같은 현실이다. 청년들의 처지는 '3포 세대'(연애, 결혼, 출산 포기)에서 '5포 세대'(연애, 결혼, 출산, 집, 인간관계 포기)를 거쳐 '7포 세대'(연애, 결혼, 출산, 집, 인간관계, 희망, 꿈 포기)로 악화되고 있다. '헬조선'의 '흙수저'인 것이다.

그렇다면 희망과 꿈조차 포기한 채 절망 속에서 좌절하고 분노하는 청년에게 '헬조선'의 대안은 '탈조선'인가? '흙수저'와 '헬조선'의 현실은 한국만의 특수한 상황인가? 그렇지 않다. 21세기 세계자본주의하에서 모든 나라의 노동자·민중이 겪고 있는 현실이다. 선진자본주의 나라들도 예외는 아니다. 미국의 도널드 트럼프(Donald Trump) 현상과 버니 샌더스(Bernie Sanders) 현상, 유럽에서 중도좌파/중도우파의 기존 정당 체제가 붕괴하고 극우 세력이 급속하게 지지를 획득하거나, 그리스와 스페인에서처럼 새로운 좌파 정당이 득세하는 현상, 영국이 국민투표를 통해 유럽연합(EU)을 탈퇴한 사건 등도 그 바탕에는 사회 양극화와 황폐화된 노동자·민중의 삶이 놓여 있다.

중동과 북아프리카 등 제3세계의 현실은 더욱 심각하다. 미국을 중심으로 한 서구 제국주의가 아프가니스탄, 이라크, 리비아, 시리아를 상대로 일으킨 침략 전쟁은 수백만 명의 목숨을 빼앗아갔고, 이 나라들을 초토화했을 뿐 아니라 수백만 명의 난민을 발생시켰다. 그로 인한 중동 난민의 탈출 행렬은 지중해에서 난민선 전복으로 수천 명의 생명을 앗아갔고 유럽에 난민 사태를 가져왔다. 유럽 난민은 주로 시리아, 이라크, 아프가니스탄 출신이다. 또한 유럽을 중심으로 세계 곳곳에서 테러 사태가 급증하고 있다. 이는 모두 미·유럽 제국주의 침략 전쟁의 후과다.

예멘 내전 등 아프리카 곳곳에서 분쟁이 격화되는 것도 미·유럽 제국주의의 개입에 따른 것이다. 브라질, 베네수엘라 등 중남미에서 중도좌파 또는 좌파 정권을 전복하기 위한 미 제국주의의 정권 교체 공작은 해당 국가들을 정치적·사회적 혼란에 빠뜨리고 있다. 미국의 대중국 포위 전략(아시아 재균형 정책)은 동남아시아에서 남중국해 분쟁을 격화하며, 남한에 사드 배치를 강행하고 있어 한반도에 군사적 긴장을 고조시키고 있다.

이런 모든 정치적·군사적 위기, 즉 사회적 위기와 지정학적 위기의 근저에는 2008년 세계금융공황 이래의 세계장기불황이 놓여 있다. 세계적 불황이 장기화하면서 경제위기는 경제적 민족주의를 강화해왔고, 올해부터 보호무역 조치가 급증하고 있다. 심지어 국제통화기금(IMF) 총재가 보호무역주의 심화로 제1차 세계대전과 같은 전쟁이 발발할까 봐 우려할 정도다. 부르주아 분석가들의 전쟁 우려와 경고도 갈수록 늘어나고 있다. 세계장기불황과 이에 대한 초국적 자본/제국주의 세력의 대응 전략이 이런 정치적·군사적 위기를 조성하고 있다. 한편으로는 경제위기의 부담을 노동자·민중에 떠넘기려 신자유주의적 긴축정책을 강제해 사회정치적 위기를 불러오고, 다른 한편으로는 미국의 패권을 유지하기 위한 제3세계 침략 전쟁과 중·러 봉쇄 전략으로 지정학적 위기를 초래하고 있다.

한국의 현실은 이와 같은 세계 경제·정치 정세에 의해 규정되고 있다. 세계장기불황과 그에 따른 중국 경제의 거품 성장과 붕괴는 중국 경제에 의존도가 높은 한국 경제에 저성장을 가져왔고, 미국의 대중국 공세에 발맞춘 한국의 개성공단 폐쇄와 사드 배치 결정이 남북 관계의 긴장을 극도로 고조시키고 있다.

세계와 한국의 이런 역사적 현실은 근본적으로 자본주의 자체에서 비롯되고 있다. 현재의 세계장기불황은 초국적 자본/제국주의 세력이 그에 대한 자본주의적 '대안'이 없음을 스스로 고백할 만큼 자본주의 자체의 심각한 위기다. 역사적으로 제1차, 제2차 세계대전은 자본주의 자체가 위기에 처해 막다른 골목에 몰렸을 때 출구가 되었다. 현재 세계 곳곳에서 발생하는 지정학적 위기는 21세기 세계자본주의가 막다른 골목에 몰려 전쟁에서 출구를 찾고 있음을 보여주는 징후다.

세계정세가 이러한데 '탈조선'이 '헬조선'의 대안이 될 수 있는가? 사회 양극화가 점차 인종 갈등으로 왜곡 발전하고 있는 미국, 극우 세력의 인종주의와 좌절한 이슬람 이주민의 테러가 일상화된 유럽, 아수라장 같은 전쟁터인 중동, 사회정치적 혼란이 점차 내전으로 발전해가는 중남미 등이 대안이 될 수 있는가? 전 세계 노동자·민중에게 21세기 현재의 세계는 '헬지구'다. '헬지구'이기 때문에 '탈조선'은 '헬조선'의 대안이 될 수 없다. 우리는 '헬지구'의 대안을 찾아야 한다. '헬지구'의 원인이 자본주의이므로 '헬지구'의 대안은 '탈지구'가 아니라 '탈자본주의'다.

우리가 다시 카를 마르크스(Karl Marx)의 『자본론』을 읽어야 할 필요성은 바로 이런 세계자본주의의 총체적 위기 때문이다. 자본주의가 왜 이렇게 될 수밖에 없는지를 근본적으로 이해하고 성찰해야 할 필요성 때문이다. 마르크스의 『자본론』은 자본주의 자체를 근본적·총체적으로 이해할 수 있게 해준다. 『자본론』은 자본주의가 구조적으로 비인간적 사회, 즉 봉건제와 마찬가지로 계급사회여서 자본주의적 생산양식 자체가 문제의 원천이라는 점, 자본주의가 역사적으로 과도기적 생산양식, 즉 자연적이지 않고 비인간적이기 때문에 노동자·민중이 계급투쟁을 통해 봉건제와 마찬가지로 타도할 것이라는 점을 논증한다. 자본주의의 구조적이고 역사적인 성격을 근본적·총체적으로 해명한 것이다. 여기에 상품형태·가치형태로 인한 생산양식 자체의 모순을 과학적으로 밝힌 점, 즉 자본주의 사회의 현상·표면을 뚫고 들어가 본질과 심층을 인식할 수 있게 해준다는 점도 추가된다. 그래서 자본주의를 과학적으로 이해할 수 있게 해준다.

이 책의 집필은 여러 사람의 도움과 협력으로 가능했다. 필자는 2015년 1~2월에 성공회대학교 동아시아연구소 문화사업기획단 오픈클래스 심화 프로그램 '고전을 읽는다'의 첫 번째 강좌 "『자본』을 읽는다"를 맡아 7회에 걸쳐 『자본론』 1권 특강을 진행했다. 그 후 대학생과 대학원생 등 수강생들의 반응과 평가가 좋아 동아시아연구소에서 이 특강을 책으로 출간하자고 제안해왔다. 『자본론』에 관한 해설서가 저서와 번역본으로 이미 열 권 이상 나와 있었기 때문에 망설였으나, 수강생들의 강력한 요청에 부응하며 청년들의 좌절과 고뇌에 도움을 주고 싶은 마음에서 집필하기로 했다. 국내외의 『자본론』 해설서나 입문서를 검토해보니 대부분이 저자의 관점과 시각에 따라 『자본론』을 재구성하고, 그에 따라 『자본론』의 내용을 심하게 왜곡하거나 오해하고 있음을 발견했다. 『자본론』 자체를 충실하게 해설하는 안내서 겸 해설서가 필요하다고 느꼈다. 물론 필자의 안내와 해설에도 필자의 관점과 시각이 반영될 수밖에 없다. 이 점은 불가피하다. 그럼에도 『자본론』을 가능한 한 마르크스 자신의 관점에서 충실하게 이해하려는 노력이 필요하다는 것이 필자가 이 책에서 취한 기본 관점이다. 필자는 가능한 한 주관적 해석을 배제했으며, 현대자본주의의 시각에서 『자본론』의 한계를 지적·보완해 『자본론』을 재구성하려고 시도하지 않았다. 다음으로, 집필을 시작할 때는 강의안과 강의 녹취록을 기준으로 이를 수정·보완해 간단히 집필하려 했다. 그러나 이런 방식은 곧 한계에 부딪혔다. 강의와 책은 그 형식이 달랐을 뿐 아니라 내용 면에서도 강의와 저술은 다를 수밖에 없음을 깨닫고 거의 대부분을 전면적으로 다시 작성했다.

『자본론』에 대한 다른 해설서나 입문서와 구별되는 이 책의 특징으로 세 가지를 들 수 있다. 첫째는 일부 입문서에서도 채택하는 방식으로, 서술 순서를 『자본론』의 순서와 다르게 맨 뒤의 제8편부터 시작한 점이다. 그 후 제1편부터 제7편을 순서대로 서술했다. 이는 예로부터 내려온 공부 순서다. 마르크스 당대에 『자본론』 1권이 너무 어렵다는 사람들의 하소연이 잇따르자, 마르크스의 아내 예니 마르크스(Jenny Marx)는 "제8편부터 거꾸로 읽어보라. 그러면 이해가 더 쉬울 것이다"라고 권했다고 한다. 『자본론』 1권의 제1편 「상품과 화폐」는 마르크스 자신도 인정했듯이 매우 어렵다. 그래서인지 『자본론』 1권을 읽어보려 도전했다가 제1편에서 막혀 더 이상 읽지 못하고 포기하는 경우가 다반사다. 필자는 강의할 때 제8편, 제2~7편, 제1편의 순서로, 즉 가장 어려운 제1편을 제일 마지막에 강의했다. 그러나 강의하면서 제2~7편의 내용이 제1편의 어려움을 해소해주지 못한다는 점을 알게 되었다. 반대로 제1편의 이해는 제2~7편을 이해하는 데 큰 도움을 준다. 그래서 강의 순서와 달리 책은 제8편, 제1~7편의 순서로 구성했다.

둘째는 『자본론』 1권의 독일어판(영어판)을 기본으로 하되 불어판을 참조해 마르크스가 불어판에서 중요하게 수정·대체한 부분을 반영한 점이다. 마르크스 자신이 『자본론』 1권을 직접 교열한 최종본은 제2독일어판(1873)이 아니라 불어판(1872~1875)이다. 마르크스는 불어판 교열을 마친 후 제2독일어판을 개작해 제3독일어판을 내려 준비했으나 뜻을 이루지 못하고 병사했다. 마르크스 사후 프리드리히 엥겔스(Friedrich Engels)가 마르크스의 뜻을 받들어 제3독일어판(1883)을 출간했다. 그런데 엥겔스는 마르크스가 불어판에서 크게 수정한 제7편을 중심으로 반영하고 여타 부분의 수정은 충분히 반영하지 못했다. 마르크스는 제2독일어판의 중요한 오류와 실수를 불어판에서 바로잡았는데, 이를 엥겔스가 제대로 반영하지 않은 것이다. 또한 마르크스는 제2독일어판의 애매한 서술, 추상적이고 사변적인 서술을 불어판에서 대부분 수정·보완해 명료한 서술로 바꾸었다. 필자는 불어판 전체를 대조하지는 못했다. 다만 독일어판에서 이해가 되지 않거나 애매한 부분을 불어판과 대조해 마르크스가 수정한 내용을 찾을 수 있었다. 이렇게 불어판에서 마르크스가 수정한 내용은 『자본론』 1권에 대한 이해를 올바르게 하고 심화하는 데 큰 도움이 되었다. 수정된 부분에서 마르크스가 왜 수정했는가에 대한 필자의 해석도 덧붙였다.

셋째는 『자본론』 1권을 마르크스의 역사유물론적 관점에서 이해하려고 노력한 점이다. 이는 대부분의 해설서나 입문서가 『자본론』을 경제학 이론으로 왜소화해 경제주의적으로 해석하는 것을 반대하는 입장이다. 필자는 마르크스가 역사유물론의 인간해방사상과 방법론을 자본주의 분석에 적용한 것이 『자본론』이라고 생각한다. 그 반대의 측면도 있다. 『자본론』을 통해 마르크스는 자신의 역사유물론을 더욱 정교화하고 발전시킬 수 있었다. 어느 측면이든 『자본론』에는 마르크스의 역사유물론이 관통하고 있다. 따라서 역사유물론의 관점에서 『자본론』 1권의 맥락을 이해하려 노력했다. 이를 위해 마르크스가 자본주의 분석에서 고전파 정치경제학을 '비판'하고 과학성을 획득하게 된 결정적 계기가 자본주의 사회의 상품 물신숭배 현상을 발견하고 해명한 점이라는 것, 그리고 자본주의의 변화·발전을 생산력과 생산관계의 상호작용과 모순이라는 맥락에서 계급투쟁 요인을 통해 설명한다는 점 등을 밝히려 노력했다.

필자는 독자가 『자본론』 1권을 자본주의의 일대기(생성·발전·소멸)를 다룬 대하소설로 생각하고 읽어볼 것을 권하고 싶다. 『자본론』 전체가 역사적으로 과도기적 존재인 자본주의적 생산양식의 구조와 발전 법칙을 분석한 것이지만, 이런 구조와 발전 법칙은 논리적으로 구성된 것이 아니라 역사적으로 구성된 것이다. 마르크스는 자본주의 역사 400년을 분석해 자본주의적 생산양식의 구조와 발전 법칙을 찾아냈다. 특히 『자본론』 1권은 자본주의적 생산양식의 이런 역사적 과정(생성·발전·소멸)을 시대 순으로 그대로 서술한 것은 아니지만, 논리적·개념적으로 분석하고 있다.

이 책은 성공회대학교 동아시아연구소의 백원담 소장의 주선이 없었다면 세상에 나올 수 없었다. 백원담 소장은 필자에게 『자본론』 1권에 대한 특강을 주선했을 뿐 아니라 특강이 책으로 출간될 수 있도록 지원해주었다. 동아시아연구소와 백원담 소장의 배려에 감사드린다. 『자본론』 1권 특강의 수강생으로서 필자의 특강이 책으로 출간되도록 적극 추천한 전성원 《황해문화》 편집장에게도 감사드린다. 그는 필자가 출간을 망설일 때 필자를 설득해 집필을 결심하도록 만들었을 뿐 아니라 독자에게 쉽고 친근하게 접근할 수 있는 서술 방식 등에 대해 많은 조언을 해주었다. 필자의 특강을 녹취록으로 만드는 데 수고해준 동아시아연구소 홍원기 조교에게도 감사드린다. 초고를 읽고 독자의 입장에서 보완을 요청해준 성공회대학교 학부생들과 경상대학교 대학원생들에게도 감사드린다. 끝으로, 안식년으로 비어 있는 자신의 연구실을 필자에게 내주어 필자가 안정적으로 집필할 수 있게 해준 성공회대학교 최영묵 교수께 감사드린다.

자본주의로 절망과 좌절, 그리고 분노를 느끼며 고통받는 모든 사람에게 『자본론』 1권을 읽어보도록 권하고 싶다. 고통을 치유하려면 고통의 원인을 알아야 하기 때문이다. 읽기가 쉽지는 않겠지만, 진한 감동과 함께 사회와 역사에 대한 통찰력을 얻게 될 것이다. 특히 자신의 인생뿐 아니라

이 땅의 미래를 책임질 젊은 세대가 꼭 『자본론』 1권을 함께 읽고 진로를 모색했으면 한다. 그 과정에서 『자본론』 1권의 안내서 겸 해설서인 『자본론 함께 읽기』가 조금이라도 희망의 지푸라기가 되기를 간절히 바란다.

2016년 10월
박승호

『자본론』의 차례

※ 독자들의 이해를 돕기 위해 『자본론』 1~3권[칼 마르크스 지음, 김수행 옮김(비봉출판사, 2015)]의 차례를 싣는다.

1장

마르크스의 삶과 실천
시대적 배경과 인간해방사상

1. 마르크스의 삶과 실천의 시대적 배경

1) 청년 마르크스, 급진적 자유주의자에서 공산주의 혁명가로

이 장에서는 마르크스를 전체적으로 어떻게 볼 것인지, 그리고 마르크스 사상이 어떤 배경과 과정을 통해 탄생했고, 마르크스 사상의 총체적 핵심이 무엇인가를 중심으로 살펴보려 한다. 『자본론』 1권을 읽을 때 먼저 숲을 보고 나무를 보자는 취지다. 마르크스 사상의 시대적 배경과 핵심 사상을 간략하게 개관함으로써 『자본론』 1권에 담긴 수많은 나무 각각의 위상과 맥락을 미리 파악해보자는 것이다.

대부분의 사람이 마르크스에 대해 갖는 이미지는 둘 중 하나다. 학문적으로 접근하는 사람들은 마르크스를 대단한 이론가, 1000년에 걸쳐 가장 뛰어난 사상가, 19세기 중반 유럽의 여러 지적 전통을 흡수해 새로운 사상을 창조한 천재적인 대사상가라는 이야기를 많이 한다. 실제로 마르크스의 『공산당 선언(Manifest der Kommunistischen Partei)』이나 『자본론』은 인류 역사에서 성경 다음으로 많이 읽혔다고 한다. 부르주아 경제학에서도 경제사상가로서 마르크스를 부정하지 못한다.

실천하는 사람들에게 마르크스는 혁명가다. 스스로가 혁명적 삶을 살았으며, 혁명에 직접 뛰어들어 목숨 걸고 실천했다. 물려받은 전 재산을 독일혁명에 바쳤고, 자신은 빈털터리로 살았다. 아마 엥겔스가 그의 생계를 지원하지 않았다면 마르크스는 『자본론』을 쓰기도 어려웠을 것이고, 훨씬 더 일찍 세상을 떴을 것이다.

당대 사람들이 '붉은 박사'라고 부른 탓에 많은 사람이 마르크스를 지배세력들을 벌벌 떨게 한 공산주의, 빨갱이 사상의 창시자로 여긴다. 마르크스가 역사적으로 최초의 공산주의자는 아니었지만, 오늘날 대부분의 사람은 그가 공산주의 사상·이론·운동의 체계를 만들어냈다고 믿는다.

마르크스는 이렇듯 여러 정체성을 지닌 인물이었다. 역사적 인물로서 마르크스에 관심 있는 독자는 그의 일대기 같은 것을 읽어보았을 것이다. 청년 마르크스는 아주 자유분방한 자유주의자였다. 술을 많이 마시고, 결투도 하며, 또 어렸을 때부터 네 살 연상의 여인 예니와 비밀리에 사랑을 나누고, 수많은 연애시를 두툼한 책으로 출간할 수 있을 만큼 써낸 문학청년이기도 했다.

19세기 전반기 독일은 아직 봉건세력이 지배 세력으로 남아 있던 시대였다. 마르크스의 아버지는 당시로는 매우 급진적인 진보 성향이라 할 수 있는 자유주의자였다. 마르크스도 아버지의 영향을 받아 자유주의자로 성장하다가, 대학에 들어가면서 급진적 자유주의자가 되고, 나중에 점차 공산주의자로 변해간다.

젊은 시절 그는 머리가 비상했고, 특히 집중력이 아주 뛰어났다. 대학 시절에는 한번 집중해 공부하면 몸에 병이 나서 몇 달씩 휴양을 가야 할 정도였다. 그렇기 때문에 굉장히 짧은 시간에 게오르크 빌헬름 프리드리히 헤겔(Georg Wilhelm Friedrich Hegel)의 방대한 철학 체계를 통달하고, 나아가 비판할 수 있을 정도로 놀라운 성취를 이룰 수 있었다. 마르크스는 젊은 나이에 철학자로 일찌감치 헤겔 좌파 내에서 두각을 나타냈다.

그는 철학을 전공해 1841년에 박사 학위를 받았고, 철학 교수가 되어 학문을 계속하려 했다. 그러나 당시 봉건제 사회였던 독일은 급진적 자유주의자가 대학교수로 임용되는 것을 용납하지 않았다. 제도권에서 거부당한 이후 마르크스는 언론 활동에 뛰어들었고, 1842년 독일의 급진 자유주의자들과 무정부주의자들이 만든 ≪라인신문(Rheinische Zeitung)≫의 편집인을 맡았다. 이 신문은 봉건제를 비판하는 급진 자유주의적인 글을 많이 실어 1년 후인 1843년에 결국 정부의 탄압으로 폐간된다.

그 후 마르크스는 파리로 가서 프랑스의 사회주의 사상을 접하게 되었고, 영국의 정치경제학도 공부하면서 이때 평생의 동지가 된 엥겔스를 만난다. 마르크스는 『1844년의 경제학 철학 초고(Ökonomisch philosophische Manuskripte aus dem Jahre 1844)』(1844), 『신성가족(Die heilige Familie)』(1844, 엥겔스와 공저), 「포이어바흐에 관한 테제들(Thesen über Feuerbach)」(1845), 『독일 이데올로기(Die Deutsche Ideologie)』(1845~1846, 엥겔스와 공저), 『철학의 빈곤(Misère de la philosophie)』(1846~1847) 등의 저서와 논문을 펴냈고, 그 과정에서 엥겔스와 함께 역사유물론과 과학적 사회주의 사상을 정립했다. 그 결정적 결과물이 1848년 유럽 혁명이 발발하기 직전에 간행된 『공산당 선언』(1848)이었다.

1848년 당시 유럽 전체에 혁명이 확산되었을 때 독일혁명이 일어났다. 당시에 서른 살 정도였던 마르크스는 독일혁명에 참여하기 위해 귀국했고, 엥겔스와 함께 독일혁명을 지도했다. 그 무렵 마르크스는 아버지에게 물려받은 유산을 독일혁명을 위해 전부 내놓았다. 독일혁명이 실패하고 추방된 후 쫓기는 신세가 되자 그는 몇 나라를 거쳐 결국 영국으로 망명했다. 이후 영국에서 혁명가로서 일생을 살아가게 된다.

2) 마르크스의 세 가지 정체성

마르크스의 삶을 크게 보면 세 가지 모습으로 나눌 수 있다. 첫째, 마르크스는 공산주의 사상가 또는 마르크스 이전의 '공상적 사회주의'와 구별되는 '과학적 사회주의'의 창시자다. 과학적 사회주의의 근본 이론은 역사유물론인데, 마르크스는 청년 시절 엥겔스와 함께 쓴 『독일 이데올로기』에서 그 윤곽을 최초로 정식화했다. 마르크스의 전체 사상·이론 체계에서 가장 기본적이고 중심적인 것은 인간, 사회, 그리고 역사에 관한 유물론적 이론 체계인 역사유물론이다. 마르크스는 역사유물론에 근거해 당시의 '공상적 사회주의'에 과학적 기초를 부여해서 그것을 '과학적 사회주의'로 혁신했다. 이를 책으로 펴낸 것이 『공산당 선언』이다. 그 후 자본주의 분석에 역사유물론을 적용하고, 오랫동안 연구해 완성한 것이 『자본론』이다. 『자본론』이 마르크스가 장기간 가장 심혈을 기울인 저작이며, 최고의 이론적 분석이 담긴 완성도 높은 책이라는 것은 두말할 필요가 없으나, 그렇다고 해서 마르크스의 중심 사상·이론이 역사유물론이라는 사실은 달라지지 않는다. 『독일 이데올로기』를 읽으면 『자본론』도 훨씬 더 깊이 이해할 수 있을 것이다.

둘째, 마르크스는 당대의 세계 노동운동에서 지도자 역할을 했다. 역사유물론이든, 과학적 사회주의든, 자본주의에 대한 분석과 비판이든 이론적 성과가 탁월했기 때문에 어떤 사람들은 그를 사상가로만 여기기도 한다. 이에 대해서는 나중에 마르크스의 삶과 실천의 시대적 배경을 살펴볼 때 자세히 다루겠다. "이론은 마르크스, 실천은 레닌"이라고 알려진 탓에 오늘날 노동운동 등의 주요 노선이 마르크스가 아니라 블라디미르 레닌(Влади́мир Ле́нин)에서 기원한 것으로 생각하는 사람들이 많다. 그렇지만 레닌이 정립한 것으로 알려진 여러 혁명적 운동의 이론과 노선 대부분은 실제로 마르크스가 정립한 것이었다. 레닌은 마르크스보다 한 세대 뒤인 20세기 초에 마르크스의 혁명적 사회주의 운동 노선을 복원했고, 그것을 러시아의 현실에 적용해 러시아혁명을 성공시켰다.[1]

셋째, 마르크스는 우리가 공부할 『자본론』을 통해 학문적으로는 경제사상가로 가장 높게 평가받는다. 그중 가장 큰 학문적 성과는 『자본론』 집필을 통해 자본주의를 과학적으로 분석한 점을 들 수 있다. 1867년에 『자본론』 1권이 처음 발간된 이래 지난 150년 동안 자본주의 분석에 관한 한 마르크스를 넘어선 경지에 이른 이론은 나오지 않았다. 물론 『자본론』 에는 여러 시대적 한계가 있고, 이론적으로 미완성인 부분도 많으며, 또 마르크스가 죽은 이후에 자본주의가 변화·발전한 내용은 포함되어 있지 않다. 그런 점은 후대에서 이론적으로 더욱 발전시켜야 한다.

3) 마르크스의 사상과 실천의 시대적 배경과 성과

마르크스는 이론과 실천의 통일을 주장했고, 실제로도 한평생 그렇게 살았다. 현실을 이론적으로 파악하며, 그 이론을 지침 삼아 실천해보고, 그 실천을 통해 자신의 이론을 변화·발전시키는 식으로 말이다. 이론과 실천의 변증법적 통일을 실제 자신의 이론과 실천으로 보여주었다. 그렇다면 마르크스의 이런 실천적·이론적 활동은 어떻게 가능했을까?

마르크스의 사상과 이론은 마르크스가 살았던 시대를 발판으로 한다. 따라서 어떤 시대적 배경 아래 마르크스의 사상과 이론이 탄생하게 되었는지를 크게 세 측면으로 나누어 살펴보고, 그의 사상과 실천의 성과를 짚어보려 한다.

(1) 자본주의의 확립과 확장기(19세기 경쟁자본주의)

1818년에 태어난 마르크스는 1844년부터 본격적으로 활동을 시작하지만, 실천 활동에서 두각을 나타내기 시작한 것은 1848년 유럽 혁명 때부터다. 1848년에 그가 『공산당 선언』을 발표한 직후 유럽 혁명이 발발했으며, 또 독일에서 혁명이 발생하자 서둘러 귀국했다. 그리고 1883년에 죽었으니 19세기 중·후반이 마르크스가 활동한 주요 시기다.

19세기 중·후반은 독점자본주의가 등장하기 이전의 경쟁자본주의 시대였다. 이 시기는 자본주의가 산업혁명(1760~1830)을 거쳐 성년기를 맞이한 때다. 기계제 대공업이 일정하게 완성되면서 물적 토대를 갖추고 경쟁으로 치달은 시기이자, 부르주아가 경제에 대한 지배력과 헤게모니를 확고히 틀어쥐고 경제를 지배하며, 또 그 힘을 토대로 지배 세력 내에서 정치적 헤게모니까지 장악하기 시작한 그런 시기였다.

자본주의 최초의 구조적 위기인 대불황은 1873년부터 1896년에 걸쳐 일어났고, 이는 독점자본주의가 등장하는 계기가 되었다. 마르크스의 사망년도를 고려하면, 그는 대불황 전반까지 살았다. 마르크스는 대불황의 양상과 추이를 세밀하게 추적했고, 대불황이 끝나면 그 추이를 분석해 이에 관한 이론을 더욱 발전시키려 했다. 자신이 그전까지 지켜보고 분석한 주기적 공황과는 다른 양상이 나타났다고 여기며 대불황이 끝나기를 기다렸는데,[2] 불행히도 그전에 세상을 떠났다. 그렇기 때문에 『자본론』에는 구조적 위기에 관한 이론이 없다. 대내적으로는 대불황이라는 구조적 위기를 극복하는 과정에서 치열한 자본 간 경쟁의 결과로 독점이 생겨났고, 대외적으로는 식민지를 개척하는 제국주의가 등장했다. 제국주의 역시 대불황 이후에 생겨난 것이라 마르크스의 이론 체계에는 제국주의에 관한 이론도 빠져 있다.

자본주의가 성년기를 맞이했다는 점은 보통 최초의 공황이 발생한 것으로 확인한다. 첫 공황은 1825년에 일어났다. 자본주의적 생산이 사회적 생산 전체를 지배할 정도로 확장되자 공황이 등장했다. 자본주의는 처음에 유럽 차원에서 형성되었는데,[3] 공황 역시 전 유럽을 휩쓸었다. 1830년 유럽 혁명이 발발했고, 왕정복고 후 1848년에 다시 유럽 혁명이 발발해 부르주아 공화제로 전환한 것을 보면, 비록 1848년 유럽 혁명이 독일 등 유럽 여러 나라에서 실패했다 하더라도 이 혁명적 시기를 거쳐 부르주아 경제·정치 질서가 유럽의 시대적 대세가 된 것은 분명하다.

혼히 1789년 프랑스대혁명으로 봉건제가 끝나고, 그다음부터는 부르주아가 정치적 지배 세력이 된 듯한 인상을 받는데, 실제로는 1789년 프랑스 대혁명부터 1848년 유럽 혁명까지 약 60년 동안 공화제와 왕정이 엎치락 뒤치락했다. 한번 공화제가 되었다가 왕정복고가 일어나고, 그것이 뒤집혀 다시 공화제가 되었다가 또 왕정복고가 일어나는 식이었다. 유럽에서 1789~1848년은 '혁명의 시대'로 수시로 반란과 혁명이 일어났으며, 정치적으로는 봉건제가 일소되지 않고 반복적으로 등장했다.

영국에서는 산업혁명이 18세기 후반부터 19세기 초반에 걸쳐 일어났지만, 유럽 대륙에서는 그보다 반세기 뒤에 산업혁명이 본격화되므로 영국과 유럽 대륙은 약간의 시차가 있었다. 19세기 중반에는 유럽 대륙에서도 부르주아 경제 질서가 확립되었다고 볼 수 있다. 19세기 중반까지 유럽 대륙에서 공화제와 왕정복고가 반복된 것은 자본주의적 생산양식이 그만큼 미성숙했기 때문이다.

(2) 자본주의의 계급모순이 사회혁명으로 터져 나오다

18세기 후반 산업혁명이 가장 먼저 일어난 영국에서 노동자계급의 상태는 비참했다. 자본가들이 노동시간 연장과 임금인하를 통해 착취를 강화했기 때문에 노동자들은 하루 12~16시간의 장시간 노동을 해야 했지만, 임금은 살아가기 위한 최소한의 생필품을 사기에도 부족했다. 엥겔스는 19세기 초 영국 노동자계급의 상태에 대해 "인간성을 상실하고 타락해버린, 지적·도덕적으로 동물과 다를 바 없으며, 육체적으로도 쇠약한 인간 들"이 비참한 빈민가에서 살아갔다고 증언했다.

이런 비참한 상태에 대한 노동자계급의 대응은 공제조합 또는 상호부조 를 조직하거나 소비협동조합을 통해 자구책을 마련하는 것이었다. 영국에 서는 18세기 말부터 자연발생적으로 공제조합이 노동조합으로 발전했고, 숙련노동자들의 노동조합은 임금인하를 막기 위해 파업으로 맞섰다. 노동 자들의 노동조합과 파업을 봉쇄하기 위해 영국에서는 1800년 '단결금지법' 이 제정되었다. 그러자 노동자들은 1810년대에 '러다이트(Luddite)운동'이 라 알려진 기계파괴운동으로 맞섰다. 유럽 대륙에서는 산업혁명이 늦었던 만큼 시차를 두고 기계파괴운동이 산발적으로 발생했다. 이에 놀란 영국 의 지배계급은 1824년 '단결금지법'을 폐지해 노동조합을 제한적으로 허 용했고, 영국에서 노동조합운동이 발전하게 되었다. 영국의 노동자계급은 1830년대부터 성인 남성 노동자의 보통선거권을 요구하는 '차티스트운동' 을 광범하게 벌여 정치투쟁에도 나섰다. 또한 오랜 기간의 노동시간 단축 투쟁을 통해 1847년 '10시간 노동법'을 쟁취했다.

산업혁명이 영국보다 50~100년 늦게 일어난 유럽 대륙의 나라들에서도 노동자계급의 상태는 저임금·장시간 노동 등으로 유사했고, 노동자들의 대응도 비슷했다. 다만 산업혁명이 늦게 이루어진 만큼 노동운동은 훨씬 더 뒤떨어져 있었다. 또한 '단결금지법' 등 노동운동에 대한 탄압이 영국보 다 강하게 유지되고 있었기 때문에 노동조합운동이 발전할 수 없었고, 노 동자들의 투쟁은 폭동이나 봉기 형태로 분출했다. 대표적으로 프랑스에서 1831년과 1834년에 일어난 3만 명의 리옹 노동자 봉기, 독일에서 1844년 에 일어난 5000명의 슐레지엔 노동자 봉기를 들 수 있다. 유럽 대륙에서는 1848년 유럽 혁명을 계기로 자본주의가 급속히 발전하는 동시에 노동운동도 본격적으로 발전하게 된다(포스터, 1986: 41~81 참조).

이처럼 19세기 중반에는 자본주의적 생산양식이 자기 발로 서기 시작해 부르주아 경제 질서가 확립되었고, 자본주의의 계급모순, 즉 자본가계급이 노동자계급을 착취함으로써 발생한 사회 양극화의 모순이 이미 사회혁명으로 터져 나왔다. 1848년이 결정적이었다.

1848년 유럽 혁명은 부르주아 민주주의 혁명, 즉 왕정복고로 복귀한 왕을 타도하고 다시 공화제로 가자는 혁명이었다. 프랑스에서는 2월혁명이 왕정을 몰아내고 민주공화국을 불러왔다. 그런데 1848년 이전까지는 모든 혁명의 타도 대상이 봉건제, 즉 왕정과 귀족이었다. 신흥 부르주아(유산계급)와 노동자·민중이 한편이었고, 그 혁명의 리더는 부르주아였다. 부르주아는 소수였지만 민족혁명의 리더가 되어 노동자나 농민 등 민중이 나서 싸우도록 이끌었다. 즉, 실질적으로 봉건제를 타도한 것은 부르주아가 아니라 노동자·농민이었다. 그런데도 혁명에 성공하면 그 성과를 부르주아가 전부 가져가 버리곤 했다. 부르주아가 노동자·농민에 대해서는 입을 싹 닦아버린 것이다. 1789년 프랑스대혁명 때부터 1848년 혁명 전까지 수차례의 혁명에서 그랬다.

그런데 1848년 노동자·민중이 "이제 더 이상 바보짓 안 하겠다", "우리도 우리 몫을 찾겠다"라며 나선 것이 2월 민주혁명에 이어 발생한 6월 노동자 봉기다. 이들은 적기(赤旗)를 들고 부르주아 민주공화국과 구별해 '사회공화국'을 표방한다. 1871년 파리코뮌이 일어나기 20여 년 전인 1848년 6월에 노동자들이 봉기해 부르주아에 맞서 적기를 내걸고 사회공화국을 선포한 것이다. 1848년 6월 노동자 봉기는 부르주아 세력에 의해 무참히 진압되었다. 프랑스 노동자들은 이후 1871년 파리코뮌에서 다시 봉기하지만 실패한다.

프랑스에서 시작된 1848년 2월혁명은 이탈리아, 독일, 오스트리아 등 전 유럽으로 확산되었다. 1848년을 지나면서 그 결과는 나라마다 달랐다. 앞서 말했듯이 독일은 실패했다. 봉건제를 청산하지 못했고, 공화제를 도입하지 못했다. 당시 독일에서는 봉건제 청산과 공화제 수립을 위해 부르주아와 노동자·민중이 연합해 맞서 싸웠다. 혁명 세력 내 강경파들이 "어떻게 부르주아들과 같이할 수 있는가, 노동자들이 독자적인 봉기를 해야 한다"라고 주장했을 때, 독일혁명의 지도자로 들어간 마르크스는 그런 주장을 누르고 "강력한 주적(主敵)을 타도하기 위해서는 부르주아와 연합해야 한다", "부르주아를 어떻게든 우리 편으로 끌어들여 같이 싸워야 한다"라며 혁명 세력 내부를 설득해 반(反)봉건 부르주아혁명을 시도했다. 그런데 독일 부르주아는 처음에 노동자·민중과 연합해 싸우다가, 실제로 노동자·민중이 혁명을 주도하자 노동자의 정치적 진출을 겁내 그들을 배신하고 봉건귀족 편으로 투항해버렸다.

마르크스는 이런 과정을 겪으며 독일 부르주아에 실망과 환멸을 느끼게 된다. 그리고 독일 부르주아가 왜 그렇게 되었는지 분석한다. 독일에서 자본주의적 생산양식이 뒤늦게 발전되어 이론적으로 낙후되고, 부르주아의 계급의식이 투철하지 못한 사정에 대해서는 『자본론』 1권 「제2독일어판 후기」에 나와 있다. 유럽의 다른 나라에서는 부르주아가 먼저 계급의식을 지니고 자기들의 이해관계를 위해 봉건제에 맞서 싸웠는데, 독일에서는 부르주아보다 프롤레타리아가 먼저 계급의식으로 무장하고 정치적으로 진출하자 부르주아가 겁을 먹고 봉건세력에 투항하게 되었다는 것이다.[4]

19세기 중엽에 이르러 자본주의의 계급모순인 자본가계급과 노동자계급 간 갈등과 대립이 사회혁명으로 터져 나오기 시작했다는 점이 중요하다. 그 정점이 1871년 파리코뮌이다. 노동자계급이 기존의 국가기구를 해산하고 새로운 원리에 따라 노동자 정부를 만들어 통치했다. 이런 파리코뮌의 경험을 분석·평가해 마르크스는 노동자가 권력을 장악하면 기존의 국가기구를 파괴하고, 새롭게 노동자 중심 통치 기구를 수립해야 한다는 이론을 더욱 발전시킨다.

(3) 노동자계급 사상의 부재

이 시대에는 노동자계급이 자본주의 모순에 저항하는 반란, 나아가 사회혁명으로까지 자연발생적으로 진출했는데, 이 노동자계급의 운동을 이끌 노동자계급의 사상과 이론이 없었다. 이 시기에는 자본주의를 비판하는 소(小)부르주아의 '공상적 사회주의'가 지배적인 사상이었다.

자본주의 생산력이 기계제 대공업으로 발전하면서 자본주의 모순이 심화되어 19세기 초부터 아주 심각한 빈부 격차가 나타났고, 노동자들의 생활조건은 비참한 상황에 처했다. 그때 기록을 보면 자본주의하의 노동자계급의 처지는 오히려 봉건제하의 농노보다 더 열악했다. 이렇듯 비참한 현실 속에서 자본주의를 부정하며 새롭고 바람직한 좋은 사회에 대한 열망이 생겨났고, 그런 유토피아를 꿈꾼 사람들이 등장했다.

19세기 전반기에 유토피아를 열망하는 공상적 사회주의자로 프랑스에서는 샤를 푸리에(Charles Fourier)와 생시몽(Saint-Simon), 영국에서는 로버트 오언(Robert Owen) 등이 유명했다. 이들 가운데 로버트 오언은 주목할 만하다. 그는 노동자 출신이었는데, 일을 열심히 했는지 공장 사장의 눈에 들어 사장의 사위가 되었고, 나중에 그 공장의 경영자가 되었다. 노동자 출신이 자본가가 된 것이다.

오언은 자신의 공장에서 여러 실천적 개혁을 실시한다. 그는 실제로 노동자들의 비참한 상황을 개선했고, 이를 통해 노동자들의 신뢰를 얻었다.

오언이 노동자를 위해서 생필품을 대량 구매해 싸게 팔았던 것이 오늘날 생활협동조합이나 소비협동조합의 시초다. 노동시간을 단축하고 임금을 인상하며 기타 노동자 복지나 노동조건을 획기적으로 개선하는 데 비용이 많이 들었음에도, 그 비용보다 훨씬 더 높은 생산성을 이뤄내 그는 자본가로서도 큰 성공을 거두었다. 그래서 오언은 "봐라! 되지 않느냐, 노동자의 노동조건을 인간답게 개선해도 이윤을 벌 수 있다"라고 주장할 수 있었다.

한편 마르크스 당대에 공상적 사회주의의 영향 아래 노동운동·사회운동의 지도자로 가장 탁월했던 세 사람은 프랑스의 피에르 조제프 프루동(Pierre-Joseph Proudhon), 이탈리아의 미하일 바쿠닌(Михаил Бакунин),[5] 그리고 독일의 페르디난트 라살레(Ferdinand Lassalle)였다.

그중 프루동과 바쿠닌은 감옥도 여러 차례 드나든 활동가였다. 특히 프루동은 인쇄공 출신으로 독학해 책도 출간했고, 바쿠닌과 라살레는 부유한 집안에 태어나 대학에서 철학 등을 전공한 지식인 출신 활동가였다. 과거의 공상적 사회주의자들과 이들의 공통점은 노동자계급을 주체로 생각하지 않는다는 점이었다. 노동자계급은 불쌍한, 구제되어야 할 대상으로 여겨졌다. 양심적 부르주아나 양심적 지식인이 불쌍한 노동자에게 시혜를 베풀어줘야 한다는 것이었다.

라살레는 국가주의였기 때문에 차이가 있지만, 무정부주의의 대변자인 프루동과 바쿠닌은 복잡한 다른 활동은 필요하지 않으며, 소수 엘리트가 음모를 통해 폭동을 일으켜 국가를 파괴해야 한다고 주장했다. 국가가 해체된 다음에 협동조합이 생산과 소비를 관리하면 된다고 보았다. 이것이 무정부주의의 운동 노선이었다. 마르크스가 등장하기 이전에 유럽 대륙의 사회주의 운동이나 대부분의 노동운동·사회운동은 기본 노선이 그러했다. 정치적으로 무정부주의 노선이고, 자본주의에 대한 대안으로 협동조합을 중시했다.

그 당시에는 대체로 소부르주아들, 즉 양심적 부르주아, 지식인, 수공업자 등이 사회운동을 이끌었다. 이 시기에는 노동자계급의 투쟁이 아직 본격적으로 등장하지 않았기 때문이다. 이들은 소부르주아, 구체적으로는 인쇄공 출신인 프루동과 같은 장인(匠人)이나 숙련노동자, 수공업자의 세계관을 바탕으로 자본주의의 모순을 분석하고 대안을 제출했다.

(4) 마르크스의 사상과 실천의 성과
: 제1인터내셔널에서 노동자계급의 사상으로 정립된 마르크스주의

그렇다면 마르크스도 철학 박사로 출발했고, 어떻게 보면 똑같은 소부르주아적 입장인데, 어떻게 당대의 소부르주아적 한계를 뛰어넘고 당시 사회운동의 대세를 거스를 수 있었을까? 슐레지엔 직조공들이 악덕 기업주의 공장을 부수거나 불 지르고 그 기업주의 집을 때려 부순, 1844년 독일에서 일어난 슐레지엔 봉기가 중요한 계기였다.[6] 이는 군대에 의해 진압되었지만, 마르크스는 이때 "자본주의의 모순을 해결할 주체는 공상적 사회주의자나 소부르주아가 이야기하는 양심적 부르주아나 지식인이 아니라, 바로 노동자 자신이다. 노동자계급이 주체가 되어 스스로 자신을 해방할 수 있다"라는 확신을 얻었다고 한다.[7] 슐레지엔 봉기를 주제로 시인 하인리히 하이네(Heinrich Heine)는 시 「슐레지엔의 직조공(Die Schlesischen Weber)」(1844)을 썼고, 나중에 화가 케테 콜비츠(Käthe Kollwitz)는 〈직조공의 봉기(Der Weberaufstand)〉(1893~1898)라는 제목의 연작 판화 여섯 점을 제작했다. 그만큼 슐레지엔 봉기가 당시 지식인들에게 큰 영향을 미쳤다는 것을 알 수 있다.

마르크스는 현실의 프롤레타리아가 자본주의의 모순을 극복해나갈 주

체라는 점을 확신하고, 노동자계급의 입장에서 독일 관념론(헤겔 철학), 프랑스의 공상적 사회주의, 영국의 고전파 정치경제학 등을 비판적으로 분석하기 시작했다. 그 결과물이 『독일 이데올로기』, 『공산당 선언』, 『자본론』 등 여러 저작에 담겼고, 그 이론들을 바탕으로 마르크스는 세계 최초의 노동자 국제연대조직인 제1인터내셔널(1864~1876)에서 활동하며 혁명적 노동운동 노선을 정립했다.

제1인터내셔널은 영국과 프랑스의 노동조합 등의 주도로 만들어졌다. 여기에는 노동조합뿐 아니라 사회주의 정치단체 등 각종 사회운동 단체들도 참여했다. 마르크스는 1848년에 『공산당 선언』을 쓴 뒤 유럽에서는 '공산당' 하면 '붉은 박사 마르크스'를 바로 떠올릴 만큼 널리 알려졌기 때문에 제1인터내셔널 독일 대표로 선출되었다.

당시 제1인터내셔널 내부에는 유럽 사회운동을 지배하던 소부르주아 사상과 운동 노선이 침투해 많은 혼란과 혼선을 빚고 있었다. 노동조합이 아니라 협동조합이 가장 중요한 대중조직으로 평가되었고, 노동조합과 경제투쟁 무용론 등이 제기되었다. 마르크스의 가장 중요한 활동은 제1인터내셔널 10여 년에 걸쳐 이런 소부르주아 사상과 무정부주의 운동 노선에 맞서 사상투쟁과 노선투쟁을 치열하게 전개한 것이었다. 이 노선투쟁을 통해 마르크스는 제1인터내셔널의 활동가들을 설득할 수 있었고, 제1인터내셔널 내에서 "마르크스의 이론과 노선이 옳다"라고 인정받았으며, 노동자계급 운동의 사상·이론·노선으로 마르크스주의가 채택되었다.

마르크스가 제1인터내셔널 활동을 통해 불러일으킨 노동자계급 운동의 변화는 세 가지로 요약될 수 있다. 첫째, 노동자계급이 드디어 마르크스주의라는 자기 사상을 지니게 되었다. "소수 엘리트가 세상을 바꾸는 것이 아니라, 노동자계급 스스로 이 세상을 바꿔야 한다, 노동자계급 스스로가 자기 해방으로서 사회혁명을 수행한다"라는 노동자계급 주체의 사회혁명 사상을 정립한 것이다.[8] 이는 소수 엘리트가 음모를 통해 세상을 바꾸자고 주장하는, 당대를 풍미한 소부르주아 사상을 정면으로 부정한 것이었다.

둘째, 마르크스는 혁명적 사회주의 노선 또는 혁명적 노동운동 노선을 정립한다. 이는 곧 노동자계급이 스스로를 해방할 수 있는 방법을 제시한 것이다. 마르크스는 노동조합이 왜 계급적 대중조직으로서 자본주의 사회에 필연적인지, 또 노동조합이 대중의 투쟁과 활동을 통해 실제로 임금 등 노동조건을 개선할 뿐 아니라 대중을 의식화하는 계급의식의 학교로도 기능한다는 점을 역사적·이론적으로 입증했다.[9] 또한 당시 협동조합을 중시하던 사회운동의 주장을 반박하고, 노동조합을 자본주의 사회에서 노동자계급의 기본적인 대중조직으로 제시한다.[10]

마르크스는 노동자계급의 기본적 대중조직으로서 노동조합의 의의를 인정하면서도 노동조합의 한계를 지적한다. 자본주의에서는 경기순환에 따라 호황과 불황이 주기적으로 반복되는데, 호황 때 노동조합이 투쟁으로 획득한 경제적 성과는 불황 때 대량실업의 압력 아래 모두 반납하게 되므로, 이는 다람쥐 쳇바퀴 도는 식이니 노동조합이 경제투쟁만으로는 노동자계급의 생활조건을 근본적으로 개선할 수 없다는 것이다. 그뿐 아니라 경제투쟁은 노동자계급의 생활조건을 악화하는 원인인 임노동제도 자체와 싸우는 것이 아니고, 임노동제도의 결과인 생활조건 악화에 맞서 싸우는 것임을 강조하며, 노동조합이 임금인상투쟁뿐 아니라 임노동제 철폐 투쟁에도 나서야 한다고 주장한다.

자본주의적 생산의 일반적 경향은 평균임금수준을 높이는 것이 아니라 내린다는 점, 다시 말해 **노동의 가치**를 정도의 차이는 있으나 **최소한계까지**

억누른다는 점을 보여주기에 충분할 것이다. 이러한 제도에서 사태의 경향이 그러하다는 것이 바로, 노동자계급은 자본의 침략에 대한 저항을 포기해야 하며 자신들의 처지를 일시적으로 개선하기 위해 가끔씩 주어지는 기회를 최대한 이용하려는 시도를 포기해야 한다는 것을 뜻하는가? 만약 노동자들이 그렇게 하고 만다면, 그들은 구제할 때를 놓친 파탄자의 무리로 전락하게 될 것이다. …… 만약 자본과의 일상적 충돌에서 비겁하게 물러난다면, 노동자들은 틀림없이 더 커다란 운동을 주도할 자격을 스스로에게서 박탈하는 셈이 될 것이다.

이와 동시에, 그리고 임금제도와 관련된 전반적인 예속 상태는 아예 제쳐놓더라도, 노동자계급은 이러한 일상적 투쟁의 궁극적 효과를 스스로에게 과장해서는 안 된다. 그들은 자신들이 결과와 싸우고 있는 것이지 그 결과의 원인과 싸우고 있는 것은 아니라는 점, 하향운동을 억제하고 있는 것이지 그 방향을 바꾸고 있는 것은 아니라는 점, 완화제를 쓰고 있는 것이지 질병을 치료하고 있는 것은 아니라는 점들을 잊어서는 안 된다. 그러므로 그들은 거침없는 자본의 침략이나 시장의 변화로부터 끊임없이 생겨나는 이 피할 수 없는 유격전에만 전적으로 매달려서는 안 된다. …… **'공정한 하루 작업에 대한 공정한 하루 임금!'**이라는 **보수적** 표어 대신에 그들은 **'임금제도 철폐!'**라는 **혁명적** 구호를 자신들의 깃발에 써 넣어야 한다(마르크스, 1993b: 117).[11]

또한 임노동제 철폐를 위해서는 더 나아가 노동자계급이 독자적인 정당을 통해 정치권력을 잡아야 한다고 주장했다.[12] 부르주아국가를 그대로 놔두고는 진정한 노동해방을 이룰 수 없으므로 노동자 정당과 정치투쟁을 통해 국가권력을 장악하고 파괴해야만 새로운 사회로 넘어갈 수 있다고 주장한 것이다.

마르크스의 혁명적 노동운동 노선은 노동조합의 한계라든가 자본주의 국가 파괴 등의 주장에서 프루동이나 바쿠닌의 무정부주의 노선과 유사하게 보일 수도 있지만, 그들이 소수 엘리트의 음모를 통한 폭동 전술에 의존하려는 것과 달리, 혁명적 노동운동 노선은 노동조합과 노동자 정당, 경제투쟁과 정치투쟁이라는 노동자계급의 주체적인 대중투쟁을 통해 혁명을 성취하는 것이므로 확실히 구별된다.

셋째, 노동자계급의 국제연대 또는 노동자국제주의다. "노동의 해방은 국지적이거나 일국적인 것이 아니라 하나의 사회적인 문제로서, 그것은 현대 사회에 존재하는 모든 나라들을 포괄하는 것"(마르크스, 1993a: 14)이기 때문이다.

20세기 초반까지도 노동자국제주의는 사회주의 운동에서 너무나 당연하게 여겨졌다. 이는 유럽의 역사와 전통에서는 쉽게 이해할 수 있다. 우리가 노동자국제주의를 하려면 엄청난 노력이 필요하다. 동아시아만 봐도 한국, 중국, 일본은 너무 다르다. 그래서 국제주의는 대단한 것으로 생각되는데, 유럽에서는 그렇지 않다. 유럽은 중세 봉건제 때도 그랬고, 자본주의로 이행하는 과정에서도 나라나 민족이 동아시아처럼 칼같이 구별되지 않고 어느 정도 뒤섞여 있었다. 또한 자본주의는 처음부터 일국 자본주의가 아니라 전 유럽을 포괄하는 유럽 자본주의로 등장했다. 유럽 차원에서 상품과 자본의 이동은 상대적으로 자유로웠던 반면, 노동자계급은 일국적으로 관리되었으므로 노동자계급의 투쟁은 일국적으로 전개되었다. 유럽 각국의 밀접한 역사적 전통 때문에 유럽 내에서는 부르주아뿐 아니라 노동자도 쉽게 나라를 왔다 갔다 했다. 영국에서 노동자들이 파업을 하면 자본가들은 프랑스 등 유럽 대륙에서 파업 파괴자로서 타국 노동자들을 데려왔다. 반대의 경우에는 유럽 대륙의 자본가가 영국의 노동자를 데려오기도 했다. 이런 상황이었기 때문에 노동자 국제연대가 쉽게 이루어질 수 있었다. 이는 타국 노동자들을 이용해 파업 파괴 활동을 벌이는 프랑스와 영국의 자본가들을 저지하기 위한 현실적 동기로 양국 노동조합들이 제1인터내셔널을 추진한 것에서 잘 드러난다.

전반적으로 노동운동이 미성숙했음에도 자본 운동의 국제적 성격 때문에 1864년 제1인터내셔널도 국제노동자조직으로 출발한다. 마르크스는 이론적으로 일찍이 1848년 『공산당 선언』에서 무산자인 노동자에게는 "조국이 없다"라며 "만국의 노동자여 단결하라"라고 주장했다.

제1인터내셔널의 노동자국제주의 원칙은 1889년 제2인터내셔널 결성에서 더욱 발전된 형태로 이어졌고, 1919년 제3인터내셔널로 발전했다.[13]

마르크스의 삶과 시대적 배경, 그리고 그 속에서 마르크스의 사상과 이론이 형성되는 과정에 대해 가장 잘 정리된 것은 『칼 마르크스 전기』(소련 공산당 중앙위원회 마르크스-레닌주의 연구소, 1989)다. 이 전기는 마르크스 당대의 상황과 배경, 그 속에서 마르크스 이론이 어떻게 실천과 피드백하며 통일적으로 변화·발전해갔는지에 대해 매우 풍부하게 다루고 있다.

『자본론』은 그 부제 '정치경제학 비판'에 걸맞게 부르주아 경제학을 주된 비판의 대상으로 삼고 있지만, 프루동에 대한 비판도 자주 나온다. 마르크스는 프루동의 사상이 노동자계급 운동을 잘못된 방향으로 이끌어가는 잘못된 소부르주아 사상이자 그 시기 노동운동의 발전을 저해했다는 이유로 부르주아 경제학에 대한 비판과 함께 그에 대해서도 철저히 비판한다. 마르크스는 프루동이 이론적으로는 부르주아 경제학자들만도 못한 아류일 뿐 아니라, 노동운동의 방향을 완전히 오도한다고 지적했다.

2. 마르크스의 사상: 역사유물론과 인간해방사상

이제 마르크스의 사상과 이론을 개괄적으로 살펴보도록 하자. 마르크스의 사상이 한마디로 무엇인가라는 물음에 필자는 역사유물론과 인간해방사상이라고 대답한다. 역사유물론은 마르크스 사상의 정수로 여러 각도에서 논의할 수 있다. 역사유물론을 통해 마르크스가 지향한 것은 바로 인간해방이라고 생각한다.

1) 역사유물론

마르크스의 역사유물론은 크게 네 측면으로 파악할 수 있다.

첫째, 역사유물론은 인간과 세계의 관계에 대한 유물론적 관점으로서 '실천적 유물론'이다. 마르크스가 그의 주요 저작 중 하나인 『독일 이데올로기』를 쓸 수 있었던 출발점이 바로 그 유명한 「포이어바흐에 관한 테제들」이다. 마르크스는 당시 헤겔 철학을 먼저 공부하고 헤겔 철학의 관념론을 넘어 유물론자가 되었다. 마르크스 당대 최고의 유물론자는 루트비히 포이어바흐(Ludwig Feuerbach)였다. 당시 포이어바흐는 청년 헤겔학파의 우상이었다. 그는 『기독교의 본질(Das Wesen des Christentums)』(1841)이라는 책을 통해 신이 인간을 창조한 것이 아니라 인간이 신을 창조했다("신학의 비밀은 인간학이다")라고 주장함으로써 당대의 철학 거인인 헤겔을 전복시켰다. 그런 포이어바흐 유물론의 한계를 청년 마르크스가 처음 발견하고 이를 넘어서게 되었는데, 그것이 바로 유명한 11개의 「포이어바흐에 관한 테제들」이다. 세 쪽에 불과한 분량이지만, 그중 '실천적 유물론'의 출발점과 관련해 중요한 다섯 테제를 인용하겠다(마르크스, 1991d: 185~189).

1. 지금까지의 모든 유물론(포이어바흐의 유물론을 포함해)의 주요 결점은, 대상(Gengenstand), 현실(Wirklichkeit), 감성(Sinnlichkeit)을 단지 **객체** (Objekt) 또는 **관조**(Anschauung)의 형식하에서만 파악해왔다는 점, 즉 **인간의 감성적 활동**(menschliche sinnliche Tatigkeit), **실천**(Praxis)이나 주체적인 것으로(subjektiv) 파악하지 못했다는 점이다. 따라서 활동의 측면은 유물론과는 대립하는 관념론에 의해 발전되어왔으나, 단지 추상적으로만 발전되어왔기 때문에 관념론은 당연히 활동이 현실적·감성적 활동이라는 점을 알지 못했다. 포이어바흐는 사유 대상과는 현실적으로 구별되는 감성적 객체를 (파악하기를) 원했다. 그러나 그는 인간의 활동 자체를 **대상적** 활동으로 파악하지는 못했다. 따라서 그는 『기독교의 본질』에서 이론적 태도만을 참된 인간적 태도로 파악하였을 뿐, 반면에 실천은 저들의 불결한 유대교적인 현상형태로만 파악하고 이를 고정시켰다. 따라서 그는 '혁명적인', '실천적이고 비판적인' 활동의 의미를 파악하지 못했다.

3. 환경의 변화와 교육에 관한 유물론적 교의는 환경이 인간들에 의해 변화되며 교육자 자신도 교육되어야 한다는 것을 잊고 있다. 그러므로 그 유물론적 교의는 필연적으로 사회를 두 부분—그중의 하나는 사회를 초월해 있다—으로 탐구하지 않을 수 없다.
   환경의 변화와 인간 활동의 변화 혹은 자기변화와의 일치는 오직 **혁명적 실천**으로서만 파악될 수 있고 합리적으로 이해될 수 있다.

8. 모든 사회적인 삶은 본질적으로 **실천적**이다. 이론을 신비주의로 인도하는 모든 신비는 인간의 실천 안에서, 그리고 인간의 실천에 대한 개념 안

에서만 그 합리적인 해결책을 발견할 수 있다.

9. 관조적 유물론, 즉 감성을 실천적 활동으로 파악하지 못한 유물론이 도달
한 최고의 입지점은, 개별적 개인과 부르주아 사회에 대한 관조다.

11. 철학자들은 세계를 단지 다양하게 **해석해왔을** 뿐이다. 그러나 중요한 것
은 세계를 **변화시키는** 것이다.

전율을 일으키는 테제들이다. 이 테제들에서 보면, 마르크스는 포이어
바흐의 유물론을 '관조적 유물론'으로 비판하고 있다. 포이어바흐에게는
주체가 없고, 인간을 하나의 물건·대상과 똑같이 본다는 것이다. 인간 역
시 물질적 존재지만, 동시에 물질과 구별되는 인간의 본질로서 '프락시스
(praxis)'라는 헤겔의 실천 개념과 그 실천이 전제하는 주체 개념이 포이어
바흐에게 없다는 것이다. 그래서 마르크스는 자신 이전의 모든 유물론이
인간을 물질과 대상으로 환원할 뿐이고 인간이 주체로서 실천을 통해 세
상을 만들어가며 변화시켜나간다고 파악하지 못한다는 점에서 관조적·기
계적 유물론이라고 비판한다. 마르크스가 인간과 사회를 이해하는 준거점
으로 '실천적 유물론'을 깨달은 것이라 할 수 있다.
관념론과 유물론의 대립에서 보면 기본적으로 세계를 유물론적으로 파
악하는 것이 옳다. 그런데 마르크스 이전의 유물론들은 전부 기계적 유물
론이었다. 포이어바흐조차 관조적 유물론이었을 정도다. 마르크스는 기존
의 기계적 유물론의 한계를 헤겔의 변증법을 통해 넘어서게 된다. 기계적
유물론이 인간과 사회를 물질과 대상으로 환원해 수동적으로 파악한다면,
헤겔의 관념론은 인간의 '활동의 측면'을 '추상적으로만' 파악한다. 자연 세

계와 인간 사회를 단순히 '절대정신'이나 '자기의식'의 대상화 또는 현실화로 파악하기 때문이다. 관념이나 의식은 오히려 대상세계와 사회적 존재를 반영할 뿐인데, 거꾸로 파악한 것이다. 여기서 마르크스는 인간과 대상세계에 대한 관념론의 이 추상적이지만 능동적인 파악을 유물론의 입장에서 수용해 거꾸로 된 것을 바로잡는다. 주체로서 인간이 실천을 통해 대상세계를 변화·발전시키는 동시에, 그 실천 과정에서 자기 자신도 변화·발전한다는 것이다. 이때 주체로서 인간과 객체로서 대상세계가 유물론의 입장하에 실천을 매개로 통일적으로 파악된다. 세계의 변화와 발전을 '절대정신'이나 신과 같은 외적 요인이 아니라 세계를 구성하는 내적 요인으로 설명할 수 있게 되는 것이다.

사실 마르크스는 '변증법적 유물론'이라는 용어를 한 번도 사용한 적이 없다. 마르크스는 항상 "변증법적 방법"(마르크스, 2015a: 18)과 "유물론적 방법"(마르크스, 2015a: 505)이라고 별도로 이야기했지, 그 두 가지를 하나로 묶어 '변증법적 유물론'으로 표현하지는 않았다. '변증법적 유물론'은 러시아 마르크스주의의 창시자인 게오르기 플레하노프(Гео́ргий Плеха́нов)가 처음 사용했다고 한다. 그 이전에도 엥겔스가 비슷한 말을 사용한 적이 있었다. 마르크스의 철학이 '변증법적 유물론'으로 명명되고 고정된 것은 이오시프 스탈린(Иосиф Сталин) 때문이다.

마르크스가 유물론과 변증법을 결합한 것은 '변증법적 유물론'이 아니라 '실천적 유물론'(마르크스, 1991a: 204)이라 생각한다. 마르크스의 '실천적 유물론'이 '실천'을 매개로 객관세계와 인간 주체를 통일적으로 파악하기 때문이다. 그런 의미에서 인간의 모든 사회적 활동은 실천적이다. 또한 목적의식이 있는 대상적 활동으로서의 실천 개념은 실천의 주체로서 인간을 전제한다.

둘째, 역사유물론은 말 그대로 역사에 대한 유물론적 관점이다. 역사를 유물론적으로 파악하면 역사는 인간의 역사라는 것이다.

역사는 아무것도 하지 않고, '거대한 부를 소유'하지 않으며, '전투를 하는' 것도 아니다! 그러한 모든 것을 하는 것은, 즉 소유하고 싸우고 하는 것은 인간, 현실의 살아 있는 인간이다. 인간을 자신의 목적을 위한 수단으로 사용하는 것 ─ 마치 역사가 별도의 어떤 사람인 것처럼 ─ 은 '역사'가 아니다. **역사는 자신의 목적을 추구하는 인간의 활동 이외 아무것도 아니다**(마르크스·엥겔스, 1990a: 154).*

역사를 기독교처럼 '신의 뜻'이라거나, 아니면 헤겔처럼 '절대정신'의 자기실현이라든가, 또는 신비한 자연의 산물로 보는 등 역사에 대한 모든 신비화를 거부하는 것, 또한 영웅사관에서처럼 역사가 영웅들의 활약으로 우연하게 이루어진다고도 보지 않는 것이 역사유물론이다. 각 시대의 영웅은 우연히 등장해 역사를 창조한 것이 아니라 그 시대의 계급적 이해관계를 가장 잘 표현하고 대변해 영웅이 되는 것이다. 토머스 홉스(Thomas Hobbes)의 말처럼 인간의 역사가 "만인의 만인에 대한 투쟁"인 것도 아니다. 이 '투쟁'은 상품생산사회에서의 경쟁, 즉 자본주의 시장 내 경쟁을 정치적으로 표현한 것이다. 이런 표현은 현상적이고 피상적인 파악이다. 그런 '투쟁' 또는 경쟁의 본질 또는 내용은 지배계급 대 피지배계급의 집단적인 투쟁, 즉 계급투쟁이다. 마르크스와 엥겔스는 『공산당 선언』의 첫 문장을 "지금까지의 모든 사회의 역사는 계급투쟁의 역사다"(마르크스·엥겔스, 1991b: 400)로 시작한다. 역사를 유물론적으로 파악하면 역사는 인간의 역사이자 계급투쟁의 역사라는 것이다.

마르크스는 서유럽의 역사를 구체적으로 연구한 결과, 원시공산제에서 출발해 고대 노예제, 중세 봉건제를 거쳐 현재의 자본주의로 발전해왔음을, 또한 자본주의 연구 결과 자본주의의 내적 모순 때문에 자본주의는 계급투쟁을 통해 사회주의로 변화될 전망임을 역사 발전 5단계론으로 정리했으나, 역사 발전 5단계론이 인류의 모든 시대와 모든 나라가 반드시 따라야 할 역사법칙은 아님을 몇 차례에 걸쳐 밝힌다.

그 대표적인 예가 러시아의 여성 혁명가 베라 이바노브나 자술리치(Вера Ивáновна Засýлич)의 질문에 대한 마르크스의 대답이다. 자술리치는 1880년대 초반 러시아 혁명가들 내부의 노선 논쟁과 관련한 러시아의 역사적 발전 전망에 대해 마르크스에게 직접 편지를 써서 물었다.[14] 첫 질문은 마르크스의 이론에 따르면 인류 역사는 5단계로 발전하는데 러시아는 아직 봉건제를 청산하지 못했으므로 우선 자본주의를 발전시키고, 한참 후에나 사회주의로 가야 하냐는 것이다. 이에 대해 마르크스는 자신이 『자본론』 1권에서 자본주의적 생산의 등장에 대해 밝힌 것은 "**명백하게 서유럽 나라들**에 국한되어 있"으며,[15] 러시아가 반드시 자본주의로 발전해야 하는 것은 아니라고 답한다.

자술리치는 두 번째로 러시아에 '미르(mir) 공동체'라는 촌락공동체가 여전히 남아 있는데, 이것을 해체하고 자본주의로 갔다가 다시 공동체적 방식인 사회주의로 갈 것이 아니라, 미르 공동체를 잘 보존해 자본주의를 건너뛰어 바로 사회주의로 갈 수 없는지 물어본다. 이에 대해 마르크스는 자본주의가 가장 선진적으로 발전한 유럽에서 사회주의혁명이 성공하면 러시아는 자본주의 발전단계를 거치지 않고 바로 사회주의로 갈 수 있다고 답변한다.[16]

이 질문과 답변을 통해 우리는 마르크스의 역사 발전 5단계가 모든 나라에서 밟아야 하는 역사법칙이 아님을 확실히 알 수 있다. 이는 다만 서유럽에서 역사적으로 진행된 계급투쟁의 결과이자 '역사적 필연성'일 뿐이다. 마르크스가 말하는 '인간의 역사'란 인간의 실천으로 그 미래가 열려 있다는 것을 의미한다. 마르크스의 역사 발전 5단계를 스탈린이 역사법칙으로 왜곡하면서 마르크스의 역사유물론은 역사 발전이 미리 예정된 '목적론'으로 오해되어 비판받는다. 역사 발전 5단계론을 역사법칙으로 이해하면 역사는 '숙명'이 되어버리고, 마르크스가 역사유물론을 통해 말하려 했던 바를 정반대의 것으로 변질시키게 된다. 또한 기독교의 '신의 섭리론'이나 헤겔의 목적론(절대정신의 자기실현)처럼 역사가 '인간의 역사'라는 점을 부정하게 된다.

예전에는 대체로 마르크스주의를 스탈린주의로 왜곡한 이론을 마르크스주의로 잘못 알고 공부하는 사람들이 많았다. 따라서 스탈린주의적 마르크스주의를 마르크스주의로 규정하면서, 소련이 망했고 스탈린주의가 틀렸으니 마르크스주의도 틀렸다고 주장하는 것은 난센스다.

셋째, 역사유물론은 사회에 대한 유물론적 관점이다. 인간 사회를 토대와 상부구조로 구성된 사회구성체(social formation)로 파악한다. 앞서 설명했듯 마르크스는 역사를 인간의 역사로 보기 때문에 당연히 사회도 인간에 의해 형성(구성)된다고 본다. 사회는 자연법칙 또는 신의 뜻에 따라서가 아니라 인류가 유적(類的) 존재로서 집단적 생활을 하며 만들어간다고 보는 것이다. 그러면 사회를 어떻게 파악할 것인가라는 문제가 제기된다. 이를 해결하기 위해 마르크스는 생산양식(mode of production)과 사회구성체 개념을 도입한다.

사람은 귀신이 아니므로 영혼뿐 아니라 육체도 지니고 있다. 육체가 없는 인간은 상상할 수 없다. 그러나 인간은 목적의식적 활동을 통해 자기 자신과 대상세계를 끊임없이 변화시킨다는 점에서 단순히 동물로 환원되지도 않는다. 인간은 이처럼 육체와 영혼으로 상징되듯 대상적 객체인 동시에 주체라는 점에서 모순적인 존재라 할 수 있다. 다만 육체로 인해 자연 세계에서의 생존은 인간에게 1차적 문제이며, 노동으로 필요한 물건을 생산해 자신의 필요를 충족한다.

인간의 생존 조건인 생산과정을 개념적으로 파악하기 위해 마르크스는 인간이 자연과 맺는 관계(생산력)와, 자연을 대상으로 노동할 때 인간 사이에 맺는 관계(생산관계)로 두 관계를 구별한다. 이처럼 생산과정을 생산력과 생산관계로 나누어 파악하는 것은 생산과정을 하나의 물질적 과정으로 보지 않고 생산과정 속에 있는 인간의 관점으로 본다는 점에서 주체적이고 실천적이다. 마르크스는 노동과정의 기본 요소들을 "① 인간의 합목적적 활동[노동 그 자체], ② 노동대상, ③ 노동수단"(마르크스, 2015a: 238)으로 구분하고, 노동대상과 노동수단을 합쳐 생산수단이라 부르며 노동과정의 '객체적 요소'로 파악하고, 노동력(이것의 발휘가 노동이다)을 노동과정의 '인적 요소'(마르크스, 2015a: 246) 또는 '주체적 요소'(마르크스, 2015a: 279)로 파악한다. 이는 부르주아 경제학이 생산과정을 이윤 창출의 수단으로 보고, 생산을 물질적 생산요소(노동, 자본, 토지)로 환원해 파악하는 것과 구별된다.[17]

생산과정은 생산력과 생산관계로 나뉘어 파악되지만, 현실에서 이 둘은 분리할 수 없이 통일되어 있다. 이처럼 현실에서 생산력과 생산관계는 서로를 매개하는데, 이를 '생산양식'이라 부른다. 달리 말해 생산양식은 현실의 생산과정 또는 생산방식을 생산력과 생산관계로서 개념적으로 쪼개어 파악한 용어다.

인간은 물질적 생활과정인 생산양식을 '토대'로 그 위에 도덕, 철학, 예

술, 정치, 국가, 법률 등 토대와 조응하는 상부구조를 만들어간다. 우리 속
담에 나온 대로 "금강산도 식후경"인 것이다.[18] 이처럼 사회의 모든 측면을
토대와 상부구조로 나누어 분석적으로 파악하는 한편, 사회를 그 둘의 통
일로 보는 것이 '사회구성체' 개념이다. 마르크스는 사회에 대한 유물론적
관점을 『정치경제학 비판을 위하여(Kritik der politischen Ökonomie)』의
「서문」에서 잘 요약하고 있다.

나에게 분명해지고, 일단 획득되자 내 연구의 길잡이로 쓰였던 일반적 결
론은 다음과 같이 간략하게 표현될 수 있다. 즉, 인간은 그들 생활의 사회적
생산에서 그들의 물적 생산력의 일정한 발전 수준에 조응하는 일정한, 필연
적인, 그들의 의사와는 무관한 관계들, 생산관계를 맺는다. 이 생산관계들
전체가 사회의 경제적 구조, 현실적 토대를 이루며, 이 위에 법적이고 정치
적인 상부구조가 세워지고 일정한 사회적 의식형태들이 그 토대에 조응한
다. 물적 생활의 생산양식이 사회적 · 정치적 · 정신적 생활과정 일체를 조건
짓는다. 인간의 의식이 그들의 존재를 규정하는 것이 아니라, 반대로 그들의
사회적 존재가 그들의 의식을 규정하는 것이다. 사회의 물적 생산력은 어떤
발전단계에 이르면 그들이 지금까지 그 안에서 움직였던 기존의 생산관계
들, 또는 이것의 단지 법률적 표현일 뿐인 소유관계들과 모순에 빠진다. 이
들 관계는 생산력의 발전 형태들로부터 질곡으로 전환된다. 그러면 사회적
혁명기가 도래한다. 경제적 기초의 변화와 더불어 전체의 거대한 상부구조
가 조만간 변혁된다. 그러한 변혁들을 고찰함에 있어서는 항상 물적인, 자연
과학적으로 엄정하게 확인될 수 있는 경제적 생산조건들의 변혁과, 인간들
이 그 안에서 갈등을 의식하게 되고 싸움으로 해결하게 되는 법률적 · 정치
적 · 종교적 · 예술적 또는 철학적, 간단히 말해 이데올로기적 형태들의 변혁

을 구분해야 한다. 한 개인이 어떤 사람인가를 그 자신이 무엇을 생각하느냐에 따라 판단하지 않듯이 그러한 변혁기를 이 의식으로부터 판단할 수는 없으며 오히려 이 의식을 물적 생활의 모순들로부터, 사회적 생산력과 생산관계들 사이의 주어진 갈등으로부터 설명해야 한다. 한 사회구성체는 그 내부에서 발전의 여지가 없을 정도로 생산력이 발전하기 전에는 멸망하지 않으며, 새로운 보다 높은 생산관계들은 그들의 물적 존재 조건들이 낡은 사회 자체의 품에서 부화되기 전에는 결코 대신 등장하지 않는다. 따라서 인류는 그가 해결할 수 있는 과업만을 제기한다. 자세히 관찰해 보면 과업 자체가 그 해결의 물적 조건들이 이미 주어져 있거나 또는 적어도 생성 과정에 처해 있는 곳에서만 출현하기 때문이다(마르크스, 1998: 7~8).

사회구성체를 토대와 상부구조의 통일로 파악한 마르크스의 유물론적 관점은 스탈린에 의해 '경제결정론' 또는 '토대환원론'으로 왜곡되었다. 경제가 모든 것을 결정하고 정치, 이데올로기 등 모든 상부구조는 토대로 환원된다는 식으로 속류화한 것이다. 그러나 상부구조는 토대에서 '파생'되어 토대의 규정을 받지만, 사회구성체라는 총체(totality)에서 토대와 상호작용하기 때문에 토대로 '환원'될 수는 없다. 이런 오해와 속류화는 토대/상부구조 관계에서 상부구조가 토대로부터 '파생'되고 토대에 의해 규정된다는 유물론적 규정과 다른 한편, 토대와 상부구조가 상호작용하는 두 계기로서 사회구성체라는 총체를 구성한다는 변증법적 규정을 동시에 파악하지 못한 데서 비롯되었다.[19]

현실 사회는 역사적으로 형성되어 여러 요소가 서로 복잡하게 얽혀 하나의 총체를 이루는데, 이를 한편으로 인간에 의해 구성된 사회라는 주체적·실천적 관점에서 파악하고, 다른 한편으로는 주요 구성 요소들 간 유물론적 규정 관계와 상호작용을 분석적으로 파악하기 위해 마르크스는 생산력, 생산관계, 생산양식, 그리고 토대, 상부구조, 사회구성체 등의 개념을 새롭게 만들었다.

이런 맥락에서 보면, 앞서 실천적 유물론에서도 이야기했지만 마르크스의 역사유물론에서 변증법은 빠질 수 없는 필수적 요소다. 물론 마르크스의 변증법은 헤겔의 변증법과 질적으로 구별된다. 유물론의 입장에서 인간 주체와 실천을 중심으로 세계의 변화를 통일적으로 파악하기 때문이다.[20]

특히 '총체' 개념이 매우 중요하다. 인간이 사회를 구성하지만, 사회는 하나의 유기적 총체다. 유기적 총체의 한 측면이 기능적 총체(인간의 신체에서 오장육부가 인간의 생명 유지를 위해 기능적으로 서로 조화를 이루어 통일되어 있듯이)다. 사회에서 토대에 조응하는 상부구조가 형성되는 것이 '기능적 총체' 측면이다. 그런데 유기적 총체로서 인간 사회에는 자연과 달리 '모순적 총체'라는 다른 측면이 있다. 사회는 모순적 총체로서, 내부의 모순에 의해 끊임없이 변화·발전하는 유기적 총체다. 흔히 변증법을 법칙화해 대립물의 통일과 투쟁의 법칙, 양질(量質) 전화(轉化)의 법칙, 부정(否定)의 부정(否定)의 법칙 등으로 추상화·형식화한다. 그런데 마르크스에게 변증법의 모체는 바로 사회를 모순적인 유기적 총체로서 끊임없이 변화·발전하는 총체로 보는 것이다. 또한 그 변화의 원인을 사회의 외부가 아니라 사회 내부의 모순, 즉 내적 모순에서 찾는 것이다. 그 내부의 모순을 파악하는 가장 추상적이고 기본적인 방법이 두 대립물 사이의 통일과 투쟁의 법칙(계급사회에서는 지배계급과 피지배계급 간의 계급투쟁)이다.

사회를 하나의 모순적인 유기적 총체로 파악하는 것, 그리고 이 총체는 내부 모순에 의해 끊임없이 변화·발전한다고 보는 것, 계급사회에서 그

내적 모순은 당연히 계급모순이라는 것 등이 마르크스 변증법의 핵심적
내용이다.

넷째, 사회과학 연구의 유물론적 방법으로서 역사유물론이다. 이는 자
연과학 방법론으로서 '추상적 유물론'과 대비되며, 『자본론』 1권의 각주에
그 구별이 명확하게 나온다.

찰스 다윈(Charles Dawin)은 자연의 기술학 역사[생명의 유지를 위해
생산도구의 기능을 하는 동식물 기관(器官, organs)들의 형성]에 관심을 돌
리고 있었다. 인간의 생산적 기관 형성사[모든 사회조직의 물질적 기초가
되고 있는 기관의 형성사]에도 그와 동일한 주의를 돌릴 만한 가치가 있지
않은가? 그리고 그것은 더 쉽게 쓸 수 있지 않겠는가? 잠바티스타 비코
(Giambattista Vico)가 말하는 바와 같이 인간의 역사는 우리가 만들었지만
자연의 역사는 그렇지 않다는 점에서 차이가 있기 때문이다. 기술학은 인간
이 자연을 다루는 방식, 인간이 자신의 생명을 유지하는 생산과정을 밝혀 주
는 동시에, 인간 생활의 사회적 관계들과 이로부터 발생하는 정신적 관념들
의 형성과정을 밝혀준다. 이런 물질적 기초를 빼버리는 모든 종교사는 무비
판적이다. 안개처럼 몽롱한 종교적 환상의 현세적 핵심을 분석에 의해 찾아
내는 것은, 현실의 생활관계들로부터 그것들의 천국형태(天國形態)를 전개하
는 것보다 훨씬 더 쉬운 일이다. 후자의 방법이 **유일하게 유물론적인, 따라서
유일하게 과학적인 방법**이다. **자연과학의 추상적 유물론[역사와 역사적 과정
을 배제하는 유물론]**의 결함은, 그 대변자들이 일단 자기 전문 영역 밖으로
나왔을 때 발표하는 추상적이며 관념론적인 견해에서 곧 드러난다(마르크
스, 2015a: 505).*

자연과학의 주요 방법론인 실증주의는 실험에 근거한 계량 분석을 만능으로 여긴다. 마르크스는 이것을 유물론은 맞지만 "역사와 역사적 과정을 배제"한다는 점에서 '추상적 유물론'으로 규정한다. 인간 사회는 인간이 주체로서 실천해 만들고 변화·발전시키는 것이므로, 반드시 그것의 "역사와 역사적 과정"을 분석해야만 파악할 수 있는데, 자연을 대상으로 한 자연과학의 방법론을 인간 사회를 대상으로 하는 인문·사회과학에 적용하게 되면 "추상적이며 관념론적"이 되어 다 틀릴 수밖에 없다. 이렇듯 역사유물론은 자연과학의 방법론인 '추상적 유물론'과 대비되는 인문·사회과학의 방법론이다. 변증법과 방법론으로서 역사유물론은 나중에 2장에서 『자본론』 1권의 「서문」을 살펴볼 때 한 번 더 다룰 것이다.

지금까지 역사유물론을 네 가지 차원에서 간략히 살펴보았다. 이에 대해 더 자세히 알고 싶은 독자는 마르크스가 역사유물론을 처음 체계적으로 서술한 『독일 이데올로기』를 읽어볼 것을 권한다.

2) 인간해방사상

마르크스에게 계급해방이나 노동해방은 '보편적 인간해방'으로서의 계급해방, '보편적 인간해방'으로서의 노동해방을 의미한다. 그러면 그냥 '인간해방'이라고 하지, 왜 '계급해방', '노동해방'을 이야기할까? 마르크스는 자본주의를 또 다른 계급사회로 파악하기 때문에 계급적 지배와 착취에서 해방되는 것을 인간해방의 기본으로 여긴다. 자본주의 사회에서 노동자계급이 해방되려면 계급 자체를 철폐해야 하므로, 노동자계급의 해방은 또 다른 계급사회가 아닌 보편적 인간해방을 가져온다고 본 것이다.

사적 소유에 대한 소외된 노동의 관계로부터, 사적 소유 등등으로부터의, 노예제로부터의 사회의 해방은 **노동자해방**이라는 **정치적** 형태로 표현된다는 결론이 나온다. 그렇지만 그러한 표현은 마치 노동자의 해방만이 중요한 것처럼 표현되는 것이 아니라 노동자의 해방 속에 보편적 인간해방이 들어 있기 때문에 그렇게 표현되는 것이다. 또한 노동자의 해방 속에 보편적 인간해방이 들어 있는 이유는 인간의 노예제 전체가 생산에 대한 노동자의 관계 속에 포함되어 있기 때문이며, 이 모든 노예제 관계가 이 관계의 변용들과 귀결들일 뿐이기 때문이다(마르크스, 1991a: 279~280).

자본주의에서 기본적 계급관계가 자본/임노동 관계이므로 인간해방은 노동자해방이라는 정치적 형태로 나타나지만, 이는 노동자계급만의 해방이 아니고 노동자계급의 해방을 통해 계급관계 자체가 폐지됨으로써 보편적 인간해방을 이루어낼 수 있다는 것이다. 이 점에서 노동자해방은 노예제에서의 노예해방, 봉건제에서의 농노해방과 확실히 구별된다.

노예는 모든 사적 소유관계들 중에서 오직 노예제라는 관계만을 폐지함으로써 자신을 해방시키며, 이를 통해서 비로소 스스로 프롤레타리아가 된다. 프롤레타리아는 사적 소유 일반을 폐지함에 의해서만 자신을 해방시킬 수 있다(엥겔스, 1991: 324).

농노는 도시들로 도망가서 거기서 수공업자가 되든가 자신의 지주들에게 노동 및 생산물 대신에 화폐를 바쳐서 자유로운 임차인이 되든가 혹은 자신의 영주들을 내몰고 스스로 소유자가 되든가 함으로써, 요컨대 이런저런 방식으로 유산계급이 되고 경쟁 속으로 들어감으로써 자신을 해방시킨다. 프롤레타리아는 경쟁, 사적 소유 및 계급 차별들을 폐지함으로써 자신을 해방시킨다(마르크스·엥겔스, 1991b: 325).

봉건사회의 몰락으로부터 생겨난 현대 부르주아 사회는 계급 대립을 폐기하지 못하였다. 부르주아 사회는 다만 새로운 계급들, 억압의 새로운 조건들, 투쟁의 새로운 형태들을 낡은 것들과 바꿔놓았을 뿐이다. 그럼에도 불구하고 우리 시대, 부르주아의 시대는 계급 대립을 단순화시켰다는 점에서 특이하다. 사회 전체가 두 개의 커다란 적대적 진영으로, 서로 직접 대립하는 두 개의 커다란 계급들로 더욱더 분열되고 있다: 부르주아와 프롤레타리아(마르크스·엥겔스, 1991b: 401).

제3신분(le tier etat), 즉 부르주아 계층의 해방의 조건이 모든 신분 및 모든 계층의 폐지였던 것과 마찬가지로, 노동계급 해방의 조건은 모든 계급의 폐지다. 노동계급은 자신이 발전해나가는 과정 속에서 낡은 부르주아 사회를 계급들 및 계급들의 적대를 배제하는 연합으로 대체할 것이다. 정치권력이란 정확히 부르주아 사회 내의 적대관계의 공식적 요약이므로 엄밀한 의미에서의 정치권력은 더 이상 존재하지 않게 된다(마르크스, 1991b: 296).

계급적 지배와 착취로 환원되지 않는 성적 차이와 인종적 또는 민족적 차이에 따른 억압과 차별 문제는 어떻게 봐야 할까? 자본주의 사회에서 이러한 차이와 차별은 계급적 지배와 착취에 악용되어왔다. 여성 노동자에 대한 차별, 타민족과 이주노동자에 대한 차별과 억압은 계급적 지배와 착취의 주요한 수단이었다. 따라서 계급 철폐 없이 성적·인종적 차별은 해결될 수 없다는 것이 자명하고, 계급 철폐는 이런 차별과 억압도 상당 부분 해소할 것으로 기대할 수 있다. 그러나 지난 시기의 역사적 경험, 특히 20세기 현실사회주의의 실험은 성적 차이와 인종적 또는 민족적 차이가 계급모순의 해결에 의해 자동적으로 해결되지 않는다는 점을 보여주었다. 그러므로 인간에 의한 인간의 모든 지배·예속·차별을 폐지하는 것으로서 '보편적' 인간해방은 계급해방만으로는 미완성이라 할 수 있다. 계급해방 이후에도 개인 차이로 인한 온갖 차별과 억압을 철폐하려는 노력이 지속되어야 할 것이다. 그렇다 하더라도 계급해방 또는 노동해방이 보편적 인간해방의 중심 과제라는 점은 변함이 없다. 이 점은 노동운동과 여타 사회운동이 자본주의 극복과 계급 철폐를 위해 연대하고 공동으로 투쟁해야 하는 근거이기도 하다.

다음으로, 마르크스의 인간해방사상과 관련해 마르크스의 휴머니즘(인간주의)을 간단히 소개하겠다. 앞서 마르크스의 실천적 유물론에서 살펴보았듯이, 마르크스 휴머니즘의 핵심은 인간이 주체로서 실천을 통해 세계와 자기 자신을 변화·발전시킨다는 것이다. 이 점은 「포이어바흐에 관한 테제들」 이래 마르크스의 사상과 이론에서 일관된 입장이다.

마르크스의 휴머니즘도 마르크스의 사상과 이론이 더욱 원숙해지면서 그 표현이 더욱 발전해갔다. 마르크스의 초기에만 휴머니즘이 있는 것이 아니라, 성숙한 시기의 최고 걸작인 『자본론』에서도 마르크스의 휴머니즘은 여러 측면에서 드러난다. 마르크스는 초기에 휴머니즘을 추상적·철학적으로 많이 표현한다. 그는 원래 독일인이라 영어를 읽고 쓸 줄 몰랐으나, 프랑스의 사회주의자들과 사회주의 사상을 접한 뒤, 자본주의를 알려면 영국의 고전파 정치경제학을 배워야겠다고 생각하며, 고전파 정치경제학을 불어 번역본으로 읽다가 나중에 영어를 배워 원본을 직접 보게 된다.

그러면서 마르크스가 『1844년의 경제학 철학 초고』를 쓸 때 영국 고전파 정치경제학을 비판하며 든 첫 번째 문제가 고전파 정치경제학자들이 노동자를 인간으로 보지 않는다는 점이었다. 마르크스는 그들이 노동자를 인간으로 보지 않고 하나의 사물로, 하나의 상품으로, 생산을 위한 기계로 본다는 점을 비판한다.

> 국민경제학은 노동자를 노동 동물로만, 최소의 생존 욕구로 환원되는 가축으로만 알고 있다(마르크스, 1991a: 230).

> 국민경제학은 노동을 추상적으로, 하나의 사물로서 간주한다: 노동은 하나의 상품이다(마르크스, 1991a: 233).

> 데이비드 리카도(David Ricardo)는 그의 저서(지대)에서 이렇게 말한다: 국가들은 단지 생산의 작업장들에 불과하고, 인간은 소비와 생산을 위한 기계다(마르크스, 1991a: 248).

자본주의적 생산양식에 관한 오랜 연구의 결과물인 『자본론』에서 마르크스의 휴머니즘은 자본주의적 생산양식에서 역사적으로 드러나는 객관적 모습을 통해 표현된다. "생산과정이 인간을 지배하고 인간이 아직 생산과정을 지배하지 않는 사회구성체"(마르크스, 2015a: 105), "물건의 인격화와 인격의 물화(物化, reification)"(마르크스, 2015a: 148) 등의 표현에서 보이듯, 인간 대 물질(또는 사물)이라는 대립적 구도로 자본주의적 생산양식을 분석한다. 이런 것이 바로 마르크스의 원숙한 휴머니즘이라 할 수 있다. 그 밖에 마르크스가 개인적으로 자신의 '좌우명'을 "인간적이지 않은 것은 내게 걸맞지 않다"라고 말하는 데서도 그의 휴머니즘을 엿볼 수 있다.[21]

개인적으로 마르크스의 휴머니즘을 조금 이해하게 된 과정을 소개하겠다. 마르크스의 개인적 삶은 아주 불우했다. 아들 둘과 딸 넷을 두었는데, 아들 둘과 딸 하나는 어렸을 때 병에 걸려 죽고 딸 셋만 살아남는다. 마르크스 가족은 매우 가난했고 비참한 생활을 할 수밖에 없었으며, 그런 생활도 엥겔스의 헌신적인 경제적 지원 덕분에 꾸려갈 수 있었다. 1848년 유럽혁명, 1871년 파리코뮌 등 노동자 봉기나 혁명이 모두 실패해 노동자 대량학살로 이어지고, 노동자계급의 조직과 투쟁은 지배계급의 폭력으로 대부분 파괴된 불우한 시대였다. 이렇듯 개인적으로도 시대적으로도 객관적으로 보면 매우 암울한데, 마르크스의 이론과 글은 굉장히 낙관적이었다.

필자가 2000년대 초에 박사 논문을 준비하면서 마르크스의 초기 저작부터 다시 공부할 때, 마르크스는 그 암울한 시기에 모든 면에서 매우 불우하게 살았는데도 어떻게 이렇게 낙관적일 수 있을까 하는 의문을 품었다. 공부하면서 마르크스가 인간성에 대해 지녔던 무한한 신뢰를 확인하고 그 의문이 풀렸다.

『자본론』의 초고인 『1861~1864년 초고(Marx 1861~1864)』에서 마르크스는 노예제의 붕괴에 대해 "노예가 자신이 다른 사람의 소유가 될 수 없다는 의식을 갖자마자", 즉 자신이 노예가 아니라 인간이라는 것을 자각하는 순간, 노예제는 끝난다고 말한다. 필자는 여기서 힌트를 얻었다.

[노동자가] 생산물을 자기 자신의 것으로 인식하는 것, 그리하여 자신이 자신을 실현할 조건으로부터 분리된 것이 부정의(不正義)하다는 것, 즉 **폭력에 의해 강제된 관계**라는 것을 알게 된 것은 거대한 자각이며, 이 자각 **자체**는 자본주의 생산양식의 **산물**이다. 이 자각이 **자본주의 생산양식을 멸망시키는 전조**(前兆)인 것은, 마치 노예가 자신이 **다른 사람의 소유가 될 수 없다는**

의식을 갖자마자, 노예제는 인위적이고 너무 오래 질질 끌어온 제도로 인식되어 생산의 토대로 기능할 수 없게 된 것과 마찬가지다(Marx, 2010b: 246).

고대의 천재적 철학자인 아리스토텔레스(Aristoteles)도 노예는 인간이 아니라고 생각했다. 그러나 고대 노예 반란의 영웅 스파르타쿠스(Spartacus)를 보면 알 수 있듯이, 인간으로 잘 살다가도 침략을 당해 정복당하면 끌려가서 노예가 된다. 그런 노예가 인간이 아니라고 생각했다는 것이 지금 시각에서 보면 이해가 잘되지 않지만, 그만큼 당시 사람들의 인식은 아주 협소했다. 위대한 철학자 아리스토텔레스조차 인종주의나 부족주의에서 크게 벗어나지 못했다.

노예제사회에서는 노예가 인간이 아니라는 사상이 생기고, 그것을 노예에게 주입한다. 어제까지 인간이었던 피정복민은 갑자기 인간이 아닌 노예로 전락하고, 그 자식들은 그렇게 세뇌당해 노예인 자신은 인간이 아니라고 생각하게 된다. 그런데 세뇌당한 노예가 어떤 계기로 자신이 노예가 아니라 인간임을 자각하는 순간, 노예제는 끝난다고 마르크스는 말한 것이다.

마르크스의 말대로 자본주의도 마찬가지가 아닐까? 마르크스는 그렇게 생각했기 때문에 『자본론』 집필에 자신의 온 정열을 쏟았다고 생각한다.[22] 사실 마르크스는 1848~1849년 독일혁명 때 엥겔스와 함께 온몸을 던져 독일혁명에 참여하고, 그 최전선에서 지도자로 싸웠다. 그러나 혁명은 실패했고 둘 다 망명할 수밖에 없었다. 이후 마르크스의 삶을 보면, 물론 나중에 제1인터내셔널의 지도자로서 여러 이론적 작업과 내부투쟁에도 관여하지만, 실질적으로 가장 심혈을 기울인 것은 『자본론』 집필이었다.[23] 혁명가인 마르크스가 왜 『자본론』 집필에 이토록 열중했는가, 왜 자신의 모든 것을 거기에 쏟았는가라는 의문에 대한 답을 노예제의 붕괴에 대한 마르크스의 언급에서 찾을 수 있다.

마르크스는 『자본론』을 통해 노동자계급을 자각·각성하려 했던 것이 아닐까? 자본주의가 자유롭고 민주적인 사회를 표방하지만 실제로는 계급 사회라는 것, 노동자는 겉으로 자유로운 듯하지만, 실제로 임금노예라는 점을 자각하게 되면 자신이 노예임을 당연하게 받아들이지는 않을 것이다. 노예제하에서 노예들이 반란을 일으켜 노예제를 붕괴시켰듯이, 노동자계급이 임금노예가 되기를 강요하는 자본주의적 사회관계와 사회질서에 맞서 싸우고 혁명을 일으키는 것은 당연하지 않을까? 마르크스는 그에 대한 확신이 있었던 것 같다. 이는 『자본론』 발간 직전의 다음과 같은 말에서도 확인된다. "『자본론』은 부르주아들(지주를 포함해서)에게 던져진 가장 가공스러운 폭탄이 될 것이 틀림없네"(마르크스·엥겔스, 1990b: 148). 그런 확신이 있었기 때문에 불우한 삶과 시대를 살아가면서도 마르크스가 '혁명적 낙관주의'로 일관했다고 본다.

이렇듯 마르크스의 휴머니즘은 초기 청년 시절뿐 아니라 성숙해 늙어 죽을 때까지 그의 삶 속에 일관된 것이었다. 이에 비추어보면 마르크스의 사상은 역사유물론과 더불어 보편적 인간해방을 지향한다는 점에서 인간해방사상이라 할 수 있지 않을까 생각한다.

2장

마르크스의 자본주의 분석

고전파 정치경제학 비판

지금까지는 마르크스의 사상에 대해 개괄적으로 살펴보았다. 이제는 주로 자본주의 분석과 관련된 이론을 개괄해보려 한다. 마르크스는 고전파 정치경제학에 대한 비판을 통해 자본주의적 생산양식 또는 사회구성체를 분석했다.

1. 마르크스의 정치경제학 비판 체계(이른바 '6부작 플랜')

　마르크스는 자본주의라는 총체를 유물론적으로 어떻게 분석할 것인가에 대한 집필 계획이 있었다. 자본주의를 체계적으로 분석하려 한 마르크스의 구상이 바로 '6부작 플랜'이다. 자본주의라는 총체를 여섯 개로 나눠 분석하겠다는 구상이다. 이 6부작 플랜을 우리는 마르크스의 '정치경제학 비판 체계'라고 부른다. 그 여섯 가지는 바로 자본, 토지소유, 임노동, 국가, 대외무역, 세계시장과 공황이다. 앞의 세 가지는 마르크스가 『자본론』 1~3권에서 대체로 분석했다고 본다. 나머지 세 가지는 분석하려고 계획을 세워놓았지만 실행하지 못하고 죽었다.

　그런데 1~3권도 제목이 『자본론』이다. 토지소유와 임노동이 아니라 자본에 대해 분석한 것이다. 즉, 『자본론』에서 토지소유와 임노동을 다루더라도 자본을 다루는 데 필요한 수준에서 다룬 것이다. 엄밀한 의미에서 마르크스는 6부작 중 1부작인 자본에 대해서만 분석한 셈이다. 토지소유와 임노동은 충분히 분석하지 못했으며 국가, 대외무역, 세계시장과 공황은 아예 손도 못 댔다. 마르크스 자신이 세운 '플랜'에 비추어보면, 그의 자본주의 분석 이론은 미완성이라 할 수 있다.

　그뿐만 아니라 『자본론』조차 1권만 마르크스가 제1독일어판, 제2독일어판, 불어판으로 세 차례에 걸쳐 직접 출간했다. 2~3권은 마르크스 생전에 출간하지도 못했고, 마르크스 사후에 엥겔스가 마르크스의 유고를 정리·편집해 발간했다. 마르크스가 1권을 출판한 때가 1867년이다. 1883년에 사망할 때까지 16년이나 시간이 있었는데, 왜 2~3권을 직접 출간하지 못했을까? 초고는 다 써놨고, 조금만 더 작업하면 출간했을 텐데 왜 못했을까? 제1인터내셔널의 일로 바쁜 것도 있었고, 또 마르크스가 병에 걸려 좀 골골거린 것도 있었지만, 필자가 볼 때 마르크스는 1권에 절대적인 의미를 부여했던 것 같다.

사실 이론적으로 봐도 2~3권은 1권만큼의 중요성이 없다. 물론 엥겔스가 편집해 출간한 책도 마르크스의 원고가 미완성이었기 때문에 미완성인 채로 나왔다. 2~3권의 여러 군데서 미완성의 흔적이 발견된다. 엥겔스가 편집하며 앞뒤가 안 맞는 부분을 많이 수정했는데도 서술이 진행되다 중간에 멈춘다든지, 맥락의 연결이 매끄럽지 못한 경우도 있다. 2~3권이 주로 자본주의가 작동하는 메커니즘을 경제적으로 분석한 것이라면, 1권은 역사유물론적으로 자본(주의)의 발생·발전·소멸까지 일관되게 분석한 것이라 할 수 있다.

마르크스는 노동자들이 『자본론』 1권만 읽으면 자본주의의 본질을 파악하고 자신이 임금노예임을 깨달아 투쟁에 떨쳐나설 수 있다고 보지 않았을까 생각한다. 필자의 추론이지만, 그런 생각으로 마르크스는 『자본론』 1권을 몇 번에 걸쳐 다듬고, 고치고 또 고치면서 십몇 년을 보내다 2~3권은 출간할 엄두도 못 내고 죽은 것 같다. 『자본론』 1권은 마르크스가 직접 완성했기 때문에 그 형식이나 완성도 면에서 2~3권과는 비교할 수 없을 정도로 수준이 높지만, 내용 면에서도 2~3권에 비해 훨씬 더 중요하다는 점을 놓쳐서는 안 된다.

마르크스의 구상처럼 자본주의라는 총체를 제대로 분석하려면 『자본론』만으로는 안 되고, 당연히 국가, 대외무역, 세계시장과 공황까지 분석을 확장해가야 한다. 이는 마르크스 이후의 마르크스주의자들에게 남겨진 과제였다. 마르크스도 그런 이야기를 했다. 자신이 『자본론』 1~3권에서 분석해놓은 것을 토대로 나중에 다른 사람들이 그 이후(국가, 대외무역, 세계시장과 공황)는 쉽게 분석해낼 수 있을 것이며, 조금만 확장하면 된다고 말이다(마르크스·엥겔스, 1990b: 131~132).

2. 『자본론』의 전체 구성

그럼 더 범위를 좁혀 『자본론』의 전체 구성을 살펴보자. 1권은 자본의 생산과정, 2권은 자본의 유통과정, 3권은 자본주의적 생산의 총과정을 주제로 한다.

1권은 마르크스가 제2독일어판까지 직접 출간했고, 불어판은 그의 사위가 번역한 것을 마르크스 자신이 최종 교열을 보면서 제2독일어판의 본문 내용을 많이 수정했다. 마르크스는 '불어판 후기'에서 "불어판은 원본[제2독일어판]과는 독립적인 과학적 가치를 가지므로 독일어판을 읽은 독자들도 이 불어판을 참조하는 것이 필요할 것"(마르크스, 2015a: 22)이라고 말한다. 『자본론』 1권은 독일어판이 아니라 불어판으로 공부하는 것이 맞다고 생각한다. 한국에서도 빨리 불어판 번역이 나와야 할 텐데 아직 나오지 않고 있다. 고(故) 김수행 교수가 번역한 것은 독일어판의 영어 번역본을 기준으로 번역한 것이다.

마르크스는 독일어판의 오류들을 불어판에서 정정했으며, 독일어판에서 매우 철학적으로 서술한 부분들을 삭제하고 바꾸기도 했다. 애매한 표현들도 대부분 바꾸었다. 마르크스 자신도 불어판 교열을 본 뒤 독일어판을 전면적으로 다시 쓰려고 생각했지만, 여러 조건 때문에 뜻을 이루지 못하고 죽었다.

엥겔스는 불어판에서 수정된 내용을 반영해 제3독일어판을 출간했다. 그런데 엥겔스가 수정한 내용은 주로 제7편 「자본의 축적과정」에 국한되었다. 『자본론』 1권 불어판 곳곳에서 마르크스가 수정한 내용은 엥겔스가 편집한 제3독일어판에는 대체로 반영되지 않았다. 그래서 마르크스가 직접 교열한 『자본론』 1권의 최종본은 불어판으로 읽는 것이 맞다고 생각한다.[1] 앞으로 1권을 함께 읽으며 마르크스가 제2독일어판의 오류를 어떻게 바로잡았는지 몇 군데를 대조해서 보여줄 것이다. 김수행 교수의 『자본론』 개역판(2015)에는 불어판의 수정이 몇 군데 반영되어 역주로 표시되어 있다.

먼저 마르크스 자신이 『자본론』 1~3권의 내용을 3권의 제1장에서 간략하게 구분한 것을 인용하겠다.

제1권에서 우리는 **자본주의적 생산과정** 그 자체, 즉 직접적 생산과정이 나타내는 현상들을 연구하였으며, 거기에서는 이 과정에 외부적인 모든 부차적인 요인들을 도외시하였다. 그러나 이 직접적 생산과정이 자본의 생명순환 전부를 구성하는 것은 아니다. 직접적 생산과정은 현실 세계에서는 **유통과정**에 의해 보완되는데, 이 유통과정이 제2권의 연구대상이었다. 제2권, 특히 제3편[유통과정을 사회적 재생산과정의 매개로서 고찰하고 있다]에서 우리는 전체로서의 자본주의적 생산과정은 생산과정과 유통과정의 통일이라는 것을 명백히 보여주었다. 그러므로 이 통일을 일반적으로 고찰하는 것이

제3권의 과제가 될 수는 없다. 오히려 여기에서는 **전체로 본 자본의 운동 과정**에서 나타나는 구체적 형태들을 발견하고 서술하여야 할 것이다. 실제로 운동하고 있는 자본들은 구체적 형태를 띠면서 서로 대립하고 있는데, 이 구체적 형태에서는 직접적 생산과정에서 자본이 취하는 모습이나 유통과정에 있는 자본의 모습은 다만 특수한 계기로 나타날 뿐이다. 따라서 제3권에서 전개되는 자본의 각종 모습들은, 자본이 사회의 표면에서 서로 상호작용하면서, 즉 경쟁하면서 취하는 형태, 그리고 생산 담당자 자신들의 일상적인 의식에서 등장하는 자본의 형태로 한 발 한 발 접근하게 된다(마르크스, 2015c: 31~32).

『자본론』1권을 '나무들'이 아니라 '숲'으로 보면, 1권은 자본주의의 생성·발전·소멸 과정을 자본/임노동 관계를 중심으로 분석한 것이다. 그래서 필자는 『자본론』1권을 역사소설처럼 읽자고 제안하는 것이다. 1권이 이론서라고 해서 가치법칙(어떤 상품의 가치는 그 상품을 생산하는 데 사회적으로 필요한 노동시간, 즉 사회적 평균 노동시간에 의해 결정된다는 법칙)으로만 따지려 들면 골치만 아프고 중요한 것은 오히려 놓치게 된다. 또 마르크스가 그런 맥락으로 쓰지도 않았다고 생각한다. 자본주의적 생산양식이 어떻게 발생·발전하며, 결국 모순에 의해 어떻게 망하게 되는지를 사람들 사이의 사회적 관계인 자본/임노동 관계를 중심으로 보는 것이 더 중요하다. 이처럼 1권은 자본주의의 생성·발전·소멸을 자본/임노동 관계를 중심으로 역사적으로 추적·분석한 것이고, 자본주의의 생성·발전·소멸의 '역사적 필연성'을 밝혀낸 것이다. 마르크스가 1권을 집필한 시점에서 보면 자본주의의 생성과 발전은 과거사 또는 현재진행형이었고, 자본주의의 소멸은 자본주의의 미래에 대한 전망이었다.

『자본론』1권의 차례를 보면, 제1편은 '상품과 화폐'다. 자본주의가 상품생산사회이기 때문에 제1편에서는 자본주의경제의 세포형태(기본 단위)인 상품과 화폐를 분석하고 있다. 『자본론』1권에서 가장 이론적인 부분이 제1편이다. 물론 역사적으로도 상품과 화폐가 왜 출현했는지를 추적한다. 또한 상품생산사회의 규제 원리인 가치법칙을 밝히고, 상품화폐경제에서 중요한 매개체인 화폐의 기능을 상세히 분석한다.

제2~7편에서는 자본이 어떻게 이윤을 생산하고, 자본축적은 어떻게 진행되며, 그 과정에서 나타나는 자본축적의 일반법칙이 무엇인지 역사적 자료에 근거해 매우 상세히 분석한다. 자본주의의 발전 과정에 관한 역사적 분석이다. 자본주의의 내적 논리와 모순, 자본축적의 일반법칙 등이 밝혀져 있다.

제8편 「이른바 시초축적」에서는 자본주의의 발생과 소멸에 관해 분석한다. 자본주의의 '출생의 비밀'을 역사적으로 상세히 분석하고, 자본주의가 왜, 어떻게 망할 수밖에 없는지 그 역사적 필연성을 매우 압축적으로 보여준다. 『자본론』1권의 결론이라 할 수 있는 '자본이란 무엇인가'의 자본 개념도 마지막 제33장에 정리되어 있다.

『자본론』2권은 자본의 유통과정에 관한 것이다. 프랑스의 중농주의 경제학자 프랑수아 케네(François Quesnay)는 '경제표'를 발표했다. 경제표는 일국 연간 생산물의 유통과 분배과정, 즉 경제순환을 단순재생산의 과정으로서 간단한 도표에 명확히 표시한 것이다. 마르크스는 케네의 경제표에 착안해 재생산과정을 분석한다. 마르크스는 상품의 종류를 크게 소비재와 생산재로 구별해, 즉 산업을 크게 소비재와 생산재의 두 부문으로 구분해 이 상품들이 사회적으로 어떻게 단순재생산·확대재생산을 하며 원활하게 굴러가는지 산수로 계산해 따져본다. 이것을 '재생산 표식'이라고 부른다. 이는 자본주의 상품의 생산과 유통을, 요즘 식으로 말하면 산업연관을 파악하는 것이며, 생산되는 모든 상품이 어떻게 맞물려 생산·소비되는가에 관한 것이다. 재생산이 원활하려면 우선 생산재와 소비재로서 상품의 쓰임새(즉, 사용가치)가 맞아떨어져야 한다. 예컨대 소비재 부문이 생산한 소비재는 노동자와 자본가의 소비를 충족해야 하고, 생산재 부문이 생산한 생산재는 소비재/생산재 부문의 생산에 필요한 생산재를 충족해야 한다. 다음으로, 두 부문이 등가교환을 통해 가치가 맞아떨어져야 한다. 예컨대 단순재생산의 경우, 두 부문의 노동자 임금과 자본가 이윤은 소비재 부문이 생산한 소비재 가치와 같아야 하고, 두 부문의 생산에 필요한 생산재 가치가 생산재 부문에서 생산한 생산재 가치와 같아야 한다. 이렇듯 재생산 표식에는 사용가치 차원과 가치 차원이 모두 포함되어 있다. 두 부문이 사용가치 차원과 가치 차원에서 맞아떨어져야 사회적 재생산이 원활하게 이루어진다. 이를 보여주는 것이 재생산 표식이다.

『자본론』세 권 가운데 제일 따분해서 읽다보면 잠이 오는 것이 바로 2권이다. 산수가 제일 많이 나오고, 계산하려면 골치가 아프다. 일반 독자라면 꼭 읽지 않아도 된다고 생각한다.

2권에서 중요한 내용은 결국 자본주의에서 칼자루를 쥐고 있는 것은 자본가라는 점이다. 자본주의 생산 자체가 이윤 생산이지만, 자본가가 어떻게 투자하느냐에 따라 생산재 수요도 결정되고 소비재 수요도 결정된다. 자본가가 생산을 위해 투자를 해야 생산재를 구매하고 노동자를 고용하기 때문이다. 노동자를 고용해야 노동자는 임금을 받아 소비재를 살 수 있다. 그러므로 자본주의에서 수요의 원천은 자본가에게, 즉 자본가의 투자에 있다. 자본주의적 생산의 목적이 사회적 필요의 충족이 아니라 이윤이라는 점에 자본주의의 모순이 있다. 자본주의는 이윤을 위한 생산이므로 자본가는 이윤이 예상되지 않으면 투자하지 않고, 투자하지 않으면 수요가 생겨나지 않으므로 과잉생산공황이 발생하게 된다.

『자본론』3권에서는 1~2권을 통해 각각 별도로 분석한 생산과정과 유통과정을 종합해 총체적으로 분석한다. 그래서 3권의 주제를 '생산의 총과정'으로 본다. 보통 '생산과정'이라고 하면 유통과정을 빼고 분석한 것인데, '생산의 총과정'에서는 생산뿐 아니라 유통도 포괄한다. 마르크스의 말대로 "전체로 본 자본의 운동 과정"이 고찰된다.

3권에는 자본주의적 생산이 상품생산의 형태를 취하며 어떻게 생산·유통되는지 잘 나와 있다. 그 속에서 여러 법칙적 현상이 나타난다. 노동생산물이 상품형태를 취하면서 사람들 간의 사회적 관계가 물건들 간의 사회적 관계로 표현되고, 따라서 물질적 형태를 띠기 때문에 가치법칙은 자연법칙과 거의 유사하게 나타난다. 이에 대해서는 4장에서 자세히 살펴볼 것이다. 3권에서는 이러한 가치법칙이 현실에서 어떻게 나타나는지 분석한다. 여기서는 물질세계 및 객관적 사회관계와 사람들의 의식형태가 통일적으로 파악되면서, 어떻게 자본가의 의식형태에는 자본가들 사이의 경쟁을 매개로 잉여가치(노동자의 잉여노동이 가치로 표현된 것)가 이윤으로 나타나고, 잉여가치율[2]이 이윤율[3]로 나타나는지 보여준다.

3권에서 가장 중요한 부분은 '이윤율 저하 경향의 법칙'을 자본주의의 고유한 내재적 법칙으로 밝혀낸 것이다. 또한 자본주의적으로 생산된 이윤이 어떻게 산업자본과 상업자본, 그리고 금융자본과 지주 세력에 분배되는가와 같은 골치 아프고 복잡한 이론들이 나온다. 자본주의적 지대를 차액지대(토지의 비옥도나 위치와 같은 자연력의 차이로 발생하는 초과이윤에서 생기는 지대)와 절대지대(토지의 독점적 소유에서 생기는 지대)로 구별해 과학적으로 해명한 것도 3권의 주요 내용의 하나다.

경제학 전공자가 아니라면 3권 또한 꼭 읽어보지 않아도 된다고 생각한다. 주요 내용을 개괄적으로 정리한 책을 참고해도 된다. 그런데 인간 의식과 문화 등에 관심이 있는 독자는 3권을 읽어볼 필요가 있다. 3권에서는 사람들 사이의 사회관계가 인간 의식에 어떻게 반영되고 현상되는가, 즉 가치, 임금, 이윤 등의 경제적 범주와 중상주의, 중금주의 또는 경제적 삼위일체의 공식(자본-이윤, 토지-지대, 노동-임금) 등 여러 경제사상에서 자연발생적인 의식형태가 어떻게 형성되는가 하는 메커니즘을 구체적으로 분석하고 있기 때문이다. 말하자면, 3권은 객관 현실과 사회관계가 어떻게 인간의 의식에 왜곡 또는 전도된 채 반영되어 자연발생적 의식이 형성되는지를 생생하게 분석하고 있다. 이는 자본주의 문화 비판에 중요한 준거점이 될 수 있다.

3. 마르크스가 자본주의를 분석해 밝혀낸 주요 이론

이제 마르크스가 『자본론』에서 자본주의를 분석해 밝혀낸 주요 이론 몇 가지를 살펴보겠다. 이 중 많은 부분은 앞으로 『자본론』 1권을 공부하며 자세히 공부하게 될 것이다. 지금은 좀 더 넓은 시야로 숲 전체를 한번 보려 한다.

여기서는 크게 여섯 가지로 나눠서 보려고 한다. 물론 꼭 여섯 가지일 필요는 없다. 다섯 가지로 정리할 수도 있고, 일곱 가지로 나눌 수도 있다. 여섯 가지로 나눈 것은 마르크스의 자본주의 분석·비판의 핵심적 내용을 편의적으로 나누었을 뿐이다.

첫 번째는 '자본주의란 무엇인가'다. 마르크스는 자본주의의 역사적 특징, 즉 역사적으로 다른 생산양식과 구별되는 특징으로 두 가지를 든다. 하나는 상품생산사회이고, 다른 하나는 생산의 목적이 이윤인 사회라는 점이다. 자본주의는 상품생산 형태를 띠지만, 이윤 생산을 중심으로 계급적 지배·예속 관계가 유지되는 계급사회라는 것이다. 이는 마르크스가 자본주의의 겉모습(현상형태)과 본질을 통일적으로 파악해 내린 결론이다. 상품생산사회라는 겉모습만 보면 자본/임노동 관계는 자유로운 상품 소유자 간의 상품 매매 관계(노동력 매매 관계)로 나타나지만, 실제로는 지배·예속 관계, 즉 계급관계라는 것이다.

자본주의가 계급사회라는 것은 무서운 말이다. 자본주의도 노예제나 봉건제처럼 지배계급이 피지배계급을 지배·착취하는 체제, 인간이 인간을 지배·예속하는 계급사회라는 뜻이다. 마르크스는 '자본주의란 무엇인가'라는 물음에 계급사회라는 점을 과학적으로 밝혀냈다.

상품생산사회는 겉모습(현상형태)이고, 그 본질은 계급사회다. 자본/임노동 관계는 계급적 지배·예속 관계이고, 자본주의는 직접적 생산자인 임금노동자의 잉여노동을 지배계급인 자본가가 빼앗아가는 사회, 다만 빼앗아가는 형태가 봉건제와 구별될 뿐인 계급사회다. 봉건제가 무력과 같은 직접적 폭력을 통해 잉여노동을 빼앗아간다면, 자본주의는 노동력 매매라는 자유계약을 통해 빼앗아간다. 이에 대해서는 5장에서 자세히 살펴볼 것이다.

기존의 고전파 정치경제학은 자본주의를 시장경제와 자유민주주의 사회로 파악했다. 고전파 정치경제학은 부르주아계급이 봉건제를 타도했으며 신분제를 철폐했으므로 이제 자유롭고 민주적인 사회라고 주장한다. "만인이 평등하다"는 것이다. 그런데 마르크스는 그것이 겉모습에 불과하다고 말한다. 헤겔식으로 말하자면, 사람들이 해가 동쪽에서 떠서 서쪽으로 지는 것을 보고 천동설을 주장하는 것과 똑같다는 것이다. 지금 천동설을 주장하면 초등학생도 '미쳤다'라고 할 것이다. 그러면 지동설을 주장한 니콜라우스 코페르니쿠스(Nicolaus Copernicus) 이전 사람들은 다 미친 것인가 아니면 지능이 낮은 것인가? 아니다. 천동설에도 경험적 근거가 있다. 우리 눈에 보이는 대로 본다면 천동설이 맞다. 태양이 아침에 동쪽에서 떴다가 저녁에 서쪽으로 지는 것을 보면, 태양이 우리 지구를 도는 것처럼 보인다. 그래서 고전파 정치경제학이 자본주의는 '시장경제'이고 '자유민주주의'라고 주장하는 것에 대해 마르크스는 "그건 천동설과 똑같은 이야기다, 현상만 보고 하는 이야기다"라고 비판한 것이다. 시장경제 또는 상품생산사회라는 자본주의의 겉모습을 보고, '천동설'처럼 경제학에서 '자유민주주의 사회'라는 관념이 자연발생적으로 생기게 되었다는 것이다.

두 번째는, 그렇다면 마르크스와 고전파 정치경제학의 상품생산사회 또는 시장경제 분석이 똑같은가라는 점이다. 구체적으로는 고전파 정치경제학의 노동가치론과 마르크스의 노동가치론이 동일한 것인가의 문제다. 마르크스는 고전파 정치경제학의 노동가치론을 비판하며 자신의 독자적인 노동가치론을 정립했다. 노동가치론이라는 동일한 용어가 사용되지만 고전파 정치경제학의 노동가치론과 마르크스의 노동가치론은 질적으로 구별된다.

그 차이를 쉽게 이해할 수 있도록 고전파 정치경제학의 노동가치론을 먼저 설명하고, 이에 대한 마르크스의 비판과 그에 상응하는 마르크스의 독자적인 노동가치론을 설명하겠다. 고전파 정치경제학의 노동가치론은 상품들의 양적 관계만 따진다. 각각의 상품을 생산하는 데 들어간 노동시간을 기준으로 상품이 몇 대 몇으로 교환되는가 하는 양적 비교와 양적 타산만 있다. 체계적인 노동가치론이 처음 등장한 것은 애덤 스미스(Adam

Smith)가 산업혁명 초기인 1776년에 쓴 『국부론(The Wealth of Nations)』에서였다. 자본주의적 생산방식은 역사적으로 단순협업, 매뉴팩처(공장제 수공업), 기계제 대공업의 순서로 발전했는데, 『국부론』은 애덤 스미스가 기계제 대공업이 본격화되기 이전의 매뉴팩처 단계에서 나타난 여러 자본주의 현상을 집대성한 것으로 볼 수 있다. 성명 미상의 저자들이 쓴 노동가치론에 관한 팸플릿은 이미 매뉴팩처 단계에 이르러 종종 나돌았다. 성실했던 애덤 스미스는 영국 전역의 산업도시들을 돌아다니며 그런 팸플릿을 모두 수집했다. 또 귀족 아들의 가정교사를 지내면서 프랑스 등 유럽 대륙의 여러 나라를 다니며 각국에서 책이나 팸플릿을 수집했다. 그런 것들을 집대성해 체계적으로 이론화한 것이 바로 『국부론』이다.

매뉴팩처 단계 당시 '가격을 결정하는 것이 무엇인가', '가격 결정의 근거나 기준이 무엇인가' 등에 대해 많은 사람이 수많은 팸플릿에서 자기 나름의 추론과 이론을 제시했는데, 그때 노동가치론이 나왔다. 어찌 보면 당시 노동가치론은 하나의 상식이었던 것 같다. 매뉴팩처 단계에서는 생산의 토대가 수공업이었다. 그렇게 만들어진 상품이 서로 교환될 때 그 교환비율은 각각의 상품을 생산하는 데 들어간 노동시간으로 결정된다는 것이 사람들 눈에 쉽게 보였다. 상품교환이 반복적으로 이루어지면서 실제로도 그러했고, 사람들도 쉽게 그것을 파악할 수 있었다.

애덤 스미스는 그런 내용을 팸플릿 수준이 아니라 이론적으로 정리하고, 노동가치론에 입각해 자본주의의 여러 현상을 체계적으로 분석해서 『국부론』이라는 책을 저술했다. 이 책으로 애덤 스미스는 '경제학의 아버지'가 되었다. 『국부론』에는 앞뒤가 모순되는 서술이 많이 나오기도 하지만, 학문을 위해 결혼도 하지 않고 평생 독신으로 살았던 것을 보면 대단히 성실하고 진지한 학자였던 것 같다. 애덤 스미스 이후 고전파 정치경제학자들 중 노동가치론을 일관되게 정립하고 가장 발전시킨 사람은 당시 천재로 평가받은 데이비드 리카도였다. 이후 정치경제학자들은 애덤 스미스와 데이비드 리카도에 의해 정립된 노동가치론을 따랐다.

고전파 정치경제학자들은 이렇게 노동가치론의 양적 측면만을 따졌는데, 여기서 마르크스는 다른 질문을 던진다. 부르주아 경제학자들이 말하는 노동가치론에 따르면 이 상품은 다섯 시간짜리, 저 상품은 네 시간짜리라고 말해야 하는데, 왜 1000원, 800원의 가치가 있다고 화폐로 가치를 표현하는지 질문한다. 마르크스는 고전파 정치경제학이 "어째서 노동이 가치로 표현되며, 그리고 어째서 노동시간에 의한 노동의 측량이 노동생산물의 가치량으로 표현되는가 하는 질문을 한 번도 제기한 적이 없었다"(마르크스, 2015a: 103~105)라고 비판한다. '노동이 왜 가치로 표현되는가', 그리고 '노동시간이 왜 교환가치로 표현되는가'라는 물음을 제기한 사람은 마르크스가 처음이었다. 이 질문은 달리 표현하면 교환가치의 자립적 형태인 화폐란 무엇인가다. 마르크스 이전의 경제학자들은 화폐를 너무나 당연한 것으로 여겼다. 사과가 무엇인지에 우리가 새삼스럽게 의문을 품거나 질문하지 않는 것과 비슷하다. 자연물로서 사과를 당연하게 여긴 것과 마찬가지로 화폐도 당연한 존재로 여긴 것이다. 그런데 화폐는 자연의 산물이 아니지 않는가? 사과는 사과나무의 열매지만 화폐는 화폐나무의 열매가 아니다. 그러면 당연히 화폐에 대해 질문해야 한다. 이것은 어디서 나왔으며 무엇인가라고 말이다. 그런데 고전파 정치경제학자들은 그런 질문을 하지 않았다.

마르크스는 이 질문으로 시작해 노동가치론의 질적 측면을 탐구·분석한다. 그 연구 결과가 '가치형태론'이다. 마르크스는 『자본론』 1권의 「서문」에서 사람들이 자기 책이 어렵다고 하는데, "가치형태에 관한 절을 제외한다면, 이 책을 이해하기 어렵다고 비난할 수는 없다"(마르크스, 2015a: 4)라고 말한다. 그만큼 가치형태를 발견하기가 어렵다는 것이다. 그래서 "인간의 지혜는 2000년 이상이나 이 가치형태를 해명하려고 노력했지만 실패"(마르크스, 2015a: 4)했다고 말한다. 마르크스는 헤겔의 변증법에 정통했기 때문에 화폐가 바로 '가치의 형태'라는 것을 밝힐 수 있었다. 화폐로 표현된 교환가치가 인간의 눈에 보이는 가치의 현상형태(표현양식)라는 점을 마르크스가 처음으로 밝힌 것이다.

가치형태에 대한 마르크스의 설명과 동전의 양면을 이루는 것이 자본주의 사회의 상품 물신숭배 현상에 대한 발견이다. 마르크스가 화폐가 무엇인지 밝힐 수 있었던 것은 상품 물신숭배를 밝혀냈기 때문이다. 4장에서 자세히 살펴보겠지만, 상품생산사회에서는 사람들의 사회적 관계가 물건들(상품들)의 사회적 관계로 표현된다는 것, 그렇다 보니 가치, 화폐, 자본 등 사람들의 사회적 관계를 표현하는 경제적 범주들이 사람들에게는 인간과 독립적인 '자립적 주체'로 보이게 되고, 그래서 주객전도(主客顚倒)가 발생한다는 것이 상품 물신숭배 현상이다.

노동생산물의 가치형태와 가치관계는 노동생산물의 물리적 성질과는 아무런 관련도 없다. 인간의 눈에는 물건들 사이의 관계라는 환상적인 형태로 나타나지만, 그것은 사실상 사람들 사이의 특정한 사회적 관계에 지나지 않는다. 그러므로 그 비슷한 예를 찾아보기 위해 우리는 몽롱한 종교 세계로 들어가 보지 않으면 안 된다. 거기에서는 인간 두뇌의 산물들이 제각기 특수한 신체를 지닌 자립적인 존재로 등장해 그들 자신과 서로 간에, 그리고 인간과 소통하고 있다. 마찬가지로 상품세계에서는 인간 손의 산물들이 그와 같이 등장한다. 이는 노동생산물이 상품으로 나타나자마자 노동생산물에 부착되는 물신숭배, 따라서 이 생산양식과 분리될 수 없는 물신숭배라고 부를 수 있는 것이다(Marx, 1977: 69).

필자는 마르크스가 상품 물신숭배 현상에 대해 밝힌 것이 경제학에서 '코페르니쿠스적 전환'에 해당한다고 생각한다. 이를 발견하면서 마르크스는 고전파 정치경제학을 근본적으로 비판할 수 있게 되었고, 자본주의 사회의 겉모습인 상품생산사회를 뚫고 들어가 그 실체인 자본/임노동의 계급관계를 과학적으로 분석할 수 있었다. 말하자면, 자본주의를 과학적으로 이해하는 데 하나의 전환점을 마련한 것이다.

마르크스는 노동가치론의 질적 측면, 즉 가치형태론과 상품 물신숭배론을 개척해 노동가치론의 양적 측면에서도 고전파 정치경제학의 노동가치론을 넘어서게 된다. 고전파 정치경제학의 노동가치론이 투하노동가치설, 즉 상품의 가치가 그 상품의 생산에 투하된 노동시간으로 결정된다는 투박한 수준이라면, 마르크스의 노동가치론(가치법칙)은 상품의 가치가 그 상품을 재생산하는 데 필요한 사회적 평균 노동시간에 의해 결정된다는 주장으로 엄밀하게 발전한다.

이렇듯 자본주의 사회의 시장경제 또는 상품생산사회라는 측면과 관련해서도 마르크스의 이론은 고전파 정치경제학과 근본적으로 다르다. 마르크스의 노동가치론이나 자본주의 분석을 고전파 정치경제학 수준에서 양적으로만 따지는 노동가치론 정도로 보는, 따라서 마르크스의 노동가치론이 고전파 정치경제학이 제시한 노동가치론의 불완전함을 완성한 것으로 평가하는 견해는 올바르지 않다. 이런 견해들은 주로 수학을 통해 마르크스의 노동가치론을 이해하려 하는데, 이 역시 마르크스의 이론에 대한 조금 빗나간 이해라 할 수 있다. 마르크스 노동가치론의 정수는 가치형태론과 상품 물신숭배론에 있다.

앞으로도 마르크스주의자들이, 또 마르크스주의를 떠나 인문·사회과학이 발전해나가려면 가치형태론과 상품 물신숭배론을 움켜쥐고 자본주의 사회를 분석할 필요가 있다. 이것이 자본주의가 상품생산사회이기 때문에 발생하는 인간 의식의 왜곡되거나 전도된 형태를 이해하는 관건이기 때문이다. 더 나아가 자본주의를 극복하고 자본주의를 넘어설 수 있는 대안을 마련하려면, 상품 물신숭배 비판에 의거해 자본주의 사회를 여러 측면에서 더 깊이 밝혀내고 더 근본적으로 비판하도록 요구된다. 자본주의에 대한 이런 근본적 비판만이 대안적 사회의 구성 원리를 모색할 수 있게 해주기 때문이다. 예컨대 자본주의 사회에서 보편화된 개인주의 사상은 고립된 개인들의 상품교환관계가 가치관에 반영된 것이다. 이를 근본적으로 비판할 수 있어야 개인과 사회의 통일적 관계 또는 조화로운 관계를 사회적으로 모색함으로써 개인주의 사상을 극복할 수 있는 것이다.

세 번째는 '자본이란 무엇인가'다. 부르주아 경제학에서 자본은 기계 등 생산수단을 말한다. 마르크스는 이를 비판하며 자본은 생산수단과 같은 물건이 아니라 자본가와 임금노동자의 사회적 관계라는 점을 밝힌다. 자본이 무엇인가라는 문제는 이윤이 어떻게 발생하는가의 문제다. 자본의 본질적 특징이 이윤이기 때문이다. 보통 마르크스의 자본주의 분석에서 최고의 기여를 마르크스가 이윤의 원천을 해명했다는 점, 즉 이윤은 자본가들이 노동자들의 잉여노동을 빼앗아간 것이라는 점을 밝힌 데서 찾는다. 마르크스가 자본주의에서 자본가에게 돌아가는 이윤의 원천을 명료하게, 누구도 반박할 수 없도록 밝혔기 때문이다. 그런데 사실 이윤의 원천에 대한 설명의 절반 정도는 리카도 등 고전파 정치경제학자들이 밝혀놓았다. 그런데 가장 뛰어난 학자였던 리카도조차 부르주아적 관점이나 부르주아적 이해관계 때문에 노동가치론에 입각해서 이윤의 원천을 확실하게 밝히지 못했다. 마르크스에 이르러 비로소 노동가치론에 일관되게 입각해 이윤의 원천이 해명된다.

조금 옆길로 새는 이야기인데, 필자는 학부를 졸업하고 대학원에 들어가 처음으로 『자본론』 1권 영문판을 읽게 되었다. 필자는 『자본론』 1권을 읽고 '공부는 이렇게 하는 것이구나'를 깨달았다. 그전까지는 논문을 작성하면 처음부터 끝까지 다 새롭게 써야 하는 줄 알았다. 그런데 『자본론』 1권을 보니 99%는 남의 이론이고 마르크스 자신의 이론은 1%밖에 없었다. 그래서 공부는 온고지신(溫故知新), 즉 옛것을 새롭게 하는 것이라는 점을 그때 알았다. 『자본론』 1권은 다른 사람의 이론에 대해 출처를 밝혀두었는데, 정말 99%는 남들이 이미 어느 정도 밝혀놓은 것이었다. 다만 다른 사람들이 일면적·부분적으로 분석해놓은 것을 마르크스는 자신의 관점과 틀로 쫙 꿰어 1%의 새로운 이론을 창조했다. 많은 구슬이 실로 꿰어져야 목걸이가 되는데, 그 실과 같은 기능을 하는 1%가 마르크스 자신의 독창적 이론이었다. 이윤의 원천과 관련해 그 1%에 해당되는 것은 다음의 세 가지다.

첫째, 임금이 '노동의 대가'가 아니라 '노동력의 가치'라는 점이다. 마르크스 이전에는 사람들이 모두 물신숭배에 빠져 이 점을 보지 못했다. 임금을 노동자가 제공한 노동에 대한 대가로 생각했다. 마르크스는 사람들의 그런 색안경을 벗겨버리고 임금이 '노동력의 가치'라는 것을 명쾌하게 밝혔다. 아직까지도 많은 사람이 임금이 노동의 대가라고 생각한다. 마르크스가 임금이 노동력의 가치임을 밝힌 지 150년이 지난 지금도 제대로 보지 못하고 있는 것이다.

둘째, 봉건제와 자본주의의 차별성에 관한 것이다. 자본주의도 봉건제와 똑같은 계급사회인데 사람들이 왜 계급사회로 못 느끼는가에 대한 설명이다. 그 차이를 마르크스는 '경제적 강제'와 '경제외적 강제'로 구별한다. 계급사회로서 자본주의는 착취(exploitation)이고 봉건제는 수탈(expropriation)이라는 것이다. 봉건제의 '수탈'은 말 그대로 직접적 폭력을 통해 빼앗는 것인 반면, 자본주의의 '착취'는 폭력을 사용하지 않고 남을 교묘히 이용해 사적 이익을 얻는 것이다. 'exploit'의 사전적 의미는 남을 이용해 사적 이익을 취한다는 뜻이다. 결국 자본주의의 착취는 자본가가 노동자를 교묘하게 이용해 사적 이익인 이윤을 챙기는 것을 말한다.

결국 빼앗는 것은 동일한데 그 메커니즘이 다르다. 봉건제가 직접적 폭력으로 수탈한다면, 자본주의는 '경제적 강제'로 착취한다. '경제적 강제'란 우리말로 "목구멍이 포도청"이라는 뜻이다. 생산수단이 없는 노동자가 굶어 죽지 않고 먹고살려면 어쩔 수 없이 자본가에게 자신의 노동력을 상품으로 판매할 수밖에 없다고 해서 '경제적 강제'라고 한다. 자본주의 사회에서 자본/임노동 관계는 폭력과 같은 외적 강제 없이 '자유계약'을 통해 성립한다. 마르크스는 자본주의적 착취의 이런 '경제적 강제'와 대비해 봉건제의 직접적 폭력을 '경제외적 강제'라고 부른다. '경제외적 강제'라는 용어는 '경제적 강제'라는 자본주의의 특징에서 파생·명명된 것이다.

셋째, 결정적인 것으로, 자본이란 무엇인가에 대한 것이다. 마르크스에 따르면 자본은 물건이 아니라 사람들 사이의 사회적 관계다. 자본가의 이윤이 노동자의 잉여노동을 착취한 것이라면, 결국 이윤은 자본/임노동 관계에서 발생하기 때문이다. 따라서 자본은 생산수단과 같은 물건이 아니라 그런 생산수단을 매개로 형성된 자본/임노동 관계, 즉 사람들 사이의 사회적 관계다.

이러한 자본 개념은 『자본론』 1권의 마지막 장인 제33장에 나온다. 제

33장의 제목은 '근대적 식민이론'이지만, 이는 겉으로 내세우는 것이고, 실제 제목은 '자본이란 무엇인가'라고 생각한다. 마르크스는 이 33장에서 '근대적 식민이론'을 통해 자본이란 무엇인가를 매우 쉽게 이해할 수 있도록 설명한다. 오스트레일리아나 북아메리카를 개척하기 위해 유럽 노동자들이 자유로운 이주민들로 보내졌는데, 이들은 개척지에서 쉽게 독립적인 농민이나 수공업자가 될 수 있었으므로 아무도 임금노동자가 되려 하지 않았다. 따라서 오스트레일리아와 북아메리카에서는 자본/임노동 관계가 잘 형성되지 않았고 자본주의적 생산이 어려웠다. 이런 개척지에서는 임금노동자를 육성하기 위한 '조직적 식민'정책이 필요했다. 마르크스는 영국의 식민주의자 에드워드 웨이크필드(Edward Wakefield)의 '근대적 식민이론'을 통해 "자본은 물건이 아니라 [물건들을 매개로 형성된] 사람들 사이의 사회적 관계라는 것"(마르크스, 2015a: 1050)을 밝힌다. 『자본론』 1권의 1000쪽에 달한 논의의 결론은 이렇듯 '자본이란 무엇인가'에 대한 개념 규정으로 마무리된다.

자본가의 이윤이 노동자로부터 빼앗은 것이라는 점은 노동자도 노동 현장에서 감으로는 느낀다. 마르크스처럼 이론적으로 논리 정연하게 설명하지는 못하지만 말이다. 문제는 자본가의 그런 착취가 어떤 메커니즘을 통해 이루어지는지 체계적으로 분석하고, 또 그런 메커니즘이 왜 사람들에게 투명하게 드러나지 않는가를 밝히는 일이다. 이런 작업을 해낸 것이 마르크스가 『자본론』에서 보여준 자본주의 분석이다.

네 번째는 자본축적론이다. 자본이 축적된다는 것은 자본/임노동 관계를 통해 창출된 이윤이 다시 생산적으로 투자된다는 뜻이다. 즉, 기존의 생산수단과 노동자에 추가해 새로운 생산수단과 노동자를 고용한다는 것이다. 그래서 확대된 규모로 생산이 이루어지면 더 많은 이윤을 얻게 된다. 자본축적이란 이러한 과정이 반복되는 것이다. 따라서 자본축적은 자본의 '확대재생산'이다. 자본의 확대재생산은 자본/임노동 관계의 확대재생산을 가져오므로 그만큼 노동자의 수가 늘어나게 된다. 따라서 자본축적에 따라 사회 전체에서 노동자계급이 다수가 된다는 것을 의미한다. 이런 자본축적 속에는 일정한 경향적 법칙이 나타난다.

그런데 자본축적이 이루어지려면 먼저 자본/임노동 관계가 형성되어 있어야 한다. 자본/임노동 관계가 형성되어 있어야만 자본가가 그 관계하에서 노동자의 잉여노동을 빼앗아 이윤을 벌 수 있고, 또 그 이윤을 재투자해 확대재생산을 할 수 있기 때문이다. 그러면 당연히 최초의 자본/임노동 관계가 어떻게 형성되었는지 이치적으로 따져봐야 한다. 이에 대한 대답이 '원시(原始)축적'(또는 시초축적)이다. 마르크스는 서유럽의 역사를 연구해 프롤레타리아(무산자)가 창출되는 역사적 과정을 분석한다. 마르크스는 15세기 말부터 19세기 초까지 영국에서 전형적으로 이루어진 폭력적 토지수탈이었던 인클로저(enclosure)운동을 자본주의의 기원으로서 밝힌다. 인클로저운동으로 생산수단인 토지를 박탈당한 대규모의 농민들이 프롤레타리아로 전락한 뒤, 결국 생계를 꾸려가기 위해 자본가에게 임노동자로 고용된 것이다. 이런 프롤레타리아의 역사적 창출 과정이 바로 자본/임노동 관계의 역사적 창출 과정이자 자본주의의 생성 과정인 원시축적이다.

원시축적이 이루어지면, 즉 자본/임노동 관계가 일단 형성되면 그다음부터는 자본축적이 자동적으로 이루어진다. 자본/임노동 관계하에서 자본가는 이윤을 계속 벌어들여 재투자해 더 많은 노동자를 고용하는 확대재생산을 계속할 수 있기 때문이다. 이처럼 원시축적과 자본축적은 개념적으로 명확히 구별된다. '원시축적' 개념을 통해 자본/임노동 관계가 상품생산이 발달하면서 자연발생적으로 형성된 것이 아니라 역사적으로 폭력적인 토지 수탈에 의해 인위적으로 창출되었다는 점을 자본주의의 기원으로서 밝힌 것은 마르크스의 중요한 기여다. 또한 원시축적 개념은 자본/임노동 관계가 자연적 질서도 아니고 영원한 것도 아닌 과도기적인 것이라는 의미에서 "역사적 생산관계"(마르크스, 2015a: 1050)라는 점도 드러내준다.

마르크스는 자본축적과정에 대한 분석을 통해 경향적으로 나타나는 '자본축적의 일반법칙'을 찾아낸다. 여러 측면이 있지만, 핵심은 두 가지다. 하나는 자본의 독점화다. 경쟁 메커니즘의 필연적 결과로 독점이 출현할 수밖에 없다는 것이다. 일정한 기술 수준에서 자본 간 경쟁은 가격경쟁으로 귀결되는데, 가격경쟁에서 '규모의 경제'의 이점을 누리는 상대적 대자본이 소자본을 이기기 때문에 필연적으로 자본의 집중이 발생하는 것이다. 또 하나는 '노동자계급의 궁핍화'다. 자본의 독점화가 하나의 필연적 경향이 되는 과정은, 동시에 그 이면에서 노동자계급이 그만큼 더 많아지고, 또 노동자계급이 궁핍화될 수밖에 없는 과정이라는 것이다. 자본주의 하에서 자본의 독점화 경향은 역사적 사실로 드러났기 때문에 논란의 여지가 별로 없지만, 노동자계급의 궁핍화 경향에 대해서는 그동안 논쟁이 많았다. 특히 부르주아 이론가들이 마르크스를 비판하는 주요 논거였다. 이들은 역사적으로 노동자계급의 임금이 상승해 노동자들이 먹고살 만해졌다는 역사적 사실을 근거로 마르크스 이론이 틀렸다고 주장한다. 아마 이런 주장을 많이 들어보았을 것이다. 그런데 마르크스는 그렇게 말한 적이 없다. 그는 노동자들의 임금이 더 줄어들고 절대적 생활수준이 더 악화될 것이라는 의미로 노동자계급의 궁핍화를 이야기하지 않았다. 오히려 그 반대로 이야기했다. 노동자들의 실질임금이 오르고, 또 생산력이 발달해 노동자들의 물질적 생활수준이 향상되더라도 노동자계급의 사회적 처지는 종합적으로 더 악화되기 때문에 궁핍화된다고 말이다.

현저한 임금의 증대는 생산자본의 급속한 성장을 전제한다. 생산자본의 급속한 성장은 마찬가지로 부, 사치, 사회적 욕구 및 사회적 향유의 급속한 성장을 야기한다. 따라서 비록 노동자의 향유가 증대된다고 하더라도 그것이 주는 사회적 만족은 노동자가 넘볼 수 없는 자본가의 증대된 향유에 비하면, 사회의 발전 상태 일반에 비하면, 감소된 셈이다. 우리의 욕구와 향유는 사회로부터 나온다. 그러므로 **우리는 사회를 기준으로 그것들을 재는 것이지 그것들의 충족 대상들을 기준으로 재는 것이 아니다. 욕구와 향유는 사회적 본성이기 때문에 상대적인 본성이다**(마르크스, 1991c: 560).[*]

임금은 또한 무엇보다도 자본가의 이득, 즉 이윤과 임금과의 관계에 의해서 결정된다 — 비교적·상대적 임금(마르크스, 1991c: 561).[4]

노동자계급에게 가장 좋은 상황, 가능한 한 급속한 자본의 성장조차, 그것이 아무리 노동자의 물질적 삶을 개선시켜준다 하더라도, 노동자의 이해관계와 부르주아의 이해관계, 자본가의 이해관계 사이의 대립을 폐기하지는 못한다. 이윤과 임금은 예나 지금이나 반비례관계에 있는 것이다.

만일 자본이 급속히 성장한다면 임금이 오를 수도 있을 것이다. [그러나] 자본의 이윤은 비교가 안 될 정도로 더 빨리 올라간다. 노동자의 물질적 처지는 개선되었으나 자신의 사회적 처지의 희생 위에서 개선되었다. 그를 자본가로부터 갈라놓은 사회적 심연은 더욱 넓어졌다(마르크스, 1991c: 564).

마르크스는 이처럼 노동자계급의 궁핍화 개념을 기본적으로는 상대적인 의미로 사용했다. 자본 간 집중이 이루어져 독점화가 진행되면 자본은 갈수록 커진다. 또 자본이나 생산 설비만 커지는 것이 아니라 그 독점화

과정에서 생산과 관련한 지식을 독점하는 등 여러 측면에서 자본의 힘이 갈수록 커져가는 반면, 노동자는 물질적 생활수준이 실질적으로 향상되어도 상대적으로 따져보면 자본에 비해 그 처지가 더 악화된다는 것이다. 요컨대 궁핍화는 절대적 궁핍화가 아니라 자본에 비교한 상대적 궁핍화다. 이 점은 마르크스 이후에 자본주의가 발전해서도 달라지지 않았고, 지금도 맞는 이야기라고 생각한다.

물질적 소득분배(자본과 노동 사이의 상대적 분배 비율)는 자본주의 역사에서 그 불평등 추세가 제2차 세계대전 이후 30년간 케인스주의 시대에만 완화되었고, 이후 1980년대 신자유주의 시대에는 다시 악화되었다. 수백 년의 자본주의 전 역사에서 케인스주의 시대는 예외적이었고, 전반적으로는 상대적 분배가 악화되었다고 볼 수 있다. 또한 케인스주의 시대에도 상대적 분배는 개선되었을지 모르지만 테일러주의[5]에 의해 노동이 극도의 단순·반복 노동으로 전환되면서 노동의 소외는 매우 심화되었다. 반면 생산과정의 모든 지식과 정보는 자본에 집중되었다. '노동의 퇴화'로까지 평가되는 이런 과정은 노동의 사회적 지위를 더욱 악화시켰다. 어쨌든 궁핍화 개념 자체가 노동자계급의 생활수준이 절대적으로 악화된다는 의미가 아니라는 점이 중요하다. 자본/노동 관계에서 상대적으로 노동자계급의 사회적 지위가 더 악화된다는 뜻이다.

다섯 번째는 공황과 관련된 이론이다. 공황은 1825년에 최초로 발생했고 평균 10년을 주기로 반복적으로 발생하는데, 마르크스는 이를 자본주의의 내재적 모순에 따른 필연적 현상으로 분석한다. 이러한 공황에 대한 분석은 『자본론』 3권에 나오는데, 『자본론』 1권의 주요 내용이 아니므로 넘어가겠다. 공황론은 별도로 충분히 논의해야 할 만큼 복잡한 문제이고, 현재까지도 마르크스주의 내에서 논쟁이 진행 중에 있다.

마지막으로 여섯 번째는 자본주의적 축적의 역사적 경향이다. 이는 바로 자본주의의 생성·발전·소멸에 관한 것이다. 이러한 자본주의의 일생 또는 일대기를 마르크스는 『자본론』 1권 제32장에서 네 쪽에 걸쳐 압축적으로 서술한다.

마르크스는 소유형태가 역사적으로 어떻게 변화·발전했는지 분석하며 자본주의의 생성과 발전, 그리고 소멸의 역사적 필연성을 말한다. 그중 생성과 발전이 역사적 과정에 대한 분석이라면, 자본주의가 소멸할 수밖에 없다는 것은 역사적 추론이다. 이러한 역사적 추론은 『자본론』 1권의 결론이라 할 수도 있고, 마르크스가 심혈을 기울여 자본주의를 연구한 결론이라고 할 수도 있다. 보통 자본주의적 생산의 내적 모순은 생산의 무정부성과 이윤율 저하 경향에 따른 주기적 공황으로서 극적으로 표현된다. 그런데 마르크스는 그런 주기적 공황보다도 자본축적과정에서 자본의 집중에 의해 독점화가 진행되고, 동시에 노동자계급이 절대적으로 증가할 뿐 아니라 "빈곤·억압·예속·타락·착취"가 증대하는 역사적 경향에 더욱 주목했다. 그리고 자본주의는 이 역사적 경향 때문에 계급모순과 계급투쟁이 격화될 수밖에 없고, 따라서 봉건제와 마찬가지로 노동자계급의 계급투쟁에 의해 소멸될 수밖에 없다고 추론한다.

요컨대 자본주의적 생산은 그 내재적 법칙에 의해 자본의 집중과 노동의 사회화를 가져오고, 이를 통해 생산력을 비약적으로 발전시키지만, 그 과정에서 노동자계급의 궁핍화가 진행된다.

모든 이익을 가로채고 독점하는 대자본가의 수는 끊임없이 줄어들지만, 빈곤·억압·예속·타락·착취는 더욱더 증대하며, 이와 동시에 자본주의적 생산과정의 메커니즘 그 자체에 의해 그 수가 항상 증가하며, 또 훈련되고 통일되며 조직되는 계급인 노동자계급의 반항도 더불어 성장한다. 자본의 독점은 [이 독점과 더불어, 또 이 독점 밑에서 번창해온] 생산방식을 속박하게 된다. 생산수단의 집중과 노동의 사회적 성격은 마침내 생산수단과 노동의 자본주의적 겉껍질과 양립할 수 없는 지점에 도달한다. 자본주의적 겉껍질은 갈라져 망가진다. 자본주의적 사적 소유의 조종(弔鐘)이 울린다. 수탈자가 수탈당한다(마르크스, 2015a: 1045~1046).

이런 역사적 추론과 전망은 마르크스가 『공산당 선언』에서부터 일관되게 제시한 역사유물론적 관점이다.

부르주아지가 싫든 좋든 촉진시키지 않을 수 없는 산업의 진보는 경쟁에 의한 노동자들의 고립화 대신 결사에 의한 그들의 혁명적 단결을 가져온다. 이리하여 대공업의 발전은 부르주아지가 자기 자신을 위해 생산물을 생산하고 취득하는 토대 자체를 무너뜨린다. 부르주아지는 무엇보다도 먼저 자기 자신의 무덤을 파는 사람을 만들어낸다. 부르주아지의 멸망과 프롤레타리아의 승리는 어느 것도 피할 수 없다(마르크스·엥겔스, 1991b: 412).

발전 과정 속에서 계급적 차이들이 소멸되고 모든 생산이 연합된 개인들의 수중에 집중되면, 공권력은 그 정치적 성격을 상실하게 될 것이다. 본래의 의미에서의 정치권력이란 다른 계급을 억압하기 위한 한 계급의 조직된 폭력이다. 만일 프롤레타리아가 부르주아지에 대항하는 투쟁에서 필연적으로 계급으로 단결되고 혁명을 통해 스스로를 지배계급으로 만들고, 또 지배계급으로서 낡은 생산관계들을 폭력적으로 폐기하게 된다면, 그들은 이 생산관계들과 아울러 계급 대립의 존립 조건들과 계급 일반을 폐기하게 될 것이고, 또 이를 통해 계급으로서의 자기 자신의 지배도 폐기하게 될 것이다. [그렇게 되면] 계급과 계급 대립이 있었던 낡은 부르주아 사회 대신에 각인의 자유로운 발전이 만인의 자유로운 발전의 조건이 되는 하나의 연합체가 나타난다(마르크스·엥겔스, 1991b: 421).

이러한 역사유물론적 관점은 자본주의가 내적 모순에 의해 저절로 망한다는 의미가 결코 아니다. 인간이, 즉 피지배계급인 노동자계급이 자신의 인간성을 파괴하는 지배/예속의 계급 질서에 맞서는 저항을 통해 자본주의를 타도할 것이라는 관점이다. 농노들이 봉건제를 붕괴시켰듯이, 노동자계급이 자본주의를 붕괴시킬 것으로 본 것이다.

이 여섯 가지를 통해 마르크스가 『자본론』에서 말하고자 했던 핵심적인 내용을 살펴보았다. 『자본론』 1권을 읽으면서 공황론을 제외한 다섯 가지 포인트에 대해 확실히 파악하고 소화한다면 『자본론』 1권을 제대로 이해한 것이다. 물론 그 포인트 하나하나가 모두 만만치 않지만, 대하소설을 읽는 심정으로 쭉 읽으면 눈에 들어올 것이다.

4. 『자본론』 1권의 구성

『자본론』 1권의 차례를 한번 쭉 보면서 그 구성을 살펴보자.

제1편은 '상품과 화폐'다. 자본주의의 두 가지 역사적 특징 가운데 하나가 상품생산사회라는 점이다. 따라서 너무 당연하게 생각한 나머지 아무도 궁금해하지 않는 상품부터 시작해 상품생산과 상품유통에 관해 분석한다. 마르크스는 상품의 본질을 사용가치와 가치로 파악한 후에 화폐의 발

생 과정을 논리적·역사적으로 분석한다. 이를 토대로 상품생산을 규제하는 가치법칙을 밝히고 상품·화폐 물신숭배 현상을 해명한다. 또한 자본주의적 생산에서 중요한 매개 역할을 하는 화폐의 기능을 상세히 분석한다. 제1편이 『자본론』 1권에서 가장 어려운 부분이고, 마르크스의 천재적인 분석 능력이 돋보이는 부분이다.

제2편은 '화폐가 자본으로 전환'이다. 제2편은 유통과정에서 자본이 어떤 모습을 띠는가를 분석해 사람들에게 '이윤을 낳는 화폐'로 나타나는 자본의 비밀을 노동력이라는 특수한 상품의 구매에서 찾아낸다. 그리고 자본의 이윤의 원천이 노동자의 잉여노동임을 밝혀낸다. 자본에 대한 분석을 유통과정에서 출발하는 것은 현상에서 본질로 나아가는 분석 방법에 따른 것이다.

다음으로 제3편 「절대적 잉여가치의 생산」, 제4편 「상대적 잉여가치의 생산」, 제5편 「절대적·상대적 잉여가치의 생산」 등 세 편은 500쪽에 걸쳐 자본주의적 생산방법, 즉 자본이 어떻게 잉여가치(이윤)를 생산하는지 역사적으로 매우 상세히 분석한다. 이 세 편은 역사유물론자로서 마르크스의 진면목이 잘 드러나는 부분이다. 절대적 잉여가치와 상대적 잉여가치를 개념적으로 구별해 각각 제3편과 제4편에서 분석하고, 제5편에서 그 둘을 종합해 분석한다. 절대적·상대적 잉여가치는 개념상 구별되지만 실제 자본주의에서는 항상 동시에 나타나기 때문이다. 하루 노동시간을 연장해 잉여가치를 생산하는 절대적 잉여가치 생산과, 생산력을 발전시켜 임금을 싸게 만들어 하루 노동시간 중 필요노동시간을 줄임으로써 잉여노동시간을 늘리는 상대적 잉여가치의 생산은 늘 동시에 이루어진다.

제3편에서 제5편까지의 내용 중에 백미는 100쪽 넘게 서술된 제10장 「노동일」[6]이다. 제10장은 마르크스의 자본주의 분석 방법이 무엇인지, 또

마르크스의 분석 방법이 얼마나 강력하고, 얼마나 현실을 정확히 반영해 분석하는지 잘 보여준다. 마르크스는 표준노동일(하루 기준 노동시간)을 둘러싼 계급투쟁을 구체적으로 분석해 계급사회에서 역사를 추동하는 것이 계급투쟁이라는 명제를 입증한다.

제6편은 「임금」이다. 임금의 역사적 형태를 시간급과 성과급으로 분석한다.

제7편 「자본의 축적과정」은 생산된 잉여가치가 자본으로 전환되는 자본의 축적과정을 분석한다. 제25장 「자본주의적 축적의 일반법칙」은 자본 축적과정에서 나타나는 경향적 법칙을 밝히고, 그 일반법칙을 입증하는 광범위한 사례를 분석한다.

제8편 「이른바 시초축적」에는 『자본론』 1권 전체의 핵심 정신 또는 사상이 나와 있다. 마르크스는 제27~31장에서 자본주의의 '출생의 비밀'을 역사적 자료에 근거해 밝힌다. 그리고 자본주의의 생성에 대한 이러한 분석과 자본주의적 생산과 축적에 대한 제7편까지의 분석을 근거로 마르크스는 자본주의의 일대기(자본주의의 생성·발전·소멸)를 제32장 「자본주의적 축적의 역사적 경향」에서 매우 압축적으로 요약·분석한다. 또 마지막 장인 제33장 「근대적 식민이론」에서 '자본이란 무엇인가'의 답, 즉 자본의 개념을 최종적으로 제시한다. 제32장과 제33장이 『자본론』 1권의 결론에 해당한다고 볼 수 있다.

이 책에서는 『자본론』 1권의 순서와는 반대로, 제8편부터 시작할 것이다. 『자본론』 1권의 결론부터 공부하고, 그 결론에 이르는 과정을 제1편에서 제7편까지 순서대로 공부하는 것이다.

5. 『자본론』 1권 「서문」에 나오는 『자본론』의 분석 방법

마르크스는 『자본론』 1권 「서문」(제1독일어판 서문, 제2독일어판 후기, 불어판 서문, 불어판 후기)을 통해 『자본론』에서 자신이 사용한 분석 방법에 대해 간략히 언급하고 있다. 마르크스의 자본주의 분석 방법을 이해하는 데 귀중한 근거가 되므로 몇 가지 측면에서 상세히 살펴보자.

1) 자연과학과 구별되는 사회과학의 분석 방법: 추상력

마르크스가 「제1독일어판 서문」에서 제일 먼저 지적하는 것은 자연과학의 방법론과 구별되는 사회과학의 방법론으로서 '추상력(抽象力, the power of abstraction)'이다.

> 경제적 형태의 분석에서는 현미경도 시약도 소용이 없고 추상력이 이것들을 대신하지 않으면 안 된다. 그런데 부르주아 사회에서는 노동생산물의 상품형태 또는 상품의 가치형태가 경제의 세포형태다(마르크스, 2015a: 4).[7]

인간 사회에 나타나는 상품, 화폐, 자본 등 경제적 형태를 분석할 때 자연과학의 분석에서 사용하는 현미경이나 시약은 사용할 수 없다. 그러면 사회를 어떻게 분석하는가라는 질문에 대해 마르크스는 사회과학의 방법론으로 '추상력'을 제시한 것이다. '추상(抽象)'이라는 말을 사전에서 찾아보면 "본질적인 것을 찾아내고 비본질적인 것을 버린다, 즉 본질적인 것 또는 핵심적인 것을 뽑아낸다"라고 설명한다. 물론 '추상'의 이면은 비본질적인 것을 버린다는 '사상(捨象)'이다. 이처럼 추상과 사상은 동전의 양면과 같다. 본질적인 것을 추상한다는 것은 비본질적인 것을 사상한다는 것이기 때문이다.

또한 사회과학에서는 자연과학에서처럼 실험을 할 수가 없다. 현실에 존재하는 살아 있는 사회, 즉 "끊임없이 변화하고 있는 유기체"(마르크스, 2015a: 7)를 대상으로 실험할 수는 없다. 더구나 사회의 구성에 대해 "역사와 역사적 과정"을 분석해 파악하는 역사유물론의 관점에서 보면, 이미 지나버린 역사를 대상으로 실험이 불가능하다. 그래서 마르크스는 가장 전형적인 역사적 사례를 추출해 주요 논거로 사용할 것을 제시한다. 역사적 사례가 자연과학에서 실험 데이터와 같은 역할을 하는 셈이다. 그리고 영국을 자본주의 분석의 역사적 예증으로 삼는 이유에 대해 영국에서 자본주의적 생산양식이 가장 전형적으로 발달했기 때문이라고 밝힌다.

물리학자는 자연과정이 교란적인 영향을 가장 적게 받아 가장 명확한 형태로 나타나는 곳에서 그것을 관찰하든가, 또는 가능하다면 그 과정이 정상적으로 진행될 수 있는 조건에서 실험을 한다. 이 책에서 내 연구대상은 자본주의적 생산방식, 그것에 대응하는 생산관계와 교환관계다. 이것들이 전형적으로 나타나고 있는 나라는 지금까지는 잉글랜드다. 영국이 나의 이론 전개에서 주요한 증거가 되는 이유는 이 때문이다(마르크스, 2015a: 4).

역사적 예증을 근거로 제시하더라도 복잡한 유기적 총체인 사회를 어떻게 파악할 것인지는 여전히 문제가 된다. 이렇듯 여러 요소가 복합적으로 얽힌 총체를 분석할 때 바로 '추상력'을 사용한다.

추상력을 가장 간략히 말하면, 분석하려는 측면만 추상하고 여타 측면은 모두 사상한다는 것이다. 『자본론』 1권에서는 제1편 「상품과 화폐」의 분석에서 가장 전형적으로 사용되고 있다. 간단한 예를 들면, 상품은 사용가치와 가치라는 두 요소로 구성되는데, 상품의 사용가치를 분석할 때는 상품의 가치 측면을 사상하고 분석한다. 여기서 사상한다는 것은 무시한다는 뜻이거나, 가치 측면이 사용가치의 분석에 전혀 영향을 미치지 않는 정상적인 상태라는 의미다(그렇기 때문에 무시할 수 있다). 반대로 가치를 분석할 때는 상품의 사용가치 측면을 사상하고 분석한다.

결국 추상력이란 자연과학에서 "교란적인 영향을 가장 적게 받아 가장 명확한 형태"로 나타나게 만들거나 "정상적으로 진행될 수 있는 조건에서 실험"하는 것과 똑같은 방식을 우리 머릿속에서 수행하는 것이다. 『자본론』을 읽다보면 곳곳에서 "다른 조건이 불변이라면", 또는 "여타 조건은 교란 요인 없이 정상적으로 작동한다고 가정하면" 등의 조건부로 마르크스가 자신의 논지를 전개하는 것을 볼 수 있다. 이런 것이 바로 추상력을 통해 분석하는 것이다.

그렇다면 추상력을 발휘해 개별 요소를 분석한 다음, 그 분석 내용을 발표 또는 서술할 때는 어떻게 하는가?

물론 발표(서술)방법은 형식의 면에서 조사(탐구)방법과 다르지 않을 수 없다. 조사는 마땅히 세밀하게 재료를 파악하고, 재료의 상이한 발전 형태들을 분석하며, 이 형태들의 내적 관련을 구명해야 한다. 이 조사가 끝난 뒤에라야 비로소 현실의 운동을 적절하게 발표(서술)할 수 있다. 조사가 잘되어 재료의 일생이 관념에 반영된다면, 우리가 마치 선험적인 논리 구성을 한 것처럼 보일 수도 있다(마르크스, 2015a: 18).

조사·연구에서 자본주의 사회라는 구체적이고 복잡한 연구대상을 조사하고 각 구성 요소들의 연관을 연구해 들어가면 "표상된 구체적인 것으로 부터 점차 보다 희박한 추상적인 것으로 나아가 마침내 가장 단순한 규정들에 도달"하게 된다(마르크스, 1998: 221). 말하자면, 구체적인 것에서 추상적인 것으로 나아가게 된다. 반면 그 연구된 내용을 서술 또는 발표할 때는 반대로 가장 추상수준이 높은 것에서 점차 추상수준이 낮은 개념과 규정들을 도입해 복합적 총체인 자본주의 사회를 우리 생각 속에서 재생산하게 된다. 서술 방법은 이처럼 추상적인 것에서 구체적인 것으로 나아가는 것이다. 이른바 현실의 복잡한 총체를 연구의 산물로서 이론적인 '구체적인 총체'로 재현해내는 것이다.[8]

중요한 것은 우리가 추상력을 사용해서 자본주의 사회를 규정하는 여러 요소를 추상수준의 차이로 구별해 분석할 수 있다는 점, 또 그 분석 내용을 발표할 때 가장 단순하고 추상적인 규정부터 점차 더 많은 규정을 도입해 서술함으로써 자본주의 사회라는 '구체적인 총체'를 이론적으로 재현할 수 있다는 점이다. 그래서 추상력은 우리 생각 속에서 마치 자연과학에서의 현미경이나 시약과 같은 기능을 한다고 볼 수 있다.

2) 자연법칙과 구별되는 사회에서의 경향 법칙

마르크스는 「제1독일어판 서문」에서 자본주의 사회에서 자신이 발견하려는 '경제적 운동법칙'을 '자연법칙'과 똑같은 것으로 표현하고 있다.

자본주의적 생산의 자연법칙들에서 생기는 사회적 적대관계의 발전 정도가 높은가 낮은가는 여기에서는 문제가 되지 않는다. 문제는 이 법칙 자체(laws of themselves)에 있으며, 움직일 수 없는 필연성을 가지고 작용해 관철되는 이 경향들(tendencies) 자체에 있다. 공업이 더 발달한 나라는 덜 발달한 나라의 미래상을 보여주고 있을 따름이다(마르크스, 2015a: 5).*

한 사회가 비록 **자기운동의 자연법칙**을 발견했다 하더라도 ― 사실 현대사회의 경제적 운동법칙을 발견하는 것이 이 책의 최종 목적이다 ― 자연적 발전 단계들을 뛰어넘을 수도 없으며 법령으로 폐지할 수도 없다. 그러나 그 사회는 그런 발전의 진통을 단축시키고 경감시킬 수는 있다(마르크스, 2015a: 6).*

마르크스의 이런 "자본주의적 생산의 자연법칙"과 같은 표현을 보면 '경제적 운동법칙'도 '자연법칙'이라고 오해할 수 있다. 마르크스는 사회에서도 경제법칙이 인간의 의지에 의해 자의적·우연적으로 나타나는 것이 아니라 자연법칙과 같은 필연성을 지니고 나타난다는 점을 강조하기 위해 그런 표현을 사용했다고 생각한다. 그러나 마르크스의 '경제적 운동법칙'은 "움직일 수 없는 필연성을 가지고 작용해 관철되는 경향" 법칙을 의미한다. 자본주의 사회에서 나타나는 '경향 법칙'은 자연법칙과 똑같은 필연성을 지니지만, 그 필연성은 '자연적 필연성'과 구별된다.[9]

마르크스가 자본주의 분석을 통해 발견한 경제법칙들, 예컨대 가치법칙이나 자본주의적 축적의 일반법칙(자본의 유기적 구성의 고도화, 자본주의적 인구법칙으로서 상대적 과잉인구의 법칙, 노동자계급의 궁핍화 법칙 등), 그리고 이윤율 저하 경향의 법칙 등은 일종의 경향 법칙으로 이해할 필요가 있다. 경제법칙을 자연법칙으로 이해할 경우 경제 현상을 인간과 무관하고 인간과 독립적으로 존재하는 자연현상 같은 것으로 오해하게 되는 물신숭배가 발생하기 때문이다. 그래서 경제법칙은 인간의 사회적 실천인 계급적 모순과 운동이 '법칙'적인 것으로 표현된 것에 불과한데, 이를 인간과 무관한 경제법칙이 인간의 실천을 지배한다고 거꾸로 생각하게 된다. 부르주아 경제학에서 말하는 시장 법칙 또는 시장 논리가 대표적이다. 이에 대해서는 4장에서 자세하게 검토할 것이다.

또한 가치법칙이나 자본주의적 축적의 일반법칙과 같은 '경제법칙'이 자연법칙이 아니라는 것은, 자본주의가 인간 사회의 '자연적 형태'가 아니라 역사적으로 과도적인 한 단계에 불과하기 때문에 인류가 자본주의를 극복하면 자본주의를 지배한 '경제법칙'들은 모두 사라지게 된다는 점에서도 자명하다.

다만 계급관계 또는 계급적 실천이 '법칙'적으로 표현되는 것은 자본주의 사회가 상품생산사회이므로 사람들의 사회적 관계가 물건들의 사회적 관계로 표현되기 때문이라는 점을 지적할 필요가 있다. 상품생산사회로서 자본주의 사회는 모든 사회관계와 존재에, 예컨대 노동생산물에는 상품형태로, 노동자에게는 노동력 상품형태(임노동)로 가치형태를 뒤집어씌우며, 그렇기 때문에 물질적 형태를 띠게 된다. 그리고 그런 물질적 형태 때문에 '경제법칙'이 나타나게 된다. 가치법칙이 가장 전형적이다.

3) 경제적 범주의 인격화: 마르크스는 구조주의자인가?

마르크스는 『자본론』 곳곳에서 "자본의 인격화로서의 자본가", "토지의 인격화로서의 지주"라는 말을 자주 사용한다. 한마디로 자본가와 지주를 "경제적 범주의 인격화"로 파악한다. 자본가와 지주를 인간의 혼이 있는 개인으로 보지 않는다는 것이다.

있을지도 모를 오해를 피하기 위해 한마디 하겠다. 자본가와 지주를 나는 결코 장밋빛으로 아름답게 그리지는 않는다. 그러나 여기서 개인들이 문제로 되는 것은 오직 그들이 경제적 범주의 인격화(personification), 일정한 계급관계와 계급이익의 담당자(Träger, bearer)인 한에서다. 경제적 사회구성체의 발전을 자연사적 과정으로 보는 내 관점에서는, 다른 관점과는 달리, 개인이 이런 관계들에 책임이 있다고 생각하지 않는다. 또한 개인은 주관적으로는 아무리 이런 관계들을 초월하고 있다고 하더라도, 사회적으로는 여전히 그것들의 산물이다(마르크스, 2015a: 6~7).

이 인용문에 나오는 "경제적 범주의 인격화"를 올바로 이해하기 위해서는 마르크스의 저술 과정을 살펴볼 필요가 있다. 마르크스는 1861년에서 1865년 사이에 『자본론』 1권의 초고를 두 차례 썼는데, 1867년 『자본론』 1권을 발간할 때는 초고에 있던 "자본의 인격화로서의 자본가, 토지의 인격화로서의 지주, 노동력의 단순한 인격화로서의 임노동자"라는 문구 가운데 "노동력의 단순한 인격화로서의 임노동자"라는 표현만 골라 모두 삭제했다고 한다.[10] 마르크스는 독일어판에 실수로 한 군데 그대로 남아 있던 것도 불어판에서 수정했다.[11]

왜 그랬을까? 마르크스는 개인이 "경제적 범주의 인격화"라고 하면서도 왜 그것을 자본가와 지주에게만 적용하고 임노동자에게는 적용하지 않았을까? 자본가와 지주는 지배계급으로서 자본/노동 관계에서 이익을 보기 때문에 이 계급관계를 유지·지속하고 싶어 하지만, 임노동자는 계급관계에서 지배·착취당하며 비인간적 삶을 강요당할 뿐이다. 따라서 "계급관계와 계급이익의 담당자"로서의 "경제적 범주의 인격화"는 지배계급, 즉 자본가와 지주에게만 해당되는 것이다.

이런 저술 과정을 보면, 앞의 인용 문구를 근거로 모든 개인을 "경제적

범주의 인격화"로 해석하는 것은 잘못이다.[12]

> 자본가는 오직 인격화한 자본에 지나지 않는다. 그의 혼은 자본의 혼이다. 그런데 자본에게는 단 하나의 충동이 있을 따름이다. 즉, 자신의 가치를 증식시키고, 잉여가치를 창조하며, 자기의 불변 부분인 생산수단으로 하여금 가능한 한 많은 양의 잉여노동을 흡수하게 하려는 충동이 그것이다(마르크스, 2015a: 310).

자본주의에서 자본가는 정말 '자본의 인격화'에 불과하다. 한국 재벌들에게 전형적으로 나타나듯이, 자본가의 가치증식욕과 자본축적욕은 무한하다. 자본가는 아무리 돈을 벌어도 만족하지 못하고 더 벌려고 한다. 자본 간 경쟁 메커니즘이 이를 강제한다. 자본가가 자본축적을 지속하지 않으면 자본 간 경쟁에서 도태되기 때문이다. 자본가는 '자본의 혼'을 가져야만 자본가로 생존할 수 있다. 이것이 '자본관계의 담당자', '자본의 인격화'로서의 자본가다.

마르크스는 '경제적 범주의 인격화' 개념을 통해, 자본주의 분석에서 개인(자본가, 지주 등 지배계급의 구성원들)의 개성이나 의지에 근거하는 것이 아니라 사람들 사이의 사회적 관계, 특히 계급관계를 중심으로 사회의 메커니즘과 역동성을 분석해야 한다는 점을 강조한다. 상품, 화폐, 자본 등 경제적 범주는 일정한 사회관계를 표현한 것이기 때문이다. 상품과 화폐는 상품생산자들 간 사회적 관계를, 자본은 자본/노동 관계를 표현한다.[13]

그런데 자본가는 자본관계의 담당자인데 임노동자는 왜 아닐까? 임노동자는 인간적 욕구를 가진 주체이고, 자본관계의 규정을 받지만, 자본관계에 저항한다. 임노동자는 자본가와 달리 '주체 없는 구조'나 '주체 없는 과정'으로 환원되지 않는다. 따라서 자본가와 노동자의 계급투쟁은 자본관계에 맞선 인간의 투쟁, 즉 노동자계급의 인간해방투쟁이다. 자본가의 혼은 인간의 혼이 아니라 '자본의 혼'이지만, 노동자는 인간의 혼을 지니고 있기 때문이다(박승호, 2015: 114).

4) 마르크스의 변증법

마르크스는 자신의 변증법적 방법과 관련해 헤겔과 자신의 차이에 대해 설명한다. 이름은 똑같은 변증법이지만 정반대라고 말이다.

> 헤겔에게는 그가 이념(Idea)이라는 명칭하에 자립적인 주체로까지 전환시키고 있는 생각하는 과정이 현실 세계의 창조자고, 현실 세계는 이념의 외부 현상에 지나지 않는다. 나에게는, 반대로, 관념적인 것은 물질적인 것이 인간의 두뇌에 반영되어 생각의 형태로 변형된 것에 지나지 않는다(마르크스, 2015a: 19).

『자본론』 1권 「제2독일어판 후기」(1873)에서 마르크스는 "나는 약 30년 전에 헤겔 변증법이 아직 유행하고 있던 시기에 헤겔 변증법의 신비로운 측면을 비판했다. 그러나 내가 『자본론』 1권을 저술하던 때는, 독일 지식인들 사이에서 활개 치는 불평 많고 거만하며, 또 형편없는 아류들이 헤겔을 …… '죽은 개'로 취급하는 것을 기쁨으로 삼기 시작했다"(마르크스, 2015a: 19)라며 당시의 세태를 비판한다. 그리고 "나는 나 자신을 이 위대한 사상가의 제자라고 공언하고 가치론에 관한 장에서는 군데군데 헤겔의 특유한 표현방식을 흉내 내기까지 했다"라고 말한다. 헤겔은 비록 거꾸로 서 있지만 위대한 사상가로 "변증법의 일반적 운동형태를 포괄적으로, 또 알아볼 수 있게 서술한 최초의 사람"이라는 것이다.

이처럼 당대의 세태를 비판한 뒤, 마르크스는 자기가 생각하는 변증법의 '합리적 핵심'이 무엇인지에 대해 말한다.

> 변증법은 그 신비로운 형태로 독일에서 유행했다. 왜냐하면, 변증법이 현존하는 것을 찬미하는 것 같았기 때문이다. 그러나 변증법은 그 합리적인 형태에서는 부르주아지와 그 이론적 대변자들에게 분노와 공포를 줄 뿐이다. 왜냐하면, 변증법은 현존하는 것을 긍정적으로 이해하면서도 동시에 그것의 부정, 즉 그것의 불가피한 파멸을 인정하기 때문이며, 또 변증법은 역사적으로 전개되는 모든 형태들을 유동상태·운동상태에 있다고 여김으로써 그것들의 일시적 측면을 동시에 파악하기 때문이며, 또한 변증법은 본질상 비판적·혁명적이어서 어떤 것에 의해서도 제약을 받지 않기 때문이다 (마르크스, 2015a: 19).

마르크스는 이처럼 현실과 역사의 변화를 포착하는 방법으로서 변증법의 중요성을 강조하고 있다.[14]

3장

제8편 이른바 원시축적

사람들은 보통 자본주의를 근본적으로 이해하려면『자본론』을 읽어보라고 권유받거나,『자본론』을 주요한 경제학 고전의 하나로 추천받거나해서 이 책을 많이 구입한다. 김수행 교수의『자본론』번역본이 1989년처음 출간된 이래 25년 동안 50만 부 정도가 판매되었다고 한다. 특히『자본론』1권은 마르크스 자신이 출간했고, 또 세 권 가운데 가장 중요하다고하니 많은 사람이 읽는다. 그런데『자본론』1권을 읽을 때 제8편은 역사적사례 또는 역사적 예증이니까 읽지 않아도 되는 것으로 치부하는 듯하다.주로 제1편「상품과 화폐」나 마르크스가『자본론』1권에 밝힌 몇 가지 '경향 법칙'을 중요하게 생각하고, 그것들을 중심으로 보는 것 같다.

　그러나『자본론』1권의 정수는 바로 이 제8편에 있다고 생각한다. 마르크스는 제1편부터 제7편까지 수많은 분석을 통해 밝힌 것을 토대로 자신이 하고 싶은 이야기, 즉 자본주의적 생산양식이 어떻게 생겨나 어떻게 발전하고, '역사적 필연성'으로 어떻게 소멸할지에 대해 제8편에서 결론으로정리하고 있으며, '자본이란 무엇인가'의 답, 즉 자본 개념을 명료하게 규명하고 있다. 마르크스가 진단한 자본주의의 정수가 제8편에 들어 있다는뜻이다. 여러 측면에서 제8편에 대한 올바른 이해가 매우 중요하다.

　제8편의 제목인 'primitive accumulation'을 김수행 교수는 '시초축적(始初蓄積)'으로 번역했는데, 필자는 '원시축적(原始蓄積)'으로 번역하는 것이 적절하다고 생각한다. 사전을 찾아보면 '시초'나 '원시'나 그 의미는 거의 같다. 그런데 군이 '시초'가 아니라 '원시'로 바꾸는 것은 '시초'가 '처음'이라는 의미가 강해 '시초축적'이라고 표현하면 자본주의적 축적의 시작이라는 뉘앙스가 더 강하고, '원시축적'이라고 하면 자본주의적 축적이 아닌축적 상태를 표현하기 때문이다.

　마르크스는 'primitive accumulation'을 "자본주의적 축적에 선행하는 원시축적[애덤 스미스가 말하는 '이전의 축적(previous accumulation)'], 즉 자본주의적 생산양식의 결과가 아니라 그것의 출발점인 축적"(마르크스, 2015a: 977)이라고 정의한다. 말하자면, 자본주의적 축적이 시작될 수 있는 출발점이지, 첫 번째 자본주의적 축적이 아니다. 애덤 스미스의 말대로 자본주의 축적에 선행하는 축적으로서 원시축적인 것이다. 원시축적은 자본/노동 관계의 형성, 즉 자본의 발생 또는 자본주의적 생산양식의 발생을 가리킨다. 이는 자본/노동 관계에 의한, 즉 자본에 의한 자본주의적 축적과 명확하게 구별된다. 그렇기 때문에 원시축적은 '처음의 자본주의적 축적'이 아니라, '자본주의적 축적에 선행하는 축적'이다. "자본의 역사적 발생"(마르크스, 2015a: 1043)을 가리키는 말인 것이다.

마르크스의 원시축적 개념은 자본주의의 성립 과정에 대한 개념적 파악이다. 제26장의 제목 '원시축적의 비밀'은, 말하자면 자본주의의 '출생의 비밀'을 뜻한다. 마르크스가 제8편에서 제시하는 여러 역사적 사실은 바로 자본주의의 '출생의 비밀'을 밝혀준다. 자본/노동 관계가 역사적으로 성립되기 위해서는 우선 자신의 노동력밖에 가진 것이 없는 프롤레타리아(무산계급)가 역사적으로 창출되어야 했다. 이것이 '출생의 비밀'의 핵심이다. 농노제 붕괴 이후 다양한 형태로 존재한 독립자영농들이 토지 수탈을 당해 무일푼의 프롤레타리아로 전락하는 것이 원시축적의 토대를 이룬다.

원시축적의 역사에서는, 자본가계급의 형성에 지렛대로 기능한 모든 변혁들은 획기적인 것이었지만, 무엇보다도 획기적인 것은, 많은 인간이 갑자기 그리고 폭력적으로 그들의 생존수단에서 분리되어 무일푼의 자유롭고 '의지할 곳 없는' 프롤레타리아들로 노동시장에 투입되는 순간이었다. 농업 생산자인 농민으로부터 토지를 빼앗는 것은 전체 과정의 토대를 이룬다. 이 수탈의 역사는 나라가 다름에 따라 그 광경이 다르며, 그리고 이 역사가 통과하는 각종 국면들의 순서와 시대도 나라마다 다르다. 그것이 전형적인 형태를 취하고 있는 것은 잉글랜드에서뿐이며, 그렇기 때문에 우리는 이 나라를 예로 든다(마르크스, 2015a: 981).

1. 두 차례의 이행논쟁과 봉건제의 붕괴

제8편의 원시축적에 대한 논의로 들어가기 전에 봉건제에서 자본주의로의 이행 문제에 관한 마르크스 이후 서구 역사학계의 성과를 먼저 살펴보는 것이 마르크스의 원시축적론을 이해하는 데 도움이 될 것이다. 그러므로 이에 대해 먼저 간략히 검토해보자.

인류의 역사 과정에서 자본주의가 처음 출현한 곳은 서구였기 때문에 자본주의의 '출생의 비밀' 문제는 서구 사회의 봉건제에서 자본주의로의 이행 문제다. 따라서 자본/노동 관계를 구성하는 자본가계급과 노동자계급이 서구에서 어떻게 출현하게 되었는지 역사 속에서 찾아보는 것이다.

이 문제와 관련해 경제학계와 역사학계에서 두 차례 논쟁이 있었다. 첫 번째 논쟁은 1950년대에 당대 영어권에서는 최고의 마르크스주의 이론가였던 미국의 폴 스위지(Paul Sweezy)와 영국의 모리스 돕(Maurice Dobb)이라는 좌파 경제학자들 사이에 벌어졌다(돕, 1984). 어떻게 봉건제가 붕괴하고 자본주의가 등장했는가라는 '돕-스위지 논쟁'의 승자는 모리스 돕이었다.

스위지의 주장은 부르주아 학계의 입장과 유사한 '상업 발달'론이다. 상업이 발달함에 따라 교역이 이루어지는 도시가 성장하고 상품화폐경제가

발달해 자급자족경제(자연경제)인 봉건제를 무너뜨리고 전면적인 상품화
폐경제(시장경제)인 자본주의를 가져왔다. 교역이 확대되면서 영주계급의
사치품 수요가 커지고, 사치품을 사기 위해 돈이 필요한 영주계급은 농노
들을 쥐어짜게 되었다. 봉건적 수탈이 심해지자 농노계급은 못 견디고 장
원(莊園)에서 도망가게 되는데, 도망갈 수 있었던 것도 상업 발달의 산물인
도시가 존재했기 때문이며, 농노들의 도망으로 더 이상 봉건적 영주/농노
관계가 지속될 수 없어 봉건제가 붕괴했다는 것이다. 그리고 상인자본이
산업자본가로 변신해 자본주의의 발달을 주도했다고 주장했다.

돕은 스위지의 이런 주장에 대해 봉건제가 망한 것은 그 자체의 내적 모
순 때문이라고 반박한다. 봉건적 수탈이 너무 심해 땅이 척박해져 생산력
이 정체하고, 이에 못 견딘 농노가 도망가거나 농노의 생활수준이 크게 떨
어졌고, 인구가 감소하면서 노동력이 고갈되어 봉건제의 토대인 농노제가
붕괴되었다는 것이다. 봉건제는 그렇게 망했는데, 그 이후부터 자본주의
가 등장하기 전 두 세기 동안 소상품생산이 광범위하게 존재했다. 독립자
영농들과 독립수공업자들이 한 시대를 풍미했는데, 그들 사이에 시장경쟁
이 벌어졌고, 그 결과 '양극분해'가 일어났다. 즉, 소농 중에 생산력이 뛰어
나 경쟁에서 이기면 부농(富農)이 되고, 이 부농은 나중에 자본가로 성장했
다. 반대로 경쟁에서 뒤처진 소농은 빈농으로 몰락해 결국 프롤레타리아
(무산자)로 전락했다. 이렇게 해서 자본가와 노동자가 출현했고, 이들이 시
장에서 만나 자본/노동 관계를 맺어 자본주의가 성립했다는 주장이다.

이 1차 이행논쟁에서는 돕이 '정통'으로 평가받고 스위지는 '유통주의자'
로 비판받았다. 스위지는 생산이 아니라 상업 또는 유통을 통해 봉건제에
서 자본주의로의 이행을 설명하기 때문에 틀렸다는 것이다. 또한 두 사람
의 결정적 차이점은 누가 자본주의 발전을 주도했는가에 관한 것이다. 상

업 발달이나 유통을 중시한 스위지는 자본주의가 등장할 때 상인자본이 주도적으로 자본주의 생산을 발전시켰다고 보았다. 그에 비해 돕은 직접적 생산자인 소농에서 부농으로 성장한 계층 가운데 진취적인 자들이 산업자본가가 되었다고 보았다.

1970년대 후반, 봉건제에서 자본주의로의 이행에 관한 2차 이행논쟁이 벌어졌다. 이것을 '브레너 논쟁'이라 한다. 2차 이행논쟁을 주도하고 승리한 학자가 로버트 브레너(Robert Brenner)이기 때문이다. 좌파 학자인 돕과 스위지의 논쟁이 이행 문제를 유통과정을 중심으로 볼 것인가 생산과정을 중심으로 볼 것인가를 다뤘다면, 좌우파가 공히 참여한 1970년대 브레너 논쟁의 초점은 봉건제가 어떻게 망했느냐였다(브레너, 1991).

이때 수많은 쟁쟁한 경제사학자들이 참여해 대대적인 논쟁을 벌였는데, 부르주아 경제사학자들이 백기를 들었고 브레너가 완승을 거두었다. 브레너 논쟁에서 브레너를 반대한 학자들의 입장은 1차 이행논쟁에서 스위지가 주장한 '상업 발달'론과 비슷하다. 상업이 발달해 도시가 발달하고, 도시가 있기 때문에 농노들이 도망갈 수 있었으며, 그래서 봉건제가 망했다는 것을 여러 역사적 사례 연구를 통해 주장했다.

브레너는 '상업 발달'론을 반박하는 회심의 역작을 써냈다. 만약 '상업 발달'론이 옳다면, 상업이 가장 발달한 지역에서 자본주의가 가장 먼저 발생하고 발달해야 한다. 유럽 여러 나라를 조사해보니 동유럽보다 서유럽에서 자본주의가 먼저 등장했는데, 서유럽이 동유럽보다 상업이 더 발달했는지 조사해보니 아니라는 것이다. 동유럽에도 서유럽보다 상업이 더 발달한 지역이 많았고, 서유럽에서도 자본주의가 제일 먼저 발생한 곳은 영국이지만, 상업은 영국보다 네덜란드, 프랑스, 이탈리아 남부 등에서 더 발달했다는 것이다. 이런 역사적 사실을 근거로 브레너는 '상업 발달'론이 틀렸다고 주장했다.

브레너는 결정적으로 독일 사례를 들어 '상업 발달'론을 반박했다. 독일을 동서로 나누는 엘베 강은 동유럽과 서유럽의 구분선이기도 하다. 독일 내에서도 동부 독일과 서부 독일의 역사는 큰 차이가 있고, 동유럽과 서유럽의 역사도 큰 차이가 있다. 서유럽은 이미 14세기 말부터 일찌감치 농노제가 망하고 자본주의가 발달했다. 동유럽에서는 농노제가 서유럽보다 300년 이상 더 지속되고, 자본주의도 그만큼 늦게 등장했다.

동유럽과 서유럽의 역사가, 그리고 동부 독일과 서부 독일의 역사가 이처럼 다른 이유를 브레너는 계급투쟁에서 찾는다. 봉건제 말기인 14~15세기에 계급투쟁이 격렬했는데, 동유럽의 경우 영주들이 이겼고, 서유럽에서는 농노계급이 이겼다는 것이다. 이 계급투쟁 결과의 차이가 동유럽과 서유럽의 역사를 다르게 만들었다는 것이다.

서부 독일은 사람들이 일찍 정착해 살았기 때문에 농촌공동체의 역사가 길고, 그 과정에서 농노들의 단결과 투쟁력이 컸다. 봉건제하에서도 농노들은 영주와 지대에 관해 교섭하고 협상했다. 협상할 때 힘은 단결력이다. 서부 독일에는 그런 오랜 역사와 경험이 축적되어 있었기에 14~15세기 계급투쟁에서 농노들은 똘똘 뭉쳐 싸워 영주에게 승리하고 해방되었다.

그런데 동부 독일은 개척·개간한 지 얼마 되지 않은 새로운 식민 지역이라 농촌공동체가 제대로 형성되지 않았다. 서부 독일과 같은 농노제의 역사나 경험이 없어 영주들이 농노계급의 저항을 깨뜨려버린 것이다. 그래서 엘베 강 동부 지역에는 '재판(再版) 농노제'라는 반동적 봉건제가 성립되어 봉건제가 더욱 강화되었다.

유럽 전체를 놓고 보면, 페스트(흑사병)가 휩쓸고 간 이후인 14세기 말과 15세기에 급격한 인구(노동력) 감소(유럽 노동력의 $\frac{1}{3}$ 이상 감소)로 유럽 봉건제는 위기에 처하게 되었다. 이 위기에 대응해 봉건영주계급이 농노제를 강화하려는 '봉건적 반동'을 시도했다. 그러나 농노들이 농민반란 등으로 강력하게 저항한 서유럽에서는 그 봉건적 반동이 관철되지 못하고 농노해방으로 나아갔다. 반면 농노들의 저항이 허약했던 동유럽에서는 봉건적 반동이 관철되어 농노제가 더욱 강화되었다. 결국 동유럽 지역에서 농노제는 18~19세기에 이르러서야 사라지게 된다.[1]

브레너는 역사에서 찾은 이 사례를 반증 삼아 논쟁에서 승리했다. 브레너 논쟁을 통해 봉건제가 농노계급의 계급투쟁으로 망했다는 것이 역사 속에서 확인되었다. 계급사회에서 역사의 원동력이 계급투쟁이라는 마르크스의 역사유물론 명제가 타당함이 입증된 셈이다.

2. 독립자영농과 소농 경영: 민부 시대

두 차례의 이행논쟁으로 봉건제가 망하게 된 과정이 밝혀졌다. 그러면 이제 봉건제가 망한 후 자본주의는 어떻게 등장했는지를 살펴보자.

영국에서 14세기 말 농노제가 사실상 소멸한 이후 자유로운 자영농민과 소농 경영이 번성한 '민부(民富, popular wealth) 시대'를 먼저 살펴보자. 영국에서는 15세기부터 주민의 압도적 다수가 자영농민[독립자영농, 요먼층(yeomanry)]으로 구성되었다. 또한 남아 있던 봉건영주의 대규모 직영지에는 자유로운 차지농(借地農)이 들어섰다. 이들은 농노제의 농노(예농)와 달리 봉건적 예속을 벗어난 소작인이었다. 지대 형태는 봉건적 지대에서 자본주의적 지대로의 이행 형태인 분익제(分益制, 정률소작제)였다. 당시 차지농의 형태는 다양했다.

15세기 영국의 토지는 독립자영농과 자유로운 차지농의 "소농 경영이 뒤덮고 있었고, 다만 여기저기에 비교적 큰 영주 직영지가 끼어 있었다. 이와 같은 사정은 15세기의 특징인 도시의 번영과 함께 …… 인민의 부(popular wealth)를 발달하게 했다"(마르크스, 2015a: 983).

농노에서 해방되었으니 독립자영농들은 신이 났을 것이다. 자신이 노력한 만큼 부가 증대하니까 더욱 열심히 일했을 것이고, 따라서 생산력도 발전했을 것이다. 그 결과, 자급자족하고도 남는 잉여생산물이 나오고, 그것을 시장에 내다 팔았을 것이다. 그에 따라 상업이 발달하고 도시가 번영하게 된다. 이것이 15세기의 '인민의 부'였다.

영국의 자본주의 성립 과정에서 '요먼층'을 '부농'으로도 번역하고 '독립자영농'으로도 번역한다. 두 가지 의미로 다 사용되기에 문맥에 따라 구분해서 이해해야 한다. 마르크스는 '부농'보다 '독립자영농'의 의미로 요먼을 사용하고 있다.

영국의 경우 독립자영농은 15세기 말부터 인클로저에 의해 수탈당하면서 점차 줄어들었지만, 이들은 17세기에도 청교도혁명(1640~1660)의 주력군을 형성할 만큼 상당히 광범하게 존재했다. 이들은 18세기 중반인 1750년경에 사라졌다. 영국만 놓고 보면, 농노제가 소멸하고 두 세기에 걸쳐 독립자영농, 독립자영농과 약간 조건은 달랐지만 비슷한 자유로운 차지농, 그리고 도시 독립수공업자 등이 광범하게 존재했고, 이들의 소(小)경영이 당시의 생산을 담당했다.

봉건적 토지소유 제도가 해체되면서 영국의 요먼층, 스웨덴의 소농계급, 프랑스와 서부 독일의 농민 등 서유럽의 독립자영농들은 소규모 토지를 소유하게 되었다(마르크스, 2015c: 1021). 인클로저에 의한 공유지 수탈이 왜 독립자영농의 몰락을 가져오는지 이해하기 위해, 독립자영농의 소농 경영과 공유지의 관계에 대해 먼저 알아보자.

봉건제는 기본적으로 자급자족경제인 장원경제였다. 예속 농노는 영주를 위해 부역노동을 해야 했다. 이들은 1주일에 3일을 영주 직영지에서 일하고, 3일은 자신의 밭뙈기에서 일해 가족들을 먹여 살렸다. 그런데 이렇듯 자신의 조그만 밭뙈기에서 농사지을 때, 생산력의 주요 원천은 가축이다. 말이나 소 같은 가축은 밭갈이 등에서 직접 동력으로도 이용되지만, 더 중요한 것은 농사의 비료(퇴비)로 사용되는 가축의 분뇨였다. 농사를 지으려면 반드시 가축을 키워 그 분뇨로 비료를 마련해야 생산력이 보장되었다.

그런데 농사에 그처럼 중요한 가축을 키우는 곳이 바로 공유지다. 봉건제 장원의 토지는 크게 3분할되었다. 3분의 1은 영주 땅, 3분의 1은 농노 땅, 그리고 3분의 1이 공유지였다. 이 공유지에서 "가축을 방목했고 재목이나 장작이나 토탄 등을 조달"(마르크스, 2015a: 983)했다. 이 측면에서는 독립자영농들도 봉건제하의 농노들과 똑같았다. 한편으로 농산물이 아닌 여타 생필품, 즉 옷이나 농기구 등을 생산하는 가내수공업을 해야 했고, 다른 한편으로는 농노제가 사라졌지만 생산 메커니즘 자체는 여전히 봉건적 자급자족의 토대를 유지하고 있었으므로 기존의 공유지를 계속 이용해야 했다.[2] 독립자영농은 신분상으로 예속 농노에서 해방되었지만, 봉건적 토지소유 형태에서 공유지는 여전히 독립자영농의 존립 조건이었다.[3]

3. 제26장 「원시축적의 비밀」

농노제가 소멸된 이후에 독립자영농에 의한 소경영이 광범하게 존재하는 상태에서 어떻게 자본가계급과 노동자계급이 출현하는지에[4] 관한 설명이 바로 마르크스의 '원시(原始)축적'론이다.

자본주의의 발생에서는 자본/임노동 관계의 출현이 핵심이다. 일단 자본/임노동 관계가 형성되면, 이 생산관계하에서 자본은 임노동자의 잉여노동을 잉여가치(이윤)로 착취할 수 있고, 또 자본/임노동 관계 자체를 재생산할 뿐 아니라 그 잉여가치(이윤)를 자본으로 전환시켜 확대재생산, 즉 자본축적을 지속할 수 있기 때문이다.

자본주의적 생산관계의 형성에서는 자본가계급의 탄생보다 노동자계급의 탄생이 더 결정적 의의를 지닌다. 자본가가 되기 위한 전제인 생산수단을 구입하고 노동자를 고용할 수 있는 화폐형태의 부(富)는 자본주의 발생이전에도 이미 존재했기 때문이다. 결국 생산수단으로부터 분리되어 노동력을 상품으로 판매할 수밖에 없는 존재, 즉 프롤레타리아의 발생이 자본/임노동 관계 창조의 관건이 된다. 그래서 마르크스는 원시축적을 한마디로 "생산자와 생산수단의 역사적 분리 과정"으로 규정한다. 직접적 생산자가 생산수단에서 분리되어야만 생산수단은 자본으로 전환되고, 직접적 생산자는 임금노동자로 전환되기 때문이다. 프롤레타리아의 창출 과정이 바로 원시축적의 토대인 것이다.

화폐와 상품 그 자체가 결코 처음부터 자본이 아니듯이, 생산수단과 생활수단도 결코 처음부터 자본은 아니다. 그것들은 자본으로 전환될 필요가 있다. 그러나 이 전환 자체는 일정한 사정 아래에서만 가능한데, 그 사정은 요컨대 다음과 같은 것이다. 즉, 아주 다른 두 종류의 상품 소유자들이 서로 마주하고 접촉해야 한다. 한편은 화폐·생산수단·생활수단의 소유자들인데, 그들은 타인 노동력의 매입을 통해 자기가 소유하고 있는 가치액을 증식시키기를 갈망한다. 다른 한편은 자유로운 노동자, 자기 자신의 노동력의 판매자, 따라서 노동의 판매자들이다. 자유로운 노동자라 함은 두 가지 의미를 가지고 있다. 즉, 그들 자신은 노예·농노 등과는 달리 생산수단의 일부가 아니라는 [자유로운 사람들이라는] 의미와, 자영농민 등과는 달리 자기 자신의 생산수단을 가지지도 않으며 따라서 생산수단으로부터 분리되고 자유롭다는 의미를 가지고 있다. 상품시장의 이런 양극 분화와 함께 자본주의적 생산의 기본 조건들이 주어진다. 자본주의 체제는 노동자가 자기의 노동을 실현할 수 있는 조건들의 소유로부터 완전히 분리되어 있는 것을 전제한다. 자본주의적 생산이 일단 자기 발로 서게 되면, 자본주의 체제는 이 분리를 유지할 뿐 아니라 끊임없이 확대되는 규모에서 재생산한다. 그러므로 **자본주의 체제를 창조하는 과정은 노동자를 자기가 소유하던 노동조건으로부터 분리하는 과정 ― 한편으로는 사회적 생활수단과 생산수단을 자본으로 전환시키며, 다른 한편으로는 직접적 생산자를 임금노동자로 전환시키는 과정 ― 이외의 다른 어떤 것일 수가 없다. 따라서 이른바 원시축적은 생산자와 생산수단 사이의 역사적 분리 과정 이외의 아무것도 아니다**(마르크스, 2015a: 978~979).*

이러한 원시축적과정에서 "현실의 역사에서는 정복이라든가, 노예화라든가, 강탈이라든가, 살인이라든가, 한마디로 말해 폭력이 큰 역할을 했다. …… 원시축적의 방법들은 사실상 전혀 목가적인 것이 아니다"(마르크스, 2015a: 978). 원시축적기에 무엇보다 획기적인 것은 "많은 인간이 갑자기 그리고 폭력적으로 그들의 생존수단으로부터 분리되어 무일푼의 자유롭고 '의지할 곳 없는' 프롤레타리아들로 노동시장에 투입되는 순간"이었으며, 따라서 "농업 생산자인 농민으로부터 토지를 빼앗는 것"(마르크스, 2015a: 981)이 원시축적 전체 과정의 토대를 이룬다. "이 수탈의 역사는 피와 불의 문자로 인류의 연대기에 기록되어 있다"(마르크스, 2015a: 980). 이런 농민 수탈이 전형적으로 이루어진 것은 15세기 말부터 시작된 영국의 인클로저였다.

마르크스의 원시축적론의 핵심은 농노제 붕괴 이후 광범한 독립자영농의 소경영이 존재했고, 이들 독립자영농이 폭력적인 원시축적에 의해 토지를 수탈당하면서 대규모 프롤레타리아가 창출되었으며, 이것이 "자본의 기원이고 자본의 발생"(Marx, 1977: 556)이라는 점이다.

마르크스는 이런 원시축적론에 근거해 자본의 기원에 대한 부르주아 정치경제학의 거짓 신화를 "어린애 같은 이야기"라고 혹평한다.

> 이 원시축적이 정치경제학에서 하는 구실은 원죄가 신학에서 하는 구실과 거의 동일하다. …… 아득한 옛날에 한편에는 근면하고 영리하며 특히 절약하는 특출한 사람이 있었고, 다른 한편에는 게으르고 자기의 모든 것을 탕진해버리는 불량배가 있었다는 것이다. …… 근면하고 절약하는 사람은 부를 축적했으며 게으른 불량배는 결국 자기 자신의 가죽 이외에는 아무것도 팔 것이 없게 되었다는 것이다. 그리고 이 원죄로부터 대다수의 빈곤계속 노동했는데도 여전히 자기 자신 이외에는 아무것도 팔 것이 없는 빈곤과 소수의 뷔훨씬 오래전에 노동을 그만두었는데도 끊임없이 증대하는 뷔가 유래하고 있다는 것이다. 이 낡아빠진 어린애 같은 이야기가 소유를 옹호하기 위해 매일 우리에게 설교되고 있다(마르크스, 2015a: 977~978).

마르크스는 원시축적과정에 대한 연구의 결론으로 "자본은 머리에서 발끝까지 모든 털구멍에서 피와 오물을 흘리면서 이 세상에 나온다고 말해야 할 것이다"(마르크스, 2015a: 1041)라고 말한다.[5]

마르크스는 제27~31장에서 영국을 사례 삼아 원시축적의 역사적 과정을 압축적으로 서술하고 있다.

4. 제27장 「농민들로부터 토지를 빼앗음」

마르크스는 제27장에서 독립자영농들과 소규모 차지농들이 토지를 수탈당해 프롤레타리아로 전락하는 여섯 가지 계기를 들고 있다. 이때 잔존하던 봉건적 토지소유 형태는 해체되고 토지에 대한 대지주의 사적 소유 형태가 확립되었다.

봉건적 토지소유 형태는 봉건제 장원의 구조로 보면 크게 세 가지로 구별된다. 하나는 봉건영주계급의 소유다. 여기에는 왕, 봉건영주, 교회나 수도원 등의 직영지가 포함된다. 왕의 소유지는 국유지였다. 중세 유럽에서 교회나 수도원은 봉건적 토지소유의 3분의 1에서 2분의 1 정도를 차지했다. 다음으로는 장원 토지의 3분의 1을 차지한 공유지다. 그리고 장원 토지의 약 3분의 1을 농노들이 소유권은 없지만 경작권을 지니고 점유했다. 따라서 토지 수탈은 봉건적 토지소유인 국유지, 교회나 수도원의 직영지, 공유지 등을 사적 소유로 전환하거나, 차지농의 점유 토지와 독립자영농의 토지를 빼앗는 형태로 이루어졌다.

15세기 마지막 3분의 1 시기부터 19세기에 이르기까지 약 300년에 걸쳐 원시축적에 의해 잔존한 봉건적 토지소유 형태는 근대적 사적 소유형태로 전환되었다.

무자비한 폭력 아래에서 수행된 교회 재산의 약탈, 국유지의 사기적 양

도, 공유지의 횡령, 봉건적·씨족적 소유의 약탈과 그것의 근대적 사적 소유
로의 전환 ─ 이것들은 모두 원시축적의 목가적 방법이었다. 이것들은 자본
주의적 농업을 위한 무대를 마련했으며, 토지를 자본에 결합시켰으며, 도시
의 산업을 위해 그것에 필요한 무일푼의 자유로운 프롤레타리아를 공급하게
되었다(마르크스, 2015a: 1004~1005).

마르크스가 제시한, 프롤레타리아를 창출하는 원시축적의 역사적 계기
들을 여섯 가지로 나누어 살펴보자.

첫 번째 계기는 봉건적 가신 집단의 해체였다. 15세기 마지막 3분의 1 시
기부터 16세기 전반기까지 봉건적 위기하에서 봉건적 영토 전쟁, 봉건영
주 세력에 맞선 왕권 강화 등 봉건 지배계급 내부의 권력투쟁 과정에서 왕
권에 의해 봉건영주 세력(봉건귀족)의 몰락이 폭력적으로 추진되어 봉건적
가신 집단이 해체됨으로써 자유로운 프롤레타리아가 창출되었다.

두 번째 계기는 15세기 마지막 3분의 1 시기부터 16세기 전반기에 걸친
제1차 인클로저(울타리 치기)였다. 몰락한 구 봉건귀족들을 대체한 새로운
토지 귀족은 양을 기르는 목장을 만들기 위해 농민들을 그들이 경작하는
땅에서 내쫓았다. 당시 모직물 공업(양모 매뉴팩처)이 번창하고 그에 따라
양모 가격이 오르자, 이에 자극받은 봉건영주들이 경작지를 목양지(양을
기르는 목장)로 전환하기 위해 차지농과 독립자영농을 토지에서 폭력적으
로 쫓아내는 동시에 공유지를 횡령했다. 그래서 대규모의 프롤레타리아를
만들어냈다.

토머스 모어(Thomas More)가 『유토피아(Utopia)』(1516)에서 이른바 "양
이 사람을 잡아먹는다"라며 괴상한 나라라고 말한 곳이 당시 영국이었다.
이때 '울타리 치기'란 영주가 자신의 목양지에 농민의 경작과 거주를 금지

하고자 울타리를 친 것으로 '사적 소유'를 상징한다. 사적 토지소유 제도로 전환한 것이다. 인클로저에 따라 농촌의 황폐화가 너무나 극심해지자, 왕과 의회는 이러다 농민이 다 사라지는 것 아니냐며 인클로저를 막기 위한 법을 제정하기도 했지만, 아무 성과를 거두지 못했다.[6] 마르크스는 당시 문헌을 통해 인클로저에 따른 농촌의 황폐화를 구체적으로 밝히고 있다.

세 번째 계기는 16세기 종교개혁과 그에 따른 교회 재산의 방대한 횡령이었다. 이에 따라 대규모 프롤레타리아가 만들어졌다. 봉건제 위기 속에서 왕이 왕권 강화를 위해 제일 먼저 손댄 것은 교회의 권위를 무너뜨리고 왕의 권위를 세우는 일이었다. 교회의 권위를 없애기 위해서는 교회의 물적 토대인 교회 재산(땅)을 빼앗아야 했다. 왕은 16세기에 종교개혁을 하면서 교회와 수도원의 땅을 모두 몰수했다. 그리고 "교회 토지는 그 대부분이 왕의 총애를 받는 탐욕스러운 신하들에게 증여되거나, 투기적인 차지농업가와 도시 부르주아(대상인이나 대금융업자)에게 헐값으로 팔렸는데, 이들은 종전의 세습적 소작인들을 대량으로 축출하고 그들의 경작지를 통합해버렸다"(마르크스, 2015a: 988). 이렇게 해서 그 땅들도 대부분 목양지로 바뀌었다.

네 번째 계기는 17세기 말부터 진행된 국유지 횡령이었다. 명예혁명(1688) 이후 신흥 지주 세력[7]과 대상인 및 금융 귀족(은행업자, 대금융업자)은 의회를 장악하고 사기적 방법으로 국유지를 횡령해 자신들의 사유지로 만들었다. "국유지는 증여되거나 헐값으로 팔아 넘겨지거나 또는 직접적 횡령에 의해 사유지에 병합"되었고, 이는 "사기와 횡령"에 의한 탈법적인 것이었다(마르크스, 2015a: 991~992).

다섯 번째 계기는 18세기부터 19세기 중엽까지 합법적으로 진행된 공유지 약탈이었다. 이를 제2차 인클로저라 한다. 의회를 장악한 지주와 상인 및 금융 세력이 입법을 통해 합법적으로 공유지를 횡령했다. 그래서 '의회 인클로저'라고도 한다. 지주가 '인민의 토지'(공유지)를 자기 자신에게 사유지로 증여하는 법령['공유지 인클로저법'(1709)]을 제정해 인민을 수탈한 것이다. 이 시기에는 산업혁명으로 농산물 수요가 크게 늘어나면서 자본주의적 농업으로 곡물을 생산하기 위한 인클로저가 대대적으로 이루어졌다.[8] 18세기부터 '자본 농장' 또는 '상인 농장'이라 부르는 대규모 농장이 크게 늘어나면서 농촌 주민의 대부분이 공업을 위한 프롤레타리아로 전환되었다.

여섯 번째 계기는 18~19세기에 봉건적·씨족적 소유를 사적 소유로 전환하고 그 사유지에서 농민을 몰아내는 '사유지 청소'(사유지로부터 인간을 '청소')였다. 전형적으로는 스코틀랜드 고지(高地)의 켈트인들(Celts) 사이에서 행해졌다. 씨족의 대표자인 수장(首長)은 씨족이 정착한 토지의 명목상 소유자에 불과한데, "수장들은 자기의 권위로 토지에 대한 그들의 명목상 소유권을 사적 소유권으로 전환시켰으며, 씨족원들의 반항에 봉착하자 공공연한 폭력으로 씨족 구성원들을 토지에서 추방"했다(마르크스, 2015a: 999). 그 토지들은 목양지로 전환되거나 '사슴 사냥터'로 전환되었다.

마르크스가 역사 연구로 밝혀낸 인클로저에 의한 토지 수탈과, 그에 따른 프롤레타리아 탄생과 대토지소유자(지주계급) 형성은 오직 영국에서 전형적으로 이루어졌다. 이에 따라 지주계급이 영국 전체 토지의 약 70%를 소유했다.[9] 이러한 토지 수탈이 자본의 기원이자 발생이었고, 자본/임노동 관계를 형성하는 역사적 과정이었다.

5. 제28장 「프롤레타리아에 노동규율을 강제하는 입법」

독립자영농이나 소작농은 프롤레타리아로 전락한 뒤 곧바로 임금노동자가 되었는가? 역사적으로 보면 그렇지 않았다. 마르크스는 철저히 역사적이다. 선험적으로 추론하지 않고 실제 역사를 조사해보니 그렇지 않더라는 것이다. 농민들은 빈털터리가 되어 쫓겨났지만, 그 쫓겨난 사람들이 곧바로 자본가 밑에 가서 임금노동자로 순종하며 시키는 대로 일한 것은 아니었다. 처음에는 토지에서 쫓겨나 갈 데가 없으니 거지가 되거나, 부랑하며 과일을 따먹거나, 배고프면 도둑질을 하는 등 유랑했다. 이런 거지·도둑·부랑자가 15세기 말과 16세기 전체 기간에 서유럽에 광범하게 존재했다. 그래서 이때부터 서유럽 모든 나라에서 부랑자에 대한 잔인한 입법이 실시되었다.

이들 부랑자의 "일부는 자기의 성향으로 그렇게 되었지만 대부분의 경우 별다른 도리가 없었기 때문에 그렇게 된 것이었다"(마르크스, 2015a: 1006). 그런데도 법은 그들을 '자발적인' 범죄자로 취급했다. 대표적인 예로 헨리 8세 때(1530) 때는 부랑자로 한 번 걸리면 곤장 맞고 감금당하고, 두 번째 걸리면 곤장 맞고 귀 하나 자르고, 세 번째 걸리면 중죄인으로 사형에 처해졌다. 부랑자가 노동을 거부하면 노예로 삼는, 즉 강제노동수용소에 감금하고 강제노동을 시키기도 했다. 프롤레타리아를 임금노동자로 만드는 데 필요한 노동규율을 세우기 위한 이런 폭력적인 '피의 입법'은 영국에서 200년이 지난 18세기 초에야 폐지되었다.

임금노동에 대한 입법은 처음 제정된 14세기 후반부터 노동자 착취를 목적으로 노동자에게 적대적이었다. 요새 '최저임금법'이 제정되지만 그때는 '최고임금법'이 제정되었다. 법률로 정한 임금보다 많이 지불하는 것은 금지되었다. 법정 임금보다 많이 받은 노동자와 많이 준 자본가 둘 다 금고형에 처해졌다. 착취를 위해 얼마나 엄격하게 임금을 억압했는지 알 수 있다. '최고임금법'은 400년이 지난 1813년에 폐지되었다. "자본가가 자기의 사적 입법에 의해 자기 공장을 규제하기 시작"(마르크스, 2015a: 1014)했기 때문에 더 이상 그런 법령이 필요 없게 된 것이다.

노동자의 단결은 14세기부터 중죄로 취급되었으나 1810년대에 기계파괴운동과 같은 폭동의 형태로 노동자들이 저항하자, '단결금지법'은 제정된 지 500년이 지나 1825년에 부분적으로 폐지되었고, 1871년에야 노동조합이 법적으로 승인되었다.[10]

이와 같이 처음에는 폭력적으로 토지를 수탈당하고 추방되어 부랑자로 된 농촌 주민들은 그다음에는 무시무시한 법령들에 의해 채찍과 낙인과 고문을 받으면서 임금노동 제도에 필요한 규율을 얻게 된 것이다. …… 신흥 부르주아지는 임금을 '규제'하기 위해, 임금을 이윤 획득에 적합한 범위 안으로 억압하기 위해, 또 노동일을 연장하기 위해, 그리고 노동자 자신을 정상적인 정도로 자본에 종속시키기 위해, 국가권력을 필요로 하며 또한 그것을 이용한다. 이것이 이른바 원시축적의 하나의 본질적 측면이다(마르크스, 2015a: 1010).

노동자계급의 자본에 대한 종속과 노동규율의 확립은 노동자들을 생산수단에서 분리하는 것만으로는 불충분했다. 자본주의적 생산이 발달해 노동자계급이 교육·전통·관습에 의해 자본주의적 생산양식의 요구를 자명한 '자연법칙'으로 인정하기까지, 즉 '경제적 강제'에 의해 노동자에 대한 자본가의 지배가 확립되기 전까지는 직접적인 경제외적 폭력으로서 국가권력이 필요했던 것이다.

오늘날 우리가 너무나 당연시하는 노동규율이 자본주의의 생성기에는 결코 당연한 것이 아니었다. 노동규율은 몇 세기에 걸쳐 국가라는 폭력 기구를 통해 프롤레타리아에게 강요됨으로써 수립되었다. 이처럼 노동자계급에게 노동규율이 확립된 것도 원시축적의 중요한 계기였다.

6. 제29~31장 자본가계급의 탄생

그러면 자본가는 어디로부터 나왔을까? 영국에서는 인클로저에 의한 토지 수탈로 농촌에서 자본주의가 먼저 성립했다. 자본주의가 농업자본주의로 시작한 셈이다. 공업은 처음에 가내수공업이나 수공업길드로 존재하다가 나중에 자본주의적으로 발전했다. 본격적인 자본/임노동 관계는 농업에서 시작되었다. 자본가의 시초는 자본주의적 차지농업가였다. 자본주의적 차지농업가는 지주에게 땅을 임대받아 노동자를 고용해 농사를 짓고, 그 수확물로 지주에게는 지대를, 노동자에게는 임금을 주며 나머지를 자기 이윤으로 차지했다. 영국에서 자본주의 3대 계급(지주, 자본가, 임금노동자)이라는 모델이 바로 농업자본주의에서 나왔다. 애덤 스미스나 데이비드 리카도 등 고전파 정치경제학자들이 영국의 농업자본주의 현실을 토대로 자본주의 3대 계급을 말한 것이다. 농업 생산력이 발전할수록 농사짓는데 많은 사람이 필요하지 않게 되자 농업 노동자 수는 크게 줄어들었고, 그에 따라 다수의 노동자가 도시로 가서 공업 프롤레타리아가 되었다.

자본주의적 차지농업가는 200년 동안 완만한 과정을 거치면서 제1차 인클로저가 진행된 16세기 말에는 부유한 자본주의적 차지농업가 계급,

즉 농업자본가로 발전했다. 14세기 후반 봉건제의 위기하에서 지주에게 종자·가축·농기구를 공급받는 자유로운 차지농이 등장했는데, 이들은 독립자영농과 처지가 비슷했다. 그 후 이들은 분익농(정률소작농)으로 바뀌었으나 급속히 소멸하고, 15세기에 진정한 차지농업가(자본주의적 차지농업가)가 등장했다.

자본주의적 차지농업가는 15세기의 독립자영농이나 농업 노동자(임노동에 종사하면서도 자기 농사를 조금 짓는)와 비교해 그 처지가 크게 다르지 않았다. 두 가지 역사적 계기가 자본주의적 차지농업가를 여타 농민들과 구별되게 만들어 농업자본가로 전환시켰다.

첫 번째 계기는 15세기 마지막 3분의 1부터 16세기 전체에 걸쳐 이루어진 제1차 인클로저 때 자본주의적 차지농업가들이 지주계급과 함께 공유지를 횡령한 것이다.[11] 그들은 이를 통해 아무 비용도 들지 않고 자신의 가축 수를 크게 늘려 농사에 쓸 풍부한 비료를 획득했다. 그 결과 자본주의적 차지농업가는 농업 생산력을 크게 증진시켜 부유해진 반면, 공유지에서 배제된 여타 농민은 몰락하게 되었다.

두 번째 계기는 16세기에 아메리카 대륙으로부터 대량의 은이 유입되면서 촉발된 '가격혁명'이 화폐가치를 지속적으로 떨어뜨린 것이다. 화폐가치의 하락에 따라 지대와 실질임금은 저하하고 농산물 가격은 계속 오르게 되었는데, 그로 인한 과실은 모두 차지농업가에게 돌아갔다. 가격혁명으로 차지농업가는 앉아서 돈을 벌게 된 셈이다. 당시의 차지 계약은 장기 계약(가끔 99년)으로 체결되어 차지농업가가 지불할 실질 지대가 크게 감소한 것이다. 차지농업가는 이렇게 임금노동자와 지주를 동시에 희생시키며 부를 축적했다. 그 결과 16세기 말 영국에는 "부유한 '자본주의적 차지농업가' 계급", 즉 농업자본가계급이 역사적으로 등장했다.

농업자본가계급의 등장에 따른 자본주의적 농업경영은 점차 경작 방법의 개량, 협업의 확대, 생산수단의 집적 등을 가져왔고, 또 농업 노동자의 노동강도를 강화해 노동생산력을 크게 증진하는 '농업혁명'을 불러왔다. 이에 따라 적은 수의 농업 노동자로도 대규모 도시 프롤레타리아를 위한 곡물과 원료를 생산하는 일이 가능해졌고, 자본주의적 차지농업가는 이를 매뉴팩처(공장제 수공업)에 내다 팔았다. 또한 토지 수탈과 동시에 진행된 농촌 가내공업의 파괴는 매뉴팩처를 위한 국내시장을 조성했다. 그래서 공업 발전과 이를 담당하는 본격적인 산업자본가가 등장하게 되었다. 물론 기계제 대공업에 의해 비로소 산업자본은 국내시장을 완전히 정복하게 된다.

농업자본주의의 발전으로 조건이 갖추어지면서 공업이 발전하게 되는데, 이때 본격적인 산업자본가의 탄생은 다양한 출신 배경의 소자본가들 간 경쟁과 양극분해를 통한 점진적 방식으로 이루어지지는 않았다. 마르크스는 "이런 방법에 의한 달팽이 걸음 같은 완만한 진보는 15세기 말의 대발견들이 창조한 새로운 세계시장의 상업적 요구에 결코 대응하지 못했다"(마르크스, 2015a: 1027)라고 말한다.

마르크스는 자본의 원시축적의 주요한 계기들로 아메리카에서 금은 발견, 원주민 섬멸·노예화·광산에 생매장, 동인도 정복과 약탈, 아프리카에서의 노예사냥과 노예무역, 지구를 무대로 하는 유럽 나라들의 무역 전쟁 등을 제시한다. 이런 여러 계기는 스페인·포르투갈·네덜란드·프랑스·영국 등에 의해 차례로 발생했는데, 17세기 말 영국에서 식민제도, 국채제도, 근대적 조세제도, 보호무역 제도 등으로 체계적 통합이 이루어졌다. 이 제도들은 "매뉴팩처 시기에는 새싹에 불과했는데, 대규모 공업의 유년기"(마르크스, 2015a: 1037)인 산업혁명기(1760~1830)에는 거대하게 번창했다.

마르크스는 여러 계기 가운데 특히 식민제도를 강조했다. 유럽 외부 세계에서 직접적인 약탈, 토착민의 노예화, 살인강도 등의 잔인한 폭력으로 획득한 재물이 유럽 본국으로 흘러와 자본으로 전환되었다는 것이다. 식민제도와 그에 따른 해상무역, 무역 전쟁을 뒷받침하기 위해 국채와 국제 신용제도가 발전했고, 국채의 이자 지불을 위해 근대적 조세제도가 필요했다. 무거운 조세와 보호무역 제도는 자본축적을 지원하는 한편 국민 대중을 수탈했다.

이들 방법의 몇몇은 잔인한 폭력의 사용에 기초하고 있지만, 이들 방법은 모두 예외 없이 봉건적 경제제도가 자본주의적 경제제도로 이행하는 것을 폭력적으로 촉진하여 과도기를 단축하기 위해, 사회의 집중되고 조직된 폭력인 국가권력을 이용한다. 그리고 실제로 폭력은 새로운 사회를 잉태하고 있는 모든 낡은 사회의 산파(産婆)다. 폭력은 하나의 경제적 동인(動因)이다.[12]

마르크스는 원시축적과정에서 프롤레타리아의 창출뿐 아니라 화폐자본의 축적도 폭력적으로 이루어졌음을 강조한다. 자본의 발생과 기원에 관한 연구의 결론은 제31장의 마지막 문장으로 요약된다.

자본주의적 생산양식의 '영원한 자연법칙'이 자유롭게 작용하도록 하고, 노동자와 노동수단 사이의 분리를 완성하며, 한쪽 끝에서는 사회의 생산수단과 생활수단을 자본으로 전환시키며, 다른 쪽 끝에서는 인민대중을 임금노동자로, 즉 자유로운 '노동 빈민'[이것은 근대사의 인위적인 산물이다]으로 전환시키기 위해서는, '위에서 말한 모든 수고가 필요했다.' …… 자본은 머리에서 발끝까지 모든 털구멍에서 피와 오물을 흘리면서 이 세상에 나온다고 말해야 할 것이다(마르크스, 2015a: 1040~1041).

또한 마르크스는 제8편의 마지막 장 제33장 「근대적 식민이론」의 제일 마지막 문장에서 원시축적에 의한 토지 수탈의 중요성을 다시 강조한다.

자본주의적 생산방식과 축적방식, 또 자본주의적 사적 소유는 개인 자신의 노동에 토대를 두는 사적 소유의 철폐, 다시 말해 노동자로부터 노동조건을 빼앗는 것을 기본 조건으로 삼고 있다. …… (마르크스, 2015a: 1061~1062).[13]

7. 제32장 「자본주의적 축적의 역사적 경향」

제32장은 네 쪽에 불과하지만 자본주의의 생성·발전·소멸, 즉 자본주의의 일대기에 관한 묵시록이다. 이 장은 자본주의의 일생을 한눈에 알아볼 수 있게 정리하고 있다. 자본주의가 어떻게 탄생해, 어떻게 변화·발전하고, 어떤 모순 때문에 어떻게 망할 것이라는 점을 말이다. 더 나아가 자본주의가 망한 이후에 어떤 사회가 올 것인지에 대해서도 전망한다.

그런데 이 장은 매우 압축적으로 서술되어 있어서 그동안 『자본론』을 둘러싼 해석에서 가장 많은 논란과 논쟁, 그리고 오해와 오독을 낳은 부분이기도 하다. 마르크스는 독일어판에 있었던 용어 사용의 혼란을 줄이기 위해 불어판을 교열할 때는 중요한 용어를 세심하게 변경해 사용하고 있다. 또한 몇 가지 중요한 대목을 수정했다. 그럼에도 '개인적 소유'와 '사회적 소유' 등의 용어를 둘러싸고 그의 사후에 일어난 혼란을 막지 못했다.

가장 큰 혼란과 오해를 초래한 것으로 자본주의 소멸 이후의 소유형태인 '사회적 소유' 개념부터 검토해보자. '사회적 소유'가 무엇을 뜻하는지는 마르크스 이후 한 세기 넘게 마르크스주의 내부에서 논쟁이 되어왔다. 특히 현실사회주의의 실패와 붕괴에는 '사회적 소유' 개념에 대한 혼란과 오해가 크게 작용했다고 생각한다. 물론 이것이 현실사회주의 실패의 유일한 원인은 아니지만, 주요 요인들 가운데 하나라고 본다.

마르크스는 '사회적 소유'에 대해 명확히 제시한다.

이 부정의 부정은 노동자의 사적 소유를 재건하는 것은 아니지만 자본주의 시대의 획득물, 즉 협업과 토지를 포함한 모든 생산수단의 공동점유(共同占有)에 기초한 노동자의 개인적 소유를 재건한다(Marx, 1977: 557).

요컨대 '사회적 소유'를 "협업과 토지를 포함한 모든 생산수단의 공동점유에 기초한 노동자의 개인적 소유"로 정의하고 있다. 여기서 '개인적 소유'가 무엇을 뜻하지가 문제다.

마르크스가 독립자영농이나 독립수공업자의 "소유자의 자기 노동에 기초한 소유"를 독일어판에서 "자기 자신의 노동에 입각한 개인적 사적 소유"(마르크스, 2015a: 1046)로 서술한 것을 보면 "소유자의 자기 노동에 기초한 소유"에 '개인적 소유'의 요소가 포함되어 있다는 것을 알 수 있다. 이들 독립소생산자는 "자신의 계산으로 일을 하는"(Marx, 1977: 556) 것이고, 따라서 자기 노동의 주인으로서 노동조건과 관계해 노동과정을 자율적으로 통제한다. 말하자면, 노동자 자주관리다. 이는 자본주의적 임노동처럼 소외되고 강제된 노동이 아니다. 또한 노동생산물도 자신의 것으로 향유한다. 따라서 생산자의 '사적 소유'로 귀결된다. 이것도 자본주의적 임노동자의 경우와 다르다. 이 두 가지 측면이 '개인적 소유'의 실제적 내용이라 볼 수 있다.

그런데 "소유자의 자기 노동에 기초한 소유"가 포함한 '개인적 소유'와 '사회적 소유'에서의 '개인적 소유'의 차이는, 우선 전자에서 개인은 '사적 개인'인 데 반해, 후자에서는 자유롭게 연합한 개인들, 즉 '사회적 개인'들 이라는 점이다. 따라서 첫 번째 노동자 자주관리의 측면에서는 크게 달라 지지 않는다. 다만 후자인 사회적 소유에서 '개인적 소유'는 자본주의 시대 의 성과인 노동의 사회화와 생산수단의 집중, 즉 생산의 사회적 성격의 고 도화에 기초해, 연합한 노동자들이 토지 및 생산수단을 공동점유하고 자 율적으로 생산과정을 통제하는 노동자 자주관리 형태를 취하게 된다. 두 번째 노동생산물 향유의 측면에서는 완전히 달라진다. 사회적 소유의 '개 인적 소유'에서는 연합한 노동자들이 노동생산물을 향유하게 된다.

마르크스는 '사회적 소유'형태에서 '사회적 총생산물'이 어떻게 분배되 는가를 「고타 강령 초안 비판(Kritik des Gothaer Programms)」(1875)에서 보여준다. 낮은 단계의 공산주의 사회에서의 분배를 예시한 것이다.

거기서[사회적 총생산물에서*] 이제 다음과 같은 것들이 공제되어야 한다.

첫째, 소모된 생산수단의 보전을 위한 배상분.

둘째, 생산의 확대를 위한 추가 부분.

셋째, 사고, 자연재해로 인한 장애 등등에 대비한 예비 기금 혹은 보험 기금. ……

총생산물의 다른 부분은 소비수단으로 사용되게 되어 있다.

그것이 개인에게 분할되기 이전에, 그것에서는 다음과 같은 것들이 다시 떼내어진다.

첫째, 생산에 직접 속하지 않는 일반관리비용. ……

둘째, 학교나 위생설비 등등과 같은, **수요를 공동으로 만족시키게 되어 있는 것.**

이 부분은 지금의 사회와 비교하면 애초부터 현저하게 증가할 것이며, 새로운 사회가 발전하는 것과 같은 정도로 늘어날 것이다.

셋째, **노동능력이 없는 사람** 등등을 위한 기금, 요컨대 오늘날의 이른바 공공빈민구제에 속하는 것.

우리는 이제야 비로소 …… 개별 생산자들 사이에 분배되는 소비수단 부분에 이르게 된다(마르크스, 1995: 374~375).

이처럼 '사회적 소유'에서 '개인적 소유'는 '사적 개인'의 '사적 소유'와 완전히 다른 향유 방식을 취하게 된다. 여기서 소비수단의 '사적 소유' 자체가 문제가 아니라 사회적 분배과정에서 그것이 사회적 공제 후에 이루어지는 분배 방식이 중요하다. 또한 '새로운 사회'가 발전할수록 소비수단 자체도 개별 소비가 아니라 공동 소비가 증대하는 방향으로 발전할 것이다.

그런데 현실사회주의의 모태가 된 소련 사회주의에서는 '사회적 소유'에 대해 "생산수단은 집단적 소유, 소비수단은 사적 소유"라는 엥겔스의 해석을 따름으로써 '개인적 소유'를 '사적 소유'와 구별해 파악하지 못하고 '사적 소유'와 동일시했다. 이런 잘못된 이해는 러시아 혁명가들뿐 아니라 엥겔스 이래 제2인터내셔널이 공유했던 사회주의에 대한 잘못된 상(像)이었다. 그래서 생산수단에 대해서는 자본주의적 사적 소유를 폐지하는 대신 국유화로 전환했지만, 생산과정에 대한 노동자의 자율적 통제로서 노동자 자주관리는 시행하지 않았고, 국가에 의한 위계적 통제를 실시했다.

따라서 현실사회주의에서 '국유화'는 '개인적 소유'가 없는 국유화일 뿐 마르크스적 의미의 '사회적 소유'가 아니었다. 소련 사회주의하에서 노동자의 '개인적 소유'가 없는 '국유화'는 자본주의와 다른 맥락에서 필연적으로 노동의 소외와 배제를 가져왔고, 이는 노동의 수동화·소극화를 야기해 노동생산력의 정체로 귀결되었으며, 결국 비극적인 체제 붕괴를 불러왔다.[14]

마르크스 사후 '사회적 소유'와 '개인적 소유' 개념에 대한 혼란을 보았을 때, 마르크스가 제32장의 독일어판 내용을 불어판에서 수정한 것 중 두 지점이 중요하다.

첫째, '집단적 소유'와 '사회적 소유'를 명료하게 구별했다.

마르크스는 독일어판에서 '사적 소유'를 "사회적·집단적 소유의 대립물"(마르크스, 2015a: 1043)로 서술했으나, 불어판에서 이를 "집단적 소유의 대립물"로 정정한다. 또한 독일어판에서 자본주의적 생산을 의미하는 "사회적 성격을 띠는 생산"(마르크스, 2015a: 1046)을 불어판에서 "집단적 생산방식"으로 정정한다. 이는 마르크스가 독일어판에서 '사회적'이라는 용어와 '집단적'이라는 용어를 같은 의미로 사용하다가 불어판에서 그 의미를 구별해 사용한 것으로 추론할 수 있다. '사회적'이라는 용어를 자본주의 이후의 사회를 특징짓는 "사회적 소유"(마르크스, 2015a: 1046)에 한정해 사용함으로써, 한편으로 봉건제에서의 '집단적 소유'와 구별하고, 다른 한편으로 자본주의에서의 '집단적 생산방식'과 구별한 것이다.

이러한 수정을 통해 마르크스는 독일어판에서 '사회적'이라는 용어와 '집단적'이라는 용어를 같은 의미로 사용해 봉건제, 자본주의, 공산주의가 명확히 구별되지 않았던 부분을 명료하게 구별한 것으로 볼 수 있다. '집단적'의 의미는 '주체로서의 개인' 또는 개성이 없는 집단을 지칭한다. 봉건제의 '집단적' 소유형태가 그러하고, 또 자본주의의 '집단적' 생산방식이 그러하다. 마르크스가 다른 곳에서 자본주의적 생산을 특징지을 때 사용하는 '집단적 노동자(collective labor)'에서의 '집단적'도 마찬가지다. 자본주의에서 임노동자는 자기 노동의 주인도 아니고, 주체성 있는 개인도 아니며, 단순한 '기계의 부속물'로서 자본이 시키는 대로 일하기 때문이다.

'사회적'의 의미는 '주체로서의 개인' 또는 개성을 토대로 한 집단을 지칭한다. 마르크스가 자본주의 이후의 대안 사회로서 사회주의나 공산주의를 언급할 때 자주 사용한 "자유로운 개인들의 연합"이라는 표현이 이를 잘 드러내준다. '사회적 소유'란 바로 그런 '주체로서의 개인'을 전제한 소유형태다.

둘째, '개인적 소유'를 '자본주의적 소유'와 구별해 사용했다.

마르크스는 독일어판에서 '사적 소유'를 "개인적 사적 소유"와 "자본주의적 사적 소유"(마르크스, 2015a: 1046)로 구별한다. 그런데 불어판에서는 "개인적 사적 소유"라는 용어를 사용하지 않는다. 독일어판의 "자기 자신의 노동에 입각한 개인적 사적 소유"(마르크스, 2015a: 1046)는 불어판에서 "독립된 개인적 노동의 필연적 귀결일 뿐인 사적 소유"로 수정된다. 이런 표현의 변경은 '개인적 소유'를 '사회적 소유'에서만 사용하기 위한 것으로 추론할 수 있다. '사회적·집단적 소유'를 '집단적 소유'로 변경한 것과 마찬가지로, '개인적 사적 소유'를 "독립된 개인적 노동의 필연적 귀결일 뿐인 사적 소유"로 수정함으로써 '개인적 소유'는 '사회적 소유'에만 사용된다. 과도기적으로 존재한 소경영의 소유형태와 사회적 소유를 혼동이 생기지 않게 구별한 것이다.

다른 한편으로는 소경영의 소유형태인 "소유자의 자기 노동에 기초한 소유"를 '자본주의적 사적 소유'와 대비시키며 여러 각도에서 풍부하게 설명하고 있다. 이는 '사적 소유'라는 점에서 동일한 양자의 서로 구별되는 측면을 부각시키기 위한 것으로 보인다. 예컨대 마르크스는 불어판에서

"개인적 노동의 목적인 분산된 사적 소유"라든지 "자신의 계산으로 일을 하는 독립소생산자의 이러한 경영 제도"라는 표현을 새롭게 추가한다. 또한 독일어판의 "자기 노동에 기초한 사적 소유"(마르크스, 2015a: 1043)가 불어판에서는 "소유자의 자기 노동에 기초한 소유"로 바뀌는 것도 그런 차별성을 부각해준다. 말하자면, 내용상 차이는 없지만 '사적 소유'라는 측면보다 '자기 노동에 기초한 소유'라는 점을 강조한 표현이다.

또한 독일어판에서 "자본주의적 사적 소유"로만 표현한 것을 불어판에서 "자본주의적 소유"로 새롭게 표현하는 곳이 제32장의 후반부에 세 차례 나온다. 이것도 내용상 차이는 없지만, "자본주의적 사적 소유"가 과도적 형태인 "자기 노동에 기초한 사적 소유"와 '사적 소유'라는 점에서 동일하다는 측면보다는 "자기 노동에 기초한 사적 소유"와 "자본주의적 사적 소유"의 차별성을 부각하기 위해 일부를 수정한 것으로 보인다.

마르크스가 불어판에서 수정한 것에 근거해 정리해보면, 서유럽에서 소유형태의 역사적 변화는 봉건제의 '집단적 소유'에서 과도기적인 "소유자의 자기 노동에 기초한 소유"를 거쳐 '자본주의적 소유'(즉, 타인 노동의 착취에 기초한 자본주의적 사적 소유)에 이르렀으며, 이후 공산주의의 '사회적 소유'로 변화할 것으로 전망되고 있다.

불어판에서는 이런 두 가지 주목할 만한 중요한 수정 말고도 여러 곳이 더 수정되었기 때문에 '자본주의적 축적의 역사적 경향'을 좀 더 정확하게 이해하고자 제32장 불어판의 각주를 제외한 본문 전체를 번역해 인용하려 한다.

이리하여 자본의 원시축적의 근저에, 자본의 역사적 발생의 근저에 가로놓여 있는 것은 직접적 생산자의 수탈, 즉 소유자의 자기 노동에 기초한 소유

의 해체다.

사적 소유가 **집단적 소유**의 대립물로서 존재하는 것은 노동수단과 기타 외적 노동조건이 사적 개인에 속하는 경우뿐이다. 그러나 이 사적 개인이 노동자인가 비(非)노동자인가에 따라 사적 소유의 양상이 변화한다. 얼핏 보면, 사적 소유가 지닌 무한히 다른 형태들은 이 양극 사이의 중간 상태를 반영할 따름이다.

노동자가 자신의 생산 활동의 수단을 사적으로 소유한다는 것은 농업 또는 공업의 소경영의 **필연적 귀결**이고, 이 소경영은 **사회적 생산의 묘목장(苗木場), 즉 노동자의 손의 숙련이나 공부와 재능, 그리고 자유로운 개성이 발전되는 학교다.** 확실히 이 생산양식은 노예제나 농노제나 기타 예속 상태 아래에서도 존재한다. 그러나 그것이 번영하고 모든 정력을 발휘하며 적절한 전형적 형태를 취하는 것은 노동자가 자기 자신이 사용하는 노동조건의 자유로운 소유자인 경우, 즉 **마치 음악의 명장(明匠)이 자기 악기의 자유로운 소유자인 것과 마찬가지로,** 농민이 자신이 경작하는 토지의, 수공업자가 자신이 다루는 노동수단의, 자유로운 소유자인 경우뿐이다.

자신의 계산으로 일을 하는 독립소생산자의 이러한 경영 제도는 토지의 세분과 기타 생산수단의 분산을 전제한다. 그것은 생산수단의 집중을 배제함과 마찬가지로, 대규모의 협업, 공장이나 경작지에서의 분업, 기계의 사용, 자연에 대한 인간의 지적 지배, 노동의 사회적 힘의 자유로운 발전, 집단적 활동의 목적·수단·노력에서의 협조와 통일도 배제한다. 그것은 생산 및 사회의 협소하고 제한된 상태와만 양립할 수 있을 뿐이다. 그것을 영구화하는 것은, 페쾨르(Pecqueur)가 적절하게 지적하고 있듯이, "만인(萬人)의 범인화(凡人化)를 명령"하려는 것이나 다름없다. 그렇지만 일정한 발전 수준에 도달하면 그것은 **스스로 자기 해체의 물질적 동인(動因, agents)을 만들어낸다.**

이 순간부터 그것에 압축된 힘과 정열이 사회 깊은 곳에서 움직이기 시작한다. 그것은 철폐되지 않을 수 없고, 또 철폐된다. 그 철폐 활동은 개별적이고 분산된 생산수단을 사회적으로 집중된 생산수단으로 전환하고, 다수인의 영세한 소유를 소수인의 거대한 소유로 만드는 것, 이 고통스럽고 가혹한 노동 인민의 수탈이야말로 **자본의 기원이고 자본의 발생이다**. 이 수탈은 일련의 폭력적인 방법을 포함하고 있는데, 우리는 원시축적의 방법이라는 제하(題下)에서 그 가운데 가장 현저한 것만을 살펴보았다.

직접적 생산자의 수탈은 무자비한 만행을 수반해 진행되었지만, 이 만행을 추동한 것은 가장 파렴치한 동기와 가장 비열한 정열, 그리고 가장 가증스러운 용렬함이다. 자기 노동에 기초한 사적 소유, 고립되고 독립적인 노동자를 노동의 외적 조건에 융합한 이 소유는 **타인 노동의 착취, 즉 임금제도**에 기초한 자본주의적 사적 소유로 대체된다.

이 전환 과정이 낡은 사회를 충분히, 또한 근저로부터 해체하자마자, 생산자가 프롤레타리아로 전환되고, 그들의 노동조건이 자본으로 전환되자마자, 그리고 끝으로 자본주의 체제가 **사물의 경제적인 힘만으로 자립하자마자**, 노동이 더욱더 사회화되는 것, 그리고 토지와 기타 생산수단이 사회적으로 이용되는 공동의 생산수단으로서 누진적으로 전환되는 것, 또한 한마디로 말하면, 그와 더불어 일어나는 **사적 소유의 철폐**도 새로운 형태를 취하게 된다. 이제 수탈되어야 할 자는 더 이상 자영(自營)의 노동자가 아니라 자본가, 즉 일군(一軍) 또는 일분대(一分隊) 임금노동자의 대장(隊長)이다.

이 수탈은 자본주의적 생산의 내재적 법칙들의 작용에 의해, 즉 자본의 집중을 통해 수행된다. 이 집중, 즉 소수의 자본가에 의한 다수의 자본가의 수탈과 병행해, 과학의 기술에의 대규모 적용, 조직적이고 포괄적인 토지 이용, 도구가 공동 사용에 의해서만 위력을 발휘하는 노동수단으로 전환되는 것, 따라서 생산수단의 절약, 각국의 국민들이 세계시장의 그물에 얽히게 되는 것, 따라서 자본주의 체제의 국제적 성격의 중대 등등이 점차 대규모로 발전한다. 이 전환 과정의 모든 이익을 횡령하고 독점하는 자본의 전제군주의 수가 감소함에 따라 빈곤, 억압, 노예 상태, 타락, 착취가 대폭 증대한다. 그러나 그와 동시에 끊임없이 증대하면서 자본주의적 생산기구 자체에 의해 점차 단련되고 단결되며 조직되는 노동자계급의 저항도 증대한다. 자본의 독점은 이 독점과 더불어, 또 이 독점의 비호로 성장하고 번영해온 그 생산양식의 질곡으로 된다. **노동의 사회화와 노동수단의 집중**은 마침내 그 자본주의적 외피(外皮)와 양립할 수 없는 지점에 도달한다. 이 외피는 산산이 파열된다. 자본주의적 사적 소유의 조종(弔鐘)이 울린다. 이번에는 수탈자가 수탈된다.

자본주의적 생산양식에 부합(符合)한 자본주의적 소유는 독립된 개인적 노동의 필연적 귀결일 뿐인 사적 소유의 첫 번째 부정(否定)이다. 그러나 자본주의적 생산 자체는 **자연의 형태변화(metamorphosis)를 지배하는 숙명에 의해** 자기 자신의 부정을 낳는다. 이것은 부정의 부정이다. 이 부정의 부정이 **노동자의 사적 소유**를 재건하는 것은 아니지만, 자본주의 시대의 획득물, 즉 협업과 토지를 포함한 모든 생산수단의 공동점유에 기초한 **노동자의 개인적 소유**를 재건한다.

물론 **개인적 노동의 목적인 분산된 사적 소유를 자본주의적 소유로** 전환하기 위해서는, 사실상 이미 **집단적 생산방식**에 기초를 두고 있는 **자본주의적 소유**를 사회적 소유로 전환하는 것이 필요로 하는 것보다 더 많은 시간과 고통이 필요했다. 전자에서는 소수 횡령자에 의한 인민대중의 수탈이 문제였지만, 이번에는 인민대중에 의한 소수 횡령자의 수탈이 문제다(Marx, 1977: 556~558).*

제32장의 이 불어판을 독일어판(김수행 번역본)과 대조해 읽어보기 바란다. 강조된 부분이 불어판에서 수정된 부분이다. 앞서 살펴본, 소유형태를 명료하게 구별하기 위한 두 측면의 수정을 제외하면 마르크스는 과도기적으로 존재한 "소유자의 자기 노동에 기초한 소유"와 '소경영'을 독일어판에 비해 불어판에서 더 자세히 서술한다는 점을 알 수 있다. 그런 소유형태와 '소경영'을 부정한 원시축적이 "자본의 기원이고 자본의 발생"이라는 점을 강조하고 있다.

이 제32장의 내용을 그 맥락에 따라 이해해보자. "자본의 역사적 발생"인 원시축적은 일종의 '위로부터의 계급투쟁'이다. 자본/임노동 관계는 폭력적인 토지 수탈인 원시축적에 의해 탄생했고, 일단 자본/임노동 관계가 형성된 다음에는 자본주의적 축적을 통해 확대재생산된다. 이런 자본주의적 축적의 진행은 자본주의적 생산의 내재적 법칙에 따라 필연적으로 두 가지 경향을 가져온다. 즉, 자본의 독점화와 노동자계급의 궁핍화(빈곤, 억압, 노예 상태, 타락, 착취의 증대) 경향이다. 그리고 이와 동시에 끊임없이 그 수가 늘어난 노동자계급은 단결·조직해 투쟁으로 떨쳐나선다. 이 노동자계급의 투쟁으로 자본주의가 타도된다는 것이다. 농노들이 농노제를 붕괴시켰듯이, 노동자들도 자본주의를 붕괴시킨다는 것이다. 마르크스는 자본주의의 운명과 관련해 역사 발전의 원동력은 계급투쟁이라는, 역사유물론의 기본명제를 여기서 다시 확인하고 있다. 그러나 이는 '주관적 희망'으로서가 아니라 자본주의 역사에 대한 연구를 통해 밝혀낸 '역사적 필연성' 또는 '역사적 경향'으로서 자본주의의 소멸을 전망하는 것이다. 이것이 제32장의 기본 맥락이다.

자본주의의 생성·발전·소멸의 이런 역사적 과정을 마르크스는 소유형태의 변화를 통해 단순명쾌하게 해명한다. 생산수단의 사적 소유가 자본주의적 생산관계, 즉 자본/임노동 관계의 전제이듯이, 생산수단의 소유형태는 생산관계와 분리될 수 없고, 생산관계를 직접적으로 표현하기 때문에 소유형태의 변화는 바로 생산관계의 변화를 의미한다.

마르크스는 먼저 자본주의 생성 이전의 소유형태로 "소유자의 자기 노동에 기초한 소유"를 제시한다. 이 형태는 "자기 노동에 기초한 사적 소유" 등 여러 방식으로 표현되며, "농업 또는 공업의 소경영의 필연적 귀결"이다. 여기서 생산수단에 대한 노동자의 사적 소유가 "소경영의 기초"(마르크스, 2015a: 1043)라는 독일어판의 서술은 불어판에서 "소경영의 필연적 귀결"로 수정되었는데, 이에 따라 의미가 정반대로 바뀌게 된다. 노동자의 사적 소유에 기초해 소경영이 이루어지는 것이 아니라 소경영이 노동자의 사적 소유의 근거가 된다. 생산수단에 대한 노동자의 사적 소유의 근거는 소경영, 즉 자기 노동인 것이다. 이 점을 마르크스는 제32장의 후반부에서 "독립된 개인적 노동의 필연적 귀결일 뿐인 사적 소유"라고 다시 한 번 강조한다. 이는 농노제 소멸 이후에 등장한 독립자영농이나 독립수공업자의 사적 소유를 가리킨다.[15] 이런 소유형태는 농지 소유와 관련해 우리나라 헌법에 명시된, 농사를 짓는 사람만이 땅을 소유할 수 있다는 '경자유전(耕者有田)의 원칙'과 똑같은 것이다.

이 소유형태는 앞서 살펴보았듯이, 역사적으로 농노해방 이후 15~17세기에 광범하게 존재한 독립자영농이나 독립수공업자의 소유형태였다. 이 소유형태 아래 '민부'가 형성되었고, 상업과 도시가 발달했다. 마르크스는 이런 소규모 토지소유 형태를 "인격적 자립성의 발달을 위한 토대"이며 "농업 자체의 발달에서 하나의 필연적인 통과점"인 것으로 평가한다(마르크스, 2015c: 1022). '소경영', 즉 "자신의 계산으로 일을 하는 독립소생산자의 경영 제도"와 "소유자의 자기 노동에 기초한 소유"를 통해 독립소생산자들은 "자유로운 개성"을 발전시켰다. 말하자면, 중세가 붕괴된 후 근대로 전환하는 초기에 '인간의 발견' 또는 '개성의 발견'을 가져온 르네상스의 물질적 토대가 바로 이 "자기 노동에 기초한 사적 소유" 형태인 것이다. 이를 토대로 공동체에서 분립된 개체로서 개인과 개성이 역사적으로 등장했다.

마르크스는 이 소유형태와 소경영 생산방식의 한계를 "토지의 세분과 기타 생산수단의 분산을 전제한다"는 점에서 찾고, 따라서 그것은 "생산 및 사회의 협소하고 제한된 상태"에서만 존립할 수 있다고 명백하게 밝힌다.

다음으로, 마르크스는 "자본의 역사적 발생"인 원시축적을 요약해 제시한다. 노동 인민에게서 생산수단을 수탈한 것이 "자본의 기원이고 자본의 발생"이라고 말이다. 독일어판에서 "자본의 역사의 전주곡"(마르크스, 2015a: 1044)이라고 서술한 것을 더 명료하게 수정한 것이다. 이러한 원시축적에 의해 "자기 노동에 기초한 사적 소유"가 "타인 노동의 착취에 기초한 자본주의적 사적 소유"로 대체되었다.

이렇게 "타인 노동의 착취에 기초한 자본주의적 사적 소유"로 전환되면, 자본축적이 이루어지고 자본주의적 생산양식이 발전하게 된다. 그 발전의 '역사적 경향'을 마르크스는 제2편부터 제7편까지의 분석을 근거로 추론한다. 우선 노동생산력이 급속히 발전하는 동시에 자본의 집중이 일어난다. 마르크스는 자본축적에 따라 자본 간 경쟁이 격화되면 그 필연적 귀결로 자본의 독점화가 발생할 것이라 추론한다. 또한 이런 독점자본의 출현과 함께 생산의 대규모화, 생산에 과학기술 적용 등을 통해 생산력이 비약적으로 발전하는 한편, "자본주의 체제의 국제적 성격의 증대"가 일어날 것으로 전망한다.

마르크스는 자본의 독점화와 함께 동전의 양면을 이루는 측면으로서 노동자계급의 확대와 궁핍화(빈곤, 억압, 노예 상태, 타락, 착취의 증대)를 추론하고, 그 연장선상에서 "자본주의적 생산기구 자체에 의해 점차 단련되고 단결되며 조직되는 노동자계급의 저항도 증대"할 것으로 본다. 그러면 자본주의는 필연적으로 노동자계급의 투쟁에 의해 타도될 수밖에 없다고 추론한다.[16]

자본주의 소멸의 '역사적 필연성'과 관련한 마르크스의 서술 가운데 우리를 헷갈리게 만드는 것이 "부정의 부정"이라는 표현이다. 독일어판에서는 "이 자본주의적 사적 소유는 자기 자신의 노동에 입각한 개인적 사적 소유의 첫 번째 부정이다. 그러나 자본주의적 생산은 자연과정의 필연성을 가지고 자기 자신의 부정을 낳는다. 이것은 부정의 부정이다"(마르크스, 2015a: 1046)라고 서술된 것이 불어판에서는 "자본주의적 소유는 독립된 개인적 노동의 필연적 귀결일 뿐인 사적 소유의 첫 번째 부정이다. 그러나 자본주의적 생산 자체는 자연의 형태변화를 지배하는 숙명에 의해 자기 자신의 부정을 낳는다. 이것은 부정의 부정이다"로 수정된다.

"부정", "부정의 부정"이라는 표현은 변증법의 운동형식 가운데 하나인 '부정의 부정의 법칙'에서 나온 것인데, 이해하기가 쉽지 않다. 또한 독일어판의 "자연과정의 필연성을 가지고"라는 표현이 불어판에서 "자연의 형태변화를 지배하는 숙명에 의해"로 수정되었는데, 이것 역시 무엇을 의미하는지 이해하기가 쉽지 않다.

한 가지 제안하고 싶은 해석은, 나중에 공부할 제3편 「절대적 잉여가치 생산」의 제7장 「노동과정과 가치증식과정」에서 힌트를 얻은 것이다. 특히 불어판에서 말한 "자연의 형태변화를 지배하는 숙명"이 무엇을 뜻하는가에 대한 힌트다. 인간과 자연의 물질대사 과정인 노동과정에서 "인간은 자연의 재료를 형태변화시켜 자신의 필요에 적합하게 만든다"라는 서술이 나온다.[17] 노동과정에서 자연의 형태변화를 지배하는 것은 인간의 노동이다. 역사 발전과 관련된 제32장의 맥락에서는 인간의 실천, 즉 노동자계급의 계급투쟁을 뜻한다고 봐야 한다. 결국 "자연의 형태변화를 지배하는 숙명"은 신비한 그 무엇이 아니라 인간의 목적의식적 실천을 뜻하는 것으로 해석할 수 있다.

이처럼 해석하면 자본주의적 축적의 역사적 경향은 '부정의 부정의 법칙'과 같은 변증법의 운동형식을 동원하지 않더라도 이해할 수 있다. 이러한 서술은 마르크스가 '역사적 필연성' 또는 '역사적 경향'을 변증법의 운동형식에 맞춰 표현해본 것에 불과한 것이지, 역으로 무슨 신비한 변증법 때문에 '역사적 필연성'이 나타난다, 즉 자본주의가 소멸한다고 말하는 것은 아니다. 자본주의는 인간 실천인 노동자계급의 계급투쟁에 의해 부정되고 소멸되는 것이다.

마르크스가 '부정의 부정'이라는 변증법의 운동형식을 빌려 말하고자 한 것은 다음과 같다. 즉, 출발점인 "자기 노동에 기초한 사적 소유"의 두 요소(개인적 소유와 사적 소유) 가운데 긍정적 요소인 '개인적 소유'는 '자본주의적 소유'에 의해 '부정'되지만, 그 '자본주의적 소유'가 '사회적 소유'에 의해 다시 '부정'되면서(즉, '부정의 부정'), '사적 소유'는 부정되고 '개인적 소유'는 "재건"된다는 것이다.

제32장은 『자본론』1권 전체를 다 읽고 나서, 마지막에 다시 한 번 읽어보기 바란다. 이 장은 1권의 전체 내용을 종합한 결론으로 볼 수 있다. 자본주의의 일생에 관해서 총괄해 압축적으로 논의를 정리하고, 자본주의 이후 새로운 사회에 대한 전망까지 제시하고 있기 때문이다.

8. 제33장 「근대적 식민이론」

제33장의 제목은 '근대적 식민이론'이지만 실제 내용상의 제목은 '자본이란 무엇인가'라고 할 수 있다. 마르크스는 에드워드 웨이크필드라는 영국 식민지 경영인의 식민이론, 이른바 '조직적 식민'이론을 통해 자본의 본질을 폭로한다.

'식민(植民)'이란 말 그대로 '사람을 심는다'라는 뜻이다. 앞서 원시축적에 대해 논의할 때 동부 독일 쪽이 척박한 지역이라 사람들이 살지 않다가 나중에 '식민'을 해서 개간했다고 했는데, '식민'은 그런 의미다. 자본주의의 태동기에 유럽 열강들이 북미와 오스트레일리아 등지를 침략해 그곳에서 살고 있던 인디언 등 원주민을 다 죽이고, 유럽 사람들을 대규모로 이민시켜 그곳의 넓은 땅을 개척했다. 이런 것을 '식민'이라고 한다. 이런 의미의 '식민'은 대영제국이 인도를 식민지로 만들어 지배하는 것이나 일본 제국주의가 조선을 병탄해 식민지 지배를 하는 것, 즉 19세기 말과 20세기 초의 제국주의적 식민주의와는 구별된다. 마르크스는 각주에서 "여기에서는 진정한 식민지, 즉 자유로운 이주민이 머물러 사는 처녀지를 취급한다"(마르크스, 2015a: 1048)라고 밝히고 있다.

마르크스는 자신이 『자본론』 1권 전체에서 자본주의적 생산을 조사하고 분석해 밝혀낸 자본의 본질, 즉 '자본이란 무엇인가'에 대해 웨이크필드의 근대적 식민이론을 통해 정리하고 있다.

식민지에 **관해** 그 무슨 새로운 것을 발견한 것은 아니지만, 식민지 **안에서** 본국의 자본주의적 관계에 관한 진리를 발견한 것은 웨이크필드의 위대한 공적이다. …… 먼저 웨이크필드가 식민지에서 발견한 것은, 어느 한 사람이 화폐·생활수단·기계·기타 생산수단을 소유하더라도, 만약 그 필수적 보완물인 임금노동재(자기 자신을 자유의사로 판매하지 않을 수 없는 다른 사람)가 없다면, 그는 아직 자본가로 될 수 없다는 사실이다. 그는 자본은 물건이 아니라 물건들을 매개로 형성된 사람들 사이의 사회적 관계라는 것을 발견했다(마르크스, 2015a: 1049~1050).

"자본은 물건이 아니라 물건들을 매개로 형성된 사람들 사이의 사회적 관계"라는 것이 마르크스가 자본주의적 생산을 조사·연구해 규명한 자본의 본질에 대한 규정이다.

마르크스는 이를 자신이 이미 『임금노동과 자본(Lohnarbeit und Kapital)』 (1847)에서 밝힌 자본의 본질에 관한 규정을 인용함으로써 보충 설명한다. 『자본론』 1권에는 다음과 같은 각주가 나온다(마르크스, 2015a: 1050). "흑인은 흑인이다. 일정한 관계 아래에서만 그는 노예로 된다." 즉, 흑인이기 때문에 노예인 것이 아니다. 흑인이든 백인이든 황인종이든 일정한 관계 아래에서만 노예가 되는 것이다. "면방적 기계는 면화로 실을 뽑는 기계다. 일정한 관계 아래에서만 그것은 자본으로 된다." 이는 기계이기 때문에 자본인 것이 아니라는 뜻이다. "이러한 관계 밖에서는 그것은 자본이 아니다. 그것은 마치 금이 그 자체로서는 화폐가 아니며, 또 사탕이 사탕 가격이 아닌 것과 마찬가지다." 사탕 가격은 사탕의 교환가치를 말하는 것이지 사탕 자체가 교환가치인 것은 아니다. 사탕은 상품관계 아래에 있을 때만 교환가치를 지니게 된다. 이처럼 일정한 관계 아래에서만 자본이 되고 가치가 되며 화폐가 되는 것일 뿐 흑인이라서 노예이고, 기계라서 자본이며, 금이라서 화폐인 것은 아니다. 따라서 결론은 "자본은 사회적 생산관계다. 그것은 역사적 생산관계다." '사회적 생산관계'라는 것은 생산에서 맺는 사람들 사이의 사회적 관계라는 말이며, '역사적 생산관계'라는 것은 역사적으로 창출되고 만들어진 인위적인 관계이고 과도기적인 것이라는 말이다.

자본이 이처럼 사회적 생산관계임에도 사람들에게는 생산수단으로 나타나는 현상, 즉 자본 물신숭배 현상에 대해 마르크스는 『자본론』 3권에서 자세히 해명한다.

자본은 사물(thing)이 아니라 일정한 역사적 사회구성에 관련되는 특정의 사회적 생산관계이며, 이 생산관계가 사물에 표현되어 이 사물에 하나의 특수한 사회적 성격을 부여하고 있을 뿐이다. 자본은 생산된 물질적인 생산수단의 총계가 아니다. 자본은 자본으로 전환된 생산수단인데, 생산수단 그 자체가 자본이 아닌 것은 금 또는 은 자체가 화폐가 아닌 것과 마찬가지다. 자본은 사회 구성원의 일정 분파가 독점하고 있는 생산수단, 즉 살아 있는 노동력에서 자립하여 이 노동력과 대립하고 있는 노동력의 생산물이자 활동 조건인데, 이것들이 이 대립을 통해 자본으로 인격화되고 있다. 자본은 노동자의 생산물이 독립적인 힘으로 전환된 것, 생산물이 자기의 생산자를 지배하고 구매하게 된 것일 뿐 아니라, [엥겔스: 읽을 수 없다] 노동의 사회적 힘과 이 관련 형태가 노동생산물의 속성으로서 생산자와 대립하고 있다. 그러므로 여기에서는 역사적으로 형성된 사회적 생산과정의 요소들의 하나가 취하고 있는, 언뜻 봐서는 매우 신비스러운 특정한 사회적 형태를 보게 된다 (마르크스, 2015c: 1034).

마르크스는 이렇듯 자본이란 무엇인가를 정식화한 후에 이를 잘 보여주는 사례로서 오스트레일리아로 이주해간 어느 영국 자본가의 일화를 소개한다. 영국의 한 자본가가 생산수단과 생활수단, 그리고 3000명의 노동자와 아동을 데리고 오스트레일리아로 이주했는데, 오스트레일리아에 도착한 다음 날 모든 노동자가 사라져버렸다. 오스트레일리아에는 이주민을 유치하기 위해 누구든 자신이 경작하는 땅을 자신의 소유로 할 수 있는 제도가 있었으므로, 영국에서 온 노동자들은 생산수단에 접근할 수 있게 되자 모두 임금노동자로서의 삶을 벗어나 독립자영농이 되려고 한 것이다. 자본이 사회적 생산관계라는 것을 아주 잘 보여주는 사례다.

자유로운 이주민들에 의해 건설되는 식민지, 예컨대 오스트레일리아나 북아메리카에서는 "노동조건과 이것의 근원인 토지로부터 노동자가 아직 분리되어 있지 않거나, 또는 다만 드물게만, 또는 너무나 제한된 범위에서만 분리되어 있다"(마르크스, 2015a: 1053). 이주민들이 쉽게 독립적인 농민이나 수공업자가 될 수 있었기 때문이다. 그리고 노동시장은 항상 공급 부족 상태였기 때문에 임금노동자에 대한 착취도가 낮았을 뿐 아니라 임금노동자의 자본에 대한 종속 관계와 종속 감정도 약했다. 요컨대 자본/임노동 관계가 계급관계, 즉 지배/예속 관계로 정착·확대되기가 어려웠다.

따라서 자유로운 이주민에 의해 식민지로 건설되는 곳에서는 임금노동자를 육성하기 위한 '조직적 식민' 정책이 필요했다. 즉, 식민지 당국은 토지 가격정책을 바꾸어, 이주민이 경작할 토지를 구입할 수 있을 만큼 돈을 벌려면 비교적 장기간 임금노동을 하지 않을 수 없도록 인위적으로 토지 가격을 높게 매겼다. 이는 부르주아 경제학이 신줏단지 모시듯 존중하는 '수요공급의 법칙'에 어긋나는 것이었다. '수요공급의 법칙'대로라면 식민지의 무한한 미개척지와 부족한 인구는 토지 가격을 매우 값싸게 만들기 때문이다. 달리 말해, 인위적으로 높은 토지 가격은 노동자가 임금노동시장에서 농촌으로 은퇴하는 허가를 받기 위해 자본가에게 지불하는 몸값인 셈이다. 이는 결국 식민지에 적용한 '원시축적'에 다름 아닌 것이었다.

이처럼 마르크스는 근대적 식민이론을 통해 자본이 기계나 물건이 아니라 사람들 사이의 사회적 관계이며, 이런 자본/임노동 관계를 창출하고 유지하기 위해서는 노동자를 노동조건으로부터 분리하는 원시축적이 전제되어야만 한다는 점을 폭로하고 있다.

제33장은 제32장과 함께 『자본론』1권의 결론에 해당한다. 제32장이 자본주의의 생성·발전·소멸이라는 일대기를 압축적으로 요약하고 자본주의 이후의 전망을 제시한 것이라면, 제33장은 '자본은 무엇인가'에 대해 결론을 내리고 있다.

이상 제8편을 살펴보았다. 지금부터는 제1편에서 상품생산사회의 원리인 가치법칙을 공부한 후, 제2편에서 제7편까지를 통해 역사적으로 등장한 자본이 어떻게 이윤을 생산하고, 자본축적을 하며, 그 과정에서 모순이 무엇이고 경향적으로 나타나는 법칙이 무엇인가라는 자본주의의 발전 과정을 살펴볼 것이다.

4장

제1편 상품과 화폐

마르크스는 제1편에서 상품생산과 상품유통을 집중적으로 분석한다. 자본주의적 생산양식이 역사적으로 다른 생산양식과 구별되는 두 특징(상품생산사회라는 점과 이윤을 위한 생산이라는 점) 가운데 하나는 상품생산사회라는 점이기 때문이다. 자본주의적 생산은 상품생산을 기초로 이루어진다. "자본주의적 생산양식이 지배하는 사회의 부는 '방대한 상품더미'로 나타나며, 개개의 상품은 부의 기본 형태다"(마르크스, 2015a: 43). 그러므로 마르크스는 "우리 연구는 상품의 분석으로 시작한다"라고 밝힌다.

마르크스가 자본주의적 생산양식의 분석을 상품의 분석에서부터 시작한 것과 관련해 여러 논쟁이 있다. 일반적인 수준에서 두 지점만 확인하겠다. 첫째, 마르크스는 "노동생산물의 가치형태는 부르주아적 생산양식의 가장 추상적인, 그리고 가장 일반적인 형태"(마르크스, 2015a: 105)라고 파악하기 때문에, 가장 단순하고 추상적인 규정에서 점차 더 복잡하고 구체적인 규정으로 나아간다는 서술 또는 발표 방법에 따라 상품의 분석부터 시작한다. 둘째, 앞의 인용문에서 "나타난다(appear)"라는 표현은 마르크스가 상품생산과 상품유통을 자본주의적 생산양식의 '현상형태' 또는 '표층'으로 파악한다는 점을 시사한다. 이와 대조적으로 마르크스는 자본/노동의 생산관계와 자본주의적 생산과정을 '본질' 또는 '심층'으로 파악하는 경향이 있다.

제1편에서 마르크스는 자본주의적 상품생산을 규제하는 메커니즘으로서 가치법칙을 밝혀내고, 상품생산과 상품유통이 필연적으로 발생시키는 상품 물신숭배 현상을 규명함으로써, 자본주의적 생산양식을 과학적으로 분석할 수 있는 발판을 마련한다. 자본주의적 생산양식의 겉모습 또는 현상형태인 상품생산과 상품유통을 뚫고 들어가, 그 본질인 자본/노동의 생산관계와 자본주의적 생산과정을 과학적으로 분석할 수 있는 기본 개념을

제1편에서 확보한다. 자본주의적 생산의 본질적 특징인 이윤 생산은 가치법칙을 매개해 이루어지기 때문에 상품생산을 규제하는 가치법칙에 대한 과학적 이해 없이는 이윤 생산의 메커니즘을 과학적으로 밝히기 어렵다.

제1장 「상품」에서는 상품의 두 요소인 사용가치와 가치를 구별하고 가치의 실체·크기·현상형태를 밝혀낸다. 노동의 이중성을 해명하고, 화폐 발생의 메커니즘을 가치형태 분석을 통해 해명함으로써 마르크스는 고전파 정치경제학의 노동가치론과 질적으로 구별되는 노동가치론을 완성한다. 특히 상품 물신숭배 현상을 발견하고 해명해 상품, 화폐, 자본 등 경제적 범주를 비판적으로 분석하는 근거를 마련한다.

제2장 「교환과정」은 제1장에서 화폐 발생의 메커니즘을 논리적으로 분석한 것을 역사적 분석을 통해 보완한다.

제3장 「화폐 또는 상품유통」은 자본주의적 생산을 매개하는 중요한 역할을 하는 화폐의 주요 기능으로서 가치의 척도, 유통수단, 화폐로서의 기능 등을 상세히 분석한다.

1. 제1장 「상품」과 제2장 「교환과정」

제1장은 네 개의 절로 구성되어 있다. 제1절에서 상품의 두 요소인 사용가치와 가치를 구별하고, 가치의 실체와 가치의 크기를 찾아내며, 상품생산을 규제하는 가치법칙으로서 "사회적으로 필요한 노동시간"에 의해 상품의 가치가 결정된다는 것을 밝힌다. 제2절에서는 상품의 두 요소인 사용가치와 가치가 노동의 이중성, 즉 구체적 유용노동과 추상적 인간노동에서 비롯된다는 점을 밝힌다. 제3절에서는 가치형태의 발전 과정을 분석해

상품교환으로부터 화폐가 필연적으로 발생하는 과정을 밝힌다. 제4절은 상품생산과 상품유통에서 불가피하게 발생하는 상품 물신숭배 현상을 해명한다.

1) 제1절 「상품의 두 요소: 사용가치와 가치」

제1절은 노동가치론의 기본 개념과 가치법칙을 매우 압축적으로 서술하고 있다. 아마 마르크스가 『정치경제학 비판을 위하여』에서 상품과 화폐에 관해 자세히 다룬 바가 있어서 그럴 것이다. 따라서 한 문장 한 문장을 정독해야 한다.

마르크스는 상품이란 무엇인가에서부터 시작한다. "상품은 먼저 우리 외부에 있는 하나의 대상이며, 이것의 속성들에 의해 인간의 온갖 필요(needs)[1]를 충족시켜주는 물건이다"(마르크스, 2015a: 43).

상품이 무엇인지를 우리의 일상생활 속에서 알아보자. 먼저, 우리는 필요한 물건들을 가게나 마트 등 시장에서 구입한다. 의식주에 필요한 물건(생필품)을 스스로 만들어 쓰지 않고 쌀, 반찬, 옷, 연립주택이나 아파트 등을 상품으로 구입해 쓴다. 우리는 상품이 없으면 단 한순간도 필요를 충족하지 못한다. 이것은 우리가 살고 있는 사회가 봉건제와 같은 자급자족경제가 아니고 자본주의 사회의 시장경제이기 때문이다. 상품이란 인간의 필요를 충족해주는 물건(생필품)이다. 상품이 지니는, 인간에게 유용한 물건 또는 유용물이라는 측면을 상품의 '사용가치(use-value)'라 부른다. "한 물건의 유용성은 그 물건으로 하여금 사용가치가 되게 한다. 그러나 이 유용성은 공중에 떠 있는 것이 아니라 상품체의 속성에 의해 주어지고 있으며, 그 상품체와 별도로 존재할 수 없다"(마르크스, 2015a: 44).

시장에 가보면 모든 상품에는 가격이 있다. 가격이 없는 상품은 상상할 수 없다. 세상에는 공짜가 없고, 쌀·옷·집은 하늘에서 떨어지는 것이 아니라 누군가의 노동을 통해서만 만들어지기 때문이다. 우리는 다른 사람의 노동으로 만들어진 물건을 구입해 자신의 필요를 충족하기 때문에 그 대가를 지불해야 한다. 이 대가가 상품의 가격인데, 이를 상품의 '교환가치(exchange-value)'라 부른다.

사용가치와 교환가치를 일컬어 '상품의 두 요소'라 한다. 상품이 되려면 갖추어야 할 두 조건, 또는 필요충분조건이라 할 수 있다. 인간의 필요를 충족해야 한다는 점이 상품의 필요조건이라면, 반드시 사람의 노동을 통해서 만들어져야 한다는 점이 충분조건이다. 인간의 생존에 필수적인 자연 상태의 공기나 물은 인간의 필요를 충족해야 한다는 필요조건은 갖추었지만, 인간의 노동을 통해 만들어져야 한다는 충분조건에는 해당하지 않기 때문에 상품이 될 수 없다. 마르크스는 "인간에 대한 그 물건의 유용성이 노동에 의해 매개되지 않는 경우", "어떤 물건은 가치를 가지지 않으면서 사용가치일 수 있다"라고 말하면서 "공기, 처녀지, 자연의 초원, 야생의 수목"(마르크스, 2015a: 50) 등을 예로 들고 있다.

마르크스가 이야기하는, 상품이 인간에 대해 지니는 '유용성' 또는 사용가치는 부르주아 경제학에서 말하는 '효용(utility)'과 다르다. 부르주아 경제학의 '효용'은 물건을 사용한 인간이 느끼는 심리적 만족도로서 주관적이라면, 유용성이나 사용가치는 인간에게 유용한 물건이 지니는 물리적·화학적 성질로서 객관적이다. 효용은 주관적이기 때문에 똑같은 물건도 사람에 따라 효용이 다르고, 또 같은 사람도 그 물건을 사용할 때마다 효용이 달라진다. 사용가치는 물건의 객관적 속성이므로 사람들이 그 물건을 사용할 때 느끼는 효용에 따라 달라지지 않는다.

'사용가치'와 '효용'의 차이는 '필요(need)'와 '욕구(desire)'의 차이와 비슷하다. '욕구'나 '욕망'은 사람의 주관적 심리를 표현하기 때문에 무한할 수 있다. 그러나 인간의 '필요'는 사람의 주관적 심리로 규정되는 것이 아니라 그 사회가 도달한 생산력과 사회적 요구에 따라 사회적·객관적으로 규정된다. 욕구나 욕망은 사회적이고 객관적인 '필요'에서 비롯될 수도 있지만 반드시 '필요'에 근거할 이유는 없다.

그러므로 상품의 '사용가치'는 인간의 객관적·사회적 '필요'를 충족해주는 유용한 물건을 가리킨다. 물론 인간의 '필요'는 사회적 생산력이 발전함에 따라 확장된다. 생산력이 낮을 때는 의식주로 대표되는 육체적 필요에 한정되겠지만, 생산력이 발달하면 그런 물질적 필요 자체도 확장될 뿐 아니라 문화적·예술적 필요로까지 확장된다.

상품의 사용가치와 관련해 마르크스는 제1절의 말미에서 자기 자신의 필요를 충족하는 사용가치가 아니라 "타인을 위한 사용가치, 즉 사회적 사용가치"여야 한다는 제한을 추가한다.

어떤 물건 그리고 인간노동의 어떤 생산물은 상품이 아니면서 유용할 수 있다. 자기 노동의 생산물로써 자기 자신의 필요를 충족시키는 사람은 사용가치를 만들기는 하지만 상품을 만들지는 않는다. 상품을 생산하기 위해서 그는 사용가치를 생산할 뿐 아니라 타인을 위한 사용가치, 즉 사회적 사용가치를 생산해야 한다(마르크스, 2015a: 50~51).

그런데 이런 당연한 제한이 "마르크스가 생산자 이외의 사람들이 소비하는 생산물은 무엇이든 상품으로 여겼다는 오해"를 낳았기에, 엥겔스는 시장 교환을 통해 타인에게 이전되어야 한다는 제한을 한 번 더 추가한다.

또 단순히 타인을 위한 사용가치를 생산하는 것만으로는 충분하지 않다. 중세의 농민은 봉건영주를 위해 공납으로 바칠 곡물을 생산했고, 성직자를 위해 십일조로 바칠 곡물을 생산했다. 그러나 공납으로 바친 곡물이나 십일조로 바친 곡물은, 타인을 위해 생산되었다는 이유만으로는 아직 상품이 되지 않는다. 생산물이 상품이 되기 위해서는 그 생산물을 사용가치로 쓰는 사람에게 교환을 통해 이전되어야 한다(마르크스, 2015a: 51).

마르크스는 "상품의 사용가치는 상품학이라는 특수 분야의 연구대상"이라며, "사용가치는 오직 사용 또는 소비에서만 실현"되고, "사용가치는 부의 사회적 형태가 어떠하건 부의 소재적 내용"(마르크스, 2015a: 44)을 이루며, 자본주의 사회에서 "사용가치는 동시에 교환가치를 지니는 물건"(마르크스, 2015a: 45)이라고 간단히 사용가치와 관련된 논의를 마친 뒤 교환가치와 가치 개념에 대한 논의로 넘어간다.

교환가치 개념을 이해하기 위해 상품교환을 "쌀 1킬로그램 = 저고리 1개"의 물물교환으로 가정하자. 쌀과 저고리라는 두 상품이 1킬로그램과 1개라는 일정한 양적 비율로 서로 교환된다. 두 상품이 교환될 때 나타나는 교환비율이 바로 교환가치의 첫 모습이다. "교환가치는 먼저 양적 관계, 즉 어떤 종류의 사용가치가 다른 종류의 사용가치와 교환되는 비율로 나타난다"(마르크스, 2015a: 45).

쌀과 저고리는 물리적·화학적 성질이 다르고, 각각을 재는 척도도 몇 킬로그램과 몇 개로 다르며, 각각의 용도도 다르다. 쌀과 저고리는 사용가치가 질적으로 다르다. 따라서 사용가치의 측면에서 보면 두 상품은 양적으로 비교될 수 없다. 이처럼 사용가치가 질적으로 다른 두 상품이 일정한 교환비율로 서로 교환된다는 사실에서 마르크스는 두 가지를 알아낸다.

"첫째로 특정한 상품의 서로 다른 교환가치들은 동일한 그 무엇을 표현하고 있으며, 둘째로 교환가치는 교환가치와 구별되는 그 어떤 내용의 표현양식 또는 '현상형태'에 지나지 않는다는 점이다"(마르크스, 2015a: 45). 결국 두 상품이 공통적인 '그 무엇'을 기준으로 해서(또는 공통적인 '그 무엇'으로 환원되어) 양적으로 비교된다는 것이다.

마르크스는 공통적인 '그 무엇'을 찾고자 사용가치를 사상 또는 추상해 그것이 '노동생산물'이라는 속성임을 밝혀낸다. 두 사용가치는 질적으로 다르기 때문에 공통의 '그 무엇'을 찾으려면 사용가치를 무시해야 한다. "만약 상품의 사용가치를 무시한다면, 거기에는 오직 하나의 속성, 즉 그것이 노동생산물이라는 속성만 남는다"(마르크스, 2015a: 47). 상품의 공통적 속성이 '노동생산물'이라는 점에 대한 마르크스의 논리적 추론 과정이 이처럼 짧은 것은 역사적 과정이나 역사적 경험을 전제하기 때문이라고 생각한다.

자본주의 초기의 공장제 수공업인 매뉴팩처에서 노동자들은 모두 기본적 노동수단인 칼, 가위, 샌드페이퍼, 펜치, 망치 등을 이용해 옷, 구두, 바늘, 프라이팬 등 일상생활용품을 생산했다. 아직 기계가 발명되지 않았기 때문이다. 그래서 각 매뉴팩처에서 생산된 서로 다른 상품들이 교환될 때는 각각의 상품을 만드는 데 들어간 노동시간에 따라 상품들의 교환가치가 결정된다는 것, 사용가치가 다른 각 상품들의 공통점은 인간노동을 통해 만들어진다는 것이라는 점이 눈에 보였고 모두가 알 수 있었다. 17~18세기 매뉴팩처 시대의 상품생산과 상품유통을 이론화한 것이 고전파 정치경제학의 노동가치론이었다. 이런 역사적·이론적 과정이 전제되어 있었기에 마르크스는 사용가치가 다른 상품들의 공통적 속성이 '노동생산물'이라고 단도직입적으로 추론할 수 있었다.

여기까지의 노동가치론은 고전파 정치경제학에 의해 이미 밝혀진 바다. 당시 노동가치론은 상식이었고, 경험적으로 쉽게 파악할 수 있었다. 문제는 이제부터다. 마르크스는 노동생산물이라는 공통적 속성에 대한 추론을 계속해 가치의 사회적 실체가 '추상적 인간노동'임을 밝혀냄으로써 고전파 정치경제학의 노동가치론을 넘어선다.

만약 우리가 노동생산물의 사용가치를 무시한다면, 우리는 동시에 그 노동생산물을 사용가치로 되게 하는 물적 구성 요소와 형태들까지도 무시하게 된다. 이제 이 노동생산물은 책상·집·면사 또는 기타의 어떤 유용한 물건도 아니다. 감각적으로 포착할 수 있는 그것의 모든 속성들은 사라져버린다. 그것은 더 이상 가구공·벽돌공·방적공의 노동생산물이 아니며, 기타어떤 특정한 생산적 노동의 생산물도 아니다. 노동생산물의 유용성이 사라짐과 동시에 노동생산물에 체현된 노동의 유용한 성질도 사라지고, 따라서 노동의 상이한 구체적 형태도 사라진다. 이들 노동은 더 이상 서로 구별되지 않는 동일한 종류의 노동, 즉 추상적 인간노동으로 환원된다.

이제 노동생산물들은 유령 같은 모양, 동질적인 인간노동이 응고되어 있는 모양을 띠게 된다. 다시 말해 노동생산물들은 인간노동력이 그 지출형태와는 관계없이 지출되어 응고된 것에 불과하다. 이 모든 것이 우리에게 말해주는 것은, 그것들의 생산에 인간의 노동력이 지출되었다는 것, 인간노동이 그것들 속에 퇴적되어 있다는 것이다. 모든 노동생산물은 그들에게 공통적인 이런 사회적 실체(substance)가 응고되어 있다는 점에서 가치(value), 상품가치다(마르크스, 2015a: 47).

이 인용문을 보면, 상품가치의 사회적 실체인 '추상적 인간노동'은 "더 이상 서로 구별되지 않는 동일한 종류의 노동", "인간노동력이 그 지출형 태와는 관계없이 지출되어", "인간의 노동력이 지출되었다는 것" 등을 가 리킨다. 제2절에서 추상적 인간노동에 대한 설명으로 보이는 마르크스의 서술을 찾아보면 "인간노동력의 지출"(마르크스, 2015a: 54), "인간의 두뇌· 근육·신경·손 등의 생산적 소비"(마르크스, 2015a: 55), "순수하고 단순한 인간노동, 즉 인간노동력 일반의 지출"(마르크스, 2015a: 55), "생리학적 의 미에서 인간노동력의 지출"(마르크스, 2015a: 58) 등이 있다. 마르크스가 '추상적 인간노동'으로 말하려 한 것은 "인간노동력 일반의 지출" 또는 "인 간의 두뇌·근육·신경·손 등의 생산적 소비"로서 "생리학적 의미에서 인 간노동력의 지출"이다.

제3절에서 추상적 인간노동을 이해하는 데 도움이 되는 서술은 "가치로 서 상품은 인간노동의 단순한 응고물"(마르크스, 2015a: 63), "인간노동력이 운동하는 것[즉, 인간노동]은 가치를 창조하지만 그 자체가 가치는 아니다. 인간노동은 어떤 대상의 형태로 응고된 상태에서만 가치로 된다"(마르크 스, 2015a: 64) 등이 있다.[2]

마르크스는 이 "추상적 인간노동"을 불어판 제1절과 제2절에서 삭제하 거나 수정해서 사용했다. 독일어판에서 이 용어는 제1절에서 두 번, 제2절 에서 한 번 나온다. 제1절에서 "이들 노동은 더 이상 서로 구별되지 않는 동 일한 종류의 노동, 즉 추상적 인간노동으로 환원된다"(마르크스, 2015a: 47) 는 불어판에서 "이들 노동은 모두, 인간노동력이 지출된 특정한 형태와 관 계없이 인간노동력의 지출로, 동일한 인간노동으로 환원된다"(Marx, 1977: 43)로 바뀌며 "추상적 인간노동"이 삭제되었다. 또 "사용가치 또는 유용한 물건이 가치를 가지는 것은 오직 거기에 추상적 인간노동이 대상화되거나 체현되어 있기 때문이다"(마르크스, 2015a: 48)는 불어판에서 "사용가치 또는 어떤 물건은 인간노동이 그 안에 체현되어 있는 한에서만 가치를 가진다"(Marx, 1977: 43)로 바뀌며 역시 "추상적 인간노동"이 삭제된다. 제2절에서 "동등한 또는 추상적 인간노동"(마르크스, 2015a: 58)이라는 표현은 불어판에서 "인간노동력의 지출, 단어의 추상적 의미에서의 인간노동"(Marx, 1977: 49)으로 수정되었다. 이런 용어 사용 변경이 내용상 변경을 의미하지는 않는다. "추상적 인간노동"이라는 말 자체가 어렵게 느껴져 오해를 불러올 소지가 있다고 판단해 제한적으로 사용한 것이라 생각된다. 불어판 제3절에서는 "추상적 인간노동"을 삭제하지 않고 그대로 사용한다.

마르크스는 "인간노동력의 지출"이 상품가치의 '사회적 실체'라고 하는데, '실체'는 일상적으로 잘 사용하지 않는 말이다. 가치 개념을 이해하기 위해서는 마르크스의 용어 사용법을 이해해야 한다. 이에 관한 것이 마르크스가 중상주의를 비판한 제3절의 주 34에 나온다. "고전파 경제학에 반대해 중상주의가 부활했는데[샤를 가닐(Charles Ganilh) 등], 이들은 가치에서 오직 사회적 형태만을, 또는 오히려 사회적 형태의 실체 없는 외관만을 보고 있다"(마르크스, 2015a: 105)라는 구절이다. 중상주의는 고전파와 달리 금은과 같은 귀금속을 부의 기본 형태로 보기 때문에 '중금주의'라고도 불린다. 마르크스는 이들이 부의 기본 형태를 상품이 아니라 금은, 즉 화폐로 보는 것이 '사회적 형태'(가치)의 '실체'(인간노동) 없는 '외관'(현상형태 = 교환가치)만을 보는 것이라고 비판했다. 화폐는 가치의 현상형태인 교환가치에 불과한데, 가치의 실체인 인간노동을 인식하지 못한다는 비판이다. 마르크스는 여기서 가치를 '사회적 형태'로 파악하고, '실체'와 대비해 사용했다. 즉, 실체/사회적 형태의 개념쌍이다. 실체라는 개념은 철학사적으로 여러 의미로 변화하며 사용되어왔는데, 여기서는 '본질' 또는 '내용'의 의미로 이해하면 된다. '사회적 형태'란 '가치'처럼 어떤 사회적 실체가 사람들에 의해 사회적으로 표현된 것을 말한다. 마르크스가 '본질'이나 '내용'이라는 말을 쓰지 않고 '실체'로 표현한 것은 철학적으로 인간노동이 자기 매개적이고 스스로에게 근거를 부여하기 때문인 것으로 해석하기도 한다.[3] '가치'가 '사회적 형태'라는 것은 '인간노동력의 지출'이라는 '실체'가 자본주의에서는 '가치'로서 사회적으로 표현된다는 뜻이다.

이는 마르크스가 '가치'에 대한 서술을 불어판에서 미묘하게 수정한 것에서 확인할 수 있다. "모든 노동생산물은 그들에게 공통적인 이런 사회적 실체가 응고되어 있다는 점에서 가치, 상품가치다"(마르크스, 2015a: 47)라는 독일어판의 서술은 불어판에서 "모든 노동생산물은 그들에게 공통적인 이런 사회적 실체가 응고되어 있다는 점에서 가치로 여겨진다"(Marx, 1977: 43)로 수정되었다. "가치, 상품가치다"가 "가치로 여겨진다"로 수정된 것이다. '여겨진다'는 것은 '생각된다', '간주된다'라는 의미로, 사람들에 의해 사회적으로 표현된다는 뜻이다. 이는 가치가 '사회적 형태'임을 시사한다. 사회적 실체/사회적 형태의 개념쌍이 사용된 것이다. 즉, 사회적 실체가 그대로 나타나는 것이 아니라 '사회적 형태'로 표현된다. 따라서 '사회적 형태'는 사회적 존재양식(또는 표현양식)으로 이해할 수 있다. 다음의 인용문에서 마르크스는 실체/형태 개념쌍 대신, 내용/형태 개념쌍을 사용하지만, 여기서 '형태'는 '사회적 형태'를 의미한다.

정치경제학은 가치와 가치량을 비록 불완전하기는 하지만 분석했고, 이런 형태들 속에 숨어 있는 내용을 발견했다. 그러나 정치경제학은 어째서 이 내용이 그런 형태를 취하는가, 즉 어째서 노동이 가치로 표현되며, 그리고 어째서 노동시간에 의한 노동의 측량이 노동생산물의 가치량으로 표현되는가 하는 질문을 한 번도 제기한 적이 없었다(마르크스, 2015a: 103~104).

마르크스가 가치-형태(the value-form), 상품형태, 화폐형태, 자본형태라고 부를 때 '형태'는 모두 '사회적 형태'를 의미한다. 가치-형태는 '가치라는 사회적 형태'를, 상품형태는 '상품이라는 사회적 형태'를 의미한다. 마르크스는 "상품이라는 형태"(마르크스, 2015a: 59)라고 말한다. 가치, 상품, 화폐, 자본 등의 경제적 범주는 모두 자본주의에 고유한 '사회적 형태'다.

마르크스는 가치의 사회적 실체를 "인간노동력의 지출" 또는 "인간노동의 단순한 응고물"로 규정한 뒤, 바로 가치의 크기가 어떻게 측정되는가의 문제를 제기한다.

> 그러면 그 가치의 크기는 어떻게 측정하는가? 그 물건에 들어 있는 '가치를 형성하는 실체'인 노동의 양에 의해 측정한다. 노동의 양은 노동의 계속시간으로 측정하고, 노동의 계속시간은 시간·일·주 등을 기준으로 측정한다(마르크스, 2015a: 48).

마르크스는 가치의 크기가 노동의 계속시간으로 측정된다면 상품을 생산하는 노동자가 나태하거나 미숙련일수록 그 상품을 생산하는 데 더 많은 시간이 걸릴 것인데, 그러면 그 상품의 가치는 그만큼 더 커지는가라는 당연한 의문을 제기한 뒤, 그렇지 않다고 설명하면서 상품의 가치가 "사회적으로 필요한 노동시간"에 의해 결정된다는 가치 규정을 제시한다.

> 가치의 실체를 이루는 노동은 동등한 인간노동이며, 동일한 인간노동력의 지출이다. 상품세계의 가치로 자기를 표현하는 사회의 총노동력은, 비록 무수한 개인 단위의 노동력으로 구성되어 있지만, 여기에서는 거대한 하나의 동질의 인간노동력으로 계산된다. 각 단위의 노동력은 노동력의 사회적

평균 단위라는 성격을 가지고 또 이와 같이 작용하는 한, 다시 말해 한 상품의 생산에 평균적으로 필요한, 즉 사회적으로 필요한 노동시간만 걸리는 한, 서로 다름없는 동일한 인간노동력이다. 사회적으로 필요한 노동시간(socially necessary labour)이란 주어진 사회의 정상적인(normal) 생산조건과 그 사회에서 지배적인 평균적 노동숙련도와 노동강도에서 어떤 사용가치를 생산하는 데 드는 노동시간이다(마르크스, 2015a: 48).

사회에서 어떤 상품은 여러 생산자에 의해 생산되고, 각각의 생산자가 생산하는 데 들어간 노동량이 다르다. 이때 상품의 가치는 "사회적으로 필요한 노동시간"에 의해 결정된다고 설명하며 마르크스는 '사회적 평균' 개념을 제시한다. 서로 다른 개별 노동력도 '사회적 평균' 단위의 노동력으로 계산되고, 따라서 상품의 생산에 필요한 노동시간도 '사회적 평균' 시간으로 계산된다는 것이다. 즉, 개별 노동력은 노동력의 사회적 평균 단위로서만 사회적으로 인정되기 때문에, 개별 노동력의 노동시간도 그 상품의 생산에 "사회적으로 필요한 노동시간"만큼만 인정받는다. 나태한 또는 미숙련 생산자가 상품을 생산하는 데 10시간이 걸렸고, 그 상품을 생산하기 위해 "사회적으로 필요한 노동시간"이 5시간이면, 그 생산자는 10시간 노동을 했음에도 5시간 노동으로 인정받는다는 것이다. 반면 숙련된 생산자가 3시간이 걸렸다면, 그의 3시간 노동은 사회적으로 5시간 노동으로 인정받는다.

이런 '사회적 평균'으로 계산되는 과정은 마르크스가 제4편 제13장 「협업」에서 협업의 효과로 사회적 평균화가 이루어지는 과정에 대해 간단히 설명한 것을 통해 쉽게 이해할 수 있다.

가치로 대상화되는 노동은 사회적으로 평균적인 질의 노동이다. 다시 말해, 가치는 평균적 노동력이 지출된 것이다. …… 각 산업부문에서 개별 노동자는 평균적 노동자와는 다소 차이가 있다. 수학에서 '오차'[편차: 역주]라고 부르는 이와 같은 개별적 차이는 우리가 어떤 최소한도의 노동자를 함께 고용하기만 하면 서로 상쇄되어 없어진다. …… 5명의 농업 노동자로 구성되는 '그처럼 작은 집단'에서도 벌써 노동에서 모든 개인적 차이는 서로 상쇄되어 소멸되며 …… 어쨌든, 동시에 고용되는 많은 노동자의 집단적 노동일을 노동자의 수로 나눈 것이 하루의 사회적 평균 노동인 것은 명백하다 (마르크스, 2015a: 440).

기계제 대공업에서 '집단적 노동자'에 의해 대규모 생산이 이루어지는 경우, 개별 노동자가 '사회적 평균' 단위로 계산·환원된다는 것은 더욱 분명해진다. 수학의 평균값 개념에는 산술평균, 가중평균, 중앙값, 최빈값 등의 개념이 있는데, 마르크스의 사회적 평균 노동시간은 현실적으로 최빈값으로서의 평균 노동시간이라 생각된다. 즉, 그 상품의 가장 많은 부분("지배적인" 부분)을 생산하는 생산조건에서의 평균적인 노동숙련도와 노동강도로 결정된다. 예컨대 세계 메모리 반도체(D램) 시장에서 삼성전자가 50%, SK하이닉스가 30%, 마이크론테크놀로지가 10%의 시장점유율을 차지하고 있다면, D램의 사회적 평균 노동시간은 삼성전자의 생산조건과 평균적인 노동숙련도·노동강도로 결정되는 것이다.

마르크스는 상품의 가치가 "사회적으로 필요한 노동시간"에 의해 결정된다는 것을 밝힌 뒤, 노동생산성의 변화에 따라 가치가 어떻게 변화하는지 살핀다. 노동생산성이 변하면 '사회적 필요노동시간'이 바뀌기 때문이다. 상품의 가치는 노동생산성에 반비례한다.

노동생산성은 여러 가지 사정에 의해 결정되는데, 그중에서도 특히 노동자들의 평균적 숙련도, 과학과 그 기술적 응용의 발전 정도, 생산과정의 사회적 조직, 생산수단의 규모와 능률, 그리고 자연적 조건에 의해 결정된다. …… 일반적으로, 노동생산성이 높으면 높을수록 한 물품의 생산에 걸리는 노동시간은 그만큼 작아지며, 그 물품에 응고되는 노동량도 그만큼 적어지고, 따라서 그 물품의 가치도 그만큼 작아진다. 반대로 노동생산성이 낮으면 낮을수록 물품의 생산에 걸리는 노동시간은 그만큼 커지며, 그 물품의 가치도 그만큼 커진다. 이와 같이 상품의 가치는 그 상품에 체현되어 있는 노동량에 정비례하고, 노동생산성에 반비례한다(마르크스, 2015a: 49~50).

마르크스는 이와 같이 상품의 가치가 그 상품을 생산하는 데 "사회적으로 필요한 노동시간" 또는 사회적 필요노동시간에 의해 결정된다는 가치 규정을 압축적으로 서술하는데, 가치 규정의 효과에 따라 상품생산과 상품유통이 규제된다. 즉, 상품생산사회 또는 시장경제의 생산·교환·분배가 규제된다. 이를 총괄해 '가치법칙'으로 부르기도 한다.

우선, 생산에서는 사회적 필요에 맞게 노동력을 배분한다. 노동생산력이 발전하면 사회적 필요노동시간이 단축되므로 그만큼 사회적 노동력이 적게 필요해지고, 따라서 남아도는 노동력이 다른 사회적 필요를 충족하기 위한 생산에 배분될 수 있다. 예컨대 쌀을 생산하는 노동생산력이 두 배로 발달하면, 쌀 수요에 변함이 없을 경우 공급이 두 배로 늘어 쌀값은 절반으로 떨어진다. 그러면 쌀 생산자는 그만큼 손해를 보기 때문에 기존 생산자의 절반이 다른 산업 분야로 옮겨가야만 쌀 가격은 자기 가치를 회복한다. 쌀 생산에서 내몰린 이 절반의 생산자들은 사회 구성원들의 다른 필요를 충족하는 상품을 생산하는 곳으로 이동한다. 이처럼 노동생산력의 발전과, 그와 동시에 이루어지는 사회적 필요의 확장은 사회적 수요/공급 원리를 통해 사회적 노동력을 확장된 사회적 필요에 맞게 재배분한다.

또한 사회적 필요노동시간이라는 가치 규정은 상품생산에서 생산조건, 생산자들의 노동생산성과 노동강도를 사회적 평균 수준으로 강제한다. 사회적 평균 이하의 수준일 경우 상품생산에 들어간 실제 노동시간이 사회적으로 인정받지 못하기 때문이다. 이는 말하자면, 노동규율을 사회적으로 강제하는 효과를 지닌다.

다음으로, 사회적 필요노동시간이라는 가치 규정은 상품교환 또는 상품유통에서 등가교환을 강제한다. 경쟁을 통해 가치 규정을 관철하는 과정에서 상품이 가치대로 교환되도록 유도한다.

끝으로, 상품생산 또는 시장을 위한 생산의 분배 원리로서 사회적 필요노동시간이라는 가치 규정은, 상품생산을 매개로 한 사회적 분업에서 생산된 사회의 노동생산물에 대해 개별 생산자가 자신이 생산한 생산물에 체현된 노동량(사회적 필요노동시간)만큼의 몫을 사적으로 향유하게 만든다. 그래서 상품생산과 상품유통에서 상품교환관계는 사적 생산자와 소유자가 자유롭고 평등하게 개인의 이익을 추구하는 관계다.

이제 우리는 마르크스가 밝힌 상품생산과 상품유통을 규제하는 가치법칙 또는 노동가치론에 근거해 부르주아 경제학의 가격이론인 효용가치론을 비판할 수 있다. 마르크스의 노동가치론에 맞서 부르주아 경제학에서는 가격결정이론으로 '효용가치론'을 제시한다. 상품을 소비할 때 소비자가 느끼는 주관적인 심리적 만족도인 '효용'이 가격을 결정한다는 것이다. 그러나 앞서 살펴본 대로 주관적 만족도인 효용은 똑같은 물건이라도 사람에 따라 다르고, 또 같은 사람이 같은 물건을 소비하더라도 소비할 때마다 그 효용이 달라질 수 있기 때문에 가격을 객관적으로 설명할 수 없다.

그래서 최근의 부르주아 경제학은 효용가치론을 내세우지 않고 수요와 공급에 따라 가격이 결정된다고 설명한다. 그리고 단기적으로는 시장의 수요와 공급에 따라 시장가격이 끊임없이 변동하지만, 장기적으로는 수요와 공급이 일치하는 '균형가격'이 나타난다고 말한다. 그런데 부르주아 경제학은 '균형가격'이 왜 특정한 가격에서 결정되는지의 근거를 제시하지 못한다. 사회적 필요노동시간에 의한 상품가치의 결정 원리는 바로 수요와 공급이 일치되는 장기적인 '균형가격'이 왜 특정한 가격으로 결정되는가의 근거를 밝힌다. 단기적으로 시장의 수요와 공급의 불일치에 따른 가격변동은 상품가치로부터의 괴리인 것이다.

상품에 대한 이해를 좀 더 높이기 위해 상품과 관련된 쟁점 가운데 하나를 살펴보자. 한국에서는 신장 등의 장기매매가 불법이지만 공공연하게 이루어지는데, 그렇다면 인간의 장기도 상품이 될 수 있을까? 장기매매에서 보이듯, 자본주의 사회에서는 노동력의 상품화로 상품생산이 일반화되면서 자본주의적 생산양식은 모든 것을 상품화해 이윤을 추구하는 경향이 나타난다. 인간의 장기처럼 자본주의적으로 생산될 수 없는 것도 상품화되고 있다. 이처럼 고유한 의미에서 상품이 될 수 없는 것도 화폐와 교환됨으로써, 즉 상품교환관계를 만듦으로써 상품으로 만드는 경향이 나타난다. 이는 의제(擬制)상품, 가짜 상품이다.

> 그 자체로서는 상품이 아닌 것[예컨대 양심이나 명예 등]이 그 소유자에 의해 판매용으로 제공될 수 있으며, 그 가격을 통해 상품형태를 취할 수 있다. 그러므로 어떤 물건은 가치를 가지지 않으면서 가격은 가질 수 있다. 이 경우 가격은 수학상의 어떤 양[예컨대 허수: 역자]과 같이 상상적인 것이다 (마르크스, 2015a: 133).

이처럼 마르크스는 수학의 허수가 상상적이듯 '의제상품'도 상상적인 것으로 본다. 매관매직(賣官賣職)처럼 권력과 명예도 화폐와 교환되면 상품이 된다. 또 돈을 주고 교사나 교수 자리를 사는 것, 돈을 주고 입학하는 것(부정 입학), 인간의 성(섹스)을 사는 성매매 등이 모두 의제상품이라 할 수 있다. 자본주의 사회에서 가장 대표적인 의제상품은 바로 인간의 노동력이다. 인간은 물건이 아니며, 인간으로부터 분리될 수 없는 노동력은 상품이 될 수 없다. 그러나 생산수단인 토지를 폭력적으로 수탈당한 프롤레타리아에게는 생계 수단이 없기 때문에, '경제적 강제'에 의해 상품교환관계에 끌려 들어가 노동력을 상품으로 판매할 수밖에 없게 되었다. 제8편 제33장에서 오스트레일리아의 식민 사례로 이미 보았듯, 노동자는 '경제적 강제'가 작동하지 않는 순간, 즉 생산수단으로부터의 분리를 극복하는 순간 아무도 임노동자로 살려고 하지 않는다.

의제상품 문제와 관련해 사치품이나 군수품도 의제상품인가 하는 의문이 들 수 있다. 사치품과 군수품은 의제상품이 아니고 상품이다. 좁은 의미의 인간의 필요에 비추어보면 사치품이나 군수품은 생필품이 아니라는 점에서 상품이 될 수 없으나, 계급사회에서 지배계급의 필요를 충족한다는 넓은 의미의 사회적 필요에서 상품이다. 그러나 사치품이나 군수품은 인적·물적 자원을 낭비적으로 소비하기 때문에 사회의 재생산이라는 관점에서 보면 자본주의 사회의 대표적인 비생산적 상품이라 할 수 있다.

2) 제2절 「상품에 체현되어 있는 노동의 이중성」

마르크스는 제2절에서 상품이 사용가치와 교환가치라는 이중성을 지닌 물건으로 나타나는 근원에 상품에 체현되어 있는 노동의 이중성이 놓여 있다는 것을 밝힌다. 마르크스는 "상품에 체현되어 있는 노동의 이중성은 내가 처음으로 지적하고 비판적으로 검토했다"라며, "정치경제학의 이해에 결정적으로 중요"(마르크스, 2015a: 51)하다고 말한다.

마르크스는 먼저 사용가치를 생산하는 노동의 측면을 '유용노동(useful labour)'이라 부른다.

> 저고리는 특정의 필요를 충족시키는 사용가치다. 그것을 생산하기 위해서는 특수한 종류의 생산 활동이 필요하다. 이 생산 활동은 그 목적·작업방식·수단·결과에 의해 결정된다. 우리는 노동의 유용성이 생산물의 사용가치로 표현되는 노동, 또는 노동의 생산물을 사용가치로 만들어 스스로를 표현하는 노동을 간단히 유용노동이라고 부른다. 이 경우 우리는 노동의 유용 효과만 고려한다(마르크스, 2015a: 52).

상품생산사회에서는 이런 다양한 유용노동의 총체가 사회적 분업을 형성한다.

> 다양한 사용가치들[상품체들]의 총체는 다양한 유용노동들 …… 의 총체, 즉 사회적 분업을 반영한다. 이 사회적 분업은 상품생산의 필요조건이다. 그러나 반대로 상품생산이 사회적 분업의 필요조건은 아니다. 고대 인도의 공동체에서 노동은 사회적으로 분할되어 있었지만 그 생산물은 상품이 아니었다. 더 가까운 예를 든다면, 어떤 공장에도 노동은 체계적으로 분할되어 있으나, 이 분업은 노동자들이 자기의 개별 생산물을 교환함으로써 유지되고 있는 것은 아니다. 독립적으로 행해지고 상호 의존하지 않는 사적 노동의 생산물만이 서로 상품으로 마주한다. …… 생산물이 일반적으로 상품형

태를 취하고 있는 사회, 즉 상품생산자 사회에서는, 개별 생산자들이 상호 독립적으로 자기 자신의 계산에 따라 수행하는 여러 가지 형태의 유용노동 사이의 질적 차이는 하나의 복잡한 체계, 사회적 분업으로 발전한다(마르크스, 2015a: 52~53).

인간 사회에서 사회적 분업은 보편적이지만, 그 사회적 분업이 상품생산의 형태를 취하는 것은 자본주의에만 고유하다. 상품생산은 사회적 분업의 자본주의적 형태다.

마르크스는 사용가치와 이 사용가치를 생산하는 유용노동으로서 노동이 사회형태와 무관한 "인간 생존의 조건"이고 "인간과 자연 사이의 물질대사"라고 그 의의를 밝힌다.

저고리와 아마포는, 물적 부 중 자연이 미리 제공하지 않는 다른 모든 요소들과 마찬가지로, 언제나 특정의 자연 소재를 특정의 인간 필요를 충족시키게끔 변형시키는 특수한 합목적적 생산 활동을 거쳐서 창조되지 않으면 안 된다. 그러므로 사용가치의 창조자로서 노동, 유용노동으로서 노동은 사회형태와 무관한 인간 생존의 조건이며, 인간과 자연 사이의 물질대사, 따라서 인간 생활 자체를 매개하는 영원한 자연적 필연성이다. …… 인간은 생산과정에서 오직 자연 자체가 하는 것처럼 일할 수 있을 뿐이다. 다시 말해 오직 물질의 형태를 변경할 수 있을 뿐이다. 더구나 이런 형태를 변경하는 노동에서까지 인간은 끊임없이 자연력의 도움을 받는다. 따라서 노동은 노동에 의해 생산되는 사용가치, 즉 물적 부의 유일한 원천은 아니다. 윌리엄 페티(William Petty)가 말한 바와 같이, 노동은 물적 부의 아버지이고, 토지는 그 어머니다(마르크스, 2015a: 53~54).

다음으로, 마르크스는 가치를 창조하는 노동의 측면, 즉 "인간노동력의 지출"로서 노동에 대해서는 제1절의 논의를 요약해 표현한다.

> 만약 생산 활동의 명확한 질, 따라서 노동의 유용한 성격을 무시한다면, 생산 활동은 다만 인간노동력의 지출에 지나지 않는다. 재봉과 직조는, 비록 질적으로 다른 생산 활동이지만, 모두 인간의 두뇌·근육·신경·손 등의 생산적 소비이고, 이 의미에서 모두 인간노동이다. 재봉과 직조는 인간노동력 지출의 두 가지 서로 다른 형태에 지나지 않는다. 물론 인간의 노동력이 다양한 형태로 지출되기 위해서는 노동력 그 자체가 어느 정도의 발전단계에 도달해야 한다. 그러나 상품의 가치는 순수하고 단순한 인간노동, 즉 인간노동력 일반의 지출을 표현하고 있다(마르크스, 2015a: 54~55).

마르크스는 이어 상품의 가치의 실체인 "순수하고 단순한 인간노동, 즉 인간노동력 일반의 지출"의 "측정 단위"로서 "단순한 평균적 노동" 또는 "단순노동"을 제기하고 "복잡노동"과 대비시킨다.

> 부르주아 사회에서는 장군이나 은행가는 거대한 기능을 하지만 평범한 인간은 매우 보잘것없는 기능밖에 하지 못하는데, 인간노동의 경우도 마찬가지다. 인간노동은 특수한 방향으로 발달하지 않은 평범한 인간이 자기의 육체 안에 평균적으로 가지고 있는 단순한 노동력을 지출하는 것이다. 물론 **단순한 평균적 노동**(simple average labour) 자체도 나라가 다르고 문화의 발전단계가 다르면 그 성격도 달라지지만, 일정한 사회에서는 이미 알려져 있다. 더 복잡한 노동은 **강화된 또는 몇 배로 된** 단순노동으로 여길 뿐이며, 따라서 적은 양의 복잡노동은 더 많은 양의 단순노동과 동등하게 여긴다.

이와 같은 환산이 끊임없이 이루어지고 있다는 것은 경험으로 안다. 어떤 상품이 복잡한 노동의 생산물이라 하더라도, 자기의 가치를 통해 단순노동의 생산물과 동등하게 되고 일정한 양의 단순노동을 대표할 뿐이다. 서로 다른 종류의 노동이 그 측정 단위인 단순노동으로 환원되는 비율은 생산자들의 배후에서 진행되는 하나의 사회적 과정에 의해 결정되며, 따라서 생산자들에게는 관습에 의해 전해 내려온 것처럼 보인다(마르크스, 2015a: 55).

마르크스의 가치 개념에서 중요한 기준은 "사회적 필요노동시간"과 "사회적 평균 노동력"이다. 평균적 노동력은 평균적인 노동숙련도와 노동강도를 의미한다. 마르크스가 가치의 실체인 인간노동의 '측정 단위'로서 단순노동을 제기한 것은 측정의 기준, 즉 척도로서 노동의 질 문제를 제기한 것이다. 노동강도는 노동량 지출의 양적 문제이므로 노동의 질 문제는 결국 숙련도 문제가 된다. 노동의 숙련도는 동일한 업종 내에서는 그 차이가 쉽게 측정된다. 문제는 직접적 비교가 불가능한, 업종이 다른 노동, 즉 이질적인 유용노동의 경우 숙련도가 어떻게 비교·측정되는가 하는 점이다. 마르크스는 그 측정의 기준으로 "특수한 방향으로 발달하지 않은 평범한 인간이 자기의 육체 안에 평균적으로 가지고 있는 단순한 노동력을 지출하는 것"으로서 "단순한 평균적 노동" 또는 "단순노동"을 제시한 것이다.

이때 복잡노동은 "강화된 또는 몇 배로 된" 단순노동으로 환산되고 환원될 수 있다. 예컨대 복잡노동 한 시간은 단순노동 세 시간으로 환산될 수 있는 것이다. 마르크스는 이러한 환산과 환원이 실제 경험적으로 이루어지고 있는 사회의 현실을 그 근거로 제시한다. 결국 "서로 다른 종류의 노동이 그 측정 단위인 단순노동으로 환원되는 비율"은 "생산자들의 배후에서 진행되는 사회적 과정"에 의해 결정되고, 생산자들에게는 '관습'으로 나타난다는 것이다.

마르크스는 "오직 환산의 수고를 덜기 위해서" 이후의 논의에서는 "단순화를 위해 …… 각종 노동력을 단순노동력으로 여길 것"(마르크스, 2015a: 55)이라 밝혔다.[4]

마르크스는 노동의 이중성에 관한 제2절을 다음과 같이 총괄한다.

> 이상의 논의로부터 다음과 같은 결과가 나온다. 엄밀하게 말해서 두 종류의 노동이 상품 속에 있는 것은 아니지만, 노동을 그 생산물로서의 상품의 사용가치와 관련시키는가 또는 그 순수한 객체적 표현으로서의 상품의 가치와 관련시키는가에 따라 그 상품 속의 동일한 노동이 자기 자신과 대립한다. 모든 노동은 한편으로 생리학적 의미에서 인간노동력의 지출이고, 이 동등한 인간노동이라는 자격으로 상품의 가치를 형성한다. 다른 한편으로 모든 노동은 특수한 목적에 의해 규정된 이런저런 생산적 형태에서의 인간노동력의 지출이고, 이 구체적인 유용노동이라는 자격으로 사용가치 또는 유용성을 생산한다. 상품이 가치이기 위해서는 상품은 무엇보다도 먼저 유용하지 않으면 안 되는 것과 마찬가지로, 노동이 인간노동력의 지출, 단어의 추상적 의미에서의 인간노동으로 여겨지기 위해서는 노동은 무엇보다 먼저 유용하지 않으면 안 된다(Marx, 1977: 49).[5]

3) 제3절 「가치형태」와 제2장 「교환과정」

먼저 '가치형태(the form of value)' 개념을 명확히 할 필요가 있다. 마르크스는 교환가치와 가치형태를 같은 의미로 사용한다. "교환가치는 교환가치와는 구별되는 그 어떤 내용의 표현양식 또는 '현상형태'에 지나지 않는다"(마르크스, 2015a: 45), "교환가치야말로 가치의 필연적인 표현양식 또는 현상형태"(마르크스, 2015a: 47)라는 서술에서 드러나듯이, 가치형태는 가치가 사람들에게 나타나는 현상형태다.[6] 우리 일상생활에서 가치형태 또는 교환가치는 모든 상품이 가격을 지니고 있는 것으로 표현된다. 가격은 곧 화폐로 표시된 교환가치다.

이제 상품의 두 요소인 사용가치와 가치는 상품이 현물형태와 가치형태라는 이중적 형태를 지닌다는 점으로 나타난다. 사용가치 또는 상품체 자체가 현물형태다. 상품의 가치는 가치형태로 나타난다.

그런데 가치는 객관적으로 실재함에도 사람들의 눈에 보이거나 손으로 만질 수 없다. 이처럼 감각적으로 인식할 수 없다는 점, 즉 '초(超)감각적'이라는 점에서 자연적 실재와 다른 사회적 실재라 할 수 있다.

상품의 가치가 객관적으로 실재한다는 것은 "어느 누구도 그것이 어디 있는지 알 수 없다"는 점에서 과부 퀴클리(Dame Quickly)와는 구별된다. 상품가치의 실재에는 상품체의 감각적이고 거친 객관적 실재와는 정반대로 단 한 분자의 물질도 들어 있지 않다. 그러므로 사람들이 어떤 하나의 상품을 아무리 돌려가며 만지면서 조사해보더라도 그것이 가치를 가진 물건이라는 것을 알 수 없다. 그러나 만약 우리가 모든 상품은 인간노동이라는 동일한 사회적 실체의 표현일 경우에만 가치로서 객관적 성격을 가지게 된다는 것, 따라서 가치로서 상품의 객관적 성격은 순수하게 사회적인 것이라는 것을 기억한다면, 가치는 오직 상품과 상품 사이의 사회적 관계에서만 나타날 수 있다는 것은 자명하다. 사실 우리는 상품들의 교환가치 또는 교환관계로부터 출발해 상품 속에 숨어 있는 가치를 찾아냈다(마르크스, 2015a: 59).

"가치는 오직 상품과 상품 사이의 사회적 관계에서만 나타날 수 있다"면, 가치의 현상형태인 가치형태에 대한 연구는 상품들의 교환관계에서 이루어져야 할 것이다. 이는 가치형태 분석에 대한 방향을 시사한다.

마르크스는 제3절에서 가치가 인간에게 나타나는 현상형태로서 가치형태는 어떻게 화폐형태로 발전하게 되는지, 즉 상품의 교환과정에서 필연적으로 화폐가 발생하는 메커니즘을 밝혀낸다.

마르크스의 제1장 제3절은 제2장 「교환과정」과 보완적 관계에 있다. 상품교환의 모순과 그 해결로서 화폐가 발생하는 역사적 과정을 제1장 제3절에서는 상품의 내적 모순(사용가치와 가치의 모순)에 초점을 맞춰 분석하고, 제2장에서는 추상수준을 더 낮춰 상품 소유자의 관점에서 분석한다.[7]

그는 『자본론』 1권에 관한 대중 보급판으로 자신이 개정·가필한 『자본과 노동: 마르크스의 숨겨진 자본론 입문(Kapital und Arbeit: ein populärer Auszug aus "Das Kapital" von Karl Marx)』에서 제1장 제3절과 제2장을 통일해 가치형태의 발전과 화폐의 발생 과정을 서술한다(모스트, 2014: 39~41). 이 책에서도 제1장 제3절과 제2장을 통합해 가치형태의 발전과 화폐의 발생 과정을 설명하려 한다. 이처럼 통일적으로 설명하면 가치형태의 발전 과정을 더 쉽게 이해할 수 있기 때문이다.

마르크스는 가치형태를 분석하는 목적이 화폐가 상품이라는 것을 밝히는 데 있지 않다고 말한다. "17세기의 마지막 수십 년 동안 화폐분석의 첫 단계[즉, 화폐는 상품이라는 발견]가 이미 개시되었지만", "어려움은 화폐가 상품이라는 것을 이해하는 데 있는 것이 아니라 어떻게·왜·무엇에 의해 상품이 화폐로 되는가를 발견하는 데"(마르크스, 2015a: 120) 있었기 때문에 마르크스는 "부르주아 경제학이 일찍이 시도조차 하지 못했던 것", 즉 "화폐형태의 발생 기원"(마르크스, 2015a: 60)을 밝히기 위해 가치형태를 상세히 분석한다. 그래서 마르크스는 "상품들의 가치관계에 포함되어 있는 가치표현의 발전을 가장 단순한, 거의 눈에 띄지 않는 형태로부터 휘황찬란한 화폐형태에 이르기까지 추적"한다.

우선 가치관계란 두 상품의 교환관계, 즉 "x 양의 상품 A = y 양의 상품 B"를 말한다. 두 상품 A, B는 서로 가치로서 관계하고 있다는 의미다. 상품들의 가치관계 속에 포함된 가치표현이 그 가장 단순한 형태로부터 어떻게 발전해 화폐형태(예컨대 아마포 20미터 = 2원)가 되는지 추적해야 한다. 가치형태는 교환과정에서 '단순한 가치형태'로부터 '전체적인 가치형태'로, 그리고 '일반적 가치형태'를 거쳐 마침내 '화폐형태'로 발전한다.

(1) 단순한 가치형태(개별적인 또는 우연적인 가치형태)

아마포 20미터 = 저고리 1개

"20미터의 아마포는 1개의 저고리와 가치가 같다"는 의미다.

역사적으로 단순한 가치형태는 "노동생산물이 우연적인 때때로의 교환행위에 의해 상품으로 전환되는 교환의 초기 단계에서"(마르크스, 2015a: 84) 나타난다. 이런 상품교환은 공동체 간 접촉에서 처음 발생한다. 그리고 공동체 간의 상품교환이 일정하게 이루어진 이후 공동체 내부에서도 잉여생산물과 사적 소유의 발생 등에 따라 상품교환이 이루어지게 된다.

어떤 유용한 물건이 교환가치로 될 가능성을 획득하는 최초의 방식은 그 유용한 물건이 사용가치가 아닌 것[즉, 그 소유자의 직접적 필요량을 초과하는 양의 사용가치]으로 존재하는 것이다. 이 양도가 상호적인 것으로 되기 위해서는, 사람들은 이 양도할 수 있는 물건들의 사적 소유자로, 또 바로 그 이유 때문에 서로 독립된 인격으로, 서로 상대하기로 암묵적으로 동의하기만 하면 된다. 그러나 이와 같이 상호 간에 타인이라는 관계는 자연발생적 공동체의 구성원 사이에는 존재하지 않는다. 그 공동체가 가부장적 가족이거나, 고대 인도의 공동체이거나, 페루의 잉카국이거나 그것은 마찬가지다. 상품교환은 공동체의 경계선[즉, 공동체가 다른 공동체 또는 다른 공동체의 구성원과 접촉하는 지점]에서 시작한다. 그러나 물건들이 한번 공동체의 대외적 관계에서 상품으로 되기만 하면 그것들은 반사적으로 공동체 안에서도 상품이 된다. 이런 물건들의 양적 교환비율은 최초에는 완전히 우연적이다. 그 물건들이 교환될 수 있는 것은, 그 물건 소유자들이 그것들을 서로 양도하려고 하기 때문이다. 그러는 사이에 타인 소유의 유용한 물건에 대한 욕구가 점차로 확립된다(마르크스, 2015a: 114~115).

가치로서 아마포가 가치로서 저고리와 관계 맺는 이 가치관계(또는 가치표현) 속에서 가장 단순한 가치형태가 표현된다. 마르크스는 "모든 가치형태의 비밀은 이 단순한 가치형태 속에 숨어 있다"(마르크스, 2015a: 60)라고 말하며 이 가치형태를 자세히 분석한다. 아마포가 자기의 가치를 저고리라는 한 상품으로 표현하기 때문에 개별적인 가치형태이고, 또한 이런 가치표현은 우연하게 맺어졌기 때문에 우연적인 가치형태이기도 하다.

앞의 가치관계에서 아마포의 소유자는 자기가 필요로 하는 저고리와 아마포를 교환하고 싶어 하는 것을 표현했다. 즉, 아마포의 가치표현이다. 그래서 아마포는 자기의 가치를 저고리로 표현하고, 저고리는 아마포의 가치표현의 재료가 된다. 이 가치관계에서 좌변과 우변에 있는 상품의 역할은 서로 다르다. 만약 좌변과 우변의 상품이 위치가 바뀌어 "저고리 1개 =

아마포 20미터"로 가치관계가 바뀌면, 그 의미도 달라진다. 이번에는 저고리의 가치를 아마포로 표현하고, 아마포는 저고리의 가치표현 재료가 되는 것이다. 즉, 저고리의 가치표현이다. 이처럼 가치관계에서 좌변과 우변은 비대칭적이다.[8] 마르크스는 좌변의 상품이 자기 가치를 다른 상품으로써 상대적으로 표현한다는 의미에서 "상대적 가치형태로 있다"라고 말한다. 그리고 우변의 상품은 "가치가 같은 물건", 즉 '등가물'로 기능하기 때문에 "등가형태로 있다"(마르크스, 2015a: 61)라고 말한다.

상대적 가치형태와 등가형태는 상호 의존하고 상호 제약하는 불가분의 요소들이지만, 이와 동시에 상호 배제하는 또는 상호 대립하는 극단들[즉, 가치표현의 두 끝]이다(마르크스, 2015a: 61).

가치관계에서 아마포는 자기의 현물형태와는 다른 가치형태, 즉 상대적 가치형태를 얻게 된다.

저고리가 아마포의 등가물로 되는 가치관계에서 저고리의 형태는 가치형태로 여겨진다. 그러므로 상품 아마포의 가치는 상품 저고리의 물체로 표현된다. 즉, 한 상품의 가치는 다른 상품의 사용가치로 표현된다. 사용가치로서 아마포는 저고리와 분명히 구별되는 물건이지만, 가치로서 아마포는 저고리와 같은 것이며, 따라서 저고리처럼 보인다. 이와 같이 아마포는 자기의 현물형태와는 다른 가치형태를 얻는다. ……
이와 같이 가치관계를 매개로 상품 B의 현물형태는 상품 A의 가치형태로 된다. 다시 말해 상품 B의 물체는 상품 A의 가치를 드러내는 거울로 된다. 상품 A는, 가치체이자 인간노동의 체현물인 상품 B와 관계를 맺음으로써,

사용가치 B를 자기 자신의 가치의 표현 재료로 삼는다. 상품 A의 가치는 이와 같이 상품 B의 사용가치로 표현되어 상대적 가치형태를 얻게 된다(마르크스, 2015a: 65~67).

다음으로, 아마포의 가치표현에서 등가형태로 있는 저고리의 기능을 자세히 살펴보자. 저고리가 아마포의 가치표현의 재료가 된다는 것은 저고리가 아마포 가치의 등가물로 기능한다는 뜻이며, 저고리가 아마포와 직접 교환될 수 있음을 의미한다. 아마포의 소유자는 저고리와 교환하려는 의지가 있으므로 저고리는 언제라도 아마포와 교환될 수 있기 때문이다. "어떤 상품이 등가형태로 있다면, 등가형태의 상품은 다른 상품들과 직접 교환될 수 있다는 것을 가리킨다"(마르크스, 2015a: 71). 그러나 실제로 교환이 성사될지 여부는 저고리 소유자의 의지에 달려 있다. 즉, 등가물의 기능을 하는 상품은 수동적 기능을 하지만, 오히려 칼자루를 쥐고 있는 셈이다. 따라서 아마포의 가치표현에서 등가물 기능을 하는 저고리는 아마포와 "직접적으로 교환 가능하다는 속성"(마르크스, 2015a: 73)을 얻게 된다. 이때 저고리는 아마포의 가치를 표현하기 위해 사용가치의 일정량, 즉 저고리 1개, 2개 등으로만 나타난다. 즉, "아마포 40미터 = 저고리 2개"로 표현된다.

단순한 가치형태에서 아마포에 내재한 가치는 다른 상품인 저고리의 사용가치, 즉 현물형태로 표현된다. 마르크스는 등가형태의 첫 번째 특징으로 "사용가치가 자기의 대립물인 가치의 현상형태로 된다는 점", 즉 "상품의 현물형태가 가치형태로 되는 것"(마르크스, 2015a: 72)을 든다.

이제 단순한 가치형태에서는 모든 상품이 다른 상품의 현물형태를 자기의 가치형태로 삼아야 한다는 점을 알 수 있다. 또한 저고리처럼 자신의 사용가치인 현물형태가 곧 아마포의 가치형태인 상품은 아마포와 직접적으로 교환 가능하다는 속성이 생긴다. 그런데 이런 직접적 교환 가능성이라는 속성을 지니게 된 원인에 대해 착각이 발생한다. 저고리는 아마포의 가치표현에서 등가물의 기능을 하므로 그런 속성을 얻게 된 것인데, 마치 저고리의 사용가치 자체가 가치형태인 듯 보이는 것이다.

등가형태에서는 어떤 상품체(예컨대 저고리)가 있는 모습 그대로 가치를 표현하며, 따라서 처음부터 가치형태다. 물론 이것은 상품인 저고리가 상품인 아마포에 대해 등가물로 되어 있는 가치관계 안에서만 그러하다. 그러나 어떤 물건의 속성은, 그 물건이 다른 물건과 맺는 관계로부터 발생하는 것이 아니고, 오히려 그런 관계 속에서 실증되는 데 지나지 않는다. 그런데도 저고리가 무게가 있다든가 체온을 보존하는 속성을 가지고 있는 것과 꼭 마찬가지로, 등가형태[즉, 다른 상품과 직접적으로 교환 가능하다는 속성]를 처음부터 가지고 있는 것처럼 생각할 수 있다. 등가형태의 신비성이 이로부터 생기는데, 경제학자의 거친 부르주아적 안목은 이 등가형태가 완성되어 화폐로 자기 앞에 나타날 때 비로소 이 신비성에 주목하게 된다(마르크스, 2015a: 73~74).

보통의 경우, 어떤 물건의 속성은 원래 있는 것이지 그 물건과 다른 물건과의 관계 때문에 생기는 것이 아니므로 이런 착각이 발생하는 것이다. 이로부터 등가물 기능을 하는 상품의 신비성이 발생한다.

등가형태의 두 번째 특징은 "구체적 노동이 그 대립물인 추상적 인간노동의 현상형태로 된다는 것"(마르크스, 2015a: 75)이다. 이는 가치관계에서 상품의 현물형태가 가치형태로 되기 때문이다.

등가물로 기능하는 상품체는 항상 추상적 인간노동이 구체적 형태를 취해 나타난 것으로 통용되지만, 등가물은 항상 특정의 유용한 구체적 노동의 생산물이다. 그리하여 구체적 노동이 추상적 인간노동을 표현하게 된다. 예컨대 저고리가 단순히 추상적 인간노동의 구체화라면, 저고리에 실제로 실현되어 있는 재봉 노동은 단순히 눈에 보이는 추상적 인간노동이다. ……가치의 거울로 기능하기 위해서는, 재봉 그 자체는 인간노동이라는 그 추상적 속성 이외에는 다른 아무것도 반영해서는 안 된다(마르크스, 2015a: 74).

등가형태의 세 번째 특징은 "사적 노동이 그 대립물의 형태, 즉 직접적으로 사회적 형태의 노동으로 된다는 것"(마르크스, 2015a: 75)이다. 이는 구체적 노동이 추상적 인간노동의 현상형태로 되기 때문이다.

이 구체적 노동[재봉]이 무차별적인 인간노동의 표현으로 인정되기 때문에, 이 노동은 다른 노동[아마포에 들어 있는 노동]과 동일하다는 성질을 가지게 된다. 따라서 이 노동은 다른 모든 상품생산노동처럼 사적 노동이지만 또한 직접적으로 사회적 형태의 노동인 것이다. 바로 그렇기 때문에 이 노동은, 다른 상품들과 직접 교환될 수 있는 생산물의 모습으로 우리에게 나타나는 것이다(마르크스, 2015a: 75).

마르크스는 단순한 가치형태의 분석을 통해 현상에서 본질로 추적해 들어가, 교환과정에서 사적 노동이 "직접적으로 사회적 형태의 노동"인 사회적 노동으로 전환되는 메커니즘을 밝혀내고 있다.

마르크스는 고대 철학자 아리스토텔레스도 상품의 화폐형태는 단순한 가치형태가 한층 발전한 모습에 지나지 않는다는 것을 이미 발견했음을 지적한다. 그러나 아리스토텔레스는 가치의 실체 개념에 도달하지는 못했다. 이와 관련해 마르크스는 가치 개념이 역사적으로 상품생산사회에 이르러서야 사람들에게 인식될 수 있었다는 점을 통찰한다.

"다섯 개의 침대 = 한 채의 가옥"이라고 말하는 것은 "다섯 개의 침대 = 얼마의 화폐"라고 말하는 것과 '다르지 않다.' 그는 더 나아가 이런 가치표현그 자체를 제공하는 가치관계는 가옥이 침대와 질적으로 동일하다는 것을 조건으로 한다는 것, 그리고 이 감각적으로 다른 물건들은 이와 같은 본질상의 동일성 없이는 같은 단위로 잴 수 있는 크기로 서로 비교할 수 없다는 것을 통찰하고 있다. 그는 다음과 같이 말한다. "교환은 동일성 없이는 있을수 없고, 동일성은 측량의 공통성 없이는 있을 수 없다." 여기에서 그는 난관에 봉착해 가치형태를 더 이상 분석하는 것을 포기하고 있다. ……

이와 같이 아리스토텔레스는 더 이상 분석할 수 없게 된 것이 무엇인가를 몸소 우리에게 말해주고 있다. 그것은 바로 가치 개념을 가지고 있지 않다는 점이다. 이 동일한 것, 즉 침대의 가치표현에서 가옥이 침대를 위해 표현하는 그 공통적 실체는 무엇인가? 그런 것은 "실제로는 존재할 수 없다"고 아리스토텔레스는 말한다. ……

상품가치의 형태에서는 모든 노동은 동등한 인간노동, 따라서 동등한 질의 노동으로 표현된다는 사실을 아리스토텔레스는 가치형태의 분석에서 끌어내지 못했다. 왜냐하면, 그리스 사회는 노예노동에 의거하고 있었고, 따라서 사람들도 같지 않고 그들의 노동력도 같지 않다는 것을 사회의 자연적 토대로 삼고 있었기 때문이다. 모든 노동은 인간노동 일반이기 때문에, 그리고 그런 경우에만, 동등하며 동일하다는 가치표현의 비밀은, 인간들이 서로 동등하다는 개념이 대중의 선입관으로 확립되었을 때 비로소 해명할 수 있는 것이다. 그러나 이것은 상품형태가 노동생산물의 일반적 형태며, 따라서 인간들이 상품 소유자로서 맺는 관계가 지배적인 사회관계로 되는 사회에서만 비로소 가능한 것이다. 아리스토텔레서의 천재성은 바로 그가 상품의 가치표현에서 하나의 동등관계를 발견한 데서 훌륭하게 나타나고 있다. 다만 그가 살고 있던 사회의 역사적 한계 때문에 바로 이 동등관계가 '실제로' 무엇인가를 해명할 수 없었던 것이다(마르크스, 2015a: 75~77).

단순한 가치형태에 대한 고찰을 총괄하며 마르크스는 한 상품의 단순한 가치형태가 그 상품 안에 있는 사용가치와 가치 사이의 내적 대립이 외적 대립으로 나타난 것이라고 말한다.

상품 A와 B의 가치관계에 포함되어 있는 상품 A의 가치표현을 더욱 상세하게 고찰하면, 이 관계 안에서는 상품 A의 현물형태는 오직 사용가치의 모습으로, 상품 B의 현물형태는 오직 가치형태 또는 가치의 모습으로 나타난다는 것을 알 수 있다. 그리하여 상품 안에 숨어 있는 사용가치와 가치 사이의 내적 대립은 하나의 외적 대립을 통해, 즉 두 상품 사이의 관계 — 자기 가치를 표현해야 할 한쪽 상품은 직접적으로는 사용가치로서만 여겨지고, 반면에 전자의 가치를 표현해야 할 다른 쪽 상품은 직접 교환가치로서만 여겨진다 — 를 통해 밖으로 나타난다. 따라서 한 상품의 단순한 가치형태는 그 상품 안에 있는 사용가치와 가치 사이의 대립의 단순한 현상형태다(마르크스, 2015a: 78).

생산력이 발전하고 상품생산과 유통이 발전하면, 상품교환은 개별적이고 우연적인 현상이 아니라 하나의 항상적인 현상이 되고, 여러 상품과의 교환이 이루어진다. 더불어 가치형태도 발전하게 된다.

(2) 전체적인 가치형태(전개된 가치형태)

아마포 20미터 = 저고리 1개

= 차 10그램

= 커피 40그램

= 기타 등등

"20미터의 아마포는 1개의 저고리, 10그램의 차, 40그램의 커피, 기타 등 등과 가치가 같다"는 의미다.

이 전체적인 가치형태에서 이제 한 상품의 가치는 우연히 다른 한 상품으로만 표현되는 것이 아니라 여러 상품으로 표현된다. 이 "전개된 가치형태는 어떤 특수한 노동생산물, 예컨대 가축이 예외적이 아니라 관습적으로 각종 상품들과 교환되는 시점에서 비로소 실제로"(마르크스, 2015a: 84) 나타난다. 역사적 사례로는 시베리아의 수렵 종족을 들 수 있다. 그들이 제공하는 상품은 모피 하나다. 그들은 이 모피를 자신에게 필요한 나이프, 활, 브랜디, 소금 등과 교환했다(모스트, 2014: 40).

아마포의 가치는 무수한 다른 상품으로도 표현된다. 아마포는 이제 상품세계 전체와 사회적 관계를 맺는다. 말하자면, "상품으로서 아마포는 상품세계의 한 시민"(마르크스, 2015a: 81)이 된다. 따라서 두 개별적 상품 소유자 사이의 우연적 관계는 사라진다. 한 상품은 다른 모든 상품과 교환됨으로써, 즉 모든 상품과 가치관계를 맺음으로써 "가치 자체가 참으로 무차별적 인간노동의 응고물로" 나타난다. "아마포의 가치를 형성하는 노동은 이제야 다른 어떤 인간노동[그것이 어떤 현물형태를 취하든, 따라서 저고리 · 밀 · 쇠 · 금 어느 것에 대상화되어 있든]과도 동일한 노동으로 아주 뚜렷하게 표현되기 때문"(마르크스, 2015a: 81)이다. 또한 한 상품이 모든 상품과 서로 다른 교환비율로 교환될 때 그 교환비율을 규제하는 내재적 척도가 존재함을 드러냄으로써, 상품의 가치량이 상품의 교환에서 우연히 결정되는 것이 아니라 상품에 내재하는 가치량이 서로 다른 상품들의 교환비율을 결정한다는 사실이 분명하게 드러난다.

이 전체적인 가치형태에서 등가형태로 있는 저고리, 차, 커피 등의 상품은 어느 것이나 아마포의 가치표현에서 등가물 기능을 한다. 이 상품들 각각은 수많은 등가물 중에서 하나의 특수한 등가물로 기능한다.

그런데 상품생산과 유통이 이처럼 확대되면 전체적인 가치형태에서 문제가 발생한다. 아마포 생산자는 저고리와 바꾸려고 하는데, 저고리 생산자는 아마포가 아니라 차를 필요로 하며, 또 차 생산자는 아마포를 필요로 하지 않고 커피를 필요로 하며, 커피 생산자가 비로소 아마포를 필요로 한다고 하자. 이 경우 아마포 생산자는 먼저 아마포를 커피와 바꾸고, 이어서 커피를 차로 바꾼 다음에야 비로소 그 차를 자신이 필요로 하는 저고리와 바꿀 수 있다. 아마포가 저고리와 직접 교환될 수 있는 것은 두 상품 소유자들의 의지가 우연히 일치하는 예외적인 경우에만 성립한다.

"직접적인 생산물 교환에서는, 각 상품은 그 상품의 소유자에게는 직접적 교환수단이 되고, 그 상품을 소유하지 않는 모든 사람에게는, 그 상품이 자기들에게 사용가치를 가지는 한, 그 상품은 하나의 등가물이"(마르크스, 2015a: 115) 된다. 그런데 각각의 상품 소유자는 다른 모든 상품이 자기의 상품과 교환되기를, 여타 상품 소유자들이 자기의 상품과 교환하려는 의지를 갖기를, 자신의 상품을 필요로 하기를 원한다.

어떤 상품 소유자도 다른 모든 상품을 자기 상품의 특수한 등가물로 여기며, 따라서 자기 자신의 상품을 다른 모든 상품의 일반적 등가물로 여긴다. 그러나 이 점은 모든 상품 소유자에게 타당하기 때문에, 어떤 상품도 사실상 일반적 등가물로 되지 못하며, 따라서 상품들은 서로 가치로 동등시되며 가치량으로 서로 비교되는 일반적인 상대적 가치형태를 가지지 못한다. 그러므로 그것들은 결코 상품으로서 상대하는 것이 아니라 오직 생산물 또는 사용가치로서만 서로 상대하게 된다(마르크스, 2015a: 113).

마르크스는 이 모순을 교환에서의 개인적 과정과 일반적인 사회적 과정 사이의 모순으로 설명한다.

상품 소유자는 누구나 자기 자신의 필요를 충족시켜주는 사용가치를 지닌 다른 상품과 교환하게 될 때만 자기 상품을 넘겨주려고 한다. 이 관점에서 보면 교환은 그에게는 개인적 과정일 따름이다. 다른 한편으로 그는 자기 상품을 가치로 실현하고자 한다. 즉, 자기 자신의 상품이 다른 상품 소유자에게 사용가치를 가지든 안 가지든, 자기 상품을 자기 마음에 드는 동일한 가치의 다른 상품으로 실현하고자 한다. 이 관점에서 보면, 교환은 그에게는 일반적인 사회적 과정이다. 그러나 동일한 과정이 모든 상품 소유자에게 오로지 개인적인 것이면서 또한 동시에 오로지 일반적 사회적인 것으로 되는 일은 있을 수 없다(마르크스, 2015a: 112~113).

그래서 교환이 성사되지 않는다. 앞의 예에서는 아마포와 저고리의 직접 교환이 이루어지지 않는다. 따라서 교환과정에 들어오는 상품의 수와 다양성이 증가함에 따라 상품의 사용가치나 상품 소유자의 개별적인 필요와 무관한 가치형태의 필요성이 커진다.

가치형태의 필요성은 교환과정에 들어오는 상품의 수와 다양성이 증가함에 따라 발전한다. 문제와 그 해결의 수단은 동시에 생긴다. 상품 소유자들이 자기 자신의 물품을 여러 가지 다른 물품과 교환하고 비교하는 상거래는, 상품 소유자들의 여러 가지 상품들이 하나의 제3의 상품 종류와 교환되고 가치로서 비교되지 않고서는 결코 이루어지지 못한다. 이 제3의 상품은 기타의 여러 상품의 등가물이 됨으로써, 비록 좁은 범위 안에서이긴 하지만, 보편적인 사회적 등가형태를 직접적으로 취한다(마르크스, 2015a: 115~116).

전체적인 가치형태의 '결함' 또는 물물교환에서의 '곤경'은 상품 소유자들의 사회적 행위에 의해 '일반적 가치형태'가 발전됨으로써 해결된다. 제3의 한 상품이 여타 모든 상품의 일반적 등가물이 될 경우 문제가 해결되는 것이다.

이 곤경에 직면하여 우리의 상품 소유자들은 파우스트와 같이 생각한다. "태초에 행함이 있었다." 그리하여 그들은 생각하기 전에 이미 행동했던 것이다. 상품 소유자들은 본능적으로 상품 본성의 법칙들에 순응했다. 그들은 자기들의 상품을 일반적 등가물인 다른 하나의 상품과 대비시킴으로써만 자기들의 상품을 서로 가치로서, 따라서 상품으로서 관계 맺을 수 있을 뿐이다. …… 오직 사회의 행동만이 일정한 상품을 일반적 등가물로 만들 수 있다. 그러므로 다른 모든 상품의 사회적 행동이 자신들의 가치를 모두 표시하는 특수한 상품을 분리해낸다. 그렇게 함으로써 이 선발된 상품의 현물형태가 사회적으로 통용되는 등가형태로 된다. 일반적 등가물이 되는 것은 이런 사회적 과정을 통해 선발된 상품의 독자적인 사회적 기능이다(마르크스, 2015a: 113).

(3) 일반적 가치형태

$$\left.\begin{array}{l}\text{저고리 1개}\\\text{차 10그램}\\\text{커피 40그램}\\\text{기타 등등}\end{array}\right\} = \text{아마포 20미터}$$

이처럼 아마포를 제외한 모든 상품이 아마포를 '일반적 등가물'로 삼으며 자신들의 가치를 아마포의 사용가치로 표현할 경우 교환과정(물물교환)의 모순이 해결된다.

역사적으로 일반적 가치형태는 상품교환이 좁은 국지적 한계 안에서 이루어질 때 나타나는데, 일반적 등가물 기능을 하는 상품은 "자기를 낳은 일시적인 사회적 접촉과 함께 발생하고 또 소멸"(마르크스, 2015a: 116)한다. 시간과 지역에 따라 모피, 가축, 소금, 쌀, 보리 등의 상품이 일반적 등가물 기능을 한다.

일반적 가치형태는 "상품세계의 가치들을 그 세계에서 선발된 한 종류의 상품(예컨대 아마포)으로 표현하며, 그리하여 모든 상품은 아마포와 동등하다는 것을 통해 자기들의 가치를 표현한다"(마르크스, 2015a: 85).

이제는 아마포와 동등한 어떤 상품의 가치도 자기 자신의 사용가치와 구별될 뿐 아니라 모든 사용가치로부터 구별되며, 또 바로 그렇게 됨으로써 모든 상품의 가치는 공통적으로 아마포로 표현된다. 그러므로 이 형태에 의해 비로소 상품들은 실제로 가치로 서로 관련을 맺거나 상호 간에 교환가치로 나타나게 된다(마르크스, 2015a: 85).

일반적 가치형태에서는 모든 상품이 아마포와 동등해지는데, 이들은 이

제 질적으로 동등한 것(즉, 가치 일반)으로 나타날 뿐만 아니라 양적으로 비교할 수 있는 가치량(즉, 아마포 몇 미터)으로 나타난다.

마르크스는 일반적 가치형태가 "상품세계 전체의 공동 사업"에 의해서만 발전될 수 있다는 점을 강조한다.

일반적 가치형태는 오로지 상품세계 전체의 공동 사업으로 이룩될 수 있을 뿐이다. 하나의 상품이 자기 가치를 일반적으로 표현할 수 있는 것은, 다른 모든 상품들이 자기들의 가치를 동일한 등가물로 표현하기 때문이며, 그리고 새로 등장하는 상품 종류도 반드시 그렇게 하기 때문이다. 상품들이 가치로서 객관적으로 존재하는 것은 순전히 이 물건들의 '사회적 존재'에 의거하는 것이므로, 이 객관적 실재는 상품들의 전면적인 사회적 관계에 의해서만 표현될 수 있으며, 따라서 상품들의 가치형태는 반드시 사회적으로 인정되는 형태여야 한다는 것이 명백해진다(마르크스, 2015a: 85).

"상품세계 전체의 공동 사업"은 현실에서 상품 소유자들이 특정 상품을 일반적 등가물로 선발하는 사회적 행위를 통해 이루어진다. 따라서 "아마포라는 하나의 상품이 다른 모든 상품과 직접 교환할 수 있는 형태[직접적으로 사회적인 형태]를 얻게 되는데, 이것은 다른 모든 상품들이 이런 형태를 얻지 못하기 때문"(마르크스, 2015a: 88)이다.

상품세계에서 제외되어 '일반적 등가물'의 성격을 부여받은 아마포의 현물형태는 모든 상품의 가치가 공통적으로 취하는 형태인 일반적 가치형태이며, 모든 상품과 직접 교환될 수 있다. 따라서 "아마포의 현물형태는 온갖 인간노동의 눈에 보이는 화신, 즉 온갖 인간노동의 사회적 현상형태로" 여겨진다. 그리하여 "직조(織造)[아마포를 생산하는 사적 노동]는 일반적인 사회적 형태[다른 모든 종류의 노동과 동등하다는 형태]를 획득한다"(마르크스, 2015a: 86). 직조는 "무차별적인 인간노동의 일반적 현상형태"로 여겨진다.

어떤 한 상품이 일반적 등가형태가 되는 것은, 그 상품이 다른 모든 상품에 의해 그들의 등가물로 선발되어 배제되기 때문인데, "이런 배제가 최종적으로 하나의 특수한 상품 종류에 한정되는 그 순간부터, 비로소 상품세계의 통일적인 상대적 가치형태는 객관적인 고정성과 일반적인 사회적 타당성을 획득하게 된다"(마르크스, 2015a: 89). "자기의 현물형태가 사회적 등가형태로 여겨지는 특수한 상품 종류는 이제 화폐상품"이 되고, 화폐로 기능한다. "상품세계 안에서 일반적 등가물로 일하는 것이 그 상품의 독특한 사회적 기능으로 되며, 그 상품이 그 일을 사회적으로 독점하게 된다"(마르크스, 2015a: 89).

역사적으로는 오랫동안 금이 이 특권적 지위를 차지했다. 그 역사적 과정을 마르크스는 다음과 같이 서술한다.

상품교환의 발달에 따라 일반적 등가형태는 배타적으로 특수한 상품 종류에 굳게 붙는다. 즉, 화폐형태로 응고한다. 화폐형태가 어떤 종류의 상품에 들러붙는가는 처음에는 우연이다. 그러나 대체로 두 가지 사정이 결정적인 구실을 한다. 화폐형태는, 교환을 통해 외부로부터 들어오는 가장 중요한 물품[사실 이 물품은 토착 생산물들의 교환가치를 최초로 자연발생적으로 표현한 바 있다]에 들러붙거나, 양도 가능한 토착 재산의 주요한 요소를 이루는 유용한 물건[예: 가축]에 들러붙는다. 유목 민족은 화폐형태를 최초로 발전시켰다. 왜냐하면 그들의 재산 전체가 이동할 수 있는, 따라서 직접 양도 가능한 형태로 존재했기 때문이며, 또 그들의 생활방식이 그들을 끊임없이 다른 공동체와 접촉하도록 함으로써 생산물의 교환을 자극했기 때문이다. ……

　상품교환이 좁은 지역적 속박을 타파하고, 따라서 상품가치가 인간노동 일반의 체현물로 발전해감에 따라 화폐형태는 일반적 등가물이라는 사회적 기능을 수행하는 데 자연적으로 적합한 상품인 귀금속으로 옮아간다. "금과 은은 처음부터 화폐는 아니지만, 화폐는 성질상 금과 은이다"라는 말은, 금 과 은의 자연적 속성이 화폐의 여러 기능에 적합하다는 것을 보여주고 있다 (마르크스, 2015a: 116~117).

(4) 화폐형태

$$\left.\begin{array}{l}\text{아마포 20미터}\\\text{저고리 1개}\\\text{차 10그램}\\\text{커피 40그램}\\\text{기타 등등}\end{array}\right\} = \text{금 2온스}$$

　금은 상품세계의 가치표현에서 일반적 등가물의 지위를 독점하자마자 화폐상품이 되고, 금이 화폐상품으로 되었을 때 비로소 일반적 가치형태 는 화폐형태로 전환되었다. 이 화폐형태는 아마포 대신 이제 금이 일반적 등가형태를 취한다는 점을 제외하고는 일반적 가치형태와 다른 것이 전혀 없다. "진보한 것은, 직접적인 일반적 교환 가능성의 형태, 즉 일반적 등가 형태가 이제는 사회적 관습에 의해 최종적으로 상품 금이라는 특수한 현 물형태와 같게 되었다는 점뿐이다"(마르크스, 2015a: 90).

　금은이 화폐 기능을 독점하게 된 것은 금은의 자연적 성질이 화폐의 여 러 기능에 적합하기 때문이다. 즉, 변하지 않고(불변성), 질이 균일하며(균 질성), 적절하게 희귀한 동시에, 여러 단위로 잘게 나누고 합칠 수 있음(양 적 분할) 등의 성질이 그러하다.

이제 화폐상품은 이중의 사용가치를 지닌다. 금의 경우 사치품이나 산업용으로 사용되는 상품으로서 특수한 사용가치 외에 화폐형태라는 사회적 기능의 사용가치를 지니는 것이다.

'가격형태'는 한 상품의 가치가 화폐상품으로 기능하는 금에 의해 표현되는 단순한 형태다. 즉, 상품의 화폐형태는 상품의 가격이다. 예컨대 아마포의 가격형태는 "아마포 20미터 = 금 2온스" 또는, 만약 금 2온스 주화의 명칭이 2원이라면, "아마포 20미터 = 2원"이 된다.

마르크스는 상품이 화폐로 되는 것, 즉 화폐 발생의 필연성을 교환의 역사적 발전과 상업의 필요성에서 찾는다.

> 화폐는, 교환 - 이 교환에 의해 다양한 노동생산물이 실제로 서로 동등하게 되고, 또한 그럼으로써 상품으로 전환된다 - 속에서 자연발생적으로 형성된 결정(結晶, crystal)이다. 교환의 역사적 발전은 점점 더 노동생산물에 상품의 성격을 각인하고, 동시에 상품의 성질이 포함하고 있는 대립, 즉 사용가치와 가치의 대립을 발전시킨다. 상업의 필요성 그 자체가 이 반(反)정립(antithesis)에 형체를 부여할 것을 강제하고, 손으로 만질 수 있는 가치형태를 만들어내도록 내몰며, 상품을 상품과 화폐로 이중화함으로써 마침내 이 형태에 도달할 때까지 어떤 정지나 중단도 허용하지 않는다. 따라서 노동생산물의 상품으로의 일반적인 전환이 완성됨에 따라 상품의 화폐로의 전환도 또한 완성된다(Marx, 1977: 78~79).[9]

마르크스는 화폐 발생의 역사적 과정에 대한 이런 분석에 근거해 "상품 생산을 영구화하려고 하면서 동시에 '화폐와 상품 사이의 대립'을, 따라서 화폐 그 자체를 폐지하려고 하는 소부르주아적 사회주의의 교활함[왜냐하면 화폐는 오직 화폐와 상품 사이의 대립에서만 존재하기 때문이다"(마르크스, 2015a: 114)을 평가할 수 있다고 말한다.

마르크스는 제2장 말미에 가치형태 분석을 총괄해 화폐형태의 신비성을 해명한다.

> 우리가 이미 x 양의 상품 A = y 양의 상품 B라는 가장 단순한 가치표현에서 본 바와 같이, 다른 물건의 가치량을 표현하는 물건은 이런 관계와는 독립적으로 자기의 성질 속에 내재하는 사회적 속성으로서 등가형태를 가지고 있는 것처럼 보인다. 우리는 이 잘못된 외관이 확립되는 과정을 추적해보았다. 이 과정은, 일반적 등가형태가 하나의 특정 상품의 현물형태와 동일시되어 화폐형태로 고정될 때, 완성되었다. 외관상으로 나타나는 것은, 다른 모든 상품들이 자기들의 가치를 하나의 특정한 상품으로 표현하기 때문에 그 특정 상품이 화폐로 되는 것이 아니라, 반대로 한 상품이 화폐이기 때문에 다른 모든 상품들이 일반적으로 자기들의 가치를 그 상품으로 표현한다는 것이다. 이 과정을 이렇게 이끌어온 운동은 운동 그것의 결과에는 나타나지 않으며 아무런 흔적도 남기지 않는다. 이리하여 상품들은 아무것도 하지 않으면서도 자기 자신의 가치 모습을 [자신들의 외부에서 자신들과 나란히 존재하는] 하나의 상품체에서 발견하게 된다. 이 상품체, 즉 금 또는 은은 지하로부터 나오자마자 모든 인간노동의 직접적 화신으로 된다. 여기에 화폐의 신비성이 있다(마르크스, 2015a: 121).

4) 제4절 「상품 물신적 성격과 그 비밀」

마르크스는 제4절에서 제1장의 제1절부터 제3절까지의 분석을 총괄하며 상품생산사회에서 발생하는 상품 물신숭배 현상을 분석한다. 마르크스의 노동가치론이 고전파 정치경제학의 노동가치론의 연장선상에서 출발하지만, 질적으로 도약해 고전파 노동가치론과 구별되는 독자적인 노동가치론으로 정립될 수 있었던 입지점이 바로 마르크스의 상품 물신숭배론이다. 마르크스는 상품 물신숭배 현상을 발견해 자본주의적 생산양식의 분석에서 표층 또는 유통영역을 뚫고 심층 또는 생산영역의 분석으로 나아갈 수 있었다. 즉, 자본주의적 생산양식의 표면을 뒤덮은 상품생산과 상품유통이라는 현상형태에서 그 배후의 실체인 생산영역에서의 사람들 간 사회관계를 분석할 수 있었다. 상품 물신숭배론은 그만큼 마르크스의 자본주의 분석에서 중요한 지위를 차지하고 있다.

먼저 물신숭배(物神崇拜, fetishism) 개념 자체가 생소할 수 있으므로 이 것부터 살펴보자. 물신숭배 현상 자체는 자본주의에만 고유한 것은 아니다. 마르크스는 고대의 물신숭배 사례로 자연숭배와 민중 신앙을 들고 있다.

이런 고대의 사회적 생산유기체는 부르주아 사회에 비교하면 매우 간단하고 투명했다. 그러나 고대의 생산유기체는 인간의 미성숙한 발달[원시적 부족공동체에서는 개인은 자기와 동료들 사이의 탯줄을 아직까지 끊지 못했다]에 근거했거나, 직접적인 지배·종속의 관계에 근거했다. 이런 생산유기체는, 노동생산력이 낮은 단계를 넘어서지 못하고, 따라서 물질적 생활 영역 안에서 인간과 인간 사이, 그리고 인간과 자연 사이의 사회적 관계가 좁을 때만, 생기고 존속할 수 있다. 이런 사회적 관계의 좁음이 고대의 자연숭배와 민중 신앙의 기타 요소에 반영되어 있다(마르크스, 2015a: 103).

고대의 자연숭배, 부족 신앙 등에서 신적 자연물이나 사람이 만든 우상

[물신(物神, fetish)]에 대한 숭배를 볼 수 있다. 즉, 자연물이나 사람이 만든 물건이 신비한 힘을 지닌 것으로 숭배된다. 지금은 거의 사라졌지만, 얼마 전까지만 해도 우리나라 농촌 지역에서는 정월 대보름이면 마을 뒷산 당산나무에서 마을의 안녕을 기원하는 제사를 지냈는데, 이것도 자연숭배로서 물신숭배라 할 수 있다. 서구의 종교 영화에서는 고대 이집트 등에서 거대한 우상을 만들어 그 우상에 제물을 바치고 경배하는 장면들을 쉽게 볼 수 있는데, 이런 우상숭배가 전형적인 물신숭배다. 고대 세계의 이런 물신숭배는 노동생산력의 낮은 발전단계와 그에 대응한 물질적 생활과정 속에 나타나는 인간들 사이의 좁은 관계와 인간과 자연 사이의 좁은 관계, 따라서 또한 인간의 미성숙에서 비롯된 것이었다.

마르크스는 또한 기독교와 같은 종교 세계를 물신숭배의 전형으로 든다. 종교에서는 인간 두뇌의 산물들(예컨대 신)이 스스로 생명을 지닌 자립적 인물로 등장해 그들끼리, 그리고 인간과 관계를 맺고 있다. 인간이 신을 창조한 것인데, 사람들은 오히려 신이 인간을 창조했다고 생각하며 신을 숭배한다. 그래서 인간의 피조물인 신이 주체가 되고, 신을 창조한 주체인 인간은 오히려 피조물이 되는 주객전도가 발생한다. 물신숭배는 바로 이런 주객전도의 의식형태와 행동을 가리킨다.

마르크스의 상품 물신숭배는 물신숭배의 본질적 특징인 주객전도 현상이라는 점에서 동일하지만, 그것이 상품생산사회에서 객관적으로(주관적이 아니라) 비롯된다는 점은 고대의 자연숭배나 우상숭배와 같은 물신숭배(객관적 근거가 없는 주관적 환상이기 때문에 '미신'으로 비판된다)와 구별된다. 그래서 자본주의적 생산양식에서 물신숭배 현상은 그냥 물신숭배라 하지 않고 상품 물신숭배, 화폐 물신숭배, 자본 물신숭배, 시장 물신숭배 등으로 부른다. 마르크스는 상품의 신비한 성격, 즉 상품이 가치로 인해 초감각적 물건이 되는 점에 대해 의문을 제기한다.

상품은 첫눈에는 자명하고 평범한 물건으로 보인다. 그러나 상품을 분석하면, 그것이 형이상학적 궤변과 신학적 잔소리로 차 있는 기묘한 물건이라는 것이 판명된다. 상품이 사용가치인 한, 그 속성들에 의해 인간의 필요를 충족시킨다는 관점에서 보든, 인간노동의 생산물로 비로소 이런 속성들을 획득한다는 관점에서 보든, 상품에는 신비한 요소가 조금도 없다. 인간이 자기 활동에 의해 자연재료의 형태를 인간에게 유용하게 변경시킨다는 것은 분명한 일이다. 예컨대 목재로 책상을 만들면 목재의 형태는 변경된다. 그러나 책상은 여전히 목재이고 보통의 감각적인 물건이다. 그러나 책상이 상품으로 나타나자마자 초감각적인 물건으로 되어버린다. 책상은 자기 발로 마루 위에 설 뿐 아니라, 다른 모든 상품에 대해 거꾸로 서기도 하며, 책상이 저절로 춤을 추기 시작한다고 말하는 것보다 훨씬 더 기이한 망상을 자기의 나무 두뇌로부터 빚어낸다(마르크스, 2015a: 91~92).

마르크스는 제1절에서 제3절까지에서 상품가치가 감각적으로 인식될 수 없는 초감각적 성격을 지닌다는 점, 즉 자연적 실재가 아니라 사회적 실재임을 논증했는데, 바로 그 초감각적 성격을 상품의 신비한 성격으로 보는 것이다. 마르크스는 곧바로 상품의 이런 신비한 성격이 무엇에서 비롯되는지 따져본다.

노동생산물이 상품형태를 취하자마자 발생하는 노동생산물의 수수께끼와 같은 성격은 어디에서 오는가? 분명히 이 형태 자체에서 오는 것이다.
인간노동의 동등성이라는 성격은 노동생산물의 가치라는 형태를 취한다.

계속시간에 의한 개별 노동의 측정은 노동생산물의 가치량이라는 형태를 취한다. 끝으로, 생산자들 사이의 관계(그 속에서 그들의 노동의 사회적 성격이 확인된다)는 노동생산물 사이의 사회적 관계라는 형태를 취한다. 이런 까닭에, 이들 생산물은 상품으로, 즉 감각적임과 동시에 초감각적인 물건 또는 사회적인 물건으로 전환된다. …… 노동생산물의 가치형태와 가치관계는 노동생산물의 물리적 성질과는 아무런 관련도 없다. 인간의 눈에는 물건들 사이의 관계라는 환상적인 형태로 나타나지만 그것은 사실상 사람들 사이의 특정한 사회적 관계에 지나지 않는다. 그러므로 그 비슷한 예를 찾아보기 위해 우리는 몽롱한 종교 세계로 들어가 보지 않으면 안 된다. 거기에서는 인간 두뇌의 산물들이 제각기 특수한 신체를 가진 자립적인 존재로 등장하여 그들 자신과 서로 간에, 그리고 인간과 소통하고 있다. 마찬가지로 상품세계에서는 인간 손의 산물들이 그와 같이 등장한다. 이것은 노동생산물이 상품으로 나타나자마자 노동생산물에 부착되는 물신숭배, 따라서 이 생산양식과 분리될 수 없는 물신숭배라고 부를 수 있는 것이다(Marx, 1977: 69).[10]

마르크스가 이렇게 정식화한 상품 물신숭배 현상의 의미를 좀 더 자세히 살펴볼 필요가 있다. 우선 사람들 사이의 사회적 관계가 물건들 사이의 사회적 관계로 나타나는 것은 사람들의 주관적 착각 때문이 아니라 상품생산과 상품유통에서 비롯된 객관적 현상이라는 점이 중요하다. 다음으로, 노동생산물의 가치형태와 가치관계는 그 생산자들 사이의 사회적 관계를 표현한 것인데, 사람들은 가치형태와 가치관계를 물건들이 지닌 물질적 속성으로 인식한다는 것이다. 이는 현상이 그대로 반영된 자연발생적 의식형태다. 이 두 번째 측면이 상품 물신숭배 현상이다. 따라서 물신숭배 현상은 1차적으로 상품생산사회에서의 존재론적 문제인 동시에, 사람들의 의식형태에서 '환상적인 형태'로 나타나는 인식론적 문제이다. 존재론적 문제인 이유는 사람들 사이의 사회적 관계가 물건들 사이의 사회적 관계로 나타나는 것이 상품생산사회의 필연적인 객관적 실재인 데 있다. 인식론적 문제인 이유는 그것이 사람들의 의식형태에서 전도된 채 '환상적인 형태'로 반영되는 데 있다. 따라서 가치, 상품 등과 같은 부르주아 경제학의 범주들 자체는 현실의 사회적 관계를 올바로 반영하는 "객관적인 진리를 가진 사고형태"(Marx, 1977: 72)지만, 이들 범주의 내용을 인식하는 사람들의 의식형태에서는 종교 세계에서와 같은 주객전도가 발생한 것이다. 상품 물신숭배는 객관적 근거를 지닌 주관적 '환상'이라 할 수 있다. 고대의 자연숭배와 우상숭배나 종교 세계의 물신숭배는 이런 객관적 근거가 없는 주관적 '환상'이라는 점에서 상품 물신숭배와 구별된다.

마르크스는 "상품세계에 내재적인 물신숭배", 즉 상품 물신숭배를 한마디로 "노동의 사회적 속성의 물질적 겉모습"(Marx, 1977: 75)[11]으로 표현한다. 이제 마르크스는 노동의 사회적 성격이 어떻게 물질적 모습으로 나타나는지, 즉 상품 물신숭배의 메커니즘을 자세히 추적한다.

먼저 사적 노동의 사회적 분업 체계에서는 생산자들의 사회적 관계가 그들이 생산한 물건들의 사회적 관계로 나타난다는 점을 밝힌다.

일반적으로 말하자면, 유용한 물건들이 상품이 되는 것은 이들 유용물이 서로 독립적으로 작업하는 사적 노동의 생산물이기 때문이다. 이들 사적 노동의 총체가 사회적 노동을 형성한다. 생산자들은 그들의 생산물의 교환에 의해 비로소 사회적으로 접촉하기 때문에 그들 사적 노동의 사회적 성격이 최초로 확인되는 것도 이 교환의 한계 안에서뿐이다. 또는 사적 노동은 실제로는 교환이 노동생산물 사이에 수립하는 관계들에 의해, 그리하여 간접적으로는 생산자들 사이에 수립하는 관계들에 의해, 비로소 사회적 분업으로 나타난다. 그 결과 생산자들에게는 자신들의 사적 노동의 관계가 있는 그대로, 즉 자신들의 노동 그 자체에서의 개인들의 직접적인 사회적 관계로서가 아니라 오히려 물건들 사이의 사회적 관계로서 나타나게 된다(Marx, 1977: 69).[12]

상품생산사회에서 사적 노동의 사회적 성격은 사적 노동이 사회적 분업을 형성한다는 점이다. 그런데 사적 노동의 생산자들은 이 사회적 분업, 즉 생산자들 사이의 사회적 관계를 직접적으로 형성하는 것이 아니라 자신들의 노동생산물들 간 사회적 관계를 매개로 간접적으로 형성한다. 사적 노동은 간접적으로만 사회적 노동으로 전환되는 것이다. 실제로 그렇기에 사적 노동의 생산자들에게는 자신들 사이의 사회적 관계가 물건들 사이의 사회적 관계로 나타난다. 이로써 생산자들에게 사적 노동의 사회적 성격은 물건들 사이의 사회적 관계로 나타난다는 점이 확인되었다.
다음으로, 마르크스는 사적 노동의 사회적 성격이 나타나는 모습을 더욱 구체적으로 분석한다.

노동생산물은 교환에 의해 비로소 [유용한 물건이라는 감각적으로 다양한 물체와는 구별되는] 하나의 사회적으로 동등한 객관적 실재, 즉 가치를 획득한다. 노동생산물이 유용한 물건과 가치를 가진 물건으로 분열되는 것은, 교환이 이미 충분히 보급되어 유용한 물건이 교환을 위해 생산되며, 따라서 그 물건의 가치로서의 성격이 이미 생산 중에 고려될 때만 실제로 나타난다. 이 순간부터 개별 생산자의 사적 노동은 이중의 사회적 성격을 가지게 된다. 한편으로, 사적 노동은 일정한 유용노동으로서 일정한 사회적 필요를 충족시켜야 하며, 그렇게 함으로써 총노동의 한 요소로서, 자연발생적인 사회적 분업의 한 분야로서, 자신의 지위를 획득해야 한다. 다른 한편으로 사적 노동이 개별 생산자 자신의 다양한 필요를 충족시킬 수 있는 것은, 각각의 특수한 유용한 사적 노동들이 서로 교환될 수 있으며 서로 동등한 것으로 인정되는 경우에 한해서다. 서로 상이한 각종 노동의 완전한 동등화는, 우리가 그들의 현실적 차이들을 고려하지 않고 모든 노동을 인간노동력의 지출[인간노동 일반]이라는 공통적 성격으로 환원함으로써만 이루어질 수 있다(마르크스, 2015a: 95).

사적 노동의 사회적 성격은 이중으로 나타난다. 유용노동으로서 사회적 필요를 충족해야 하고, 노동생산물의 교환을 통해 인간노동력의 지출이라는 공통적 성격으로 환원되어야 한다. 사적 노동은 사회적 사용가치와 가치를 지닌 상품을 생산해야만 사회적 분업을 형성할 수 있는 것이다.

문제는 사적 노동의 이러한 이중의 사회적 성격이 사적 생산자들의 의식에 어떻게 나타나고 반영되는가이다. 사용가치는 감각적으로 파악할 수 있기에 문제가 되지 않으며, 초감각적인 객관적 실재로서 가치의 측면이 사적 생산자들에게 어떻게 인식되는가가 문제다.

사적 노동의 이중의 사회적 성격은 실제 거래, 즉 생산물의 교환이 생산자들에게 새겨넣은 형태로만 그들의 두뇌에 반영된다. 생산자들이 그들의 노동생산물을 가치로서 관계 맺게 할 때, 자신의 노동생산물이 동일한 인간노동을 숨기고 있는 단순한 겉껍질이라는 사실을 알고 하는 것은 아니다. 정반대다. 그들은 자신들의 상이한 생산물을 교환에서 동등한 것으로 여김으로써 자신들의 상이한 노동이 동등하다는 점을 입증한다. 그들은 이를 의식하지 못한 채 그렇게 한다. 그러므로 가치는 자기 이마에 그것이 무엇인지를 써 붙이고 있지 않다. 가치는 오히려 각각의 노동생산물을 상형문자로 만든다(Marx, 1977: 70).[13]

이렇게 해서 마르크스는 상품 물신숭배 현상, 즉 "노동의 사회적 성격을 물건[즉, 생산물 자체]의 성격으로 나타나게 하는 환상"(Marx, 1977: 70)이 발생하는 메커니즘을 밝혀냈다. 사적 노동의 사회적 성격이 왜 물건들 사이의 사회적 관계로 나타나는지 이해하지 못한 사람들은 자신들이 일상적인 교환 행위를 통해 자신들의 사적 노동을 끊임없이 인간노동력의 지출로 환원하고 있다는 것을 인식하지 못한다. 현실을 그대로 반영하는 자연발생적인 의식에서는 가치의 실체가 인식될 수 없다. 오히려 가치는 노동생산물을 초감각적인 물건, 즉 가치를 지닌 물건으로 전환해 이해할 수 없는 '상형문자'로 만들어버린다.

마르크스가 보기에 사람들은 이 상형문자의 의미를 해독해 그들 자신의 사회적 산물인 가치의 비밀을 해명하려 노력함으로써 고전파 정치경제학의 노동가치론이 등장했지만, 그 노동가치론도 이 '환상'을 결코 없애버리지 못한다고 말한다.

노동생산물은, 그것이 가치인 한, 그 생산에 지출한 인간노동의 물적 표현에 지나지 않는다는 뒷날의 과학적 발견은, 인류 발전사에 획기적인 것이기는 하지만, **노동의 사회적 성격을 물건[즉, 생산물 자체]의 성격으로 나타나게 하는** 환상을 결코 없애버리지는 못한다. 이 특수한 생산형태[상품생산]에서만 타당한 것[즉, 서로 독립한 사적 노동들의 독특한 사회적 성격은 사적 노동들이 인간노동으로서 동등하다는 데 있으며, 그 사회적 성격이 노동생산물에서 가치라는 존재형태를 취한다는 사실을 상품생산의 관계에 파묻힌 사람들은 위의 과학적 발견 이전에나 이후에나 마찬가지로 절대적 타당성 …… 을 가지는 것으로 생각한다(마르크스, 2015a: 96~97).[14]*

상품생산과 상품유통은 오히려 사람들의 그런 '환상'을 더욱 강화한다.

생산자들이 교환할 때 먼저 실제로 관심을 갖는 것은 자기 생산물이 타인의 생산물을 얼마만큼 얻을 수 있는가, 즉 어떤 비율로 생산물들이 교환되는가이다. 이 비율이 관습에 의해 어느 정도의 안정성을 얻게 되면, 그 비율은 노동생산물의 본성에서 나오는 것처럼 보인다. …… 노동생산물의 가치 성격은 노동생산물들이 가치량으로서 상호작용할 때 비로소 분명해진다. 왜냐하면 이 가치량은 교환자들의 의지·예견·행위와는 무관하게 끊임없이 변동하기 때문이다. 사회 안에서 교환자들 자신의 운동은 그들에게는 물건들의 운동이라는 형태를 취하는데, 그들은 이 운동을 통제하는 것이 아니라 도리어 그 운동에 의해 통제되고 있다. …… 그러므로 노동시간에 의한 가치량의 결정은 상품의 가치의 현상적인 운동의 배후에 숨어 있는 하나의 비밀이다. 이 비밀의 발견은, 노동생산물의 가치 크기가 순전히 우연적으로 결정되는 것 같은 겉모습을 제거하기는 하나, 결코 가치의 크기가 결정되는 형태를 철폐하지는 못한다(마르크스, 2015a: 97~98).

또한 화폐형태는 생산자들 사이의 사회적 관계를 더욱 은폐함으로써 이런 '환상'을 더욱 조장한다.

노동생산물에 상품이라는 도장을 찍는 [따라서 상품유통의 전제조건으로 되고 있는] 형태들은, 사람들이 그 형태들의 역사적 성격이 아니라 [왜냐하면 그 형태들은 역사적으로 변하지 않는 것으로 보이기 때문이다] 그것들의 의미를 해명하려고 시도하기도 전에, 이미 사회생활의 자연적 형태라는 확실성을 획득하고 있다. 그리하여 오직 상품 가격의 분석을 통해서만 가치량의 결정이라는 문제가 제기되었고, 모든 상품들이 공통적으로 화폐로 표현되고 있다는 사실을 통해서만 상품＝가치라는 성격이 확정되었다. 그러나 바로 상품세계의 이 완성 형태－화폐형태－가 사적 노동의 사회적 성격, 따라서 개별 노동자들 사이의 사회적 관계를 숨김없이 폭로하는 것이 아니라 도리어 그 관계를 물건들 사이의 관계로 나타냄으로써 은폐하고 있다(마르크스, 2015a: 98).

따라서 마르크스는 상품, 화폐 등 "부르주아 경제학의 범주들은 현실의 사회적 관계들을 반영하는 한 객관적 진리를 가진 사고형태지만, 이들 사회적 관계는 상품생산이 사회적 생산양식인 특정한 역사시대에만 속한다"(Marx, 1977: 72)라고 말한다. 마르크스는 상품 물신숭배에 대한 고찰을 마친 후 상품 물신숭배 현상이 상품생산사회인 자본주의적 생산양식에 고유하다는 점을 분명히 하고자 상품 물신숭배가 없는 다른 생산형태를 보여준다. 마르크스는 정치경제학자들이 좋아하는 로빈슨 크루소의 섬 생활, 중세 유럽, 농민 가족의 가부장적 생산, 사회주의적 생산(자유로운 개인들의 연합) 등을 차례로 보여준다. 먼저 중세 유럽의 농노제 경우를 살펴보자.

우리는 여기에서 독립적인 사람 대신 모두가 의존적이라는 것－농노와 영주, 가신과 제후, 속인과 성직자－을 발견한다. 여기에서는 인격적 예속이 물질적 생산의 사회적 관계와 이에 의거하고 있는 생활의 여러 부문들을 특정짓는다. 그러나 바로 인격적 예속 관계가 주어진 사회의 토대를 이루기 때문에, 노동과 노동생산물은 그것들의 진정한 모습과는 다른 환상적인 모습을 취할 필요가 없다. 노동과 생산물은 사회의 거래에서 부역과 공납의 모습을 취한다. [상품생산에 바탕을 둔 사회에서와 같은 노동의 일반적이고 추상적인 형태가 아니라] 여기에서는 노동의 특수하고 자연적인 형태가 노동의 직접적으로 사회적인 형태다. 부역은 상품을 생산하는 노동과 마찬가지로 시간에 의해 측정되지만, 어떤 농노도 자기 영주를 위해 지출하는 것은 자기 자신의 노동력의 일정량이라는 것을 알고 있다. …… 중세 사람들의 상호관계에서 각자가 하는 상이한 일을 우리가 어떻게 평가하든, 개인들이 노동을 하면서 맺게 되는 사회적 관계는 어떤 경우에도 그들 자신의 인격적 관계로 나타나며, 물건들[노동생산물들] 사이의 사회적 관계로 위장되지는 않는다(마르크스, 2015a: 100~101).

다음은 소농민 경영의 가부장적 생산을 살펴보자.

가족의 필요를 위해 밀·가축·천·아마포·의복 등을 생산하는 농민 가족의 가부장적 생산이 있다. 이런 물건들은 그들 가족노동[공동노동]의 여러 가지 생산물이지만, 상품으로 서로 상대하지 않는다. 이 생산물들을 생산하는 서로 다른 종류의 노동들[즉, 농경·목축·방적·직조·재봉 등]은 있는 모습 그대로 사회적 기능이다. 왜냐하면 이것들은 상품생산에 의거한 사회와 마찬가지로 그 자신의 자연발생적 분업 체계를 가지는 가족의 기능들이기 때문이다. 가족 구성원의 남녀별·나이별 차이 그리고 계절의 교체와 더불어 변동하는 노동의 자연적 조건이 가족들 사이의 노동 배분이나 가족 구성원 각자의 노동시간을 규제한다. 이 경우 각 개인의 노동력은 처음부터 가족 전체 노동력의 일정한 부분으로 여길 뿐이므로, 개별 노동력의 지출을 그 계속시간으로 측정하는 것은 여기에서는 처음부터 노동 자체의 사회적 특징의 하나로 나타난다(마르크스, 2015a: 101~102).

끝으로, "기분 전환을 위해, 공동의 생산수단으로 일하며 다양한 개인의 노동력을 하나의 사회적 노동력으로서 의식적으로 사용하는 자유로운 개인들의 연합"을 생각해보자.

여기에서는 로빈슨 크루소적 노동의 모든 특징들이 다시 나타나지만, 이 노동은 개인적 노동이 아니라 사회적 노동이라는 점에서 차이가 있다. 로빈슨이 생산한 모든 것은 전적으로 자기 자신의 개인적 노동의 성과이었고, 따라서 자기 자신이 사용할 물건이었다. 자유로운 개인들의 연합의 총생산물은 사회적 생산물이다. 이 생산물의 일부는 또다시 생산수단으로 쓰이기 위해 사회에 남는다. 그러나 다른 일부는 자유로운 개인들의 연합의 구성원들에 의해 생활수단으로 소비된다. 따라서 이 부분은 그들 사이에 분배되지 않으면 안 된다. 이 분배 방식은 공동체의 생산조직과, 생산자들의 역사적 발전 수준에 따라 변화할 것이다. 다만 상품생산과 대비하기 위해, 각 개별 생산자에게 돌아가는 생활수단의 분배 몫은 각자의 노동시간에 의해 결정된다고 가정하자. 이 경우 노동시간은 이중의 기능을 하게 될 것이다. 정확한 사회적 계획에 따른 노동시간의 배분은 자유로운 개인들의 연합의 다양한 필요와 해야 할 각종 작업 사이에 올바른 비율을 설정하고 유지한다. 다른 한편으로 노동시간은 각 개인이 공동노동에 참가한 정도를 재는 척도로 기능하며, 따라서 총생산물 중 개인적으로 소비되는 부분에 대한 그의 분배 몫의 척도가 된다. 개별 생산자들이 노동이나 노동생산물에서 맺게 되는 사회적 관계는 생산뿐 아니라 분배에서도 단순하고 투명하다(마르크스, 2015a: 102).

상품세계의 물신숭배는 상품형태에서 비롯한 상품 물신숭배를 토대로
해 화폐 물신숭배, 자본 물신숭배, 시장 물신숭배 등으로 더욱 심화된다.
부르주아 경제학은 이런 상품 물신숭배에 그대로 사로잡혀 그것을 이론적
으로 표현한 것이라 할 수 있다. 마르크스는 중상주의(또는 중금주의)의 환
상이 화폐 물신숭배에서 비롯되었다고 비판한다. 금은 등의 귀금속이 국
부라고 생각하는 중상주의의 환상은 "금과 은이 하나의 사회적 생산관계
로서의 화폐를 대표하고 있다고 생각하지 않고, 금과 은이라는 자연물이
독특한 사회적 속성을 지니고 있다고 생각하기 때문"에 생긴다. 중농주의
의 환상은 토지 물신숭배라 할 수 있다. "지대는 토지로부터 생기는 것이
며 사회로부터 생기는 것이 아니라"(마르크스, 2015a: 107)고 생각하기 때문
이다. '근대의 경제학'은 중상주의의 화폐 물신숭배를 비판하지만, 물건인
생산수단을 본성상 자본이라고 생각하는 자본 물신숭배에 사로잡혀 있다.

우리는 마르크스의 상품 물신숭배 비판에 근거해 애덤 스미스의 '보이
지 않는 손'을 시장 물신숭배로 비판할 수 있다. 생산자의 의지와 무관하게
상품의 가격이 시장에서 결정되는 것을 근거로, 시장을 생산자로부터 독
립된 자동조절 체계로 인식해 '보이지 않는 손'으로 신비화하기 때문이다.
신자유주의는 시장 물신숭배의 완성판이라 할 수 있다. 시장 논리를 사회
의 전 영역으로 확장해 적용하려 하기 때문이다.

부르주아 경제학의 가격결정이론인 '효용가치론'도 상품 물신숭배라 할
수 있다. 상품의 사용가치에 근거를 둔 '효용'이 상품의 가치를 결정한다고
주장하기 때문이다. 상품에 대한 주관적인 심리적 만족도인 '효용'은 전적
으로 그 상품의 사용가치, 즉 유용성에서 비롯된 것이며, 따라서 '효용가치

론'은 결국 사용가치에서 가치를 찾고 있는 셈이다. 그러나 상품의 가치는 그 상품의 사용가치와 아무런 관련이 없다. 상품의 가치는 그 상품의 사회적 필요노동시간에 의해 결정될 뿐이다. 이처럼 '효용가치론'은 상품의 가치를 상품의 물리적·화학적 성질로 보는 상품 물신숭배에 사로잡혀 있는 것이다. 고전파 경제학은 노동가치론을 통해 상품 물신숭배에서 불완전하게 부분적으로 벗어났지만, 고전파 이후의 속류 경제학은 노동가치론 자체를 부정함으로써 더욱 강하게 상품 물신숭배에 사로잡히게 된다.

끝으로, 마르크스가 상품 물신숭배 현상을 발견하고 그것을 해명·비판한 일의 중요성을 다시 한 번 상기하고자 한다. 마르크스가 가치형태 분석을 통해 상품생산사회의 상품 물신숭배를 발견하고 과학적으로 해명·비판한 것은 코페르니쿠스가 천동설을 전복하고 지동설을 발견한 것과 같은 대전환을 불러온 지적 사건이라 할 수 있다. 비유하자면, 상품 물신숭배에 사로잡힌 부르주아 경제학은 해가 매일 동쪽에 떠서 서쪽으로 지는 겉모습(현상형태)을 보고 천동설을 주장하는 것과 똑같다고 할 수 있다. 마르크스는 상품 물신숭배 비판을 통해 고전파 경제학을 근본적으로 비판할 수 있었고, 자본주의 사회의 겉모습인 상품생산사회를 뚫고 들어가 그 실체인 자본/임노동의 계급관계를 과학적으로 분석할 수 있었다.

2. 제3장 「화폐 또는 상품유통」

제3장에서 마르크스는 상품생산과 상품유통에서 중요한 매개 역할을 하는 화폐를 자세히 분석한다. 화폐의 기능을 가치의 척도, 유통수단, 화폐 기능 등 세 가지로 나누어 살핀다. 제3장은 내용이 그리 어렵지 않고, 『자본

론』1권의 내용을 이해하는 데 중요성이 크지 않으므로 간략히 다루겠다.

마르크스는 "설명을 간단하게 하기 위해 금을 화폐상품이라고 전제"(마르크스, 2015a: 122)한다는 점을 밝히고 있다.

제1절에서는 화폐의 첫째 기능으로 가치척도의 기능을 살펴본다.

금의 첫째 기능은 상품세계에 그 가치표현의 재료를 제공한다는 점, 또는 상품들의 가치를 동일한 명칭의 크기[즉, 질적으로 동일하며 양적으로 비교 가능한 크기]로 표현한다는 점에 있다. 그리하여 금은 **가치의 일반적 척도**로 기능하는데, 오직 이 기능에 의해서만 금이라는 특수한 등가상품이 화폐로 되는 것이다(마르크스, 2015a: 122).

"가치척도로서 화폐는 상품들에 내재하는 가치척도(즉, 노동시간)의 필연적인 현상형태"다. 그런데 이런 과학적 지식이 없는 "'노동화폐'라는 천박한 유토피아적 이상주의"에 대해 마르크스는 비판을 가한다(마르크스, 2015a: 123 주 1). 마르크스 당대에 프루동이 제시한 '노동화폐'가 이상적인 대안으로 유행했기 때문이다. 21세기 현대자본주의에서도 이런 대안에 대한 모색이 계속되고 있으므로 마르크스의 지적은 상기될 필요가 있다.

어째서 화폐 그 자체가 직접적으로 노동시간을 대표하지 못하는가, 어째서 예컨대 한 장의 종이쪽지가 x노동시간을 대표하지 못하는가 하는 문제는 어째서 상품생산의 토대 위에서는 노동생산물이 상품의 형태를 취하지 않으면 안 되는가 하는 문제로 돌아온다. 왜냐하면 상품의 형태를 취하면 노동생산물은 상품과 화폐상품으로 분화되기 때문이다. 또한 어째서 사적 노동은 그 대립물인 직접적으로 사회적인 노동으로 취급될 수 없는가 하는 문제

도 있다. 상품생산사회에서 '노동화폐'라는 천박한 유토피아적 이상주의에
대해 나는 다른 곳에서 상세하게 검토했다.…… 여기서 또 하나 지적해두고
자 하는 것은, 예컨대 오언의 '노동화폐'가 '화폐'가 아닌 것은 극장의 입장권
이 화폐가 아닌 것과 같다는 점이다. 오언은 직접적으로 사회화된 노동[즉,
상품생산과는 정반대인 생산형태]을 전제하고 있다. 노동 증명서는 개인이
공동노동에 참여한 부분과 [공동 생산물 중 소비용으로 예정된 부분에 대한]
그의 청구권을 확증하는 것에 지나지 않는다. 그러나 오언은 상품생산을 전
제하면서 동시에 상품생산의 필연적 조건들을 [화폐에 관한 속임수에 의해]
제거해보려는 엉뚱한 생각[프루동과 같은 생각: 역자]을 한 것은 아니었다
(마르크스, 2015a: 123).

한 상품의 가치를 금, 즉 화폐상품으로 표현하는 것(x 양의 상품 A = y 양
의 화폐상품)이 그 상품의 화폐형태, 즉 그 상품의 가격이다. 예컨대 '철
1톤 = 금 2온스'의 형식으로 표현된다. 그런데 상품의 가격 또는 화폐형태
는 "손으로 붙잡을 수 있는 현실적인 물체형태와는 구별되며, 따라서 순전
히 관념적인 또는 개념적인 형태"다. 따라서 "금에 의한 상품가치의 표현
은 순수히 관념적인 행위이므로, 이 기능을 위해서는 단순히 상상적인, 관
념적인 금을 사용할 수도 있다"(마르크스, 2015a: 124). 여기서 우리는 "화
폐는 가치척도의 기능에서는 다만 상상적인 또는 관념적인 화폐로서만 작
용한다"(마르크스, 2015a: 125)라는 것을 알 수 있다. 가치척도의 기능에서
화폐는 '계산화폐'인 것이다.

이로 인해 엉터리 화폐이론이 나타나게 되었다고 마르크스는 지적한다.
화폐는 단순한 상징에 불과하다는 상징화폐론 또는 화폐명목설이 그 대표
적 사례다. 그러나 "상품에 가격을 부여하기 위해서는 상상적인 금을 상품

에 등치하면 되지만, 상품이 그 소유자에게 일반적 등가물의 기능을 하기 위해서는 실제로 금으로 대체되어야만 한다"(마르크스, 2015a: 134). 또한 "금은 오직 교환과정에서 이미 화폐상품으로 확정되어 있기 때문에 관념적인 가치척도로 기능한다. 그러므로 관념적인 가치척도 속에는 경화(硬貨)가 숨어 있다"(마르크스, 2015a: 134~135)라고 볼 수 있다.

금이 가치척도로 기능하게 되면, "기술상의 이유로 어떤 고정된 금량을 가치들의 도량 단위(unit of measurement)로 삼을 필요성이 발생"하고, "이 도량 단위 자체는 또다시 그 세부 단위로 분할됨으로써 도량 표준으로 발전한다"(마르크스, 2015a: 126). 금은과 구리는 화폐가 되기 전에 벌써 이와 같은 도량 표준이 그 금속 무게 속에 있다. 그러므로 모든 금속 유통에서 무게의 도량 표준에 적용되던 명칭들이 그대로 화폐 또는 가격의 도량 표준에도 적용된다. 이렇게 해서 화폐는 '가치의 척도'와 '가격의 도량 표준'이라는 별개의 기능을 수행한다.

'가치의 척도'와 '가격의 도량 표준'은 화폐의 전혀 다른 두 가지 기능이다. 화폐가 가치의 척도인 것은 화폐가 인간노동의 사회적 화신이기 때문이고, 가격의 도량 표준인 것은 화폐가 고정된 금속 무게를 가지고 있기 때문이다. 가치척도로서 화폐는 다종다양한 상품의 가치를 가격[즉, 상상적인 금량]으로 전환시키는 데 봉사하며, 가격의 도량 표준으로서 화폐는 이런 금량을 측정한다. 가치척도는 상품들을 가치로서 측정한다. 이와는 반대로, 가격의 도량 표준은 여러 가지 금량을 금의 단위량으로 측정하는 것이지 금의 하나의 양인 가치를 금의 다른 양인 무게로 측정하는 것은 아니다. 가격의 도량 표준이 되기 위해서는 금의 일정한 무게가 도량 단위로 고정되지 않으면 안 된다[예컨대 금 1온스 = 1원 = 100전: 역자](마르크스, 2015a: 127).

그런데 금속 무게의 화폐 명칭은 역사적으로 여러 원인에 의해 점차 그 원래의 무게 명칭에서 분리되었고, 결국 화폐의 도량 표준은 법률로 규제되었다.

이 원인들 중에서 역사적으로 결정적인 것들은 다음과 같다. ① 발전 정도가 낮은 민족들에게 외국 화폐가 수입된 것. 예컨대 고대 로마에서는 금과 은의 주화가 처음에는 외국 상품으로 유통되고 있었다. 이 외국 주화의 명칭은 국내의 무게 명칭과 달랐다. ② 부의 발전에 따라 저급 금속은 고급 금속에 의해 가치척도의 기능으로부터 쫓겨난다는 점. 구리는 은에 의해, 은은 금에 의해 쫓겨난다. …… 이제는 화폐 명칭으로서 파운드와 금의 관습적인 무게 명칭으로서 파운드는 분리되어버렸다. ③ 몇백 년에 걸친 군주들의 끊임없는 화폐 변조. 이로 말미암아 금 주화는 원래 중량과는 전혀 관계없는 명칭만을 가지게 되었다.

이런 역사적 과정으로 말미암아 화폐 명칭이 그 무게 명칭으로부터 분리되는 것은 국민적 관습에 속하는 것으로 되었다. 화폐의 도량 표준은 한편으로 순수히 관습적인 것이며, 다른 한편으로 일반적 효력을 가져야 하는 것이므로 결국 법률에 의해 규제된다. …… 그런데도 금속의 일정한 무게가 금속화폐의 도량 표준으로 되는 것은 여전히 전과 같다. 달라진 것은 화폐의 분할 방식과 명칭뿐이다(마르크스, 2015a: 129~130).

제2절에서는 화폐가 유통수단으로 기능하는 것을 살펴본다. 유통수단으로서 화폐에 의한 상품유통은 "물물교환에 존재하는 자기 생산물의 양도와 타인 생산물의 취득 사이의 직접적 동일성을 판매와 구매라는 대립적 행위로 분열시킴으로써 물물교환의 시간적·장소적·개인적 한계를 타

파한다"(마르크스, 2015a: 148). 동시에 유통수단으로서 화폐에 의한 판매와 구매의 분리는 공황의 가능성을 암시한다.

[판매와 구매라는*] 서로 자립적이고 대립적인 과정들이 하나의 내적 통일을 이루고 있다는 사실은, 또한 바로 그 과정들의 내적 통일이 외적 대립을 통해 운동하고 있다는 사실을 의미한다. 이 두 과정은 서로 보완하는 것이기 때문에 내적으로는 자립하고 있지 않다. 따라서 이 두 과정의 외적 자립화가 일정한 점까지 진행되면 그 내적 통일은 공황이라는 형태를 통해 폭력적으로 관철된다(마르크스, 2015a: 148).

마르크스는 일정한 기간의 유통과정에서 유통수단의 양(화폐유통량)은 유통 상품의 가격 총액에 정비례하고 화폐유통의 평균속도에 반비례한다는 점을 논증함으로써 당대의 환상, 즉 "상품 가격은 유통수단의 양에 의해 결정되며, 유통수단의 양은 또한 한 나라에 존재하는 화폐 재료량에 의해 결정된다고 생각하는 환상"(마르크스, 2015a: 160)을 비판한다.

화폐는 유통수단의 기능 때문에 주화(동전)의 형태를 취한다. 주화 제조는 가격의 도량 표준 확정과 마찬가지로 국가의 일이다. 그런데 주화는 유통 시 마모 문제 때문에 금속화폐가 다른 재료로 만든 토큰(주화의 기능을 수행하는 상징)으로 대체될 가능성이 있다. 그래서 마침내 지폐가 등장한다.

은제나 동제의 토큰의 금속 무게는 법률에 의해 임의로 규정된다. 그것들은 유통에서 금화보다 더 빨리 닳는다. 그러므로 그것들의 주화 기능은 사실상 그것들의 무게[즉, 가치]와는 관계없다. 금이 주화로서 기능하는 것은 금의 금속적 가치와는 전혀 상관이 없다. 그러므로 상대적으로 가치가 없는 물건, 예컨대 지폐가 금을 대신해 유통수단으로 기능할 수 있게 된다. 주화의 순전히 상징적인 성격은 금속 토큰에서는 어느 정도 감추어져 있지만, 지폐에서는 뚜렷하게 나타난다. 사실 어려운 것은 첫걸음일 뿐이다(마르크스, 2015a: 164).

국가가 발행해 강제 통용력을 준 불환지폐는 금속화폐의 유통에 그 직접적 기원을 두고 있다.

지폐는 금 또는 화폐의 상징이다. 상품가치에 대한 지폐의 관계는, 상품가치는 일정한 금량으로 관념적으로 표현되며 그 금량을 종이쪽지가 상징적으로 대표한다는 점에 있다. [다른 모든 상품처럼] 가치를 가진 금을 지폐가 대표하는 한, 지폐는 가치의 상징이다(마르크스, 2015a: 166).

금이 이처럼 가치 없는 지폐로 대체될 수 있는 것은 "금이 오직 주화로서 또는 유통수단으로서만 기능하는 한에서"다.

화폐가 상품 가격의 순간적인 [객체화된] 반영일 경우, 화폐는 다만 그 자신의 상징으로서 기능할 뿐이고, 따라서 다른 상징에 의해 대체될 수 있다. 그러나 화폐의 상징은 자기 자신의 객관적인 사회적 정당성을 가져야 하는데, 지폐는 이 정당성을 강제 통용력에서 얻고 있다. 이런 국가적 강제는 한 공동체의 국내 유통 분야에서만 유효하다. 또한 이 유통 분야에서만 화폐는 오로지 유통수단의 기능에 전념하며, 따라서 지폐의 형태로 순수히 기능적인 존재양식[이 경우 화폐는 금속 실체와 외부적으로 분리된다]을 얻을 수 있다(마르크스, 2015a: 167~168).

제3절에서는 화폐로서의 기능에 해당하는 퇴장(退藏)화폐, 지불수단, 세계화폐의 기능을 살펴본다. "금이 가치척도의 기능에서와 같이 순전히 관념적인 것도 아니고 또 유통수단의 기능에서와 같이 대리 가능한 것도 아닌 것으로 나타나야만 하는 경우, 다시 말해 금이 금덩이 그대로, 이리하여 화폐상품으로서 나타나야만 하는 경우에도, 금은 화폐로 기능한다"(마르크스, 2015a: 168). 또한 "금을 유일한 가치 모습 또는 교환가치의 유일한 적절한 존재형태로 고정시키는 경우에도 금이 화폐로 기능한다"(마르크스, 2015a: 168).

첫째, 화폐상품인 금은 어떤 상품으로도 직접 전환될 수 있는 "물질적 부의 일반적 대표"(마르크스, 2015a: 173)라는 점에서 가치저장 수단으로 '퇴장화폐'가 된다. 금으로 모든 상품을 구매할 수 있으므로 화폐상품인 금을 유통에서 빼내 가치저장 수단으로 보관하는 것이 '퇴장화폐'다. 부자임에도 사치하지 않고 온갖 금화나 금 장식물을 자신의 창고에 보관하는 수전노를 상상하면 된다. 이때 금은 가치저장 수단인 퇴장화폐다.

둘째, 상품유통의 발전과 더불어 상품의 양도를 상품 가격의 실현과 시간적으로 분리하는 경우가 많아지는데, 외상 거래의 경우 화폐는 지불수단으로 기능한다. 화폐가 상품 양도와 동시에 지불되지 않고 양도 후에 지불되므로 유통수단이 아니라 지불수단이 되는 것이다.

한편 상업어음과 같은 "신용화폐는 화폐의 지불수단 기능에서 직접 생긴다. 외상으로 구매한 상품에 대한 채무증서가 그 채무를 다른 사람에게 이전시키기 위해 유통됨으로써 신용화폐가 생기는 것이다"(마르크스, 2015a: 181). 상업어음이 바로 신용화폐의 출발이다. 따라서 신용제도가 확대되면 지불수단으로서 화폐의 기능도 확대된다. 지불수단으로 기능하는 신용화폐는 "대규모 상거래 분야에서 사용되고, 금과 은의 주화는 주로 소매상의 분야로 밀려난다"(마르크스, 2015a: 181).

셋째, 세계화폐로 기능한다. "화폐는 국내 유통 분야의 범위를 넘어서자마자 가격의 도량 표준이나 주화·보조화폐·가치상징 등의 국민적 복장을 벗어버리고 원래의 귀금속덩이 형태로 되돌아간다"(마르크스, 2015a: 184). 일국의 특정 화폐는 타국에서는 유통될 수 없기 때문이다. 국가 간 무역에서는 화폐상품인 금은의 실물만이 통용될 수 있다. "세계화폐는 일반적 지불수단, 일반적 구매수단, 그리고 부 일반의 절대적·사회적 체현물로 기능한다. 세계화폐의 주된 기능은 국제수지의 차액을 결제하기 위한 지불수단이다"(마르크스, 2015a: 186).

역사적으로 보면, 세계화폐의 역할은 금은이 주로 수행해왔는데, 제2차 세계대전 이후 미국의 달러가 달러-금태환제(금 1온스 = 35달러)를 근거로 세계화폐 기능을 담당했다. 1971년 달러의 금태환이 정지된 후에도 달러는 미국의 경제력과 정치적·군사적 패권에 의해 아직까지 주요한 외환준비금으로서 세계화폐 기능을 지속 중이다. 달러 외에도 유로화, 엔화, 파운드화 등이 세계화폐로서 외환준비금에 부분적으로 포함된다.

5장

제2편 화폐가 자본으로 전환

제1편에서 마르크스는 상품생산과 상품유통에서 화폐가 논리적·역사적으로 어떻게 출현하는가를 해명했는데, 제2편은 그 바탕 위에서 화폐가 자본으로 전환되는 것을 다룬다. 상품생산과 상품유통은 필연적으로 화폐를 만든다. 이는 상품생산과 상품유통의 내적 원리라 할 수 있고, 다른 말로 '논리적 필연성'이라 할 수도 있다. 상품의 두 요소 가운데 하나인 가치가 자립적 형태로 화폐를 지니게 되는 것은 논리적으로 필연적이기 때문이다. 그 연장선상에서 일부(헤겔주의자들)는 화폐에서 자본이 출현하는 것도 똑같이 '논리적 필연성'이 있다고 주장한다. 화폐는 내적 모순에 의해 필연적으로 자본으로 전환된다는 것이다.

마르크스도 처음에는 그런 게 아닌가 싶어 화폐에서 자본으로의 전환을 변증법으로 규명하려고 시도했으나, 그렇지 않다는 점을 발견하고 중단했다. 그렇게 해서 나온 게 "자본의 일반공식"이라는 표현이다. '공식(公式)'은 현실에 존재하는 것을 논리적으로 표현한 것이다. 이는 수학에서 '공리(公理)'와 '정리(定理)'의 차이와 같다. '공리'는 하나의 전제이자 약속이므로 증명이 필요 없다. 반면 '정리'는 그 '공리'에서 논리적으로 도출된 것이기에 '공리'에 따라 논리적으로 증명되어야 한다. "자본의 일반공식"이라는 표현은 화폐가 내적 필연성 때문에 자본으로 전환된 것이 아니라는 점을 말해준다. 제8편에서 이미 공부했듯이, 자본은 원시축적에 의해 역사적으로 출현한 것이다.

마르크스는 제2편에서 화폐가 자본으로 전환되는 과정을 밝히기 위해 유통 분야에서 "더 많은 화폐"(잉여가치)를 낳는 화폐인 자본의 운동을 "자본의 일반공식"으로 정식화한 후, 그 '일반공식'의 모순을 드러내고 그 모순을 해결하는 방식을 통해 자본의 본질적 특징인 잉여가치(이윤)의 원천이 노동력이라는 특수한 상품임을 해명한다. 제2편의 이런 서술 방식은 현상에서 본질로 나아가는 방식('하향' 방식)으로 이루어진다. 또한 마치 탐정이 범인을 찾아내고자 사건의 가능한 모든 경우의 수를 검토해 추리(또는 추론)함으로써 단서를 잡고 범인을 찾아내는 방식과 똑같다. 그래서 제2편은 추리소설의 한 대목을 보는 것 같은 느낌을 준다.

마르크스는 제2편에서 노동력이라는 특수한 상품, 즉 자신의 가치보다 더 큰 가치를 만들어낼 수 있는 능력을 지닌 상품이 시장에 존재해야만 화폐가 자본으로 전환된다고 말한다. 노동력 상품이 화폐를 자본으로 전환하는 결정적 계기라고 말이다. 따라서 상품의 역사와 자본의 역사는 다르다. 상품이나 화폐가 등장한다고 필연적으로 자본이 등장하는 것은 아니다. 원시축적에 의해 직접적 생산자가 프롤레타리아(무산자)가 되어 노동시장에 노동력 상품을 판매하도록 강제될 때만 화폐는 자본으로 전환될 수 있다.

우리는 상품유통이 조금만 발달하면 모든 화폐형태가 나타난다는 것을 경험으로 알고 있다. 그러나 자본은 그렇지 않다. 자본의 역사적 존재 조건은 결코 상품유통과 화폐유통에 의해 주어지는 것은 아니다. 자본은, 오직 생산수단과 생활수단의 소유자가 시장에서 [자기 노동력의 판매자로서] 자유로운 노동자를 발견하는 경우에만 생긴다. 그리고 이 하나의 역사적 전제 조건만으로도 하나의 세계사를 형성하게 된다. 그러므로 자본은 처음부터 사회적 생산과정의 하나의 새로운 시대를 선언하고 있는 것이다(마르크스, 2015a: 224).

'자본의 일반공식'은 사람들의 눈에 보이는 자본의 운동을 포착한 것이다. 1차적으로 유통 분야에서 나타나는 자본의 운동(화폐를 낳는 화폐)이 사람들의 의식에 반영되어 자연발생적으로 형성된 것이 '자본의 일반공식'이다. 따라서 이는 자본의 현상형태다.

마르크스는 제2편에서 이윤(잉여가치)의 원천을 노동가치론에 입각해 일관되게 해명함으로써 자본주의의 가장 깊은 비밀을 폭로한다. 이윤의 원천에 대한 이런 폭로가 부르주아 경제학에는 치명적 일격이었다. 마르크스의 『자본론』 1권이 발간된 이후 부르주아 경제학은 고전파 정치경제학의 노동가치론을 버리고 효용가치론으로 전환하게 된다.

1. 제4장 「자본의 일반공식」

상품유통과 화폐유통에 의해 자본이 필연적으로 등장하는 것은 아니지만, "상품생산과 상품유통, 그리고 상품유통의 발달된 형태인 상업은 자본이 성립하기 위한 역사적 전제조건을 이룬다. 16세기에 세계무역과 세계시장이 형성된 때로부터 자본의 역사가 시작된다. …… 역사적으로 자본은 반드시 처음에는 화폐의 형태로 [다시 말해, 상인자본과 고리대자본 따위의 화폐 재산 형태로] 토지소유에 대립한다"(마르크스, 2015a: 191). 이처럼 상품유통의 필연적 산물인 화폐가 역사적으로 "자본의 최초의 현상형태"다. 이는 역사적으로 그러할 뿐 아니라, 오늘날에도 새로운 자본은 처음에 언제나 화폐형태로 시장에 나타나 노동력과 생산수단을 구매한다.

따라서 화폐로서의 화폐, 즉 유통수단으로 기능하는 화폐와 자본으로서의 화폐, 즉 자본으로 기능하는 화폐를 구별할 필요가 생긴다. 마르크스는 이 구별을 유통형태의 차이로 구별한다. 즉, 화폐가 유통수단으로 기능하는 단순한 상품유통과 자본으로서 화폐의 유통을 구별한다. 설명을 단순화하기 위해 C(Commodity, 상품), M(Money, 화폐), M′(M +△M, 더 많은 화폐) 등 몇 가지 기호를 사용하자.

단순한 상품유통은 C - M - C 또는 C_1 - M - C_2로 표시할 수 있다. 판매하는 상품과 구매하는 상품이 다르기 때문이다. 이 유통형태는 구매를 위한 판매다. 상품 C_1을 판매해 얻은 화폐 M으로 필요한 다른 상품 C_2를 구매하는 것이다. 여기서 화폐는 유통수단으로 기능한다. 농민이 자급자족하고 남은 잉여농산물(쌀)을 시장에 내다 팔고 그 돈으로 자신이 필요한 다른 물건(옷)을 사는 경우를 생각하면 된다. 1960년대 한국 농촌의 소농경제에서 전형적으로 나타나는 것이 바로 이 단순한 상품유통이다. 필자는 어렸을 적에 시골에서 며칠에 한 번씩 서는 장날에 어른들이 쌀이나 달걀 꾸러미 또는 닭을 싸 들고 가면서 "돈 사러 간다"라고 말씀하시는 것을 자주 들었다. 자급자족하고 남은 잉여농산물을 장에 가서 팔고 그 돈으로 필요한 다른 생필품을 샀던 것이다. 쌀 등의 농산물을 파는 것이 아니라 '돈을 산다'라고 표현한 것은 일상생활에서 화폐가 하나의 상품으로 인식되었음을 보여준다.

따라서 단순한 상품유통의 최종 목적은 "소비[필요의 충족], 한마디로 말해 사용가치"(마르크스, 2015a: 195)다. 여기서 화폐는 유통 운동을 매개 또는 중개하고, 이 과정에서 영원히 쓰인다. 즉, '지출'된다.

단순한 상품유통과 구별되는 자본으로서 화폐의 유통은 M - C - M′(M +△M)로 표시할 수 있다. 이 유통형태는 판매를 위한 구매다. 화폐 M으로 상품 C를 구매한 다음, 다시 그 상품 C를 판매해 더 많은 화폐 M′를 얻는 유통형태다. 만약 최종적으로 얻는 화폐 M′가 처음 구매할 때 투입한 화폐 M과 동일한 크기라면, 즉 M - C - M과 마찬가지라면 자본으로서 화폐를 소유한 사람에게 이런 유통은 무의미하다. 따라서 M′ = M +△M일 경우에만 이 유통 운동은 의미와 내용이 생긴다. 이 유통 운동의 동기와 목적은 사용가치가 아니라 교환가치(화폐) 자체다. 이 유통형태에서는 상품이 매개 또는 중개 역할을 한다. 그리고 화폐는 지출(즉, 소비)되는 것이 아니라 '투하(投下)'된다. 유통의 최종 국면에서 더 많은 화폐로 돌아오기(환류되기) 때문이다.

> 그러므로 과정 M - C - M은, 그 두 끝이 모두 화폐이기 때문에, 두 끝의 질적 차이에서 의미를 갖는 것이 아니라 오직 두 끝의 양적 차이에서만 의미를 가진다. 다시 말해 처음 유통에 투입한 것보다 더 많은 화폐가 유통에서 끌려 나와야 한다. …… 그러므로 이 과정의 완전한 형태는 M - C - M'이다. 여기서 M' = M + △M이다. M'는 최초에 투하한 화폐액에 어떤 증가분을 더한 것과 같다. 이 증가분, 즉 최초의 가치를 넘는 초과분을 나는 잉여가치(surplus-value)라고 부른다. 그러므로 최초에 투하한 가치는 유통 중에서 자신을 보존할 뿐 아니라 자신의 가치량을 증대시키고 잉여가치를 덧붙인다. 바꾸어 말해 자기의 가치를 증식시킨다. 그리고 바로 이 운동이 이 가치를 자본으로 전환시키는 것이다(마르크스, 2015a: 197).

여기서 마르크스는 처음으로 잉여가치 개념을 도입한다. 유통 분야에서는 자본의 현상형태인 M - C - M'(M + △M)에서 최초의 가치를 넘는 초과분을 '잉여가치'로 규정한다. 그리고 자본을 "자기의 가치를 증식시키는" 가치, 즉 "자기증식하는 가치"(마르크스, 2015a: 201)로 규정한다. '잉여가치를 낳는 가치'를 자본으로 규정한 것이다. 이는 유통 분야에서 나타나는 자본의 현상형태 규정이라 할 수 있다.

제2편에서의 이러한 마르크스의 자본 규정은 이후 마르크스주의에 많

은 혼동을 가져온다. 마르크스는『자본론』1권의 제2편과 제8편에서 서로 다른 의미로 자본을 규정한다. 제8편에서는 "자본은 물건이 아니라 물건들을 매개로 형성된 사람들 사이의 사회적 관계"라고 규정한다. 그래서 혼동이 발생한다. 많은 서구 마르크스주의자가 제2편에서의 자본에 대한 규정 또는 정의를 중시했다. 그 결과 경제주의적 또는 구조주의적 편향이 생겼다.

자본에 대한 마르크스의 서로 다른 두 규정을 어떻게 이해해야 할까? 필자는 자본의 현상형태에 대한 규정과 본질에 대한 규정으로 구별된다고 생각한다. 제2편의 "자기증식하는 가치"라는 자본 규정은 유통 분야에서 나타나는 자본의 현상형태에 대한 규정이고,[1] 제8편의 "물건들을 매개로 형성된 사람들 사이의 사회적 관계"라는 자본 규정은 자본의 본질에 대한 규정이다. 결코 혼동될 수 없는 현상형태/본질의 구별에 따른 자본에 대한 서로 다른 규정이다. 이는 잉여가치 개념이 유통 분야에서는 "최초의 가치를 넘는 초과분"으로 규정되지만(제2편), 나중에 생산영역에서 "노동일 가운데 필요노동시간을 초과하는 잉여노동시간"으로 규정되는 것(제3편)과 마찬가지다.

다시 유통 분야에서의 자본 규정으로 돌아가자. 마르크스는 유통 분야에서 나타나는 자본의 운동의 몇 가지 중요한 특징을 분석한다. 이는 자본가의 성격과 자본에 대한 자연발생적 의식형태를 이해하는 데 매우 중요하다.

첫째, 자본의 운동의 무한성이다.

단순 상품유통[구매를 위한 판매]은 유통의 외부에 있는 최종 목적[사용가치의 취득, 필요의 충족]을 위한 수단이 된다. 이와는 반대로 자본으로서 화폐의 유통은 그 자체가 목적이다. 왜냐하면 가치의 증식은 끊임없이 갱신되는 이 운동의 내부에서만 일어나기 때문이다. 그러므로 자본의 운동에는 한계가 없다(마르크스, 2015a: 198).

둘째, 자본가는 "의지와 의식이 부여된 인격화한 자본"으로 기능한다.

이 운동의 의식적 대표자인 화폐 소유자는 자본가가 된다. 그의 온몸 또는 더 정확히 말해 그의 주머니는 화폐의 출발점이자 귀착점이다. 이런 유통의 객관적 내용[가치증식]이 그의 주관적 목적이 되고 추상적 부를 점점 더 많이 취득하는 것이 그의 행동의 유일한 추진 동기가 되는 한, 그는 의지와 의식이 부여된 인격화한 자본, 즉 자본가로 기능한다. 그러므로 사용가치가 자본가의 진정한 목적이라고 여겨서는 안 되며, 또한 개개의 거래에서 얻는 이윤도 그렇게 여겨서는 안 된다. 끊임없는 이윤 추구 운동만이 그의 진정한 목적이다. 부에 대한 무한한 탐욕, 정열적인 교환가치 추구는 자본가와 구두쇠에게 공통되지만, 구두쇠는 얼빠진 자본가에 지나지 않는 반면, 자본가는 합리적인 구두쇠다. 구두쇠는 화폐를 유통에서 끌어냄으로써 교환가치의 쉴 새 없는 증식을 추구하지만, 더 영리한 자본가는 화폐를 끊임없이 유통에 투입함으로써 그것을 달성한다(마르크스, 2015a: 199~200).

앞의 인용문은 경제적 범주인 자본의 인격화로서 자본가의 성격에 대해 『자본론』 1권 전체를 통틀어 가장 자세하고 정확하게 서술한 부분이다. 자본가의 진정한 목적은 사용가치는 물론 이윤 자체도 아니고 "끊임없는 이윤 추구 운동", 즉 무한한 자본축적이며 그런 의미에서 자본가는 "인격화된 자본"이라는 점이 중요하다.

셋째, 자본의 운동 과정에서 가치는 "자동적인 주체"로 나타나고 신비스러운 성질을 얻게 된다.

유통 M - C - M에서는 상품과 화폐는 모두 가치 그 자체의 상이한 존재양식으로, 즉 화폐는 가치의 일반적 존재양식으로, 그리고 상품은 가치의 특수한 또는 위장한 존재양식으로 기능할 뿐이다. 가치는 이 운동에서 없어지지 않고 끊임없이 한 형태에서 다른 형태로 변하며, 그렇게 함으로써 하나의 자동적인 주체로 전환한다. 만약 자기증식하는 가치가 자기의 생애에서 연달아 취하는 독특한 현상형태를 본다면, 우리는 다음과 같이 말할 수 있다. 즉, 자본은 화폐이고 자본은 상품이다. 그러나 사실상 가치는 여기에서는 과정의 주체이며, 이 과정에서 가치는 끊임없이 화폐와 상품의 형태를 번갈아 취하면서 자신의 양을 변화시키며, 원래 가치인 자기 자신으로부터 잉여가치를 내뿜으면서 자기 자신을 증식시킨다. 왜냐하면, 가치가 잉여가치를 낳는 운동은 가치 자신의 운동이고, 따라서 가치의 증식은 자기증식이기 때문이다. 가치는 그 자체가 가치이기 때문에 가치를 낳는다는 신비스러운 성질을 얻었다. 가치는 살아 있는 자식을 낳거나 적어도 황금의 알을 낳는다(마르크스, 2015a: 200~201).

이 인용문에서 나오는 가치가 "자동적인 주체"로 전환한다든지 "과정의 주체"라든지 "자기증식하는 가치"라는 자본에 대한 규정들이 마르크스주의 내부에 경제주의와 구조주의가 대두될 수 있는 주요한 근거가 된다. "M - C - M[자본의 유통: 역재]에서는 가치가 스스로 발전하며 스스로 운동하는 하나의 실체로 갑자기 나타난다. 상품과 화폐는 모두 그 실체에 대해 단순한 형태에 지나지 않기"(마르크스, 2015a: 202) 때문이다. 자본의 운동 과정에서 가치는 인간과 무관한 "자동적인 주체", "과정의 주체"로 사람들에게 보이게 된다. 마르크스의 이런 분석은 자본의 운동, 즉 자본으로서 화폐의 유통이 인간의 의식에 반영된 현상형태에 관한 것이다. 그러므로 유통 분야에서 나타나는 자본의 현상형태에 대한 규정이라는 것을 잊어서는 안된다. 이는 자본의 운동에 관한 신비화가 발생하는 원인을 분석한 것이기도 하다.

마르크스는 자본으로서 화폐의 유통에 관한 이런 분석을 토대로 유통 분야에 나타나는 자본의 운동을 정식화해 M - C - M′이라는 '자본의 일반 공식'을 제시한다.

> 이리하여 가치는 이제 과정 중의 가치(value in process), 과정 중의 화폐로 되며, 이런 것으로서 가치는 자본이 된다. 가치는 유통에서 나와 다시 유통에 들어가며, 이 순환 속에서 자신을 유지하고 증식시키며, 더 커져서 유통에서 나오고, 그리고 이 동일한 순환을 끊임없이 되풀이한다. M - M′, 즉 '화폐를 낳는 화폐', 이것이 자본의 최초의 해설자인 중상주의자들이 자본을 묘사한 말이다.
>
> 판매를 위한 구매, 더 정확히 말해 더 비싼 값으로 판매하기 위한 구매, 즉 M - C - M′는 자본의 한 종류인 상인자본에만 해당하는 형태인 것처럼 보인다. 그러나 산업자본도 역시 상품으로 전환되었다가 상품의 판매에 의해 더 많은 화폐로 재전환되는 화폐대[뒤에 나오는 산업자본의 순환도를 미리 그리면 다음과 같다. M - C(노동력과 생산수단) …… 생산 …… C′ - M′: 역자]. 구매와 판매 사이의 중간에[즉, 유통 분야의 외부(생산 분야*)에서] 일어나는 사건들은 이 운동형태를 조금도 변경시키지 않는다. 마지막으로 이자 낳는 자본(interest-bearing capital)의 경우 유통 M - C - M′는 단축되어 나

타난다. 중간 단계 없이 그 최종 결과를 M - M'[즉, 화폐가 더 많은 화폐가 되며, 가치가 자기 자신보다 더 큰 가치가 된다]로 간결하게 나타낸다.

그러므로 사실상 M - C - M'는 유통 분야에서 나타나고 있는 그대로의 자본의 일반공식이다(마르크스, 2015a: 202~203).

2. 제5장 「자본의 일반공식의 모순」

제4장에서 유통 분야에 나타나는 자본의 모습 그대로를 M - C - M'로 정식화하고 이를 '자본의 일반공식'으로 규정한 마르크스는 제5장에서 가치의 증가분, 즉 잉여가치가 이러한 '자본의 일반공식' 어디에서 나오는지 따져보며, 가능한 경우의 수를 모두 검토한다.

우선, 자본으로서 화폐의 유통이 취하는 형태는 "상품·가치·화폐와 유통 그 자체의 성질에 관해 지금까지 전개한 모든 법칙들과 모순된다"(마르크스, 2015a: 204)는 것을 찾아낸다. 현실에 존재하는 자본의 운동을 그대로 정식화한 M - C - M'가 상품유통의 관점에서 보면 등가교환이라는 가치법칙에 어긋난다는 것이다.

가치가 무엇인지 전혀 이해하지 못하고 있는 속류 경제학까지도 자기 식으로나마 현상을 순수한 형태에서 고찰하려고 할 때는 언제나 수요와 공급이 일치한다는 것[다시 말해 수요와 공급의 영향은 없다는 것]을 가정한다. 그러므로 가령 사용가치에 관해서는 구매자와 판매자 모두가 이익을 볼 수 있다 하더라도, 교환가치에 관해서는 그렇지 않다. …… 상품은 그 가치에서 벗어난 가격으로 팔릴 수도 있지만, 이런 차이는 상품교환법칙의 위반으로 나타난다. 상품교환은 그 순수한 형태에서는 등가물끼리의 교환이고, 따라서 가치증식의 수단이 될 수 없다(마르크스, 2015a: 207~208).

다음으로, 마르크스는 부르주아 경제학자들에게 흔히 보이는 "상품유통을 잉여가치의 원천으로 설명하려는 시도의 배후에는 대체로 하나의 오해[즉, 사용가치와 교환가치의 혼동]가 숨어 있다"(마르크스, 2015a: 208)는 것을 밝혀낸다. 그 순수한 형태로는 등가물끼리의 교환인 상품의 유통과정에서 "분명히 누구도 자기가 유통에 투입한 것 이상의 가치를 유통에서 끌어내지 못할 것이다. 그렇다면 잉여가치의 형성은 이루어지지 않는다"(마르크스, 2015a: 210)라고 말한다.

그다음에 마르크스는 순수한 형태로 상품유통이 진행되지 않는 현실, 즉 서로 등가가 아닌 것끼리 교환하는 경우를 검토한다.

이제 판매자가 어떤 설명할 수 없는 특권에 의해 상품을 그 가치 이상으로, 예컨대 100의 가치가 있는 것을 110으로, 즉 그 가격을 명목상 10% 높여 판매할 수 있게 되었다고 가정하자. 그렇다면 판매자는 10의 잉여가치를 얻게 된다. 그러나 그는 판매자가 된 다음 구매자로 된다. 이번에는 어떤 제3의 상품 소유자가 판매자로 그의 앞에 나타나는데, 이 판매자도 역시 자기 상품을 10% 비싸게 판매할 수 있는 특권을 가지고 있다. 앞에서 말한 그 사람은 판매자로서는 10의 이익을 얻었으나 구매자로서는 10을 잃어버리게 된다. 모든 상품 소유자는 자기 상품을 그 가치보다 10% 비싸게 판매하고 있지만, 상황은 그들이 상품을 가치대로 판매한 것과 완전히 똑같다(마르크스, 2015a: 210~211).

구매자가 상품을 그 가치 이하로 구매할 수 있는 특권을 지닌 반대의 경우에도 결과는 마찬가지다. 그러므로 "잉여가치의 형성, 따라서 화폐의 자본으로의 전환은 판매자가 상품을 그 가치 이상으로 판매한다는 것으로써도, 또 구매자가 상품을 그 가치 이하로 구매한다는 것으로써도 설명할 수 없다"(마르크스, 2015a: 211).

끝으로, 마르크스는 개별 상품 소유자들 간의 사기 행위로 비롯된 이득이 잉여가치일 수 있는지 검토한다. 사기나 기만행위의 경우 "한쪽에는 잉여가치로 나타나는 것이 다른 쪽에는 가치 손실로 되며, 한쪽에는 플러스로 되는 것이 다른 쪽에는 마이너스로" 되기 때문에 "유통 중의 가치 총액은 그 분배상의 어떤 변화에 의해서도 증가할 수 없는 것이 분명하다"(마르크스, 2015a: 214).

마르크스는 상품유통에서 발생할 수 있는 이렇듯 가능한 경우의 수를 모두 검토한 후 다음과 같이 결론 내린다.

> 만약 등가물끼리 서로 교환한다면 아무런 잉여가치도 발생하지 않으며, 또 등가물이 아닌 상품들끼리 서로 교환한다고 하더라도 잉여가치는 전혀 발생하지 않는다. 유통, 즉 상품교환은 아무런 가치도 창조하지 않는다(마르크스, 2015a: 215).

지금까지의 검토는 마르크스가 산업자본의 유통형태를 염두에 두고 따져본 것이다. 상인자본이나 이자 낳는 자본은 역사적으로 산업자본에 선행하지만, 이들 자본은 자본주의적 생산양식이 확립되면 자본의 운동의 기본 형태인 산업자본의 "파생적 형태"로 규정되고, 자본순환의 특수한 기능에 맞춰 산업자본에 예속된다. 이런 관점에서 마르크스는 산업자본이 생산한 잉여가치가 자본순환 내 기능에 따라 상인자본과 이자 낳는 자본으로 어떻게 분배되는지의 문제를 『자본론』 3권에 가서야 자세히 분석한다. 이 문제는 더 복잡한 매개 과정을 거쳐야만 설명될 수 있기 때문이다. 따라서 현재의 '추상수준', 즉 산업자본 유통에서 잉여가치의 원천을 따지는 수준에서는 상인자본이나 이자 낳는 자본형태가 사상 또는 무시된다.

마르크스는 유통에서 잉여가치가 발생할 수 없다는 점을 다각도로 확인한 뒤, 그렇다면 잉여가치가 형성되기 위해 "유통 그 자체에서는 보이지 않는 그 무엇이 유통의 배후에서 반드시 일어나야만 한다"(마르크스, 2015a: 217)라고 추론하지만, 그 가능성은 부정된다.

> 잉여가치는 유통[즉, 상품 소유자들의 모든 상호관계의 총체] 이외의 다른 곳에서 생길 수 있을까? 유통 밖에서 상품 소유자는 자기 자신의 상품과 관계를 맺을 뿐이다. 이 관계는 자기 상품이 [일정한 사회적 기준에 따라 측정되는] 자기 자신의 노동량을 포함하고 있다는 것을 가리킬 뿐이다. …… 상품 소유자는 자기의 노동으로 가치를 창조할 수 있지만 자기증식하는 가치를 창조할 수는 없다. 그는 현존의 가치에 새로운 노동[따라서 새로운 가치]을 첨가함으로써 — 예컨대 가죽을 장화로 만듦으로써 — 자기 상품의 가치를 증가시킬 수는 있다. …… 그러므로 장화는 가죽보다 더 많은 가치를 가지지만, 가죽의 가치는 원래 그대로다. 가죽은 자신의 가치를 증식시킨 것도 아니며 장화를 만드는 중에 잉여가치를 첨가한 것도 아니다. 그러므로 상품생산자는 다른 상품 소유자들과 접촉하지 않고서는, 즉 유통영역의 외부에서는 가치를 증식시킬 수 없으며, 따라서 화폐나 상품을 자본으로 전환시킬 수 없다(마르크스, 2015a: 217~218).

마르크스는 이런 추론에 근거해 '자본의 일반공식'이 지닌 모순을 엄밀하게 정식화한다.

자본은 유통에서 생길 수도 없고, 또 유통 외부에서 생길 수도 없다. 자본은 유통에서 생겨야 하는 동시에 유통의 외부에서 생겨야 한다.

그리하여 우리는 두 가지 다른 성질을 가진 하나의 결론을 얻게 되었다.

화폐가 자본으로 전환하는 것은 마땅히 상품교환을 규정하는 법칙의 토대 위에서 전개되어야 할 것이며, 따라서 등가물끼리의 교환이 당연히 출발점으로 되어야 할 것이다. 아직까지는 애벌레 형태의 자본가에 불과한 화폐소유자는 상품을 그 가치대로 사서 그 가치대로 팔아야 하는데, 그러면서도 과정의 끝에 가서는 자기가 처음 유통에 던져 넣은 것보다 더 많은 가치를 유통에서 끌어내지 않으면 안 된다. 그가 나비로 성장하는 것, 즉 완전한 자본가로 되는 것은 반드시 유통영역에서 일어나야 하며, 또 그러면서도 유통영역에서 일어나서는 안 된다. 이것이 바로 문제의 조건이다(마르크스, 2015a: 218~219).

마르크스는 우리에게 '자본의 일반공식'의 모순을 해결할 것을 요구한다. "여기가 로두스 섬이다. 자, 여기서 뛰어보라!"(마르크스, 2015a: 219)[2] 마르크스는 제6장에서 그 해답을 밝힌다.

3. 제6장 「노동력의 구매와 판매」

마르크스는 제5장에서 가치의 증가분인 잉여가치가 어디에서 생기는지를 규명하기 위해 '자본의 일반공식'인 M - C - M'를 검토해 그 모순을 찾아낸 후 문제 해결의 조건을 제시했다. 이제 제6장에서 마르크스는 그 가치 변화가 어떻게 일어나는가라는 문제를 이 장의 제목대로 '노동력의 구매와 판매'라는 단서로 해결해나간다.

그리하여 이 가치 변화는 바로 제1의 유통행위(M - C)로 구매하는 상품에서 일어나야 되는데, 그렇다고 그 상품의 가치에서 일어나는 것은 아니다. 왜냐하면, 등가물끼리 교환되며 상품은 그 가치대로 지불되기 때문이다. 그리하여 이 가치 변화는 오직 그 상품의 현실적인 사용가치에서, 즉 그 상품의 소비에서 생길 수 있을 뿐이다. 그런데 한 상품의 소비에서 가치를 끌어내기 위해서는, 우리의 화폐 소유자는 유통영역의 내부, 즉 시장에서 운수좋게 그것을 사용하면 가치가 창조되는 독특한 속성을 가진 상품 — 즉, 그것의 현실적 소비 그 자체가 노동을 대상화하여 가치를 형성하게 되는 그런 상품 — 을 발견해야만 한다. 사실상 화폐 소유자는 시장에서 이와 같은 특수한 상품을 발견하는데, 이것은 노동능력 또는 노동력(labour-power)이다 (마르크스, 2015a: 220~221).

마르크스가 자본의 일반공식의 모순으로 정식화한 문제는 사실 부르주아 경제학자들이 안고 있던 고민이었다. 고전파 정치경제학은 노동가치론으로 이윤의 원천을 해명하지 못했다. 마르크스는 '노동'과 '노동력'을 구별함으로써 이 문제를 해결한다. 어찌 보면 말장난처럼 보일지 모르지만, 이 구별은 잉여가치의 원천을 밝히는 데 결정적인 단서가 되었다. 마르크스는 노동과 노동력의 차이를 『정치경제학 비판 요강(Grundrisse der Kritik der politischen Ökonomie)』(1857~1858)을 집필할 때 발견했다. 노동자의 임금이 '노동에 대한 대가'가 아니라 '노동력의 가치'라는 점을 찾아낸 것이다.

노동력 또는 노동능력이라는 것은 인간의 신체 속에 있는 육체적·정신적 능력의 총체인데, 인간은 온갖 종류의 사용가치를 생산할 때마다 그것을 운동시킨다(마르크스, 2015a: 221).

노동이라고 하면 사람들은 육체를 움직이는 것만 생각하는데, 육체를 움직이려면 반드시 머리를 써야 한다. 인간이 육체적 능력을 발휘할 때는 반드시 정신적 능력도 함께 발휘하지 않으면 안 된다. 인간이 동물과 구별되는 것은 목적의식적으로 활동하기 때문이다. 결국 인간의 육체적·정신적 능력을 발휘한 것 또는 사용하는 것이 노동이다. 이 구별이 지금은 상식적인 것으로 쉽게 이해되지만 당대에는 획기적인 발견이었다. 그 똑똑한 고전파 정치경제학자들도 이것을 몰라 헤맸다.

다음으로, 마르크스는 화폐 소유자가 시장에서 노동력 상품, 즉 임노동자를 발견하기 위한 조건을 분석해 이른바 "이중의 의미에서 자유로운 노동자"로서 임노동자 개념을 제시한다.

그러므로 화폐가 자본으로 전환되기 위해서는 화폐 소유자는 상품시장에서 자유로운(free) 노동자를 발견하지 않으면 안 된다. 여기에서 자유롭다는 것은 이중의 의미를 가진다. 즉, 노동자는 자유인(free individual)으로서 자기의 노동력을 자신의 상품으로 처분할 수 있다는 의미와, 다른 한편으로 그는 노동력 이외에는 상품으로 판매할 다른 어떤 것도 전혀 가지고 있지 않으며, 자기 노동력의 실현에 필요한 모든 물건으로부터 자유롭다(free of)는 의미다(마르크스, 2015a: 223).

"이중의 의미에서 자유로운 노동자"의 첫 번째 조건은 노동력 소유자가 노예나 농노와 달리 신분상 '자유인'으로서 자신의 노동력을 자유롭게 처분할 수 있어야 한다는 것이다. 그뿐만 아니라 노동력 소유자와 화폐 소유자가 판매자와 구매자로서 관계를 지속하기 위해서는 노동력의 소유자가 자신의 노동력을 항상 일정한 시간 동안만 판매해야 한다. "왜냐하면, 만약 그가 노동력을 한꺼번에 몽땅 판매한다면, 그는 자기 자신을 판매하는 것으로 되며, 따라서 그는 자유인이 아니라 노예로, 즉 상품 소유자가 아니라 상품으로 되기 때문이다"(마르크스, 2015a: 221). 따라서 노동력 소유자는 노동력을 양도하더라도 항상 일정 기간만 구매자의 자유 처분에 맡겨 사용하게 해 노동력에 대한 자신의 소유권을 유지해야 한다. 이 조건이 역사적으로는 농노해방을 통해 이루어졌다.

두 번째 조건은 노동력의 소유자가 생산수단과 생활수단을 박탈당해 자신의 노동력 자체를 상품으로 시장에 내놓을 수밖에 없어야 한다는 점이다. 이 조건은 마르크스가 제8편에서 밝힌 바와 같이 원시축적에 의해 이루어졌다.

제2편의 논의에서는 노동력 상품화를 전제하고 있으므로 그 전제조건을 논리적으로 제시한다. 그러면서도 마르크스는 "이중의 의미에서 자유로운 노동자"인 임노동자의 존재가 역사적 산물이라는 점을 분명하게 밝히고 있다.

한 가지만은 분명하다. 즉, 자연이 한편으로 화폐 소유자 또는 상품 소유자를 낳고, 다른 한편으로 자기의 노동력만 소유하고 있는 사람을 낳는 것은 아니다. 이런 관계는 자연사적 관계도 아니며 또한 역사상의 모든 시대에 공통된 사회적 관계도 아니다. 그것은 분명히 과거 역사적 발전의 결과며,

수많은 경제적 변혁의 산물이고, 과거 수많은 사회적 생산구성체의 몰락의 산물이다(마르크스, 2015a: 223).

노동력이 하나의 상품이라면 이 상품의 가치는 어떻게 결정될까? 마르크스는 노동력 상품을 일반 재화와 구별되는 '특수한 상품'이라 부른다. 노동력은 일반 상품과는 달리 가치를 창조하는 유일한 요소일 뿐 아니라 노동력 자체가 인간의 신체 속에 존재한다는 점, 따라서 인간 자신과 분리할 수 없다는 점에 그 특수성이 있다. 마르크스는 이런 특수성에 입각해 노동력의 가치를 규정하는 세 요인을 제시한다.

첫째, 노동력의 가치는 노동력 소유자의 생활을 유지하는 데 필요한 생활수단의 가치로 규정된다.

노동력의 가치는 다른 모든 상품의 가치와 마찬가지로 이 특수한 상품의 생산과 재생산에 드는 노동시간에 의해 규정된다. 노동력이 가치인 한, 노동력 그 자체는 거기에 대상화되어 있는 일정한 양의 사회적 평균노동을 표현할 뿐이다. 노동력은 오직 살아 있는 개인의 능력으로서만 존재한다. 그러므로 노동력의 생산은 이 개인의 생존을 전제로 한다. 이 개인이 살아 있다면, 노동력의 생산이란 이 개인 자신의 재생산, 그의 생활의 유지다. 살아 있는 개인은 자기 생활을 유지하기 위해 일정량의 생활수단을 필요로 한다. 그러므로 노동력의 생산에 필요한 노동시간은 결국 이 생활수단의 생산에 드는 노동시간이 된다. 다시 말해 노동력의 가치는 노동력 소유자의 생활을 유지하는 데 필요한 생활수단의 가치다(마르크스, 2015a: 225).

그런데 노동자에게 필요한 생활수단의 총량은 노동자 개인을 "정상적인 생활 상태로 유지하는 데 충분하지 않으면 안 된다"(마르크스, 2015a: 226). 여기서 "정상적인 생활 상태"란 그 주체가 인간이기 때문에 기계적으로 결정되지 않으며 매우 신축적일 수밖에 없다.

> 음식물·의복·난방·주택 등과 같은 그의 자연적 필요는 한 나라의 기후나 기타 자연적 특성에 따라 다르다. 다른 한편으로 이른바 필수적인 필요의 범위나 그 충족 방식은 그 자체가 하나의 역사적 산물이며, 따라서 대체로 한 나라의 문화 수준에 따라 결정되는데, 특히 자유로운 노동자계급이 어떤 조건에서 또 어떤 관습과 기대를 가지고 형성되었는가에 따라 결정된다. 그러므로 다른 상품들의 경우와 달리 노동력의 가치 규정에는 역사적·도덕적 요소가 포함된다(마르크스, 2015a: 226).

일반 상품들과 달리 특수한 상품으로서 노동력의 가치 규정에 "역사적·도덕적 요소"가 포함된다는 점이 중요한데, 이것은 "필수적인 필요의 범위", "문화 수준", "노동자계급의 관습과 기대" 등에 의해 "정상적인 생활 상태"가 결정된다는 것을 의미한다. 따라서 노동력의 가치는 다른 상품처럼 기계적으로 결정되는 것이 아니라 계급투쟁에 의해 결정된다는 점을 알 수 있다. 이는 제3편에서 나올 "정상적인 길이의 노동일"(마르크스, 2015a: 312)을 둘러싼 계급투쟁으로 표준노동일이 결정되는 것과 마찬가지다. 따라서 이런 역사적·도덕적 요소에 의해 노동력의 가치는 끊임없이 변동한다. 특정 시점을 기준으로 보면 계급투쟁의 결과에 따라 "일정한 시대의 일정한 나라에는 노동자들에게 필요한 생활수단의 평균적 범위는 주어져 있다"(마르크스, 2015a: 226)라고 볼 수 있다.

둘째, 노동력의 생산에 필요한 생활수단의 총량에는 노동자 자녀들의 생활수단(즉, 양육비)도 포함된다. 이는 노동자계급 자체의 영구적인 재생산을 위해 필요한 것이다.

셋째, 일정한 노동 부문에서 기능과 숙련을 몸에 익혀 발달시킨 특수한 노동력에는 일정한 훈련 또는 교육이 필요한데, 여기에 필요한 상품들도 노동력의 가치에 포함된다.

이렇게 규정되는 노동력 가치의 최소한계('최저생계비')는 노동력 소유자가 자신의 생명 과정을 갱신하는 데 육체적으로 필수 불가결한 생활수단의 가치에 의해 결정된다. 그런데 임금이 이 수준까지 떨어지면 그것은 노동력의 가치 이하로 떨어지는 것이다. 이 경우에 "노동력은 위축된 상태로만 유지되고 발휘되기 때문이다"(마르크스, 2015a: 228).

한국에서는 1987년 7~9월 노동자대투쟁을 통해 민주노조가 등장했는데, 이 민주노조들이 초기에는 임금교섭을 할 때 노동력 가치의 최소한계인 '최저생계비'를 기준으로 임금인상을 요구했다. 그 당시는 워낙 저임금이어서 최저생계비를 기준으로 따져도 임금수준이 형편없이 낮았기 때문에 최저생계비만큼 임금인상을 요구해도 액수가 너무 많아 다 요구할 수가 없었다. 그래서 최저생계비의 몇 %(예컨대 80%)를 요구할 수밖에 없었다. 나중에는 최저생계비를 기준으로 임금인상을 요구하는 것이 잘못이라는 비판이 제기되었고, 점차 인간다운 생활을 보장하는 '생활임금'을 임금인상 요구의 기준으로 삼았다. 지금은 민주노총이든 한국노총이든 모두 '생활임금'을 기준으로 임금인상을 요구한다. 이 '생활임금'이 "정상적인 생활 상태"를 보장하는 정상적인 노동력 가치이고, '최저생계비'는 노동력 가치 이하의 수준이다. 그런데 현재 한국의 '최저임금'은 노동자계급의 절대다수를 차지하는 중소·영세·비정규직 노동자의 임금을 결정하는 기준이 되고 있으며, 그 수준은 '최저생계비'에도 못 미친다. 그래서 젊은 세대, 즉 청년 노동자들 사이에서 '헬조선'이나 '흙수저'론이 나오고 있다.

노동력 상품의 특수성으로 인해 노동력이 여타 상품과 구별되는 특징 중 하나는 노동력의 가격인 임금이 후불제라는 점이다.

> 노동자는 어디에서나 노동력의 사용가치를 자본가에게 미리 빌려준다. 노동자는 노동력의 가격을 지불받기 전에 노동력을 구매자의 소비에 맡기며, 따라서 어디에서나 노동자는 자본가에게 신용을 주고 있다(마르크스, 2015a: 230).

자본가가 파산하는 경우 발생하는 임금 체불 사태가 이를 단적으로 보여준다.

제2편에서 마르크스는 유통 분야에 나타나는 자본의 현상형태를 '자본의 일반공식'으로 정식화하고, 가치증가분인 잉여가치의 원천을 노동력의 구매와 판매에서 찾아낸다. 이 제2편은 유통 분야에서 드러나는 자본의 모습과 노동력 매매를 분석한 것인데, 마르크스는 제6장 말미에서 자유민주주의가 만인의 자유와 평등을 실현하고 있다는 부르주아 이데올로기의 실체를 통렬하게 폭로한다. 자본주의 사회의 '자유'와 '평등', 그리고 '인권'이 유통 분야 또는 상품교환 분야의 상품교환관계를 반영한 것임을 날카롭게 비판한다.

> 노동력의 매매가 진행되는 유통 분야 또는 상품교환 분야는 사실상 천부인권의 참다운 낙원이다. 여기를 지배하고 있는 것은 오로지 자유·평등·소유·벤담이다. 자유! 왜냐하면 하나의 상품, 예컨대 노동력의 구매자와 판매자는 자기들의 자유의지에 의해서만 행동하기 때문이다. 그들은 법적으로

대등한 자유로운 인격으로 계약을 체결한다. 계약이라는 것은 그들의 공동의지가 하나의 공통된 법적 표현을 얻은 최종 결과다. 평등! 왜냐하면 그들은 오직 상품 소유자로서만 서로 관계하며 등가물을 등가물과 교환하기 때문이다. 소유! 왜냐하면 각자는 자기 것만을 마음대로 처분하기 때문이다. 벤담! 왜냐하면 각자는 자기 자신의 이익에만 관심을 기울이기 때문이다. 그들을 결합시켜 서로 관계를 맺게 하는 유일한 힘은 각자의 이기주의·이득·사적 이익뿐이다. 각자는 오직 자기 자신에 대해서만 생각하고 타인에 대해서는 관심을 기울이지 않는다. 바로 그렇게 하기 때문에 그들은 모두 사물의 예정조화에 따라 또는 전지전능한 신의 섭리에 따라 그들 상호 간의 이익, 공익, 전체의 이익이 되는 일을 수행하는 것이다(마르크스, 2015a: 232).

마르크스는 "이 단순 상품유통 또는 상품교환 분야로부터 속류 자유무역주의자는 자본과 임금노동에 근거한 사회에 대한 견해와 개념 및 판단기준을 끌어내고"(마르크스, 2015a: 232~233) 있다며 속류 경제학자들을 비판한다. 이 비판이 중요한 것은 자본주의 사회에서 우리의 자연발생적 의식형태가 대부분 이 표면인 유통 분야의 상품교환관계를 반영해 형성되기 때문이다.

동시에 마르크스는 유통 분야의 이 현상형태가 허구적이라는 점이 생산 분야에 들어가면 폭로될 것이라고 예고한다. 마르크스는 그 허구성을 풍자적으로 묘사한다. "모든 것이 표면에서 일어나고 또 누구의 눈에나 쉽게 띄는 이 소란스러운 유통영역"에서 화폐 소유자와 노동력 소유자로 만난 자본가와 노동자가 이 유통영역을 떠날 때 "우리는 우리의 등장인물들의 면모에 일정한 변화가 일어나는 것을 볼 수 있다. 이전의 화폐 소유자는 자본가로서 앞장서 걸어가고, 노동력의 소유자는 그의 노동자로서 그 뒤를 따라간다. 전자는 거만하게 미소를 띠고 사업에 착수할 열의에 차 바삐 걸어가고, 후자는 자기 자신의 가죽을 시장에서 팔아버렸으므로 이제는 무두질만을 기다리는 사람처럼 겁에 질려 주춤주춤 걸어가고 있다"(마르크스, 2015a: 233).

제2편의 말미에서 마르크스는 유통영역/생산영역의 구별을 표층(표면)/심층, 현상형태/본질의 구별로 표현한다. 마르크스는 『자본론』 곳곳에서 이런 구별을 기초로 분석한다. 제2편을 통해 표층인 유통영역에서 자본의 현상형태를 분석한 마르크스는 제3편을 통해 심층인 생산영역에서 자본의 본질에 대한 분석으로 나아간다. 마르크스는 제3편에 대해 "'관계자 외 출입금지'라고 입구에 쓰인 은밀한 생산 장소"인 "이곳에서 우리는 자본이 어떻게 생산하고 있는가뿐 아니라 어떻게 자본 그 자체가 생산되고 있는가도 알게 될 것이다. 이윤 창조의 비밀도 드디어 폭로되고 말 것이다"(마르크스, 2015a: 232)라고 예고한다.

6장

제3편 절대적 잉여가치의 생산

제3편부터 제7편까지는 대하소설 읽듯이 쭉 읽어 내려가면 된다. 자본주의적 생산의 역사적 발전 과정이 논리적·개념적으로 분석되기 때문이다. 대부분 역사적 사실에 관한 것이고, 자본주의적 생산의 역사적 발전 과정에서 드러나는 경향적 법칙이 규명된다. 물론 수식이나 계산도 간간이 나오지만, 이치적으로 따지는 수치적 예에 불과하니 겁먹을 필요가 없다.

제2편에서 마르크스는 유통 분야에서 자본이 "자기증식하는 가치"로 나타난다고 분석하고, 그 증가된 가치(잉여가치)의 원천이 노동력이라는 특수한 상품임을 밝혔다. 제3편에서는 자본가가 구매한 노동력 상품이 소비되는 과정, 즉 생산과정에서 잉여가치가 어떻게 발생하는지 추적한다. "이윤 창조의 비밀"을 폭로하는 것이다. 제7장과 제8장에서 이 문제가 다루어진다. 노동과정과 가치증식과정의 구별 등에서 마르크스의 '추상력'은 빛을 발한다. 마르크스의 역사유물론은 생산과정을 주체적으로 파악해 생산에서 인간과 자연의 관계를 생산력으로, 인간과 인간 사이의 사회적 관계를 생산관계로 파악한다. 인간이 노동을 통해 자연과 관계하는 생산력 측면을 분석한 것이 노동과정 또는 '사용가치의 생산'이다. 생산과정에서 인간들이 맺는 사회적 관계인 생산관계 측면을 분석한 것이 가치증식과정 또는 '잉여가치의 생산'이다. 마르크스는 생산과정을 이렇게 개념적으로 구별되는 두 측면으로 나누어 분석한다. 그래서 자본주의적 생산과정을 노동과정과 가치증식과정의 통일로서 분석한다. 그리고 가치증식과정을 분석하면서 불변자본과 가변자본이라는 개념을 새롭게 도입해 잉여가치가 어떻게 생산되는지를 해명한다.

제9장에서는 필요노동시간과 잉여노동시간 개념을 도입해 노동력의 착취도 또는 잉여가치율이라는 중요한 개념을 도입한다. 이는 노동자의 착취 정도를 나타낼 뿐 아니라 나중에 『자본론』 3권에서 자본주의적 공황을

분석하는 데 중요한 이윤율의 변동을 분석할 때 중요 설명변수가 된다.

마르크스는 제7~9장에서 잉여가치의 원천이 노동일 중 노동력 가치에 해당하는 필요노동시간을 초과하는 잉여노동시간에 있음을 개념적으로 밝혀내 '이윤 창조의 비밀'을 폭로한다.

자본주의적 생산양식이 확립되면서 초기 자본가들은 주로 노동일을 무한정 연장해 잉여노동시간을 늘리는 방식으로 잉여가치 생산을 추구했다. 이처럼 노동일 연장을 통해 잉여가치를 생산하는 방법이 '절대적 잉여가치의 생산'이다. 마르크스는 제10장 「노동일」에서 노동일의 길이를 둘러싼 역사적인 계급투쟁을 자세히 분석한다. 앞서도 말했지만, 제10장은 자본주의적 생산의 역동성을 분석하는 데 계급투쟁 요인의 결정적 중요성을 보여주는 중요한 사례이기도 하다. 또한 노동자계급의 착취를 통한 이윤 생산이라는 자본주의의 본질을 생생히 폭로하는 장이다.

제11장 「잉여가치율과 잉여가치량」에서 마르크스는 이윤의 원천인 잉여가치량을 규제하는 요인을 다각도로 분석한다.

제3편에서 마르크스는 유통영역에서 '증가된 가치'로만 확인된 잉여가치가 실제 생산영역에서 어떻게 생산되는지를 개념적으로 분석해 폭로하며, 노동일 연장에 의한 '절대적 잉여가치의 생산'을 잉여가치 생산의 기본 형태로서 집중적으로 분석하고 있다.

1. 제7장 「노동과정과 가치증식과정」

마르크스는 불어판에서 제7장의 제목을 '사용가치의 생산과 잉여가치의 생산'으로 바꾸었다. '노동과정과 가치증식과정'과 같은 의미지만, 좀 더

대중적으로 쉽게 다가갈 수 있는 표현으로 변경한 것이다.

제1절 「노동과정」에서는 생산과정을 생산력 측면, 즉 인간이 노동을 통해 사용가치를 생산하는 과정으로서 살펴본다. 마르크스는 인간과 자연의 관계를 다루는 노동과정을 "특정 사회형태와 관계없이 고찰해야 한다"(마르크스, 2015a: 237)라고 말한다. "사용가치 또는 재화의 생산이 자본가를 위해 자본가의 감독 아래 수행된다고 해서 그 생산의 일반적 성질이 달라지는 것은 결코 아니기" 때문이다. 따라서 마르크스는 노동과정에 대해 초역사적으로 규정한다.

> 노동은 무엇보다도 먼저 인간과 자연 사이에 일어나는 행위다. 노동에서는 인간 자신이 자연에 대해 자연력의 역할을 수행한다. 인간은 자신의 생활에 유용한 형태를 소재에 부여함으로써 소재를 동화(同化)[1]하기 위해 자신의 신체에 부여된 힘인 팔과 다리, 머리와 손을 운동시킨다. 인간은 이 운동에 의해 외부의 자연에 영향을 미치고 그것을 변화시키는 동시에, 자기 자신의 자연(본성)을 변화시키고 자기 자신의 자연 속에 잠자고 있는 능력을 발전시킨다(Marx, 1977: 136).[2]

그리고 마르크스는 '자연력'으로서 인간노동이 동물과 구별되는 특징을 찾아내 "오로지 인간에게서만 볼 수 있는 형태의 노동"을 규명한다.

> 거미는 직조공들이 하는 일과 비슷한 일을 하며, 꿀벌의 집은 인간 건축가들을 부끄럽게 한다. 그러나 가장 서투른 건축가를 가장 훌륭한 꿀벌과 구별하는 점은, 사람은 집을 짓기 전에 미리 자기의 머릿속에서 그것을 짓는다는 것이다. 노동과정의 끝에 가서는 그 시초에 이미 노동자의 머릿속에 존재하

고 있던[관념적으로 이미 존재하고 있던] 결과가 나오는 것이다. 노동자는 자연물의 형태를 변화시킬 뿐 아니라 자기 자신의 목적을 자연물에 실현시킨다. 그 목적은 하나의 법처럼 자기의 행동 방식을 규정하며, 그는 자신의 의지를 그 목적에 복종하도록 하지 않으면 안 된다. 그리고 이 복종은 결코 순간적인 행위가 아니다. 노동하는 신체 기관들의 긴장 이외에도 합목적적 의지가 작업이 계속되는 기간 전체에 걸쳐 요구된다(마르크스, 2015a: 238).

마르크스는 이런 합목적적 또는 목적의식적 활동, 즉 노동에서의 '구상과 실행의 통일'을 인간노동의 고유한 특징으로 본다. 이 점은 이후 마르크스가 자본주의적 노동과정에서의 변화, 즉 구상과 실행의 분리에 따른 노동의 소외와 퇴화를 자본주의적 임노동의 비인간화로 비판하는 근거가 된다.

다음으로, 마르크스는 노동과정을 분석하기 위해 노동과정의 기본 요소를 "① 인간의 합목적적 활동[노동 그 자체], ② 노동대상, ③ 노동수단"(마르크스, 2015a: 238)으로 분석적으로 제시한다.

마르크스는 노동대상으로 토지, 물, 천연자원, 원료 등을 들고 있다.

인간을 위해 최초부터 식량 또는 생활수단을 마련해주고 있는 토지(경제학적 관점에서는 물도 여기에 포함된다)는 인간노동의 일반적 대상으로서 인간 측의 수고 없이 존재한다. 노동에 의해 자연환경과 맺고 있는 직접적 연결에서 분리된 데 불과한 물건들도 모두 천연적으로 존재하는 노동대상이다. 예컨대 자연환경인 물에서 떨어져 나와 잡힌 물고기, 원시림에서 벤 원목, 광맥에서 채취된 광석들이 그런 것들이다. 이와는 반대로 만약 노동대상 그 자체가 이미 과거의 노동이 스며든 것이라면, 우리는 그것을 원료라고 부른다. 예컨대 이미 채굴되어 세광 과정에 들어가는 광석이 그것이다. ……

노동대상이 원료로 되는 것은 그것이 이미 노동에 의해 어떤 변화를 받은 경우뿐이다(마르크스, 2015a: 239).

노동수단은 "노동자가 자기와 노동대상 사이에 끼워넣어 그 대상에 대한 자기 활동의 전도체로서 이용하는 물건[또는 여러 가지 물건들의 복합체]이다. 노동자는 여러 물질의 기계적·물리적·화학적 성질들을 이용해 그 물질들을 [자기 힘의 도구로서 자기 목적에 따라] 다른 물질들에 작용하게 한다"(마르크스, 2015a: 239). 작업 도구와 기계 등이 노동수단이다. 인류 역사가 시작될 당시에는 가공된 돌이나 나무·뼈·조개 외에도 길들여진 동물이 노동수단으로 주요한 역할을 했다. 마르크스는 "노동수단의 사용과 제조는 인간 특유의 노동과정을 특징짓는다"(마르크스, 2015a: 240)라고 하면서 벤저민 프랭클린(Benjamin Franklin)이 인간을 "도구를 만드는 동물"이라고 정의한 것을 인용한다.

경제적 시대를 구분하는 것은 무엇이 생산되는가가 아니고 어떻게, 어떤 노동수단으로 생산되는가이다. 노동수단은 인간의 노동력 발달의 척도일 뿐 아니라 사람들이 그 속에서 노동하는 사회적 관계의 지표이기도 하다(마르크스, 2015a: 240).

인류의 시대를 거시적으로 구분할 때 석기시대, 청동기시대, 철기시대 등으로 구분하는 것도 바로 이런 노동수단을 기준으로 한다. 노동수단이 각 시대의 생산력을 반영하고 표현하기 때문이다. 노동과 노동대상을 매개하는 노동수단 외에 노동과정의 수행에 필요한 모든 객체적 조건, 즉 토지, 공장, 운하, 도로 등도 더 넓은 의미의 노동수단에 포함된다.

마르크스는 노동과정에 대한 이런 분석을 요약하며 '생산수단'과 '생산적 노동'을 규정한다.

요컨대 노동과정에서는 인간의 활동이 노동수단을 통해 노동대상에 처음부터 의도하고 있던 변화를 일으킨다. 노동과정은 생산물 속에서는 사라진다. 그 생산물은 하나의 사용가치이며, 자연의 재료가 형태변화에 의해 인간의 필요에 적합하게 된 것이다. 노동은 그 대상과 결합되었다. 즉, 노동은 대상화(對象化)되었고, 대상은 변형되었다. 노동자 측에서는 운동의 형태로 나타났던 것이 이제 생산물 측에서는 운동하지 않는 고정된 것으로 나타난다. 노동자는 방적노동을 한 것이고, 그 생산물은 방적된 것(즉, 실)이다.
이 과정 전체를 그 결과인 생산물의 관점에서 고찰하면, 노동수단과 노동대상은 생산수단으로 나타나며, 노동 자체는 생산적 노동으로 나타난다(마르크스, 2015a: 241).

이런 바탕 위에서 마르크스는 노동과정에서 생산수단이 사용되는 것, 즉 생산수단이 소비되는 것인 '생산적 소비'와 개인의 필요를 충족하기 위한 '개인적 소비'를 구별한다.

노동은 그 소재적 요소인 노동대상과 노동수단을 소비하는 것이고, 따라서 노동은 소비 행위다. 이 생산적 소비가 개인적 소비와 구별되는 것은, 개인적 소비가 생산물을 개인의 향유수단으로 소비하는 것에 비해, 생산적 소비가 생산물을 노동의 운전수단으로 소비한다는 점이다. 따라서 개인적 소비의 산물은 소비자 자신이고, 생산적 소비의 결과는 소비자와 무관한 생산물이다(Marx, 1977: 140).[3]

노동과정 분석의 말미에서 마르크스는 노동과정의 초역사적 성격(모든 시대에 공통되는 일반적 성격)과, 자본주의적 노동과정(자본주의적 생산관계에 의해 변형된 노동과정)을 구별하기 시작한다. 먼저 노동과정의 초역사적인 일반적 성격을 다시 요약한다.

> [우리가 지금까지 그것의 단순하고 추상적인 요소들에 대해 설명한] 노동과정은 사용가치를 생산하기 위한 합목적적 활동이며, 인간의 필요를 충족시키기 위해 자연에 있는 것을 사용하는 것이고, 인간과 자연 사이의 물질대사의 일반적 조건이며, 인간 생활의 영원한 자연적 조건이다. 따라서 노동과정은 인간 생활의 어떤 형태로부터도 독립하고 있으며, 오히려 인간 생활의 모든 사회적 형태에 공통된 것이다. 그러므로 우리는 노동자를 다른 노동자들과의 관계에서 설명할 필요가 없었던 것이다. 한편에는 인간과 그의 노동, 다른 편에는 자연과 그 소재 ― 이것만으로 충분했다(마르크스, 2015a: 246).

다음으로, 마르크스는 자본가가 "상품시장에서 노동과정에 필요한 모든 요소들, 즉 객체적 요소인 생산수단과 인적 요소인 노동력을 구매한 뒤"(마르크스, 2015a: 246) "자본가가 구매한 물건과 물건 사이의, 즉 그에게 속하는 물건과 물건 사이의 한 과정"(마르크스, 2015a: 248)으로서 자본주의적 노동과정이 어떻게 변화하는지 살펴본다.

노동과정의 일반적 성격은, 노동자가 노동과정을 자기 자신을 위해서가 아니라 자본가를 위해 수행한다는 사실에 의해서는 물론 변하지 않는다. 그리고 또 장화를 만들거나 실을 뽑는 특정한 방식도 자본가가 개입했다고 해서 당장 변하는 것은 아니다. 자본가는 먼저 그가 시장에서 발견한 그대로의 노동력을 고용하지 않으면 안 되며, 따라서 자본가가 아직 없었던 시대에 행해졌던 종류의 노동에 만족하지 않으면 안 된다. 노동이 자본에 종속됨으로써 생기는 생산방식 그 자체의 변화는 나중에 비로소 일어날 수 있으며, 따라서 그것은 나중에 고찰할 것이다(마르크스, 2015a: 247).

그런데 마르크스는 노동과정이 자본가가 노동력을 소비하는 과정이 될 때 나타나는 두 가지 독특한 현상을 찾아낸다.

첫째로 노동자는 자기 노동을 소유하는 자본가의 감독 아래 노동한다. 자본가는 노동이 질서정연하게 수행되고 생산수단이 합목적적으로 사용되도록, 그리하여 원료가 낭비되지 않고 노동도구가 소중하게 취급되도록[작업 중의 사용에 의해 불가피한 정도로만 닳도록] 감시한다.

둘째로 생산물은 자본가의 소유물이지 직접적 생산자인 노동자의 소유물은 아니다. …… 노동자는 자본가의 작업장에 들어가는 순간부터 자기 노동력의 사용가치, 다시 말해 그것의 사용[노동]은 자본가의 것으로 된다. 자본가는 노동력 구매를 통해 노동 그 자체를 살아 있는 효소로서, 역시 그의 것인 죽어 있는 생산물 형성 요소들과 결합시킨다. 자본가의 처지에서 본다면, 노동과정은 자기가 구매한 노동력이라는 상품의 소비에 지나지 않지만, 그는 노동력에 생산수단을 첨가함으로써만 노동력을 소비할 수 있다. 노동과정은 자본가가 구매한 물건과 물건 사이의, 즉 그에게 속하는 물건과 물건 사이의 한 과정이다. 그러므로 노동과정의 생산물은, 마치 그의 포도주 창고 속에 있는 발효 과정의 생산물이 그의 것인 것과 똑같이, 그의 것이다(마르크스, 2015a: 247~248).

마르크스가 지적한 두 가지 독특한 현상 가운데 두 번째 내용에서 자본가에 의한 노동력 소비 과정으로서 노동과정이 "자본가가 구매한 물건과 물건 사이의 과정"이라는 점, 즉 자본가에게는 노동과정이 물질적 과정으로 나타난다는 점을 주목할 필요가 있다. 자본가의 입장에서 보면, 노동자는 생산수단과 마찬가지로 하나의 '생산요소'에 불과하다. 주류 경제학(부르주아 경제학)에서 생산의 3요소로 토지, 자본, 노동을 병렬하는 것이 이를 잘 보여준다.

제2절 「가치증식과정」에서 마르크스는 생산과정을 사용가치가 아니라 잉여가치의 생산과정으로서 살펴본다. 잉여가치의 생산을 분석하기 위해서는 먼저 '추상적 인간노동'인 가치의 형성과정부터 살펴보아야 한다. 상품생산에서 사용가치가 생산되는 것은 사용가치가 "오직 교환가치의 물질적 토대, 교환가치를 담는 그릇이기 때문"(마르크스, 2015a: 249)이다. 상품생산에서 자본가의 목적은 사용가치뿐 아니라 가치를, 그리고 가치뿐 아니라 잉여가치를 생산하는 것이다. 따라서 상품 자체가 사용가치인 동시에 교환가치인 것과 마찬가지로, 상품생산은 사용가치를 형성하는 동시에 가치를 형성해야 한다. 이제 생산과정을 가치의 관점에서 고찰해보자.

마르크스는 우선 '가치 창조'와 '가치 이전(移轉)'을 구별한다. 예를 들어 면화를 원료로 방추라는 노동수단을 통해 방적노동을 수행함으로써 면사를 생산하는 경우를 살펴보자.

면화 10파운드 + 방추 1개 + 방적노동 6시간 = 면사 10파운드
각각에 필요한 노동시간: 10시간 + 6시간 + 6시간 = 22시간

이 경우 면사 생산에 필요한 노동시간(22시간)에는 면화나 방추의 생산

에 필요한 노동시간(10시간 + 6시간)이 포함된다. 즉, 면화와 방추에 포함되어 있는 '과거 노동(past labour)'은 '살아 있는 노동(living labour)'인 방적 노동을 매개로 면사라는 새로운 생산물로 '이전'된다. 이때 방적노동 6시간은 그만큼 새로운 가치를 '창조'한 것이지만, 면화와 방추에 포함된 '과거 노동' 10시간과 6시간은 그대로 면사의 가치로 '이전'된 것이다. 생산수단은 새로운 가치를 창조하는 것이 아니라 그 자체에 포함된 과거의 노동을 생산물에 그대로 이전할 뿐이다. 살아 있는 노동만이 가치를 창조한다. 노동과정에서 살아 있는 노동에 의해 새로운 가치가 창조되는 동시에 생산수단의 가치가 이전되는 과정을 마르크스는 "가치형성과정"(마르크스, 2015a: 260)이라 부른다.

마르크스는 생산과정의 두 측면인 노동과정과 가치형성과정을 대비해서 설명한다.

가치형성과정을 노동과정과 비교해보면, 노동과정은 사용가치를 생산하는 유용한 노동에 의해 성립되며, 생산의 운동은 질적으로 ─ 생산물의 종류, 생산과정의 목적과 내용에 따라 ─ 고찰되고 있는 것을 알 수 있다. 가치형성과정에서는 이 동일한 노동과정이 오직 양적 측면에서 고찰된다. 여기에서 문제가 되는 것은 노동자의 작업 시간, 즉 노동력이 유용하게 지출되는 계속시간뿐이다. 노동과정에 들어가는 상품들은 더 이상 노동력이 일정한 목적에 따라 가공하는 물적 요소로 여겨지지 않는다. 그것들은 오직 대상화된 노동의 일정량으로 여겨질 뿐이다. 생산수단에 들어 있는 것이냐 노동력에 의해 첨가되는 것이냐를 묻지 않고, 노동은 오직 계속시간에 의해 계산될 뿐이다. 그것은 몇 시간 또는 며칠 등으로 계산된다(마르크스, 2015a: 260~261).

'노동 한 시간 = 화폐 1만 원'이고 노동력 가치가 6만 원이라면, 앞의 예는 다음과 같이 화폐로 표현할 수 있다.

면화 10파운드 + 방추 1개 + 방적노동 6시간 = 면사 10파운드
각각에 필요한 노동시간: 10시간 + 6시간 + 6시간 = 22시간
투하된 가치: 10만 원 + 6만 원 + 6만 원 = 22만 원

자본가는 생산수단인 면화와 방추를 16만 원에 구매하고 노동력을 6만 원에 구매, 즉 총 22만 원을 투하해 새로운 생산물인 면사를 22만 원어치 생산했다. 이처럼 노동자가 자기의 노동력 가치만큼만 가치를 창조하면 잉여가치는 없다. 투하된 가치 22만 원은 증식되지 않았고, 따라서 화폐는 자본으로 전환되지 않았다. 노동력의 가치가 6만 원인데, 방적노동을 6시간만 수행했으므로 방적노동이 창조한 가치는 6만 원이기 때문이다.

그런데 방적노동자의 노동시간을 12시간으로 늘리는 경우를 살펴보자.

면화 20파운드 + 방추 2개 + 방적노동 12시간 = 면사 20파운드
각각에 필요한 노동시간: 20시간 + 12시간 + 12시간 = 44시간
투하된 가치: 20만 원 + 12만 원 + 6만 원 = 38만 원

이 경우 자본가는 생산수단에 32만 원(20만 원 + 12만 원), 노동력에 6만 원으로 총 38만 원을 투하해 44만 원어치의 면사를 생산했다. 투하된 가치 38만 원은 44만 원으로 증식되었고, 잉여가치 6만 원을 생산했으며, 따라서 화폐는 자본으로 전환되었다. 잉여가치 6만 원은 방적노동이 새로 창조한 가치인 12만 원과 노동력의 가치인 6만 원의 차액에서 발생한 것이다.

이처럼 노동력의 가치와 노동과정에서 노동력이 창조하는 가치는 그 크기가 다르다. 자본가는 노동력을 구매할 때 이미 가치의 그러한 차이를 염두에 둔다. 앞의 예에서 노동력의 가치는 6시간(또는 6만 원)으로 1노동일이 창조하는 가치인 12시간(또는 12만 원)의 절반밖에 안 된다. 그런데 노동력의 판매자는 노동력의 교환가치를 실현하면서 그 사용가치를 양도하기 때문에 노동력의 하루 사용으로 창조되는 가치가 노동력의 하루 가치의 두 배가 된다는 사실이 상품생산사회에서 부당한 것은 아니다. 즉, 상품교환의 법칙(등가교환)에 위배되지 않는다.

노동력 자체에는 6시간($\frac{1}{2}$노동일)의 노동이 대상화되어 있고, 노동력의 생산을 위해 매일 요구되는 생활수단은 $\frac{1}{2}$노동일을 필요로 하기 때문이다. 그러나 노동력에 포함되어 있는 과거 노동과, 노동력이 제공할 수 있는 살아 있는 노동은, 다시 말해 노동력의 매일의 유지비와, 노동력의 매일의 지출은 그 크기가 전혀 다른 두 개의 양이다. 전자는 노동력의 교환가치를 규정하며, 후자는 노동력의 사용가치를 형성한다. 노동자의 생명을 24시간 유지하기 위해서는 $\frac{1}{2}$노동일이 필요하다는 사정은 결코 노동자가 하루 종일 노동하는 것을 방해하지 않는다. 따라서 노동력의 가치와 노동과정에서 노동력이 창조하는 가치는 그 크기가 서로 다르다. 자본가는 노동력을 구매할 때 이미 가치의 이와 같은 차이를 염두에 두고 있었다. …… 자본가에게 결정적으로 중요한 것은 이 상품(노동력)의 독특한 사용가치[가치의 원천일 뿐 아니라 그 자신이 가지고 있는 것보다 더 많은 가치의 원천이라는 것]였다. 이것이야말로 자본가가 노동력으로부터 기대하는 독특한 봉사며, 그는 노동자와의 거래에서 상품교환의 영원한 법칙에 따라 행동한다. …… 노동 그 자체는, 팔린 기름의 사용가치가 기름장수의 것이 아닌 것과 마찬가지로, 노동력 판매자의 것이 아니다. 화폐 소유자는 이미 노동력의 하루 가치를 지불했다. 그러므로 노동력의 하루 사용, 하루의 노동은 그의 것이다(마르크스, 2015a: 258).

이제 화폐가 자본으로 전환되는 '자본의 일반공식'의 모순에서 해결해야 하는, 마르크스가 제5장 말미에서 제기한 "문제의 조건"이 모두 충족된다.

그[자본가*]의 화폐가 자본으로 전환되는 이 전체 과정은 유통영역의 내부에서도 수행되고 또한 그 외부에서도 수행된다. 그 전체 과정은 유통을 매개로 수행된다. 왜냐하면, 그것은 상품시장에서 노동력의 구매를 조건으로 하고 있기 때문이다. 그것이 유통영역의 외부에서 수행된다고 말하는 이유는, 유통은 생산영역에서만 이루어지는 가치증식과정을 준비하는 데 지나지 않기 때문이다(마르크스, 2015a: 260).

유통영역에서 '증가된 가치'로 나타나는 잉여가치를 생산하는 과정은 노동력의 구매를 조건으로 하기 때문에 유통영역의 '내부'에서도 수행되고, 또 생산영역에서 가치증식이 이루어지므로 유통영역의 '외부'에서도 수행된다. 또한 이 과정은 상품생산사회의 상품교환법칙에 위배되지 않고 수행되기 때문에 '자본의 일반공식'의 모순이 해결된다.

가치형성과정과 가치증식과정을 비교해보면, 가치증식과정은 일정한 점 이상으로 연장된 가치형성과정 이외의 아무것도 아니라는 것이 분명해진다. 만약 이 과정이, 자본이 지불한 노동력의 가치가 새로운 등가물에 의해 보상되는 점까지만 계속된다면, 그것은 단순히 가치형성과정에 지나지 않을 것이고, 만약 이 과정이 이 점을 넘어 계속된다면 가치증식과정으로 될 것이다(마르크스, 2015a: 260).[4]

마르크스는 노동과정과 가치증식과정에 대한 논의를 마무리하며 단순상품생산과 자본주의적 상품생산의 차이를 구별한다.

우리가 살펴본 바와 같이, 우리가 연구의 처음에 상품의 분석을 통해 발견한 유용노동과 가치의 원천인 노동의 차이는 상품생산의 두 측면 사이의 차이로 나타난다. 상품생산이 이제 유용노동과 가치의 창조자인 노동과의 통일로서뿐 아니라, 유용노동과 잉여가치의 창조자인 노동과의 통일로서도 나타나게 되자마자, 상품생산은 자본주의적 생산, 즉 자본주의적 형태하에서의 상품생산으로 된다(Marx, 1977: 149).[5]

2. 제8장 「불변자본과 가변자본」

마르크스는 제7장에서 분석한 가치형성과정과 가치증식과정에 대한 논의를 제8장에서 불변자본과 가변자본 개념으로 재정리한다.

마르크스는 가치형성과정에서 이루어지는 '가치 이전'과 '가치 창조'를 제1편 제1장 제2절 「상품에 체현되어 있는 노동의 이중성」에서 논의된 노동의 이중성(유용노동과 추상적 인간노동)과 연관시켜 다른 각도로 논의한다. '살아 있는 노동'의 유용노동 측면이 생산수단('과거 노동')의 가치를 생산물에 '이전'하고, 추상적 인간노동 측면이 새로운 가치를 '창조'한다는 것이다. 그리고 이 '가치 이전'은 자본가에게 '공짜 선물'임을 밝힌다.

　　노동자는 원래의 가치를 보존하지 않고서는, 새로운 노동을 첨가할 수 없으며 새로운 가치를 창조할 수 없다. 왜냐하면 그가 첨가하는 노동은 반드시 특정의 유용한 형태이어야 하며, 생산물들을 새로운 생산물의 생산수단으로 사용해 그들의 가치를 새로운 생산물로 이전하지 않고서는 유용한 노동을 할 수 없기 때문이다. 가치를 첨가하면서 가치를 보존한다는 것은 활동 중의 노동력[살아 있는 노동]의 자연적 속성이다. 이 자연적 속성은 노동자에게는 아무런 비용도 들지 않으나 자본가에게는 현존하는 자본가치의 보존이라는 큰 이익을 가져다준다. 경기가 좋은 동안에는 자본가는 돈벌이에 눈이 어두워 노동의 이 공짜 선물을 보지 못하지만, 노동과정의 강제적 중단, 즉 공황은 자본가로 하여금 이것을 절실하게 느끼도록 만든다(마르크스, 2015a: 275~276).

공황 시 생산수단을 사용하지 않으면 자연적 마모나 손상이 발생해 생산수단의 가치가 보존되지 않기 때문에 생산수단의 가치를 이전하는 것은 자본가에게는 '공짜 선물'이다. 이런 '가치 이전'과 '가치 창조' 과정과 관련해 마르크스는 불변자본과 가변자본 개념을 새롭게 도입한다.

　　생산수단과 노동력은, 최초의 자본가치가 [자기의 화폐형태를 벗어버리고 노동과정의 요소들로 전환할 때] 가지는 상이한 존재형태에 지나지 않는다. 이와 같이 자본 중 생산수단[원료·보조재료·노동수단]으로 전환되는 부분은 생산과정에서 그 가치량이 변동하지 않는다. 그러므로 나는 이것을 자본의 불변 부분 또는 간단하게 불변자본(不變資本, constant capital)이라고 부를 것이다.

이와 반대로, 자본 중 노동력으로 전환되는 부분은 생산과정에서 그 가치가 변동한다. 이것은 자기 자신의 등가물을 재생산하고 또 그 이상의 초과분, 즉 잉여가치를 생산하는데, 이 잉여가치는 역시 변동하며 상황에 따라 크게도 작게도 될 수 있다. 자본의 이 부분은 불변의 크기로부터 끊임없이 바뀔 수 있는 크기로 전환한다. 그러므로 나는 이것을 자본의 가변부분 또는 간단하게 가변자본(可變資本, variable capital)이라고 부를 것이다(마르크스, 2015a: 278~279).

마르크스의 불변자본/가변자본 개념은 자본주의적 축적의 역동성을 분석하는 데 매우 중요한 개념으로서 나중에 나올 잉여가치율, 자본의 유기적 구성도 등의 구성 요소가 된다. 불변자본/가변자본 구별은 이처럼 가치증식과정을 분석적으로 파악할 수 있게 해준다. 그래서 "노동과정의 관점에서는 객체적 요소와 주체적 요소[즉, 생산수단과 노동력]로 구별되는 바로 그 자본 요소들이 가치증식과정의 관점에서는 불변자본과 가변자본으로 구별된다"(마르크스, 2015a: 279).

마르크스의 불변자본/가변자본 개념은 고전파 경제학의 고정자본/유동자본 개념과 비슷해 보이지만 완전히 다르다. 고전파 경제학은 자본가 회계의 관점에서 고정자본/유동자본을 구별한다. 고정자본은 한번 투하되면 오랫동안 쓰는 기계류, 공장 건물 등이며, 유동자본은 생산물에 매번 투하되어 소모되는 원료나 중간재, 노동력 등을 말한다. 자본가의 시각에서는 투하해 수차례 사용하는지, 아니면 한 번의 회전에서 모두 소비하는지 등 자본의 회전과 관련한 것이 중요하다. 이에 비해 마르크스는 생산과정에서의 가치증식 여부를 기준으로 불변자본/가변자본을 구별한다. 마르크스의 구분에 따르면 원료나 중간재는 불변유동자본이고, 기계는 불변고정자본이다. 노동력의 가치인 임금은 유동자본이 아니라 가변자본이다. 불변자본/가변자본 개념이 잉여노동과 착취를 드러내주는 구별이라면 고정자본/유동자본 개념은 잉여노동과 착취를 은폐하는 구별이다. '추상력'은 이처럼 어떤 시각 또는 관점에서 발휘되느냐에 따라 현실에서 포착하는 측면이 아주 다르다.

그런데 생산수단으로 전환된 자본 부분이 불변자본이라고 해서 생산수단의 가치 변동 가능성을 배제하지는 않는다. 예컨대 1파운드의 면화가 어느 날에는 1만 원이지만 그다음 날에는 면화의 흉작 때문에 2만 원으로 상승하는 경우를 살펴보자. 계속 가공되고 있는 종전의 면화는 1만 원의 가치로 구매된 것이지만, 이제 그것은 생산물에 2만 원의 가치를 이전한다. 또한 이미 방적된, 그리고 벌써 면사 형태로 시장에서 유통되고 있을 수도 있는 면화 역시 그 원래 가치의 두 배를 생산물에 이전하게 된다. 면화 가격 상승 이전에 방적된 면사의 가치도 상승하는 것이다. 그러나 이런 가치 변동이 방적 과정 자체에서 면화의 가치증식과는 아무 관련이 없다는 점은 명백하다. 이 경우 가치 변동은 면화를 생산하는 과정에서 비롯된 것이고, 면화가 생산수단으로서, 따라서 불변자본으로 기능하는 과정에서 비롯된 것이 아니기 때문이다.

원료의 가치와 마찬가지로, 이미 생산과정에서 사용되고 있는 기계 등 노동수단의 가치도, 또한 그것들이 생산물에 이전하는 가치 부분도 변동될 수 있다. 만약 새로운 발명에 의해 동일한 종류의 기계 설비가 더 적은 노동 지출로 생산된다면, 종전의 기계 설비 가치는 감소할 것이다. 이를 '도덕적 감가(減價)'라고 한다. 따라서 이에 비례해 더 적은 가치를 생산물로 이전하게 될 것이다. 이 경우에도 가치의 변동은 그 기계가 생산수단으로 기능하는 생산과정의 외부에서 비롯된 것이다. 이러한 생산과정에서 그 기계는 결코 이 과정과 관계없이 지닌 가치보다 더 많은 가치를 이전할 수 없다.

요컨대 생산수단의 가치 변동은 불변자본으로서 생산수단의 성격, 즉 가치 이전만 한다는 성격을 조금도 변경하지 않는다.

중요한 문제는 아니지만, 마르크스는 독일어판에서 "인간 자신도 노동력의 인격화로서만 고찰한다면"(마르크스, 2015a: 270)이라는 표현을 불어판에서 "인간 자신은 노동력의 단순한 현존으로서는"(Marx, 1977: 153)으로 수정한다. 이는 앞서 말한 대로 독일어판에서 마르크스가 "노동자는 노동력의 인격화"라는 표현을 모두 삭제했는데, 아마 이 부분을 놓쳤다가 불어판에서 수정한 것으로 보인다.

3. 제9장 「잉여가치율」

마르크스는 제9장에서 자본주의적 생산에서 가장 중요한 착취를 표현하는 잉여가치율 또는 착취도, 필요노동시간과 잉여노동시간 개념을 정의한다. 그리고 이 개념을 통해 당시 노동일 단축을 둘러싼 계급투쟁에서 나타난 부르주아의 이데올로기, 즉 하루 노동일 중 '최후의 한 시간'에 이윤이 생산된다는 주장의 허구성을 폭로한다.

마르크스는 먼저 '생산물가치'와 '가치생산물'을 구별한다. '생산물가치'는 생산물의 가치를 말하며, 투하자본(불변자본 + 가변자본)에 잉여가치를 더한 것이다. 여기서 불변자본에는 소모된 원료 및 보조재료의 전체 가치와 노동수단의 총가치 중 마모된 가치만이 포함된다. '가치생산물'은 생산과정 속에서 실제로 창조된 새로운 가치를 말하며, 가변자본과 잉여가치를 더한 것이다. 우리가 흔히 말하는 부가가치 개념, 즉 투입된 원료, 중간재, 설비 감가상각비 등을 모두 비용으로 빼고 생산과정에서 새로 부가된 가치가 가치생산물이다. 마르크스는 고전파 정치경제학자들이 두 개념을 혼동해 오류를 범하고 있다며 이를 명확히 구별한다. c(constant capital, 불변자본), v(variable capital, 가변자본), s(surplus value, 잉여가치) 등 기호를 이용하면 다음과 같이 간단하게 표현할 수 있다.

투하자본 = 불변자본 + 가변자본 = c + v

생산물가치(C) = 투하자본 + 잉여가치 = (c + v) + s

가치생산물 = 가변자본 + 잉여가치 = v + s

가치생산물, 즉 생산과정 중에 새롭게 창조된 가치(v+s)는 'v의 재생산 + v의 증가분'이다. 이는 생산과정 자체에서 노동력에 투하된 가변자본(v) 대신 활동하는 노동력이 등장한 결과다. 자본주의적 생산의 관점에서 보면, 이 생산과정은 "노동력으로 전환된 [본래는 변하지 않는] 가치의 자기운동이라는 외관을 띤다. 과정도 결과도 모두 이 가치의 자기운동 덕분이다"(마르크스, 2015a: 285).

여기서 만약 생산물의 가치가 'c + v + s = 410원 + 90원 + 90원'이라면 가변자본이 가치증식된 비율은 가변자본에 대한 잉여가치의 비율 $\frac{s}{v}$에 의해 표현된다. 이 예에서는 $\frac{90}{90}$ = 100%다. 마르크스는 "가변자본의 이와 같은 가치증식의 비율 또는 잉여가치의 상대적 크기"를 '잉여가치율'로 정의한다(마르크스, 2015a: 286).

만약 노동자의 하루 생활수단의 가치가 평균해서 6시간 노동이라면, 노동자는 자기 재생산을 위해 하루 6시간 노동을 해야 한다. 이는 노동자가 자본가가 아니라 자기 자신을 위해 독립적으로 노동한다 하더라도, 자기 자신의 재생산을 위해 해야 하는 노동이다. 마르크스는 이처럼 1노동일 가운데 노동자의 자기 재생산(즉, 노동력의 가치)이 이루어지는 부분을 '필요노동시간'으로, 그리고 이 시간 중에 수행하는 노동을 '필요노동'으로 정의한다. 이 노동은 그가 어느 시대에 살든 노동자에게 필요하고, 이 노동이 자본과 자본주의에서 필요한 것은 노동자의 계속적인 생존이 자본 세계의 토대이기 때문이다.

노동과정에서 필요노동의 한계를 넘어 노동하는 시간에는 노동자가 노동력을 지출해 노동하지만, 자기 자신이 아니라 자본가를 위해 잉여가치를 창조한다. 마르크스는 이 잉여가치를 창조하는 시간을 '잉여노동시간'으로 정의하고, 이 시간 중에 수행하는 노동을 '잉여노동'으로 정의한다(마르크스, 2015a: 288).

이제 가치증식과정인 자본주의적 생산과정을 개념적으로 파악하는 데 가장 중요한 잉여가치율, 필요노동시간/잉여노동시간, 필요노동/잉여노동 개념을 얻었다. 가변자본에 대한 잉여가치의 비율은 필요노동에 대한 잉여노동의 비율과 같기 때문에 잉여가치율은 다음과 같이 표현된다.

$$\text{잉여가치율} = \frac{\text{잉여가치}}{\text{가변자본}} = \frac{\text{잉여노동}}{\text{필요노동}} = \frac{s}{v}$$

이 잉여가치율은 "자본이 노동력을 착취하는 정도 또는 자본가가 노동자를 착취하는 정도의 정확한 표현이다"(마르크스, 2015a: 289). 따라서 잉여가치율은 자본가와 노동자의 계급관계를 가장 직접적으로 표현한 개념이다. 마르크스는 사회를 사람들 사이의 사회관계를 중심으로 파악하기 때문에 잉여가치율 개념을 중시한다. 이 개념은 봉건제하의 농노들이 1주일 중 영주를 위한 부역노동으로 3일, 자기 땅에서 자신을 위해 3일 노동을 함으로써 필요노동과 잉여노동이 시간적·공간적으로 명확하게 구별되었던 것과 비교하면 쉽게 이해된다. 물론 자본주의적 생산에서는 필요노동과 잉여노동이 시간적·공간적으로 구별되지 않고 1노동일로 나타난다.

잉여가치율 개념은 자본가들이 투자의 기준으로 삼는 이윤율 개념과는 구별된다.

$$\text{이윤율} = \frac{\text{잉여가치}}{\text{투하자본}} = \frac{\text{잉여가치}}{\text{불변자본} + \text{가변자본}} = \frac{s}{c+v}$$

마르크스는 이윤율이 노동자의 착취도를 훨씬 낮게 표현한다는 점을 강조한다. $\text{잉여가치율} = \frac{s}{v} = \frac{90}{90} = 100\%$인데, $\text{이윤율} = \frac{s}{c+v} = \frac{90}{410+90} = \frac{90}{500} = 18\%$에 불과하다. 잉여가치율이 100%라는 것은 노동자가 1노동일의 절반은 자신을 위해 일하고, 나머지 절반은 자본가를 위해 일한다는 뜻이다.[6] 그런데 이윤율 18%는 100%의 착취도를 18%로 훨씬 낮게 표현하고 있다.

다음으로, 마르크스는 제2절에서 생산물가치의 구성부분들(c + v + s)을 생산물 자체의 해당 구성부분들로서 비례적으로 표시할 수 있음을 보여준다. 똑같은 방식으로 1노동일을 생산물가치의 구성부분들을 통해 비례적으로 표시할 수도 있다. 마르크스는 이러한 계산 방식이 부르주아 이데올로그에 의해 노동시간 단축을 반대하는 데 어떻게 악용되는지 폭로한다.

이와 같은 계산 방식은 영국의 공장주가 일상적으로 사용하는 것인데, 예컨대 그는 1노동일의 첫 8시간[또는 $\frac{2}{3}$노동일]에는 오직 자기 면화의 가치를 회수하고 ……, 나머지 시간에는 …… 을 회수하고, 따위라고 말할 것이다.

물론 이 방식은 옳은 것이다. 실제로 이것은 앞의 방식을 [완성된 생산물의 상이한 부분들이 나란히 놓여 있는] 공간으로부터 [그 생산물 부분들이 순차적으로 생산되는] 시간으로 옮겨놓은 것에 불과하기 때문이다. 그러나 이 방식은 매우 야만적인 사고방식을 낳을 수도 있다. 특히 실무적으로는 가치증식과정에 관심이 있으면서도 이론적으로는 그것을 곡해하는 편이 도리어 이익이 되는 사람들의 경우에 그러하다. 예컨대 다음과 같이 생각할 수도 있을 것이다. 즉, 우리 방적공은 자기 노동일의 첫 8시간으로는 면화의 가치를, …… 그리고 오직 저 유명한 '최후의 한 시간'만을 공장주를 위한 잉여가치의 생산에 바친다고(마르크스, 2015a: 296).

부르주아 이데올로그들은 1노동일 가운데 '최후의 한 시간'이 자본가의 잉여가치를 위한 시간이므로 노동시간을 하루 10시간으로 단축하면 자본가의 이윤이 모두 사라진다는 엉터리 주장을 내세워 노동시간 단축을 반대했다.

영국의 경제학 교수 나소 W. 시니어(Nassau W. Senior)는 1836년 노동시간 단축을 요구하는 '10시간 노동운동'에 대항해, '최후의 한 시간(last hour)'에 순이윤이 생산되기 때문에 노동시간을 10시간으로 단축하면 자본가의 순이윤이 사라진다고 주장했다.

1833년 '공장법(12시간 노동법)'에 의해 18세 미만 노동자의 하루 노동시간은 $11\frac{1}{2}$시간(첫 5일은 12시간, 토요일에는 9시간)을 넘을 수 없게 되어 있었다. 그래서 노동자는 마지막에서 두 번째 한 시간에 자신의 임금을 생산하고, 최후의 한 시간에 순이윤을 생산하는데, 노동시간을 10시간으로 단축하면 최후의 한 시간이 사라져 순이윤이 사라진다는 것이다. 시니어의 이런 주장은 자본가들이 10시간 노동제에 반대하기 위한 주요 논거로 활용되었다. 1848년 영국의 경제지 《이코노미스트(The Economist)》(1843년 창간)도 '10시간 노동법'을 반대하기 위해 시니어의 "최후의 한 시간" 구호를 외쳤다.

다음 제10장 「노동일」에서 자세히 살펴보겠지만, 1848년 '공장법'으로 노동시간은 10시간으로 단축되었다. 만약 시니어의 '최후의 한 시간' 주장이 옳다면 영국의 모든 면 공장은 손실을 입었어야 했으나 실제로 그렇지 않았다는 것이 드러났다. 당시 공장 감독관들은 시니어의 주장이 궤변임을 실제 경험을 통해 알게 되었고, 따라서 공장주들을 야유했지만, "'왜, 무엇 때문에' 궤변인가는 그들에게는 여전히 수수께끼로 남아 있었다"(마르크스, 2015a: 304).

마르크스는 시니어 주장의 오류를 명쾌하게 밝힌다. 생산물인 면사의 가치구성(c + v + s)을 면사의 생산량으로 환산해 표시할 수도 있고, 또 그 면사의 양을 1노동일인 12노동시간의 비례배분적 부분으로 표시할 수도 있다. 그러나 이는 어디까지나 12시간을 일할 때 생산물가치의 각 부분에 해당하는 면사 양을 생산하는 데 든 노동시간을 가리킬 뿐이다. 앞서 보았듯이, 노동자는 한편으로 생산수단의 가치를 생산물에 이전하는 노동을 하고, 그런 연후에 별도로 새로운 가치를 생산물에 창조하는 것이 아니다. 노동의 이중적 성격에 의해 방적노동이라는 유용노동 자체가 생산수단의 가치를 생산물로 이전한다. 방적공의 노동이 면화와 방추로 면사를 만들어내기 때문에 면화와 방추의 가치가 면사로 이전되는 것이다. 이는 방적노동이라는 노동의 질에 기인하지 그 양에 기인하지 않는다. 그리고 그 방적노동 자체는 동시에 추상적 인간노동으로서 양적으로 새로운 가치를 창조한다.

시니어의 주장, 즉 노동자가 마지막 두 번째 한 시간에 자기 임금의 가치를 생산하고 최후의 한 시간에 순이윤을 생산한다는 주장은 생산물가치를 1노동일의 비례배분적 부분으로 나눈 것에 불과하다. 고전파 정치경제학자들을 포함해 부르주아 경제학자들은 노동의 이중적 성격을 이해하지 못했기 때문에, 노동자는 생산수단의 가치를 생산하는 데 별도의 노동을 행하는 것이 아니라 1노동일은 필요노동시간과 잉여노동시간으로 구성된다는 점을 이해하지 못했다. 시니어의 주장은 노동자가 2시간 동안 생산한 면사에 $11\frac{1}{2}$시간(즉, 그의 1노동일 전체)이 체현되어 있음을 의미할 뿐이다. 이 경우 잉여가치율이 100%이므로, 필요노동시간은 $5\frac{3}{4}$시간, 잉여노동시간은 $5\frac{3}{4}$시간이다. 따라서 노동일이 $11\frac{1}{2}$시간에서 $10\frac{1}{2}$시간으로 한 시간 단축되면 잉여노동은 $5\frac{3}{4}$시간에서 $4\frac{3}{4}$시간으로 감소되겠지만, 잉여가치율은 $82\frac{14}{23}$%로 여전히 높다.

4. 제10장 「노동일」

앞서 『자본론』 1권의 제2~7편 중 백미가 바로 제10장 「노동일」이고, 제10장이 자본주의적 생산의 역동적 과정에서 계급투쟁의 결정적 역할을 잘 보여주는 역사적 분석이라는 점은 이미 지적했다. 자본주의적 계급관계의 본질과 실상을 가장 적나라하게 폭로하는 것도 제10장이다. 제10장을 읽다 보면 전태일 열사가 일했던 1960~1970년대 평화시장의 노동조건과 어린 여성 노동자들의 모습이 눈에 어른거릴 것이다. 노동일 연장으로 생산되는 잉여가치, 즉 절대적 잉여가치를 추구하는 자본가들이 비인간적이고 악랄한 방법으로 장시간 노동을 강요하는 모습은 자본주의 사회에서 동서고금을 가리지 않고 똑같다.

마르크스는 제10장 제1절에서 노동일 길이가 신축적이기 때문에 계급투쟁으로 결정될 수밖에 없음을 밝히고, 제2~4절에서는 자본가계급의 잉여노동에 대한 탐욕을 영국 사례를 통해 폭로한다. 제5절과 제6절에서는 정상적인 노동일, 즉 표준노동일을 얻기 위한 구체적인 투쟁의 역사를, 제7절에서는 영국의 표준노동일 제정이 다른 나라에 미친 영향을 분석한다.

계급투쟁이 자본주의적 생산을 어떻게 변화·발전시키는가라는 관점을 지니고 제10장을 읽을 필요가 있다. 마르크스는 자본주의 사회에서 본질적 문제는 '권리' 또는 '인권'이 아니라 계급투쟁에 의해 결정된다는 점을 노동일을 둘러싼 계급투쟁 역사를 분석함으로써 웅변적으로 보여준다.

제1절 「노동일의 한계들」에서 마르크스는 노동일의 길이를 규정하는 요인과 특징이 무엇인지 분석한다. 앞서 제6장에서 살펴보았듯이, 특정한 시기에 필요노동시간, 즉 노동력의 가치는 주어져 있다. 예컨대 6시간이라고 하자. 그러나 노동력의 가치를 규정하는 것만으로는 노동일 자체의 길이가 결정되지 않는다. 잉여노동시간에 따라 노동일의 길이가 변동하기 때문이다. 이처럼 노동일이 고정적이 아니라 유동적인 것은 분명하지만, 일정 한도 안에서만 변동할 수 있다. 마르크스는 그 한도에 대해 따져본다.

> 그 최소한도는 규정할 수 없다. …… 자본주의적 생산양식에서는 필요노동은 항상 노동일의 일부에 지나지 않으므로 노동일은 결코 이와 같은 최소한도까지 단축될 수는 없다. 다른 한편으로, 노동일에는 최대한도가 있다. 노동일은 일정한 한계 이상으로 연장될 수 없다. 이 최대한도는 두 가지에 의해 규정된다. 첫째로 노동력의 육체적 한계에 의해 규정된다. 인간은 24시간이라는 1자연일 동안에는 일정한 양의 생명력밖에는 지출할 수 없다. 말도 날마다 일하는 경우 하루 8시간만 일할 수 있다. 인간은 하루 중 일정한

시간 휴식도 취하고 잠을 자지 않으면 안 되며, 또한 일정한 시간 그 밖의 육체적 욕구(밥을 먹거나 세수와 목욕을 하거나 의복을 입는 등)를 충족시키지 않으면 안 된다. 노동일의 연장은 이와 같은 순전히 육체적인 한계 이외에 또한 사회적 한계에 부딪힌다. 노동자는 지적·사회적 욕구를 충족시키기 위한 시간을 필요로 하는데, 이들 욕구의 크기나 종류는 일반적인 문화 수준에 의해 규정된다. 그러므로 노동일의 길이는 육체적·사회적 한계 안에서 변동한다. 그러나 이 두 한계는 모두 매우 탄력적이어서 그 변동의 폭은 매우 크다. 예컨대 우리는 8시간, 10시간, 12시간, 14시간, 16시간, 18시간 등 그 길이가 매우 다양한 노동일을 볼 수 있다(마르크스, 2015a: 309).

여기서 노동일의 길이를 규정하는 데 "일반적인 문화 수준"이 포함되어 있다는 점이 중요하다. 이는 제6장에서 일반 상품들과 달리 특수한 상품으로서 노동력의 가치가 "정상적인 생활 상태로 유지하는 데 충분"해야 하고, 이는 "한 나라의 문화 수준"에 의해 규정되기 때문에 노동력의 가치 규정에 "역사적·도덕적 요소"가 포함된다(마르크스, 2015a: 226)는 것과 똑같다. 따라서 우리는 노동력의 가치와 마찬가지로 노동일의 길이도 계급투쟁에 의해 결정된다는 것을 직감적으로 추론할 수 있다.

그런데 마르크스는 노동일의 한도에 대한 이와 같은 검토 후에 바로 결론을 내리지 않으며, 노동일의 길이를 둘러싸고 자본가와 노동자가 상품교환의 법칙에 따라 구매자와 판매자로서 각자의 권리를 주장하는 가상 토론을 제시한다.

마르크스는 노동력 상품의 구매자로서 자본가가 노동일 연장을 자신의 '권리'로 주장하는 이유를 자본의 본성에 근거해 추론한다.

자본가는 노동력을 그 하루의 가치로 구매했다. 1노동일 동안 노동력의 사용가치는 자본가에게 속한다. 즉, 자본가는 하루 동안 자기를 위해 노동자에게 일을 시킬 수 있는 권리를 얻었다. …… 자본가는 오직 인격화한 자본에 지나지 않는다. 그의 혼은 자본의 혼이다. 그런데 자본에게는 단 하나의 충동이 있을 따름이다. 즉, 자신의 가치를 증식시키고, 잉여가치를 창조하며, 자신의 불변 부분인 생산수단으로 하여금 가능한 한 많은 양의 잉여노동을 흡수하게 하려는 충동이 그것이다.

자본은 죽은 노동인데, 이 죽은 노동은 흡혈귀처럼 오직 살아 있는 노동을 흡수함으로써만 활기를 띠며, 그리고 그것을 많이 흡수하면 할수록 점점 더 활기를 띤다. 노동자가 노동하는 시간은 자본가가 자신이 구매한 노동력을 소비하는 시간이다.

만약 노동자가 자본가의 처분에 맡긴 시간을 자기 자신을 위해 사용한다면 그는 자본가의 물건을 훔치는 것이 된다.

자본가는 상품교환의 법칙을 들고 나온다. 그는 다른 모든 구매자와 마찬가지로 자기 상품의 사용가치로부터 될 수 있는 대로 많은 이익을 짜내려고 한다(마르크스, 2015a: 309~310).

이에 맞서 노동자는 노동력 상품의 판매자로서 '권리'를 주장하며 반박한다.

상품의 소비는 상품을 양도하는 판매자에게 속하는 것이 아니라 그것을 사들이는 구매자에게 속한다. 그러므로 나의 노동력의 하루 사용은 당신의 것이다. 그러나 나는 매일 그것을 팔아 얻은 돈으로 매일 그것을 재생산하고, 따라서 반복해서 그것을 팔 수 있어야 한다. 나이 등으로 말미암은 자연적 건강 약화는 별도로 치고, 나는 내일도 오늘과 마찬가지로 **정상적인 상태의 힘과 건강과 원기를 가지고 노동할 수 있어야만 한다.** …… 나는 노동력의 **정상적인 유지와 건전한 발달에 적합한 정도로만** 매일 그것을 지출하고 운동시키고 노동으로 전환시킬 것이다. 당신은 노동일을 무제한 연장함으로써 내가 사흘 걸려 회복할 수 있는 것보다 더 많은 양의 노동력을 하루 동안 써버릴 수도 있다. 그리하여 당신이 노동으로부터 이득을 보는 것만큼 나는 노동 실체를 잃어버린다. 나의 노동력을 이용하는 것과 그것을 약탈하는 것은 전혀 다르다. …… 이것은 우리들의 계약에도 위반되며 또 상품교환의 법칙에도 위반된다. 그러므로 나는 **정상적인 길이의 노동일을 요구한다.** 더욱이 나는 당신의 동정에 호소하지 않고 그것을 요구한다. 왜냐하면 상거래에서는 인정이란 있을 수 없기 때문이다. …… 나는 **표준노동일을 요구한다.** 왜냐하면 다른 모든 판매자와 마찬가지로 나도 내 상품의 가치를 요구하기 때문이다(마르크스, 2015a: 311~312).[*]

마르크스는 이런 가상 토론을 전개한 후 노동일의 길이를 둘러싼 분쟁이 계급투쟁으로 결정될 수밖에 없음을 밝힌다.

요컨대 약간의 매우 탄력적인 제한을 가하는 것을 별도로 친다면, 상품교환 그 자체의 성질은 노동일 그리고 잉여노동에 대해 어떤 한계도 부과하지 않는다. 자본가가 노동일을 될수록 연장해 가능하다면 1노동일을 2노동일로 만들려고 할 때, 그는 구매자로서 자기의 권리를 주장하는 것이다. 다른 한편으로, 판매된 이 상품의 특수한 성질은 구매자에 의한 이 상품의 소비에 일정한 한계가 있음을 암시하고 있는데, 노동자가 노동일을 일정한 표준적인 길이로 제한하려고 할 때 그는 판매자로서 자기의 권리를 주장하는 것이다. 따라서 여기에는 권리 대 권리라는 하나의 이율배반이 일어나고 있다. 즉, 쌍방이 모두 동등하게 상품교환의 법칙이 보증하고 있는 권리를 주장하고 있다. 동등한 권리와 권리가 서로 맞섰을 때는 힘이 문제를 해결한다. 그리하여 자본주의적 생산의 역사에서 노동일의 표준화는 노동일의 한계를 둘러싼 투쟁, 다시 말해 총자본[즉, 자본가계급]과 총노동[즉, 노동자계급] 사이의 투쟁에서 결정되는 것이다(마르크스, 2015a: 312~313).

노동일의 한계를 둘러싼 계급투쟁에 의해 표준노동일이 결정된다는 마르크스의 이러한 분석은 경제 분석에서 매우 중요한 함의를 지닌다. 제1편에서 다룬 상품 물신숭배 현상, 즉 상품생산사회로서의 자본주의 사회에서 사람들 사이의 사회적 관계는 물건들 사이의 사회적 관계로 나타난다는 점과 함께, 노동력 가치에 이어 표준노동일 등과 같은 주요 경제문제가 계급투쟁으로 결정된다는 점은 경제 현상이 계급관계와 계급투쟁의 경제적 표현이며, 인간과 무관한 자연현상 같은 것이 아님을 보여주는 좋은 사례다. 더 나아가, 노동시간이 단축됨에 따라 자본주의적 생산방법에서 노동일 연장에 의한 절대적 잉여가치 생산방법이 제한되는 가운데 점차 다른 생산방법, 즉 바로 다음에 공부할 상대적 잉여가치 생산방법으로 발전한다는 점은 이를 더욱 분명하게 보여준다.

제2절부터 제4절까지에서 마르크스는 잉여노동에 대한 자본가의 탐욕을 구체적인 역사적 사실에 입각해 폭로한다. 마르크스는 먼저 자본주의 이전의 계급사회와 자본주의의 차이를 지적한다. 노예제, 농노제 등 과거의 계급사회에서도 소수의 지배계급은 생산수단을 독점했고, 직접적 생산자는 자신을 유지하는 필요노동시간에 여분의 노동시간(잉여노동시간)을 첨가해 생산수단의 소유자를 위한 생활수단을 생산했다. 이 점은 자본주

의도 계급사회로서 똑같다. 다만 차이점은 "생산물의 교환가치가 아니라 그 사용가치가 지배하고 있는 경제적 사회구성체에서는 잉여노동은 필요의 범위가 다소 한정되기 때문에 제한되며, 잉여노동에 대한 무제한의 갈망이 생산 그 자체의 성격으로부터 생기지는 않는다는 사실이다"(마르크스, 2015a: 314). 고대에는 교환가치를 그 독립적인 화폐형태로 획득하려 하는 곳, 즉 금은의 생산지에서만 과도노동이 무서울 정도로, 그러나 예외적으로 나타났다.

자본주의 이전의 봉건제 시대에는 봉건영주들이 농노에게 지대를 거둔 뒤 전쟁을 수행할 때 외에는 수시로 파티를 열었다. 수탈한 지대로 그저 먹고 썼던 것이다. 그런데 사람이 아무리 많이 먹어도 하루 세끼 이상 먹을 수는 없다. 그렇게 한계가 있으니 시인이나 화가 또는 음악가 등을 불러 파티를 하는 것이다. 사용가치에 대한 인간의 욕구가 제한되어 있기 때문에 잉여생산물에 대한 욕구가 제한되었다. 그런데 자본주의에 이르면 더 이상 사용가치가 생산의 목적이 아니라 교환가치가 생산의 목적이 된다. 교환가치는 무한하므로 수억, 수조 원을 쌓아도 끄떡없다. 사용가치처럼 먹어서 배가 터지는 것이 아니기 때문이다. 따라서 잉여노동에 대한 무제한적 갈망이 생산 자체의 성격에서 오는 것은 자본주의에 고유하다. 그러므로 앞서 살펴본 자본으로서 화폐의 유통은 무한히 반복될 수 있다. 또 앞으로 살펴볼 자본의 축적과정에서 "축적을 위한 축적", "축적하라 축적하라"라는 말이 십계명처럼 자본의 인격화인 자본가에게 내면화된다. 이렇듯 같은 계급사회라 하더라도 봉건제 때까지는 잉여노동에 대한 무제한의 욕망은 없었다.

이처럼 자본주의는 잉여노동에 대한 자본가의 무제한적인 탐욕이라는 측면에서 그 이전의 계급사회와 구별된다. 이를 분명히 하기 위해 마르크스는 농노제의 잉여노동과 역사적으로 비교해본다. 마르크스는 19세기 초까지 유지된 동부 독일의 반동적 봉건제('재판 농노제')라 할 수 있는 '다뉴브 제후국'의 잉여노동 비율을 계산한다. 다뉴브 제후국에서 실질적 농경 가능일인 140일 중 필요노동은 84일, 부역노동은 56일로 필요노동에 대한 부역노동의 비율이 $\frac{56}{84}$ = $66\frac{2}{3}$%이다. 이는 100%가 넘는 영국 노동자들의 잉여가치율에 비해 훨씬 적다.

자본가의 경우, 잉여노동에 대한 탐욕은 노동일을 무제한 연장하려는 충동으로 나타난다. 자본가에게 노동자는 "노동시간의 인격화에 불과하다"(마르크스, 2015a: 325). 영국의 '공장법'은 노동일을 강제적으로 제한해 노동력을 무제한 착취하려는 자본의 충동을 억제하고자 생겼다. 이윤에 대한 맹목적 욕망이 국민의 생명력을 뿌리째 파괴하고 있었기 때문이다.

마르크스는 하루 평균 10시간 노동을 규정한 1850년의 '공장법'하에서도 자본가들이 잉여노동에 대한 탐욕 때문에 노동자들의 식사 시간과 휴식 시간까지 빼앗아가는 사례를 보여준다. 자본가는 노동자의 식사 시간과 휴식 시간을 침해해 매일 $\frac{1}{2}$시간에서 $\frac{3}{4}$시간을 빼앗아갔다. 자본이 노동자의 식사 시간과 휴식 시간에서 훔쳐내는 이 '좀도둑질'을 당시 공장 감독관들은 "분(分) 도둑"이라 불렀고, 노동자들은 "식사 시간 야금야금 깎아 먹기"라고 했다(마르크스, 2015a: 324).

제3절에서 마르크스는 1850년 '공장법'의 적용을 받지 않아 착취의 법적 제한이 없는 영국의 일부 산업부문에서 장시간 노동의 착취가 계속된 현실을 생생히 폭로한다. 1863년 제1차 「아동노동 조사위원회 보고서」에 따르면 도자기 제조업, 부인복 제조업, 성냥 제조업, 벽지 공장, 빵 제조업 등에서 13세 미만 아동과 18세 미만 미성년자에게 하루 12~16시간의 과도노동을 강요했다. 심지어 7세 아이가 15시간 노동을 하기도 했다. 당연히

이 부문에 종사하는 노동자는 병들고 수명이 단축되었다.

제4절에서 마르크스는 12시간 주야 맞교대제가 잉여노동을 추구하는 자본주의적 생산의 '내재적 충동'임을 밝힌다.

불변자본인 생산수단은 가치증식과정의 관점에서 보면 오직 노동을 흡수하기 위해서만, 그리고 노동의 한 방울 한 방울과 함께 그것에 비례하는 양의 잉여노동을 흡수하기 위해서만 있다. 생산수단이 이렇게 하지 않는 한, 생산수단의 존재는 자본가에게는 일종의 소극적인 손실이다. 왜냐하면 생산수단이 사용되지 않는 동안은 쓸모없이 투하된 자본을 대표하기 때문이다. 그리고 이 손실은, 중단되었던 생산을 재개하려면 추가적 지출이 필요한 경우에는, 적극적인 손실로 된다. 노동일을 자연일의 한계를 넘어 야간에까지 연장하는 것은 임시방편에 지나지 않으며, 노동자의 살아 있는 피에 대한 흡혈귀적 갈증을 약간 풀어주는 데 기여할 뿐이다. 그러므로 노동을 하루 24시간 전체에 걸쳐 착취하려는 것이 자본주의적 생산의 내재적 충동이다. 그러나 동일한 노동력을 낮과 밤 계속 착취하는 것은 육체적으로 불가능하기 때문에, 이 육체적 장애를 극복하기 위해서는 주간에 소모하는 노동력과 야간에 소모하는 노동력을 교대할 필요가 생긴다(마르크스, 2015a: 345~346).

그리고 마르크스는 주야 맞교대제가 당시 영국 면공업에서 성행했고, '공장법'의 적용을 받지 않는 금속가공 공장 등의 공업 분야 다수에서 시행되었음을, 특히 공장주들이 비용 절감을 위해 18세 미만 미성년자에게도 야간 노동을 시켰음을 여러 사례를 들어 폭로한다.

제5절에서 마르크스는 표준노동일 제정을 둘러싼 투쟁에 관한 분석을 시작하기 전에 표준노동일을 둘러싼 계급투쟁의 의의를 먼저 확인한다.

그는 먼저 자본의 입장에서 "노동일이란 무엇인가?"를 묻고 다음과 같이
답한다.

노동일은 하루 24시간 전체를 포함하는데, 그중에서 노동력이 다시 봉사
하기 위해 절대로 필요한 약간의 휴식 시간은 뺀다고. 먼저 명백한 것은 노
동자는 자기 생애 전체에 걸쳐 노동력 이외의 아무것도 아니며, 따라서 그가
처분할 수 있는 모든 시간은 자연적으로나 법률상으로나 자본의 가치증식을
위해 바쳐질 노동시간이라는 것이다. 교육, 정신적 발달, 사회적 기능의 수
행, 사교, 육체적·정신적 생명력의 자유로운 활동 등을 위한 시간, 그리고
심지어 일요일의 안식 시간까지도(안식일을 엄수하는 이 나라에서) 모두 자
본가의 것이라는 말이다. 참으로 기가 찰 노릇이다! 그러나 자본은 잉여노
동에 대한 무제한적인 맹목적 충동으로 말미암아, 즉 잉여노동에 대한 충족
될 수 없는 탐욕으로 말미암아, 노동일은 그 사회적 한계뿐 아니라 순전히
육체적 한계까지도 넘어버린다. 자본은 신체의 성장, 발육, 건전한 유지에
필요한 시간을 빼앗는다. 자본은 신선한 공기와 햇빛을 이용하는 데 필요한
시간을 도둑질한다. 자본은 식사 시간을 깎아내고, …… 자본은 [생명력을
회복하고 갱신하며 활력을 부여하는 데 필요한] 건전한 수면을, 기진맥진한
유기체가 소생하는 데 절대적으로 필요한 불과 몇 시간의 무감각 상태로 감
축시켜버린다. 노동력의 정상적 유지가 노동일의 한계를 규정하는 것이 아
니라, 반대로 노동력의 가능한 최대한도의 일상적 지출[그 지출이 아무리 병
적이고 강제적이며 고통스러운 것이라 할지라도]이 노동자의 휴식 시간의
한계를 규정한다. 자본은 노동력의 수명을 문제 삼지 않는다. 자본이 관심
을 가지는 것은 오로지 1노동일 안에 운동시킬 수 있는 노동력의 최대한도
뿐이다. 자본은 노동력의 수명을 단축시킴으로써 이 목적을 달성하는데, 그

것은 마치 탐욕스러운 농업경영자가 토지의 비옥도를 약탈함으로써 수확량을 늘리려는 것과 같다(마르크스, 2015a: 357~359).

잉여노동에 대한 자본가의 탐욕이 노동자에게 그 수명을 단축할 만큼 극단적인 장시간 노동을 강요하는 현실에서, 마르크스는 준엄한 고발장과도 같은 이 서술을 통해 자본주의의 비인간성을 넘어선 인간 파괴적 반(反)인간성을 폭로하고 있다.

뒤이어 마르크스는 총자본의 관점 또는 자본가의 계급적 이해관계에서 볼 때도 장시간 노동으로 인한 노동력 파괴는 노동력 재생산 비용을 증대시키므로 노동일을 일정하게 제한하는 표준노동일 제정의 필요성이 제기될 것이라 추론한다.

> 이리하여 본질적으로 잉여가치의 생산이고 잉여노동의 흡수인 자본주의적 생산은, 노동일의 연장에 의해 노동력으로부터 그 정상적인 도덕적·육체적 발전 조건과 활동 조건을 탈취함으로써, 인간노동력의 위축을 가져올 뿐 아니라 노동력 그 자체의 조기 소모와 사망을 가져온다. …… 노동력의 가치는 노동자의 재생산[노동자계급의 계속적인 존재]에 필요한 상품들의 가치를 포함한다. 그러므로 만약 [자본이 자기증식에 대한 무제한의 충동에서 필연적으로 추구하게 되는] 노동일의 반(反)자연적 연장이 개별 노동자의 수명을, 그리하여 그들의 노동력의 생존 기간을 단축시킨다면, 소모된 노동력의 더 신속한 보충이 필요하게 될 것이고, 따라서 노동력의 재생산을 위한 비용은 더 커질 것이다. …… 그러므로 자본은 자기 자신의 이익을 위해서라도 표준노동일을 제정하는 방향으로 나아갈 것 같다(마르크스, 2015a: 359).

마르크스는 이처럼 표준노동일 제정이 자본가의 계급적 이해관계에도 필요함을 논리적으로 따져보지만, 자본주의 현실에서 자본가의 행태를 조사한 것을 토대로 이런 계급적 필요성이 실현되지 않음을 확인한다. "경험이 자본가에게 일반적으로 보여주는 것은 과잉인구[일정 시점에서 자본의 가치증식에 필요한 수보다 많은 인구]가 항상 존재한다는 사실"(마르크스, 2015a: 363~364)이기 때문에 개별 자본가는 표준노동일을 제정할 필요성을 느낄 수 없다는 것이다. 자본가들은 노동력이 과도노동으로 빨리 소모되면 다른 과잉인구를 가져다 쓰면 된다고 생각한다. 미국 남부의 노예주들이 노예가 과도노동으로 7년 만에 죽으면 버리고 다시 노예를 사서 쓰듯이, 새로운 노동력을 과잉인구에서 보충하면 된다는 것이다. 이런 검토에 근거해 마르크스는 자본주의와 자본가의 본질에 대한 중요한 통찰력, 즉 개별 자본의 이해관계와 총자본의 이해관계(또는 자본가들의 계급적 이해관계)가 일치하지 않는다는 점과, 표준노동일 제정이 수 세기에 걸친 계급투쟁에 의해 강제되었다는 점을 분명하게 밝힌다.

자기 주위에 있는 노동자 세대의 고난을 부인하기에 '충분한 이유'를 가지고 있는 자본은, 인류는 장차 퇴화할 것이라든가 인류는 결국 사멸해버릴 것이라는 예상에 의해서는 그 실천적 활동에 조금도 영향을 받지 않는데, 그것은 마치 지구가 태양에 떨어질지도 모른다는 예상에 의해서는 자본이 아무런 영향도 받지 않는 것과 마찬가지다. 주식 투기의 경우에도, 언젠가 한 번은 벼락이 떨어지리라는 것을 누구나 알고 있지만, 누구나 자기 자신은 황금의 비를 모아 안전한 장소에 옮겨놓은 뒤에 그 벼락이 이웃 사람의 머리 위에 떨어질 것을 바라고 있다. 뒷일은 될 대로 되라지! 이것이 모든 자본가와 모든 자본주의국의 표어(標語)다. 그러므로 자본은 사회에 의해 강제되지 않는 한, 노동자의 건강과 수명을 조금도 고려하지 않는다. 육체적·정신적 퇴화, 조기 사망, 과도노동의 고통 등에 관한 불평에 대해 자본은, 그런 것들이 우리의 쾌락(이윤)을 증가시켜주는데 어째서 우리가 걱정해야 하는가 하고 대답한다. 사태를 전체적으로 보면, 이 모든 것은 개별 자본가의 선의나 악의 때문은 아니다. 자유경쟁 아래에서는 자본주의적 생산의 내재적 법칙들이 개별 자본가들에 대해 외부적인 강제법칙으로 작용한다.

표준노동일의 제정은 자본가와 노동자가 수 세기에 걸쳐 투쟁한 결과다 (마르크스, 2015a: 364~366).

개별 자본의 입장에서는 다른 자본이 노동시간을 연장하면 경쟁 때문에 선의/악의와 관계없이 노동시간을 연장할 수밖에 없다는, 이른바 경쟁에 의한 '강제법칙'은 자본의 본성에 내재한 '법칙들'이 표현된 것에 불과하다는 지적도 중요하다. 마르크스는 『자본론』의 다른 곳에서도 경쟁과 관련해 이런 지적을 반복한다.

이처럼 마르크스는 총자본의 관점에서 제기되는 표준노동일 제정의 필요성을 따져본 뒤, 자본주의 현실에서 실제 자본가의 대응은 그러지 않음을 확인한 것을 토대로 개별 자본과 총자본의 이해관계 불일치 등에 대해 오해의 여지가 없을 만큼 명료하게 서술했음에도, 마르크스주의 일부에서 표준노동일 제정은 자본가의 계급적 이해관계에서 제기·시행되었다고 보는 관점이 여전히 존재한다. 이는 마르크스의 사상과 이론에서 계급투쟁의 중요성에 주목하지 못한 채, 자본주의의 변화·발전을 자본 논리의 일방적 관철로 보는 경제주의적 입장에서 비롯한 잘못된 관점이다.

이렇게 표준노동일 제정의 의의를 명확히 밝힌 후, 마르크스는 노동시간 단축을 위한 '아래로부터의 계급투쟁'을 본격적으로 분석하기 전에 14세기 중엽에서 17세기 말까지 노동일을 강제로 연장하는 입법, 즉 '위로부터의 계급투쟁'을 먼저 검토한다.

19세기의 '공장법'은 노동일을 강제로 단축하고 있으나, 그 이전의 노동법규들은 노동일을 강제로 연장하려 했다. "자본이 생성되고 있던 초기 상태, 즉 아직은 경제적 관계의 힘만으로는 충분한 양의 잉여노동을 취득할 수 없어 국가권력의 도움을 받지 않을 수 없었던 상태"에서는 노동일의 연장을 강제하기 위한 '위로부터의 계급투쟁'으로서 노동입법이 필요했다.

> 자본주의적 생산양식이 발전한 결과로 '자유로운' 노동자가 사회적 조건에 강제되어 자발적으로 그의 일상적 생활수단의 가격을 받고 자기의 활동적인 생활시간 전체를[또는 자기의 노동능력 자체를] 팔아넘기게 되기까지는, 즉 한 접시의 팥죽에 자기의 장자 권리를 팔아넘기게 되기까지는 수 세기가 걸렸다(마르크스, 2015a: 366).

14세기 중엽에서 17세기 말까지 자본이 국가권력에 의지해 성인 노동자에게 강요하려 한 노동일 길이는 19세기 후반 아동의 피를 자본으로 전환하는 것을 막고자 국가가 설정한 노동일 길이와 대체로 일치했다. 1850년의 '10시간 노동제'는 영국에서 17세기 중엽 원기 왕성한 수공업 노동자들이나 건장한 머슴들 또는 대장장이들에게 적용된 표준노동일이었다.

노동일과 관련된 최초의 노동법규(1349)는 그 직접적 명분을 당시 크게 유행한 흑사병에서 찾았다. 노동력의 급속한 감축으로 인한 압력을 덜기 위해 노동일의 한계와 적절한 노동임금이 법률로 제정되었다. 모든 수공업 노동자와 농업 노동자의 노동일은 3~9월에 아침 5시부터 저녁 7~8시까지였으나 지켜지지는 않았다. 식사 시간은 아침에 한 시간, 점심에 한 시간 반, 또 오후 4시의 간식이 반 시간으로, 1850년 '공장법'에 규정된 것의 꼭 두 배였다. 겨울에는 식사 시간은 마찬가지지만, 노동은 아침 5시부터 어두울 때까지로 조금 단축되었다.

1562년 엘리자베스 여왕의 법령은 노동일의 길이는 그대로 둔 채 중간의 휴식 시간을 여름 2시간 반, 겨울 2시간으로 제한하려 했다. 이 법령은 점심시간을 한 시간으로 제한하고, '반 시간의 낮잠'을 5월 중순부터 8월 중순까지만 허가했다. 17세기 말엽까지도 아동노동은 거의 존재하지 않았다. 수공업 노동자가 되려면 7년의 도제 기간이 필요했기 때문이다.

대공업 시대에 이르기까지 18세기 대부분에 걸쳐 노동자가 4일 치 임금으로 1주일을 살아갈 수 있었기 때문에 영국의 자본은 공업 노동자에게 주 6일 노동을 강제하지 못했다. 그래서 매뉴팩처 자본의 충실한 대변자들은 1770년에 주 6일을 일하지 않는 노동자들의 "나태와 방탕과 자유를 근절"하고 근면 정신을 기르기 위해, 또 매뉴팩처의 노동 가격을 인하하기 위해 극빈자들(공적 부조에 의존하는 노동자들)을 "이상적 구빈원"(노동수용소)에 가두자는 대책을 제안했다. '이상적 구빈원'을 노동을 강제하는 '공포의 집'으로 만들어 하루 12시간 노동을 시키자는 것이었다. 이처럼 산업혁명 이전 노동일과 관련된 상황은 산업혁명 이후 대공업 시대와는 매우 달랐다.

그런데 이로부터 63년 후인 1833년 영국 의회가 4개 공업부문에서 13~18세 아동의 노동일을 12시간으로 단축했을 때, 자본가들은 마치 영국 공업이 곧 끝장날 것처럼 떠들어댔다. 산업혁명을 통해 자본주의적 생산양식이 변혁되어 잉여노동에 대한 탐욕이 그 물적 토대를 확보함에 따라 노동시간이 12시간 이상으로 훨씬 더 연장되어 있었기 때문이다. 대공업 시대에 노동일의 대폭적인 연장을 마르크스는 다음과 같이 묘사한다.

1770년에는 자본가들이 아직 꿈에서만 갈망하고 있던 극빈자들을 위한 '공포의 집'은 그 뒤 몇 해를 지나서는 공장 노동자 자신들을 위한 거대한 '구빈원'으로 나타났다. 그것이 바로 공장이다. 그리고 이번에는 현실이 자본가들의 이상을 훨씬 앞지르고 있었다(마르크스, 2015a: 375).

자본가들이 꿈꾼 것보다 더 많은 노동일의 연장을 산업혁명이 가능하게 해준 것이다. 제6절에서 마르크스는 1833~1864년의 영국 '공장법'을 중심으로 표준노동일을 얻기 위한 투쟁 과정을 상세히 분석한다. 산업혁명에 따른 대공업의 탄생은 노동일의 연장을 제한해온 모든 한계를 타파했다.

자본이 노동일을 그 정상적인 최대한도까지 연장하고, 그다음에는 그 한계를 넘어 12시간이라는 자연의 낮 시간의 한계에까지 연장하는 데는 수 세기가 걸렸지만, 그 뒤 18세기의 마지막 $\frac{1}{3}$기에 대공업의 탄생과 더불어 노동일은 눈사태와 같이 모든 장애를 물리치고 연장되기 시작했다. 도덕과 자연, 연령과 성별, 낮과 밤이 설정하는 모든 한계는 부숴졌다(마르크스, 2015a: 376).

이러한 노동일 연장에 대한 노동자계급의 저항은 우선 대공업의 발생지인 잉글랜드에서 시작되었다. 그러나 30년 동안 노동자계급이 쟁취한 양보란 순전히 명목적인 것에 불과했다. 의회는 1802년부터 1833년까지 5개의 '노동관계법'을 통과시켰지만, 교활하게도 법률들의 강제적 실시와 필요한 직원 등에 대한 경비 지출은 한 푼도 의결하지 않았다. 그 법률들은 죽은 문서에 불과했다. 마르크스는 "1833년부터 1864년까지의 영국 '공장법'의 역사 이상으로 자본의 정신을 더 잘 나타내고 있는 것은 없다"(마르크스, 2015a: 377)라고 하면서, 이 투쟁 과정을 추적해 자본의 본질을 생생히 폭로한다. 투쟁 과정에 대한 마르크스의 분석의 큰 흐름을 따라가보자.

1833년에 제정된 '공장법'은 1836년에 전면 실시되었다. 공장의 보통 노동일은 아침 5시 반에 시작해 저녁 8시 반에 끝나야 하며, 이 한도 안에서, 즉 15시간의 범위 안에서는 13~18세 미성년자를 하루 중 어떤 시간에 고용하건 합법이었고, 단지 12시간 이상 일을 시키지 않으면 되었다. 또 노동자에게 하루 중 적어도 한 시간 반의 식사 시간을 허용해야 했다. 9세 미만 아동의 고용은 금지되었고, 9~13세 아동의 노동은 하루 8시간으로 제한되었으며, 야간 노동은 9~18세 미성년자에게 금지되었다. 성인노동에 대한 제한은 전혀 없었다.

자본가들은 새로운 '릴레이 제도'를 발명해 '공장법'을 그 정신뿐 아니라 규정에서까지 무효로 만들어버렸다. 이 '릴레이 제도'에 대해서는 조금 후에 자세히 설명하겠다. 대부분의 공장은 이 법을 무시하고 종전의 잔인한 만행을 계속했으나 아무런 처벌을 받지 않았다. 공장 감독관들은 '릴레이 제도'하에서는 어떤 통제도 불가능하다고 증언했다.

그런데 정치 지형이 크게 변화하기 시작했다. 공장 노동자들의 투쟁이 고양되었다. 노동자들은 1838년 이래 보통선거권을 요구하는 '인민헌장운동(차티스트운동)'을 정치적 요구로 내세우는 동시에, '10시간 노동법'을 경제적 요구로 제기했다. 다른 한편, 공장주 계급의 정치적 대변자들은 공장주들에게 "노동자들에 대한 태도와 말씨를 고쳐야 한다"라고 명령했다. 공장주들은 지주계급에 맞서 '곡물법'[7] 폐지를 위한 투쟁 중이었고, 이 투쟁에서 승리하려면 노동자들의 도움이 필요했기 때문이다. 그러므로 "공장주들은 자유무역이라는 천년왕국에서는 임금이 두 배로 될 뿐 아니라 '10시간 노동법'도 채용될 것임을 약속했던 것이다"(마르크스, 2015a: 381).

이러한 정치 지형 속에서 1833년 '공장법'을 보완한 추가적 공장법이

1844년에 제정되었다. 이는 18세 이상의 부녀자라는 새로운 범주의 노동자를 법률의 보호 아래 둔 것이었다. 부녀자의 노동시간을 12시간으로 제한하고 야간 노동을 금지함으로써 부녀자들은 미성년자들과 동등하게 취급되었다. 이 입법은 최초로 성인노동을 직접적·공식적 통제하에 둔 것이었다. 성인노동까지 '공장법'의 통제를 받게 된 이런 성과를 마르크스는 계급투쟁의 결과로 평가한다.

우리가 이미 본 바와 같이, 노동의 시간·한계·중단을 그와 같이 군대식으로 일률적으로 시계의 종소리에 맞추어 규제하는 이 세밀한 규정들은 결코 의회가 고안해낸 것이 아니었다. 세밀한 규정들은 근대적 생산양식의 자연법칙으로 당시의 상황에서 점차적으로 발전해온 것이다. 국가에 의한 그것들의 제정·공식적 인정·선포는 장기간 계급투쟁의 결과였다. 이런 규정들로부터 당장 나타나게 된 결과들 중의 하나는 성인 남성 노동자들의 노동일도 동일한 제한을 받게 되었다는 사실이다. 왜냐하면 대다수의 생산과정에서 아동·미성년자·부녀자의 협조가 필수적이었기 때문이다. 그러므로 대체로 보아 1844~1847년 동안 12시간 노동일은 공장법의 적용을 받는 모든 산업부문에서 전반적으로 한결같이 실시되었다(마르크스, 2015a: 383).

다만 의회는 공장주들의 양보에 대한 보상으로 '공장 아동의 추가 공급'을 보장하기 위해 아동의 최저연령을 9세에서 8세로 낮췄다.

1846~1847년은 영국 경제사에서 획기적인 시기였다.

곡물법이 폐지되고, 면화와 기타 원료에 대한 관세가 폐지되었으며, 자유무역이 입법의 지침으로 선포되었다. 한마디로 말해 천년왕국이 시작된 것이다. 다른 한편으로, 이 동일한 해에 차티스트운동과 10시간 노동일을 위한 운동이 그 절정에 달했다. 이 운동들은 복수심에 불타는 토리덩지주계급의 당: 역쥐을 그 동맹자로 삼게 되었다. …… 그처럼 오랫동안 투쟁해온 10시간 노동법안이 드디어 의회에서 통과되었다(마르크스, 2015a: 384).

그러자 자본가들은 1847년 '공장법'(1848년 실시 예정)을 폐지하기 위해 반격에 나섰다. 1846~1847년의 공황으로 공장주들은 10%의 일반적 임금 인하를 단행했고, 노동시간이 12시간에서 10시간으로 감축됨에 따라 그만큼 추가로 인하했다. 대체로 노동자의 임금은 약 25% 인하되었다. 또 공장주들은 사기·유혹·협박 등 모든 수단을 동원해 '10시간 노동법'을 폐지하려고 선동했으나 모두 허사였다. 노동자들은 노동시간 단축으로 임금이 인하되었음에도 노동시간 단축에 대한 지지를 굽히지 않았다. 그렇게 '10시간 노동법'은 1848년부터 시행되었다.

상황은 다시 반전되었다. 1848년 차티스트운동의 실패와 지도자들의 투옥, 프랑스 파리 노동자들의 6월혁명과 잔혹한 진압 등의 여파로 노동자계급은 법의 보호를 박탈당하고, 각종 탄압법의 단속을 받게 되었다. 자본가들은 노동시간을 제한하는 기존의 모든 법에 대해 반란을 일으켜 2년 이상에 걸쳐 테러에 가까운 무자비한 탄압을 자행했다. 자본가들은 거의 폐지되다시피 한 성인 남성 노동자의 야간 노동을 부활시켰다. 이때 악랄한 '릴레이 제도'가 등장했다. 노동자 전원을 12~14개 반으로 나누고, 그 구성원을 끊임없이 교체했다. 아침 5시 반부터 저녁 8시 반까지 15시간 동안 노동자를 때로는 30분, 때로는 한 시간씩 이 반에서 저 반으로 편성해 10시간 노동이 끝날 때까지 토막 시간으로 분산한 뒤 노동자들을 이리저리로 몰아대며 15시간을 공장에 묶어두었다. 노동자를 12~15시간 동안 마음대로 사용하고 10시간분의 임금을 지불한 것이다. '10시간 노동법'을 사실상 무력화한 이 '릴레이 제도'는 자본가의 압력으로 법적 승인을 받고, 미성년자와 부녀자에게까지 적용되었다.

이제 노동자들이 반격에 나섰다. 자본가들의 '10시간 노동법' 무력화에 맞서 노동자들은 이제까지의 소극적 저항에서 벗어나 적극적 저항으로 떨쳐나섰다. 랭커셔와 요크서 등에서 위협적인 대규모 집회를 열고 항의했다. "공장 감독관들은 계급적 적대관계가 들어보지 못한 정도의 긴장 상태에 도달해 있다는 것을 정부에 긴급히 경고했다"(마르크스, 2015a: 397). 이렇게 계급적 적대관계가 긴장 상태에 접어들자 공장주와 노동자 사이에 타협이 성립되었고, 1850년 추가적 공장법이 통과되었다. 미성년자와 부녀자의 노동일이 1주일의 첫 5일에 10시간에서 10시간 반으로 반 시간 연장되었고, 토요일에는 7시간 반으로 제한되었다. 작업은 아침 6시부터 저녁 6시 사이로 제한되었고, 한 시간 반의 식사 시간이 전원에게 동시 허용되었다. '릴레이 제도'는 영원히 폐지되었다. 마르크스는 영국의 '10시간 노동법'을 둘러싼 계급투쟁을 상세히 검토한 후 그 결과를 요약한다.

공장법의 원칙은 현대적 생산방식의 독특한 창조물인 대공업 부문들을 통제함으로써 승리를 거두었다. 1853~1860년에 대공업 부문들의 놀라운 발전과 공장 노동자들의 육체적·정신적 재건은 아무리 아둔한 사람의 눈에도 선명하게 보일 정도였다. 반세기 동안의 내전(內戰)에 의해 한 걸음 한 걸음씩 노동일의 법률적 제한과 규제를 어쩔 수 없이 받아들이게 된 공장주들 자신이 자기들의 공업부문과 아직도 '자유로운' 착취가 남아 있는 공업부문들 사이의 현저한 대조를 자랑스럽게 지적하고 있다. '정치경제학'의 바리새인들[위선자: 역주]은 새삼스럽게 노동일의 법적 규제의 필요성에 대한 통찰이 그들 '과학'의 특징적인 성과라고 선언했다. 쉽게 이해할 수 있는 일이지만, 대공장주들이 불가피한 대세에 체념해 순응하게 된 뒤 자본의 저항력은 점차 약화되어갔고, 이에 반해 노동자계급의 공격력은 공장법에 직접적인 이해관계가 없는 사회계층 속에서 노동자계급의 동맹자 수가 늘어남에 따라 강화되어갔다. 이리하여 1860년 이래 공장법은 비교적 급속한 발전을 이룩했다(마르크스, 2015a: 402).

1860년 이후에는 '공장법'의 적용을 받지 않았던 염색 공장, 표백 공장, 레이스 공장, 양말 공장, 토기·성냥·카펫 제조 공장 등 전 산업부문으로 '공장법'의 적용이 확장되었다.

제7절에서 마르크스는 영국의 '공장법'이 다른 나라들에 미친 영향을 검토한다. 다른 나라들의 사정을 검토하기 전에 마르크스는 첫째로 영국에서 '공장법'이 대공장은 물론 매뉴팩처나 수공업, 가내공업에까지도 일반적으로 적용될 수밖에 없었다는 점, 둘째로 "표준노동일의 제정은 장기간에 걸친 자본가계급과 노동자계급 사이의 다소 은폐된 내전(內戰)의 산물" (마르크스, 2015a: 407)이었다는 점을 다시 확인한다.

프랑스는 1848년 2월혁명에 의해 '12시간 노동법'이 제정되었다. 프랑스는 '혁명의 나라'답게 영국과 달리 전체 작업장과 공장에 동일한 노동일 제한을 한꺼번에 혁명적으로 부과했다. 미국은 1865년 남북전쟁 이후 8시간 노동일을 위한 운동이 확산되었다. 미국에서 1866년 전국노동자대회는 "이 나라의 노동을 자본주의적 노예제도로부터 해방시키는 데 필요한 최대의 급선무는 아메리카 연방의 모든 주에서 표준노동일을 8시간으로 만드는 법률의 제정이다. 우리는 이 영예로운 성과를 달성하기까지 전력을 다할 것을 결의한다"(마르크스, 2015a: 409)라고 선언하며 일찌감치 8시간

노동제 실시를 요구했다.

비슷한 시기인 1866년 제1인터내셔널 대회는 마르크스가 기초한 결의 문에서 "노동일의 제한은, 그것 없이는 개선과 해방을 위한 앞으로의 모든 노력이 좌절되지 않을 수 없는 예비 조건이라고 우리는 선언한다. ······ 우리는 8시간을 노동일의 법정한도로 제안한다"(마르크스, 2015a: 410)라고 해 8시간 노동제는 국제노동운동의 주요 요구로 등장했다.

마르크스는 제10장 말미에서 노동일의 길이를 둘러싼 계급투쟁과 표준 노동일 제정의 의미에 대해 총괄한다.

시장에서 그는 '노동력'이라는 상품의 소유자로 다른 상품의 소유자와 상대하고 있었다. ······ 그가 자본가에게 자기의 노동력을 판매했을 때의 계약은 그가 자기 자신을 자유롭게 처분한다는 사실을 이를테면 흰 종이 위에 검은 글씨로 증명한 것이었다. 거래가 완결된 뒤에야 비로소 그는 '자유로운 행위자'가 결코 아니었다는 것, 그가 자유롭게 자기의 노동력을 판매할 수 있는 기간은 그가 어쩔 수 없이 그것을 판매해야만 하는 기간이라는 것, 사실상 흡혈귀는 '착취할 수 있는 한 조각의 근육, 한 가닥의 힘줄, 한 방울의 피라도 남아 있는 한' 그를 놓아주지 않는다는 것이 폭로된다. 노동자들은 '자기들을 괴롭히는 뱀'으로부터 자신을 '방어'하기 위해, 이마를 맞대고 의논하지 않으면 안 되고, 계급으로서 하나의 법률을, 즉 자기 자신이 자본과의 자발적인 계약에 의해 자기 자신과 자기 가족을 죽음과 노예 상태로 팔아넘기는 것을 방지해줄 매우 강력한 사회적 장벽을 제정하도록 강요하지 않으면 안 된다. '양도할 수 없는 인권'이라는 화려한 목록 대신 법적으로 제한된 노동일이라는 겸손한 대헌장이 등장하는데, 그것은 '노동자가 판매하는 시간은 언제 끝나며, 자기 자신의 시간은 언제 시작되는가'를 비로소 명확히 밝

허주고 있다. 이전과 비교해 얼마나 큰 변화인가!(마르크스, 2015a: 410~412)

여기서 마르크스는 자유주의가 주장하는 "양도할 수 없는 인권" 사상이 자본주의라는 계급사회에서 얼마나 허구적인 것인지 폭로하고, 자본주의적 생산의 적대적 성격하에서 표준노동일 제정은 "양도할 수 없는 인권"에 의해서가 아니라, 계급투쟁을 통해 노동자계급이 쟁취해 사회적으로 강제한 것임을 다시 한 번 강조한다.

마르크스는 제7~9장에서 자본주의적 생산을 분석하기 위해 발전시킨 노동과정/가치증식과정, 불변자본/가변자본, 잉여가치율 등의 개념을 통해 제10장에서 노동일 문제에 관해 역사적으로 매우 상세히 검토한다. 그런 연후에 마르크스는 "노동일의 연장에 의해 생산되는 잉여가치를 나는 **절대적 잉여가치**라고 부른다"(마르크스, 2015a: 431)라며 절대적 잉여가치 개념을 도입한다. 이처럼 노동일 연장을 통해 이루어지는 절대적 잉여가치 생산방법이 자본주의적 생산의 기본 형태다.

자본가계급은 노동자계급의 계급투쟁 때문에 어쩔 수 없이 '공장법'을 수용했으며, 더이상 노동일의 무제한 연장을 통한 절대적 잉여가치 생산을 추구할 수 없게 되었다. 자본가들은 잉여가치에 대한 무제한적 열망을 실현할 다른 방법을 궁리한다. 그래서 나오게 되는 것이 상대적 잉여가치 생산방법이다. 이는 제4편에서 다룰 것이다.

마르크스는 제4편으로 넘어가기 전, 제3편의 마지막 장인 제11장을 통해 절대적 잉여가치 생산방법에서 잉여가치량을 규제하는 법칙을 도출한다. 자본주의적 생산의 목적은 잉여가치의 획득이므로, 잉여가치량이 중요하기 때문이다. 마르크스는 잉여가치량을 규제하는 요인인 노동력의 가치, 잉여가치율, 노동자 수 등의 관계를 살펴본다. 특정한 시기에 노동력의 가치는 주어진 것으로 볼 수 있으므로 노동력의 가치는 불변이라고 가정하고, 잉여가치량을 규제하는 세 법칙을 찾아낸다. 상식적으로 쉽게 이해될 수 있는 매우 단순한 법칙들이며, 오늘날 자본주의 세계에서 중국이 30년 만에 G2로 급속하게 발전하는 것과 같은 국가 간 불균등 발전을 이해하는 분석 틀로서 유용하다. 간략하게 살펴보자.

노동력의 가치가 불변이라면, 잉여가치율은 개별 노동자가 일정 기간 자본가에게 제공하는 잉여가치량을 직접적으로 알려준다. 필요노동이 하루 6시간이고, 그 화폐 표현이 6만 원일 경우, 노동력의 가치는 6만 원이다. 만약 잉여가치율이 100%라면, 이 6만 원의 가변자본은 6만 원의 잉여가치량을 생산할 것이다. 즉, 노동자는 매일 6시간의 잉여노동량을 제공할 것이다. 가변자본은 자본가가 동시에 고용하는 모든 노동력의 총가치에 대한 화폐적 표현이다. 따라서 투하한 가변자본의 가치는 1노동력의 평균 가치에 고용 노동력의 수를 곱한 것과 같다.

가변자본 총액(V) = 1노동력의 평균 가치(v) × 고용 노동력의 수(n)

따라서 노동력의 가치가 주어져 있는 경우, 가변자본의 크기는 동시적으로 고용한 노동자의 수에 정비례한다. 생산되는 잉여가치량은 개별 노동자의 1노동일이 제공하는 잉여가치에 고용한 노동자의 수를 곱한 것과 같다. 노동력의 가치가 주어진 경우, 개별 노동자가 생산하는 잉여가치량은 잉여가치율로 결정되기 때문에 생산되는 잉여가치량은 투하한 가변자본의 크기에 잉여가치율을 곱한 것이 된다. 이것이 '제1법칙'이다. 잉여가치량은 동일한 자본가에게 동시적으로 착취당하는 노동력의 수와 개별 노동력의 착취도를 곱한 것으로 결정된다.

잉여가치량을 S로, 개별 노동자가 하루에 평균적으로 제공하는 잉여가치를 s로, 1노동력의 구매에 매일 투하하는 가변자본을 v로, 가변자본의 총액을 V로, 하나의 평균 노동력의 가치를 P로, 그 착취도를 $\frac{a'}{a}(\frac{잉여노동}{필요노동})$로, 고용된 노동자의 수를 n으로 표시한다면, '제1법칙'은 다음과 같다.

$$잉여가치량(S) = 잉여가치율(\frac{s}{v}) \times 가변자본\ 총액(V)$$
$$= 평균\ 노동력의\ 가치(P) \times 착취도(\frac{a'}{a}) \times 노동자의\ 수(n)$$

가변자본 총액과 잉여가치율의 변동에서 가변자본 총액이 감소하는 동시에 잉여가치율이 동일한 비율로 증가한다면, 생산되는 잉여가치량은 여전히 불변일 것이다. 예컨대 자본가가 하루에 100명의 노동자를 착취하기 위해 600만 원을 투하해야 하고, 잉여가치율은 50%라고 한다면, 600만 원의 가변자본은 300만 원(3시간 × 100명)의 잉여가치를 생산할 것이다. 만약 잉여가치율이 두 배, 즉 노동일이 9시간에서 12시간으로 연장되고, 동시에 가변자본이 절반, 즉 300만 원으로 감소한다면 이때도 300만 원(6시간 × 50명)의 잉여가치가 생산될 것이다.

이로부터 알 수 있는 바는, 일정한 한계 안에서는 자본이 착취할 수 있는 노동의 공급이 노동자의 공급과 관계없다는 점이다. 고용되는 노동자 수의 감소는 노동일 연장으로 보상할 수 있기 때문이다.

다음은 잉여가치량을 규제하는 '제2법칙'이다. 노동자 수의 감소를 잉여가치율의 증대(또는 노동일의 연장)로 보상하는 데는 넘을 수 없는 한계가 있다. 노동력의 가치가 어떠하든 한 노동자가 매일 생산할 수 있는 총가치는 24노동시간이 대상화되는 가치, 즉 24만 원보다 항상 적을 것이기 때문이다. 100%의 잉여가치율(즉, 12시간 노동일)로 500명의 노동자를 고용하는 3000만 원의 가변자본은 매일 3000만 원(6시간×500명)의 잉여가치를 생산한다. 그런데 매일 200%의 잉여가치율(즉, 18시간 노동일)로 100명의 노동자를 고용하는 600만 원의 자본은 겨우 1200만 원(12시간×100명)의 잉여가치를 생산할 뿐이다. 이 자본의 가치생산물(투하된 가변자본 + 잉여가치)은 결코 매일 2400만 원(24시간×100명)에 달할 수 없다.

24시간보다 항상 짧을 수밖에 없는 평균 노동일의 절대적 한계는 가변자본의 감소를 잉여가치율의 증대로 보상하는 것의 절대적 한계, 또는 착취되는 노동자 수의 감소를 노동력 착취도의 제고로 보상하는 것의 절대적 한계라 할 수 있다. 이것이 '제2법칙'이다. 이 자명한 '제2법칙'은 노동생산력을 무한히 발전시키려는 자본의 경향(즉, 고용하는 노동자 수를 가능한 한 축소하려는 자본의 경향)과 결합해 이윤율 저하 경향의 법칙을 낳는다.

끝으로, '제3법칙'을 알아보자. 생산되는 잉여가치량이 잉여가치율과 투하 가변자본량이라는 두 요인에 의해 결정된다는 사실(제1법칙)에서는, 만약 잉여가치율과 노동력 가치가 주어졌다면 가변자본이 크면 클수록 생산되는 가치량과 잉여가치량도 더 커지는 것이 자명하다. 따라서 잉여가치량은 투하 가변자본의 크기에 정비례한다. 이것이 '제3법칙'이다. 생산부문에 따라 불변자본과 가변자본의 구성 비율이 다르고, 동일한 산업부문에서도 생산과정의 기술적 수준과 조직 방식에 따라 그 구성 비율이 달라지는데, 주어진 자본의 불변자본과 가변자본의 구성 비율이 어떻든 '제3법칙'은 그 영향을 조금도 받지 않는다.

한 사회의 총자본이 매일 움직이는 노동은 하나의 단일 노동일로 간주할 수 있다. 노동자의 수가 100만 명이고 한 노동자의 평균 노동일이 10시간이라면, 사회적 노동일은 1000만 시간이다. 한 노동자의 평균 노동일이 주어져 있는 경우, 잉여가치량은 오직 노동자 수(즉, 노동인구)의 증가에 의해서만 늘어날 수 있다. 이 경우 인구 증가는 사회적 총자본에 의한 잉여가치 생산의 수학적 한계가 된다. 반면 노동인구의 크기가 주어져 있는 경우, 이 한계는 노동일 연장 가능성에 따라 규정된다.

마르크스의 이런 세 법칙은 신흥국 또는 개발도상국이 불균등 발전을 통해 선진국을 따라잡는 현상을 잘 설명한다.

한국에서 박정희 군사정권의 개발독재에 의한 고도성장, 즉 1960~1970년대 '한강의 기적'은 마르크스의 이러한 법칙들로 보면 '제1법칙'과 '제3법칙'에 따른 것이다. 즉, 저임금과 장시간 노동에 의한 초과착취는 낮은 생산력에도 불구하고 높은 잉여가치율(여러 연구에 따르면 300%에 달하는)을 유지할 수 있게 해주었다. 이는 보통 생산력이 고도로 발전한 선진국에서 노동력 가치가 절대적으로 더 큼에도 높은 생산력을 바탕으로 자본주의적 발전이 뒤처진 신흥국보다 더 높은 잉여가치율을 보이는 것과 대비되는 현상이다. 군사독재 정권의 개발독재가 높은 잉여가치율을 만들어낸 것이다. 이 현상은 노동인구의 급속한 증가와 동시에 일어났다. 노동인구 급증은 저곡가 정책에 따른 이농 인구 급증으로 확보되었다. '고도성장'은 잉여가치량의 급속한 증대와 그것의 재투자로 가능했는데, 이는 높은 잉여가치율과 노동인구의 급속한 증가 모두에 의해 이루어졌다.

중국의 경우도 마찬가지다. 중국 역시 1990~2010년대에 높은 잉여가치율과 노동인구의 급속한 증가로 30년 만에 저개발국에서 세계 2위의 경제대국으로 성장했다. 높은 잉여가치율은 한국과 마찬가지로 저임금과 장시간 노동에 의해 확보되었다. 이는 과거의 사회주의적 전통과 국가의 엄격한 노동 통제를 통해 이루어졌다. 특히 13억 인구 대국인 중국에서는 현대판 원시축적을 통해 자본주의로의 체제 전환이 급속히 이루어졌는데, 그에 따라 농촌인구가 프롤레타리아화해 노동인구가 한 세대 만에 수억 명이 증가한 것이 결정적이었다.[8] 이는 선진국들에 비해 노동생산성이 상대적으로 낮은데도 빠른 시간 내에 경제 규모에서 선진국들을 따라잡을 수 있었던 주된 요인이다.

물론 한국이나 중국은 후발 주자의 이점을 살려 상대적으로 빠른 시간 안에 선진국의 앞선 기술을 추격할 수 있었고, 따라서 생산력을 발전시킬 수 있는 기술적 토대를 빠르게 발전시킬 수 있었지만, 노동생산성에서는 선진국들이 절대적으로 앞서 있었으므로, 두 나라의 선진국 추격과 불균등 발전의 주된 측면은 절대적 잉여가치 생산방법으로서 저임금과 장시간 노동에서 찾아야 한다.[9] 마르크스의 절대적 잉여가치 생산방법에서 잉여가치량을 규제하는 세 법칙은 이런 사실을 규명한다.

마르크스는 지금까지 제3편에서 절대적 잉여가치 생산방법을 여러 각도에서 상세히 검토한 것을 토대로, 제11장 말미에서는 자본주의적 생산에서의 변화 가운데 중요한 두 측면을 제시한다.

하나는 자본의 최소한도 크기가 증대한다는 점이다. 가변자본의 최소한도는 잉여가치의 생산을 위해 1년 내내 고용하는 1노동력을 구매하는 데 필요한 금액이다.

> 몸소 자기의 노동자와 마찬가지로 직접 생산과정에 참가할 수도 있으나, 그렇게 하는 경우 그는 자본가와 노동자 사이의 혼혈아, 즉 '소경영주'에 지나지 않는다. 자본주의적 생산이 일정한 발전단계에 이르면, 자본가는 자본가로서 [즉, 인격화된 자본으로서], 기능하는 시간 전체를 타인 노동의 취득과 관리, 그리고 노동생산물의 판매에 바쳐야 한다(마르크스, 2015a: 420).

중세의 길드 제도는 개별 장인이 고용할 수 있는 최대 노동자 수를 매우 적은 수로 제한해 수공업적 장인이 자본가로 전환되는 것을 강제로 저지하려 했다. 화폐 소유자 또는 상품 소유자는 생산을 위해 투하하는 최소 금액이 중세의 최대한도를 훨씬 초과하게 될 때 비로소 현실의 자본가로 전환된다. 개별적인 화폐 소유자 또는 상품 소유자가 자본가로 전환하기 위해 반드시 필요한 가치액의 최소한도는 자본주의적 생산의 발전단계에 따라 달라지며, 또 주어진 발전단계에서도 생산 분야가 다르면 각 분야의 특수한 기술적 조건에 따라 달라진다.

또 하나의 측면은 자본주의적 생산과정 내부에서 일어난 몇 가지 중요한 변화다. 마르크스는 이를 세 가지로 제시했다.

생산과정의 내부에서 자본은 노동[활동 중에 있는 노동력 또는 노동자 그 자체]을 지휘하는 데까지 발전했다. 인격화한 자본인 자본가는 노동자가 자기 일을 규칙적으로 또 상당한 강도를 가지고 수행하도록 감시한다.

더 나아가, 자본은 노동자계급으로 하여금 노동자 자신의 좁은 범위의 필요가 요구하는 것보다 더 많은 노동을 수행하게끔 하는 강제적 관계로까지 발전했다. 그리고 타인으로 하여금 일을 하도록 만들고, 잉여노동을 짜내며, 노동력을 착취하는 자본은 그 정력과 탐욕과 능률의 면에서 직접적인 강제노동에 기반을 둔 종전의 모든 생산제도를 능가한다.

자본은 먼저 역사적으로 현존하는 기술적 조건을 그대로 이용해 노동을 자기에게 예속시킨다. 따라서 자본은 곧장 생산방식을 변경시키지는 않는다. 그러므로 우리가 이때까지 고찰해온 형태의 잉여가치의 생산[즉, 노동일의 단순한 연장에 의한 잉여가치의 생산]은 생산방식 그 자체의 어떠한 변화와도 관계없이 나타났다. ……

만약 우리가 생산과정을 단순한 노동과정의 관점에서 고찰한다면, 노동자는 생산수단을 자본으로 대하는 것이 아니라 자기의 합목적적 생산 활동의 단순한 수단과 재료로 대한다. …… 그러나 생산과정을 가치증식과정의 관점에서 고찰할 때 사정은 달라진다. 생산수단은 즉시 타인의 노동을 흡수하기 위한 수단으로 전환한다. 더 이상 노동자가 생산수단을 사용하는 것이 아니라 생산수단이 노동자를 사용한다. 노동자가 생산수단을 자기의 생산 활동의 소재적 요소로 소비하는 것이 아니라, 생산수단이 노동자를 자기 자신의 생활과정에 필요한 효모(酵母)로 소비하는데, 자본의 생활과정은 자기 증식하는 가치로서 자본의 운동에 지나지 않는다. …… 죽은 노동과 살아 있는 노동[즉, 가치와 가치 창조력] 사이의 이와 같은 전도 또는 왜곡 — 이것은 자본주의적 생산에 특유한 특징이다. …… "(마르크스, 2015a: 422~423).

이러한 세 변화는 앞서 제7장에서 살펴본 자본주의적 노동과정, 즉 노동과정이 자본가가 노동력을 소비하는 과정으로 전환될 때 일어나는 두 가지 독특한 현상(첫째, 노동자는 자기 노동을 소유하는 자본가의 감독 아래 노동한다. 둘째, 생산물은 자본가의 소유물이 된다)과 비교해보면, 첫 번째 변화는 똑같다. 두 번째와 세 번째 변화는 가치증식과정으로, 자본주의적 생산과정에서 나타나는 독특한 변화다. 여기서 특히 세 번째 변화인 죽은 노동과 살아 있는 노동 사이의 관계에 '전도'가 발생한다는 점이 중요하다. 두 번째와 세 번째 변화는 모두 자본주의적 노동 '소외'의 중요한 측면이다. 기본적으로 이런 '전도'와 '소외'는 상대적 잉여가치 생산방법에 의해 노동과정이 변혁되는 것과 무관하게 노동일 연장이라는 절대적 잉여가치 생산방법에 의해 발생한 것이다.

7장

제4편 상대적 잉여가치의 생산

제4편에서 마르크스는 '상대적 잉여가치' 개념을 도입한다. 표준노동일을 둘러싼 역사적인 계급투쟁을 전후해 발생한 자본주의적 생산방법의 변화를 포착하기 위해서다. 표준노동일이 제정되어 노동일 연장에 의한 잉여가치 생산이 제한되자, 자본이 잉여가치를 늘리는 방법으로 추구한 것이 '상대적 잉여가치' 생산방법이다.

> 노동일의 연장에 의해 생산되는 잉여가치를 나는 **절대적 잉여가치**라고 부른다. 이에 대해 필요노동시간의 단축과 이에 따라 노동일의 두 부분들의 길이 변화로부터 생기는 잉여가치를 나는 **상대적 잉여가치**라고 부른다(마르크스, 2015a: 431).

1850년대에 10시간 노동제가 실시된 이후 바로 상대적 잉여가치 생산방법이 도입되었다는 것은 아니다. 역사적으로 이 시점 이후 잉여가치 생산방법은 절대적 잉여가치 생산에서 상대적 잉여가치 생산으로 그 중점이 이동했을 뿐이다. 가장 발달한 상대적 잉여가치 생산방법인 기계제 대공업의 시대는 산업혁명에 의해 이미 1760년대부터 시작되었다. 이 무렵은 표준노동일을 둘러싸고 19세기 전반기의 50년에 걸친 계급투쟁이 본격화되기 이전이다. 그러므로 절대적·상대적 잉여가치 생산은 어디까지나 자본주의적 생산에서 잉여가치 생산방법을 파악하는 개념적인(또는 논리적인) 구별이라는 점을 우선 분명히 해야 한다. 나중에 제5편 「절대적·상대적 잉여가치의 생산」에서 다루겠지만, 현실의 자본주의적 생산은 절대적·상대적 잉여가치를 동시에 생산한다. 역사적인 구별은 자본주의적 생산에서 잉여가치 생산방법의 중점을 어디에 두느냐에 따라 달라진다. 19세기 전반기는 잉여가치 생산의 주된 방법이 절대적 잉여가치 생산에서 상대적 잉여가치 생산 쪽으로 변화한 시기였다고 할 수 있다.

마르크스는 이처럼 두 잉여가치 생산방법을 개념적으로 구별하고, 제3편 「절대적 잉여가치의 생산」에서 노동일 연장에 의한 잉여가치 생산이라는 관점으로 '추상력'을 통해 자본주의적 생산을 살펴본다. 이어 제4편에서는 노동일이 고정된 조건하에 필요노동에 대한 잉여노동의 상대적 비율을 증대해 잉여가치량의 증대를 추구하는 자본주의적 생산방식을 검토한다.

마르크스는 제12장에서 상대적 잉여가치의 개념을 도입한 후, 제13장에서 협업, 제14장에서 분업과 매뉴팩처, 제15장에서 기계와 대공업 등의 순서로 역사에 등장한 상대적 잉여가치 생산방법을 분석한다. 특히 '진정한' 자본주의적 생산방식이라고 할 수 있는 기계제 대공업에 대해 180여 쪽에 걸쳐 자세히 분석하고 있다.

역사유물론자로서 마르크스의 진가는 제8편과 마찬가지로 제4편에서도 유감없이 발휘된다. 생산양식에서 생산력과 생산관계가 상호작용하는 가운데, 특히 자본주의적 생산관계가 생산력을 얼마나 혁명적으로 발전시키는지 분석하고 있다. 협업부터 분업과 매뉴팩처를 거쳐 기계제 대공업에 이르기까지 자본주의적 생산방식의 역사적 발전 과정을 개념적으로 치밀하고 명쾌하게 분석한다.

마르크스는 상대적 잉여가치 생산이야말로 '진정한' 자본주의적 생산방식이라 할 수 있다고 말한다. 상대적 잉여가치 생산방법이 가장 발전한 단계인 기계제 대공업에 이르러 자본주의적 생산양식은 비로소 자신의 물질적 토대를 완성하기 때문이다.

제15장 「기계와 대공업」은 특히 압권이다. 자본주의적 생산양식을 제 발로 서게 만든 기계제 대공업이 노동자계급에 미친 영향을 분석하는 부분은 자본주의 현실을 적나라하게 폭로하며, 기계제 대공업이 전 생산 분

야에 걸쳐 자본주의적 생산을 얼마나 혁명적으로 변화시키는지 입체적으로 분석하고 있다.

1. 제12장 「상대적 잉여가치의 개념」

마르크스는 노동일을 연장하지 않고 어떻게 잉여가치 생산을 증대할 수 있는지 이치적으로 따져본다. 절대적 잉여가치 생산에서는 노동력 가치(필요노동시간)를 불변으로 간주하며, 노동일 연장을 통해 잉여가치를 생산한다. 노동력 가치는 실제로도 사회의 일정한 경제적 발전단계의 주어진 생산조건하에서는 불변이다. 이때는 필요노동시간을 넘는 노동일 연장의 크기에 따라 잉여가치율과 노동일의 길이가 결정되었다. 필요노동시간은 불변이었지만, 1노동일의 길이는 가변적이었기 때문이다.

노동일의 길이와 필요노동과 잉여노동의 구성 비율(또는 분할 비율)이 주어져 있다고 가정하자. 제10장에서 '10시간 노동법'을 통해 살펴보았듯이, 실제로도 노동일의 길이는 표준노동일을 둘러싼 수 세기의 계급투쟁을 통해 단축되었으며 법적으로 고정되었다. 그러면 주어진 노동일하에서 노동일 연장과 관계없이 어떻게 잉여가치 생산을 증대할 수 있을까?

12시간 노동일에서 필요노동이 10시간, 잉여노동이 2시간으로 주어졌을 경우, 잉여노동을 2시간에서 3시간으로 증대시키려면 필요노동을 10시간에서 9시간으로 단축하지 않고서는 불가능하다. 동일한 노동일의 길이에서 필요노동과 잉여노동의 구성 비율이 달라져야 하는 것이다.

똑같은 문제를 각도를 달리해서 보자. 만약 노동일의 길이와 노동력의 가치가 주어져 있다면, 그리고 1노동시간이 1만 원의 화폐로 표현되고 노동력 가치가 10만 원이라면, 필요노동시간은 10시간이다. 생활수단의 가치가 주어지면 노동력의 가치가 주어지고, 노동력의 가치가 주어지면 필요노동시간의 길이가 주어진다. 노동일이 12시간이니 필요노동시간을 뺀 잉여노동시간은 2시간이다. 여기서 어떻게 잉여노동을 늘릴 수 있을까? 단, 임금을 노동력 가치 이하로, 즉 9만 원을 지불함으로써 필요노동이 9시간으로 줄어들고, 따라서 잉여노동이 3시간으로 늘어나는 경우는 제외한다. 이런 현상은 자본주의 현실에서 일상적으로 나타나지만, 여기서는 논의를 위해 모든 상품이 가치대로 매매된다고 전제하자.

이 경우 필요노동시간은 오직 노동력의 가치 그 자체가 하락할 때만 감소될 수 있다.

노동일의 길이가 주어져 있는 경우, 잉여노동의 연장은 필요노동시간이 단축된 결과 생기는 것이며, 그 반대로 필요노동시간의 단축이 잉여노동이 연장된 결과 생기는 것은 아니다. …… 필요노동시간이 $\frac{1}{10}$ 만큼 [즉, 10시간에서 9시간으로] 축소되고, 따라서 잉여노동이 2시간에서 3시간으로 연장되기 위해서는, 노동력의 가치가 현실적으로 $\frac{1}{10}$ 만큼 떨어져야 한다. …… 노동력의 가치가 $\frac{1}{10}$ 만큼 하락한다는 것은, 이전에는 10시간에 생산되던 것과 동일한 양의 생활수단이 이제는 9시간에 생산된다는 것을 의미한다. 그런데 이것은 노동생산성의 향상 없이는 불가능하다. …… 노동생산성의 상승이라는 말은 노동과정에 변화가 일어나 상품의 생산에 사회적으로 필요한 노동시간이 단축되며, 그리하여 주어진 양의 노동이 더 많은 양의 사용가치를 생산할 수 있게 되는 것을 의미한다. …… 노동생산성이 증가할 수 있으려면 먼저 노동과정의 기술적·사회적 조건, 따라서 생산방식 그 자체가 변혁되어야 한다(마르크스, 2015a: 431).

노동일 연장을 통한 절대적 잉여가치의 생산은 역사적으로 내려온 기존의 노동과정을 그대로 계승해 그 노동과정의 계속시간을 연장하는 것만으로 충분했다. 그러나 노동일이 제한되어 노동일 연장에 의한 잉여가치 증대가 불가능한 조건에서 잉여노동을 늘리려면, 이제 노동생산성을 향상해 노동력의 가치를 저하시킴으로써 필요노동시간을 단축해야 한다. 이처럼 필요노동시간 단축으로 노동일을 구성하는 필요노동과 잉여노동의 길이가 변화해 생겨나는 잉여가치를 마르크스는 '상대적 잉여가치'라고 부른다. 1노동일에 생산되는 새로운 가치 가운데 필요노동시간이 상대적으로 감소함으로써 잉여노동시간이 상대적으로 증가하기 때문이다. '상대적 잉여가치' 개념은 노동일의 연장에 의해 생산되는 잉여가치인 '절대적 잉여가치'와 구별된다.

마르크스는 상대적 잉여가치 개념을 정의한 후 노동력 가치를 저하하는 방법을 탐색한다. 노동력 가치가 저하되려면, 노동력 가치를 결정하는 생활수단이 생산되는 산업부문들에서 노동생산성이 상승해야 한다. 이런 산업부문에는 생활수단(구두)뿐 아니라 그런 생활수단의 생산에 필요한 생산수단(가죽, 왁스, 실 등)을 공급하는 산업부문도 포함된다. 생활필수품의 총량을 구성하는 다양한 산업부문의 노동생산성 상승과 그에 의한 노동시간 단축의 총계만큼 노동력 가치가 저하되고, 따라서 필요노동시간은 단축된다.

물론 "개별 자본가가 노동생산성을 향상시켜, 예컨대 속옷의 가치를 저하시킬 때, 그는 결코 노동력의 가치를 저하시켜 그만큼 필요노동시간을 단축시키려는 목적을 반드시 가지고 하는 것은 아니다. 그가 결국 속옷의 가치를 저하시켜 노동력의 가치를 저하시키고 필요노동시간을 단축시키는 것에 기여하는 한, 그는 일반적 잉여가치율의 상승에 기여하게 되는 것이다"(마르크스, 2015a: 432).

여기서 마르크스는 "자본의 일반적이고 필연적인 경향들은 그것들의 현상형태와는 구별되어야 한다"라고 하면서, 자본주의적 생산의 내재적 법칙이 개별 자본가에게는 경쟁이 강제하는 법칙으로 나타난다는 점을 강조한다.

> 자본주의적 생산의 내재적 법칙이 개별 자본들의 외적 운동에 표현되어 경쟁이 강제하는 법칙으로 스스로를 드러내며, 그리하여 개별 자본가를 추진하는 동기로서 그의 의식에 도달하는 방식을 여기에서 고찰하려는 의도는 없다. 그러나 이 점만은 분명하다. 즉, 경쟁의 과학적 분석은 자본의 내적 본성을 파악한 뒤에라야 비로소 가능하게 되는데, 이것은 마치 천체의 외관상의 운동은 [감각적으로 직접 인식할 수 없는] 천체의 진정한 운동을 익히 알고 있는 사람에게만 이해되는 것과 마찬가지다(마르크스, 2015a: 432).[1]

마르크스가 말하는 "자본주의적 생산의 내재적 법칙"이란 노동자계급의 계급투쟁으로 절대적 잉여가치 생산이 제한되면서 자본의 '내적 본성'인 잉여노동에 대한 무제한의 충동이 막히자, 필연적으로 상대적 잉여가치 생산을 추구하는 경향이 생기고, 이는 노동생산성 향상에 대한 충동으로 나타난다는 의미다. 노동생산성을 향상시키는 것은 개별 자본가에게 "경쟁이 강제하는 법칙"으로 나타나지만, 사실은 잉여노동에 대한 무제한의 충동이라는 "자본의 내적 본성" 또는 "자본주의적 생산의 내재적 법칙" 때문이다.

그렇다면 이러한 "자본의 일반적이고 필연적인 경향"은 개별 자본가의 의식형태에 어떻게 나타나는가, 즉 이 경향의 '현상형태'는 무엇인가에 대해 마르크스는 상대적 잉여가치 생산의 '내재적 법칙'을 밝힌 것을 토대 삼아 '추가'로 언급한다. 이는 개별 자본가가 왜 노동생산성을 향상시키려 하는가라는 문제다. 이에 대해 마르크스는 '특별잉여가치(초과이윤)' 개념을 도입해, 개별 자본가가 특별잉여가치를 추구하기 때문에 노동생산성을 향상시키려 한다고 밝힌다.

만약 1노동시간이 1만 원의 화폐로 표현된다면, 12시간의 1노동일은 12만 원의 가치를 생산할 것이다. 현재의 지배적인 노동생산성으로 12시간에 12개의 상품이 생산되며, 이 상품 1개에 소비되는 원료와 기타 생산수단의 가치가 1만 원이라고 가정하자. 이 경우 상품 1개의 가치는 2만 원으로, 그중 1만 원은 생산수단의 이전된 가치, 나머지 1만 원은 새로 추가된 가치다. 이제 어떤 자본가가 노동생산성을 두 배로 향상시키는 데 성공해, 12시간의 1노동일에 12개가 아니라 24개를 생산하게 되었다고 가정하자. 생산수단의 가치가 불변이라면, 상품 1개의 가치는 이제 1만 5000원으로 떨어질 것이다. 생산수단의 가치는 1만 원 그대로인데, 새로 추가된 가치는 5000원이기 때문이다. 노동생산성이 두 배가 되었음에도 1노동일은 이전과 마찬가지로 12만 원의 새로운 가치를 창조한다. 다만 이 새로운 가치가 이제 두 배의 생산물에 할당될 뿐이다. 이제 1개의 생산물은 새로운 가치(12만 원)의 $\frac{1}{12}$ 대신 $\frac{1}{24}$ 을, 즉 1만 원 대신 5000원을 포함하게 된다. 이 상품의 개별 가치는 그 사회적 가치보다 낮아지는 것이다. 즉, 이 상품에는 사회적 평균 조건하에 생산된 같은 종류의 대다수 상품에 비해 더 적은 노동시간이 들어 있다. 상품 1개의 사회적 필요노동시간은 2시간인데, 변경된 생산방식하에서는 이제 $1\frac{1}{2}$ 시간의 노동만 들어 있다.

상품의 현실적 가치는 그 상품의 개별 가치가 아니라 사회적 가치다. 따라서 만약 새로운 방법을 채용한 자본가가 자신의 상품을 2만 원이라는 사회적 가치로 판매한다면, 그는 상품을 개별 가치보다 5000원 더 비싸게 판매하는 셈이며, 따라서 5000원의 '특별잉여가치'를 실현하게 된다. 그런데 생산된 상품이 12개가 아니라 24개로 늘어났으므로, 그가 이 상품들을 판매하기 위해서는 판로가 두 배로, 즉 시장이 두 배로 커져야 한다. 기타 조건이 같다면, 그의 상품은 오직 가격 인하를 통해서만 시장을 확대할 수 있다. 따라서 자본가는 상품을 그 개별 가치보다 비싸게, 그러나 그 사회적 가치보다는 싸게, 예컨대 1개당 1만 7000원에 판매할 것이다. 그렇게 해도 그는 상품 1개당 2000원의 특별잉여가치를 얻는다. 그 상품이 생필품에 속하든 속하지 않든 증대된 잉여가치는 자본가 자신의 몫이다. 따라서 개별 자본가는 노동생산성을 향상시켜 상품가치를 저렴하게 하려는 동기가 있다.

"이 경우에도 잉여가치 생산의 증대는 필요노동시간의 단축과 그에 따른 잉여노동의 연장에서 발생한다"(마르크스, 2015a: 434). 필요노동이 10시간(즉, 노동력의 하루 가치가 10만 원)이고 잉여노동이 2시간(즉, 잉여가치가 2만 원)이라고 하자. 자본가는 이제 24개의 상품을 생산해 그것을 1개당 1만 7000원, 합계 40만 8000원에 판매한다. 생산수단의 가치는 24만 원(1만 원×24개)이기 때문에, $14\frac{2}{17}$개(= 24만 원 ÷ 1.7만 원)의 상품은 투하된 불변자본의 가치를 대체한다. 12시간 노동일의 노동(새로 추가된 가치)은 나머지 $9\frac{15}{17}$개(= 24개 $-14\frac{2}{17}$개)로 표현된다. 노동력의 가격은 10만 원이기 때문에 필요노동시간은 $5\frac{15}{17}$개의 상품으로 표현되고, 잉여노동은 4개의 상품으로 표현된다. 필요노동과 잉여노동의 비율은 사회적 평균 조건하에서는 5 : 1(= 10시간 : 2시간)이었으나, 이제는 25 : 17(= $5\frac{15}{17}$개 : 4개)이 된다. 필요노동시간은 10시간에서 $7\frac{1}{7}$시간으로 단축되었고, 잉여노동시간은 2시간에 $2\frac{6}{7}$시간이 추가되어 $4\frac{6}{7}$시간이 되었다. 이 개별 자본가는 "총체로서의 자본이 상대적 잉여가치를 생산할 때 집단적으로 수행하는 일을 개별적으로 행하는 셈이다"(마르크스, 2015a: 435).

개별 자본가의 특별잉여가치 추구와 그로 인한 노동생산성 향상은 경쟁을 통해 새로운 생산방식을 확산시키고, 그래서 새로운 생산방식이 일반화되면 특별잉여가치는 사라진다. 이처럼 특별잉여가치는 일시적으로만 존재할 수 있다.

> 새로운 생산방식이 일반화되고, 그리하여 상품의 개별 가치와 사회적 가치 사이의 차이가 제거되자마자, 이 특별잉여가치는 사라진다. 노동시간에 의한 가치 결정 법칙은, 새로운 생산방법을 채용하는 자본가로 하여금 자기의 상품을 그 사회적 가치 이하로 판매하도록 강요하는 것으로 스스로를 드러내며, 그리고 또 바로 이 법칙이 경쟁의 강제법칙으로 작용해 자기 경쟁자들로 하여금 새로운 생산방법을 도입하지 않을 수 없게 하는 것이다. 이런 과정 전체를 거쳐 최후로 일반적 잉여가치율이 상승하는 것은, 노동생산성의 증가가 생활필수품 생산에 기여하는 산업부문들에서 일어나서 노동력의 가치를 구성하는 상품들을 값싸게 했을 때 비로소 가능하게 된다(마르크스, 2015a: 435~436).

마르크스는 상대적 잉여가치 생산에 대한 분석을 통해 노동생산성의 향상, 즉 생산력의 발전이 자본의 '내재적 충동'이고 '경향'이라는 점을 다시 한 번 확인한다.

> 상품의 가치는 노동생산성에 반비례한다. 노동력의 가치도 역시 노동생산성에 반비례한다. 왜냐하면 노동력의 가치는 상품의 가치에 의해 규정되기 때문이다. 그러나 상대적 잉여가치는 노동생산성에 정비례한다. 그것은

노동생산성의 증가에 따라 증가하며, 그 저하에 따라 저하한다. …… 그러
므로 상품을 값싸게 하기 위해 그리고 그렇게 함으로써 노동자 자체를 값싸
게 하기 위해, 노동생산성을 증가시키려는 것은 자본의 내재적 충동이며 끊
임없는 경향이다(마르크스, 2015a: 436).

그러나 자본주의적 생산에서 노동생산성의 발전에 따른 노동절약의 목
적은 결코 노동일 단축이 아니다. 그것은 오직 일정한 양의 상품을 생산하
는 데 필요한 노동시간의 단축을 겨냥한다. 노동생산성이 발전해도 노동
자의 노동일은 단축되기는커녕 오히려 연장되기도 한다. 이런 현상은 제
10장「노동일」에서 이미 살펴보았듯이, 기계제 대공업에서 노동일의 무제
한적인 연장으로 나타났다.

자본주의적 생산의 테두리 안에서는 노동생산성의 상승은 노동일 중 노
동자가 자기 자신을 위해 노동해야 할 부분을 단축하며, 바로 그렇게 함으로
써 노동일 중 노동자가 자본가를 위해 공짜로 노동할 수 있는 나머지 부분을
연장시키는 것을 목적으로 하고 있다(마르크스, 2015a: 438).

2. 제13장「협업」

마르크스는 제12장에서 도입한 상대적 잉여가치 개념을 통해 상대적 잉
여가치의 특수한 생산방법으로서 협업, 분업과 매뉴팩처, 기계와 대공업
을 각각 제13장, 제14장, 제15장에서 구체적으로 분석한다. 여기서 마르
크스가 절대적·상대적 잉여가치를 논리적·개념적으로 구별하고 있다는

점을 다시 한 번 상기할 필요가 있다. 자본주의적 생산의 현실에서는 두 잉여가치 생산방법이 동시에 추구되고 있다. 상대적 잉여가치 생산에 대한 마르크스의 분석은 현실의 자본주의적 생산에서 노동생산성 향상과 그로 인한 필요노동/잉여노동 구성 비율의 변화에 따른 상대적 잉여가치 생산의 측면만을 분석한다. '추상력'의 발휘다. 이 점을 염두에 두고 마르크스의 상대적 잉여가치 생산에 대한 역사적 분석을 따라가보자.

마르크스는 협업을 자본주의적 생산방식의 기본 형태로 규정하기 때문에 협업에 대해서는 자세히 살펴볼 필요가 있다. 매뉴팩처나 기계제 대공업을 이해하는 데도 기초가 되는 것이 바로 자본주의적 협업이다.

마르크스는 먼저 자본주의적 노동과정에서 일어나는 최초의 변화를 본격적으로 분석한다.

> 많은 노동자가 같은 시간에, 같은 장소에서(또는 같은 노동의 장소에서), 같은 종류의 상품을 생산하기 위해, 같은 자본가의 지휘 밑에서 함께 일한다는 것은 역사적으로나 개념적으로나 자본주의적 생산의 출발점을 이룬다. 생산방식 그 자체에 대해 말한다면, 초기의 매뉴팩처는 동일한 개별 자본에 의해 동시에 고용된 노동자의 수가 더 많다는 것 이외에는 길드의 수공업과 거의 차이가 없다. 길드의 장인(마스터)의 작업장이 확대된 것일 따름이다.
>
> 그러므로 처음에는 오직 양적인 차이뿐이었다. …… 노동자의 수는 그 자체로서는 잉여가치율 또는 노동력의 착취도에 아무런 변화도 가져오지 않으며, 그리고 상품가치 일반의 생산에서도 그것은 노동과정의 어떤 질적 변화도 가져오지 않는 것처럼 보인다. …… 가치의 생산에서 다수의 노동자는 언제나 개별 노동자의 단순한 합계로서만 계산된다. 따라서 1200명의 노동자가 각각 개별적으로 생산하든, 또는 그들이 동일한 자본의 지휘 아래에 통

합되어 생산하든, 생산되는 가치에는 아무런 차이가 없다.

그러나 일정한 한계 안에서는 약간의 변화가 발생한다. 가치로 대상화되는 노동은 사회적으로 평균적인 질의 노동이다. 다시 말해, 가치는 평균적 노동력이 지출된 것이다. …… 각 산업부문에서 개별 노동자는 평균적 노동자와는 다소 차이가 있다. 수학에서 '오차'[편차: 역주]라고 부르는 이와 같은 개별적 차이는 우리가 어떤 최소한도의 노동자를 함께 고용하기만 하면 서로 상쇄되어 없어진다. …… 5명의 농업 노동자로 구성되는 '그처럼 작은 집단'에서도 벌써 노동에서 모든 개인적 차이는 서로 상쇄되어 소멸되며 …… 어쨌든, 동시에 고용되는 많은 노동자의 집단적 노동일을 노동자의 수로 나눈 것이 하루의 사회적 평균노동인 것은 명백하다. ……

작업방식에 변동이 없는 경우라도 많은 노동자의 동시 고용은 노동과정의 객체적 조건에 혁명을 일으킨다. 노동자들이 일하는 건물, 원료를 위한 창고, 그들이 동시에 또는 번갈아 사용하는 용기·기구·장치 등등, 한마디로 말해 생산수단의 일부가 이제는 노동과정에서 공동으로 소비된다. …… 노동자 20명을 수용하는 작업장 하나를 건축하는 데는 노동자 2명씩을 수용하는 10개의 작업장을 건축하는 데 드는 것보다 적은 노동이 든다. 따라서 대규모로 공동 사용하는 거대한 생산수단의 가치는 이 생산수단의 규모와 유용한 효과에 비례해 증가하지는 않는다. 공동으로 사용하는 생산수단은 개개의 생산물에 자기 가치의 더 적은 부분을 이전하게 된다. …… 이 때문에 각 상품의 총가치에 포함되는 불변자본 일부의 가치는 저하하며, 이 저하의 크기에 비례해 상품의 총가치도 역시 저하한다. 그 효과는 마치 그 상품의 생산수단이 더 싸게 생산되는 것과 같다. 생산수단의 사용의 이런 절약은 전적으로 노동과정에서 많은 사람이 생산수단을 공동으로 소비하기 때문에 생긴다(마르크스, 2015a: 439~443).

마르크스는 자본주의적 노동과정 최초의 변화로 이처럼 두 가지를 들고 있다. 한 자본가의 지휘 아래 있는 많은 노동자는 하나의 집단적 노동자로서 사회적 평균노동으로 환원된다는 것과, 생산수단의 공동 사용에 따른 생산수단 절약이 상품을 저렴하게 한다는 것이다. 마르크스는 생산수단의 절약이 상품을 값싸게 하고, 또 그렇게 함으로써 노동력의 가치도 저하한다는 점에 근거해 이것이 '상대적 잉여가치'의 생산에 해당한다고 본다.

이처럼 "하나의 동일한 생산과정에, 또는 서로 다르지만 상호 연관된 생산과정에 많은 사람이 계획적으로 함께 협력해 일하는 노동형태"(마르크스, 2015a: 444)를 마르크스는 '협업'이라고 부른다.

마르크스는 협업의 효과로 두 가지를 든다. 하나는 새로운 생산력으로서 집단적인 힘이 창조된다는 것이고, 또 하나는 사회적 접촉만으로도 노동자들의 작업 능률이 증대된다는 것이다.

개별 노동자들의 기계적인 힘의 총계는, 많은 사람이 동시에 동일한 불가분의 작업에 참가할 때 [예컨대 무거운 짐을 들어 올리거나 윈치를 돌리거나 장애물을 제거할 때] 발휘하는 사회적 역량과는 본질적으로 구별된다. 이 경우 결합된 노동의 성과는, 고립된 개별 노동이 결코 달성할 수 없거나 훨씬 더 많은 시간이 들거나 또는 매우 작은 규모로만 달성할 수 있을 것이다. 이와 같이 협업에 의해 개인의 생산력이 높아질 뿐 아니라 하나의 새로운 생산력, 즉 집단적인 힘이 창조되는 것이다.

다수의 힘이 하나의 총력으로 융합되는 데서 생기는 새로운 역량을 무시하더라도, 대부분의 생산적 노동에서는 단순한 사회적 접촉만으로도 벌써 각 개별 노동자들의 작업 능률을 증대시키는 경쟁심이나 혈기라는 자극이 생긴다. 그 결과, 함께 일하는 12명은 144시간이라는 집단적 1노동일에, 각각 12시간씩 제각기 일하는 12명의 고립된 노동자들보다, 또는 12일 동안 계속 일하는 1명의 노동자보다, 훨씬 더 많이 생산해낸다. 이것은 인간이 아리스토텔레스가 생각한 것처럼 정치적 동물은 아닐지 몰라도 여하튼 사회적 동물이라는 데 기인한다(마르크스, 2015a: 444~445).

마르크스는 협업이 생산력 발전에서 얼마나 중요한가를 여러 각도로 살펴본다. 농작물 수확기 때 생산물의 양과 질은 작업이 일정한 시간에 시작되어 일정한 시간에 끝나는지 여부에 달려 있다. "이 경우 제때 작업을 마무리 짓는 것은 다수의 결합된 노동일을 동시에 사용하는 것에 달려 있으며, 유용한 효과의 대소는 노동자의 수에 달려 있다"(마르크스, 2015a: 447). 또한 "배수 공사, 둑 공사, 관개 공사, 운하 건설, 도로 건설, 철도 부설 등"에서는 "노동대상의 물리적 구조 그 자체가 벌써 협업을 요구한다"(마르크스, 2015a: 448). 마르크스는 협업의 성과가 자본의 생산력이 아니라 사회적 노동의 생산력임을 분명히 한다.

결합된 노동일은 이것과 동일한 크기의 개별 노동일의 합계에 비해 더 많은 양의 사용가치를 생산하며, 따라서 주어진 유용효과의 생산에 필요한 노동시간을 감소시킨다. 결합된 노동일이 생산력을 증대시키는 원인이 무엇이건, …… 어떤 경우라도 결합된 노동일의 특수한 생산력은 노동의 사회적 생산력 또는 사회적 노동의 생산력이다. 이 생산력은 협업 그 자체로부터 생긴다. 다른 노동자들과 체계적으로 협력하고 있는 노동자는 자기의 개별성의 족쇄를 벗어던지고 자기 종족의 능력을 발전시킨다(마르크스, 2015a: 448~449).

많은 노동자의 협업은 자본가에 의해 조직되므로 협업 과정에 대한 지휘 기능은 자본가에게 돌아가는데, 마르크스는 이런 자본가 통제의 성격을 자세하게 검토한다.

일반적으로 노동자들은 함께 모이지 않고서는 협력할 수 없으며, 그들이 일정한 장소에 집결하는 것이 그들의 협업의 필요조건이다. 따라서 임금노동자는 동일한 자본, 동일한 자본가에 의해 동시에 고용되는 경우에만, 즉 그들의 노동력이 동시에 구매되는 경우에만 비로소 협업할 수 있다. …… 그리고 그것은 가변자본에 대해서와 마찬가지로 불변자본에 대해서도 해당된다. …… 그리하여 개별 자본가들의 수중으로 대량의 생산수단이 집적되는 것은 임금노동자들의 협업을 위한 물질적 조건이며, 협업의 범위 또는 생산의 규모는 이런 집적의 정도에 의존한다. ……

자본에 대한 노동의 종속도 처음에는 노동자가 자신을 위해서가 아니라 자본가를 위해서, 따라서 자본가 밑에서 노동한다는 사실의 형태적인 결과였을 따름이다. 그러나 많은 임금노동자의 협업에 따라 자본의 지휘는 노동과정 그 자체의 수행을 위한 필요조건으로, 생산의 현실적 조건으로 발전해 간다. 생산 장소에서 자본가의 지휘는 이제 전쟁터에서 장군의 지휘와 마찬가지로 필수적인 것으로 된다.

대규모로 수행되는 모든 직접적으로 사회적인 노동 또는 공동노동은, …… 지휘자를 필요로 한다. 바이올린 독주자는 자신이 직접 지휘자가 되지만 교향악단은 독립적인 지휘자를 필요로 한다. 지휘·감독·조절의 기능은 자본의 지배 아래에 있는 노동이 협업적으로 되자마자 자본의 한 기능으로 된다. ……

자본주의적 생산을 추진하는 동기, 그리고 그것을 규정하는 목적은 자본을 가능한 최대한도로 증식시키는 것, …… 따라서 가능한 한 최대로 노동력을 착취하는 것이다. 협업하는 노동자의 수가 증가함에 따라 자본의 지배에 대한 그들의 반항도 증대하며, 또한 이 반항을 억누르기 위한 자본의 압력도 필연적으로 증대한다. 자본가에 의한 통제는, 사회적 노동과정의 성질에서 유래하는 하나의 특수 기능일 뿐 아니라, 동시에 이 사회적 노동과정을 착취하는 기능이며, 따라서 착취자와 그의 착취 대상 사이의 불가피한 적대 관계에 뿌리를 두고 있다.

…… 그러므로 임금노동자들의 다양한 노동 사이의 상호 관련은, 관념적으로는 자본가의 계획으로서, 그리고 실무적으로는 노동자들의 활동을 자본가의 목적에 종속시키는 자본가의 권위[타인의 강력한 의지]로서, 노동자들과 대립하고 있다. 그리하여 자본가의 지휘는 그 내용에서 이중의 성격을 띠고 있는데, 그 이유는 그가 지휘하는 생산과정 자체가 한편으로 생산물의 생산을 위한 사회적 노동과정이고, 다른 한편으로 자본의 가치증식과정이라는 이중의 성격을 띠기 때문이다. 그러나 자본가의 지휘는 그 형식에서는 독재적이다(마르크스, 2015a: 449~452).

마르크스는 자본가 지휘의 이러한 이중적 성격을 구별하지 못하는 부르주아 경제학자들을 비판한다.

경제학자들이 자본주의적 생산양식을 고찰할 때는 이와 반대로 집단적인 노동과정의 성질에서 발생하는 지휘 기능과, 노동과정의 자본주의적, 따라서 적대적 성격에 의해 필요하게 되는 지휘 기능을 동일한 것으로 취급한다. 산업의 지도자이기 때문에 자본가로 되는 것이 아니라, 반대로 자본가이기 때문에 산업의 지도자로 된다. 봉건시대에는 장군·판사의 기능이 토지소유의 속성이었던 것과 마찬가지로, 이제는 산업의 지도자는 자본의 속성으로 된다(마르크스, 2015a: 452~453).

생산 규모가 커지면서 노동자들에 대한 직접적이고 끊임없는 감독 업무는 특수한 종류의 임금노동자들에게 넘겨진다.

군대가 장교와 하사관을 필요로 하듯이, 동일한 자본의 지휘 아래에 있는 산업 노동자 집단도 노동과정의 진행 중에 자본의 이름으로 지휘할 장교(지배인)와 하사관(십장·감시자)을 필요로 한다(마르크스, 2015a: 452).

협업에서 발휘되는 노동의 사회적 생산력은 자본의 생산력으로 나타난다.

서로 독립한 인격으로서 노동자들은 제각각인 사람들이며, 그들은 자본가와 관계를 맺지만, 자기들 서로 간에는 아무런 관계도 맺지 않는다. 그들의 협업은 노동과정에서 비로소 시작되는데, 그때는 이미 노동자들은 자기 자신에 속하지 않는다. 왜냐하면, 노동과정에 들어가자마자 그들은 자본에 편입되어버리기 때문이다. 협업하는 사람으로서, 또는 하나의 활동하는 유기체의 구성원으로서, 노동자들은 자본의 특수한 존재양식에 지나지 않는다. 그러므로 노동자가 협업에서 발휘하는 생산력은 자본의 생산력이다. 노동의 사회적 생산력은 노동자들이 일정한 조건 아래 놓일 때는 언제나 무상으로 발휘되며, 그리고 자본은 노동자들을 바로 이런 조건 아래 놓는다. 노동의 사회적 생산력은 자본에게는 아무런 비용도 들지 않는 것이고, 또 노동자의 노동이 자본에 속하기 전에는 노동자 자신에 의해 발휘되지 못하기 때문에, 노동의 사회적 생산력은 자본이 본래부터 가지고 있는 생산력으로, 자본에 내재한 생산력으로 나타난다(마르크스, 2015a: 453).

제13장 말미에서 마르크스는 자본주의적 협업의 특수성을 역사적 맥락 속에서 규명한다.

고대와 중세 및 근대 식민지에서 때때로 이용되는 대규모의 협업은 직접적인 지배와 예속의 관계[대부분의 경우 노예제도]에 기반을 두고 있다. 이와는 반대로 자본주의적 형태의 협업은 처음부터 [자기의 노동력을 자본에게 판매하는] 자유로운 임금노동자를 전제한다. 그러나 역사적으로 보면, 자본주의적 형태의 협업은 소농민적 경영과 독립적 수공업[길드의 형태를 취하든 말든]에 대립해 발전한다. 소농민과 수공업자의 관점에서 볼 때, 자본주의적 협업이 협업의 특수한 역사적 형태로 나타나는 것이 아니라, 오히려 협업 그 자체가 자본주의적 생산과정의 특유한 그리고 독특한 역사적 형태로 나타난다.

협업에 의해 발휘되는 노동의 사회적 생산력이 자본의 생산력으로서 나타나듯이, 협업 그 자체도 [분산적이고 독립적인 노동자 또는 소경영주에 의해 수행되는 생산과정과 대립해서] 자본주의적 생산과정의 독특한 형태로 나타난다. 이것은 현실의 노동과정이 자본에 종속될 때 경험하는 최초의 변화다. 이 변화는 자연발생적으로 일어난다. 동일한 노동과정에 많은 임금노동자를 동시에 고용하는 것이 이 변화의 전제조건이며 또한 자본주의적 생산의 출발점이다. 이 출발점은 자본 그 자체의 출현과 일치한다. 그러므로 한편으로 자본주의적 생산방식은 노동과정을 사회적 과정으로 전환시키기 위해 역사적으로 필요한 조건이지만, 다른 한편으로 노동과정의 이런 사회적 형태는 자본이 노동의 생산력을 높여 노동을 더 유리하게 착취하는 방법이다(마르크스, 2015a: 455~456).

마르크스는 자본주의적 생산양식 내에서 협업, 그리고 매뉴팩처와 기계제 대공업의 차이와 연관에 대해서도 밝힌 뒤, 협업을 자본주의적 생산방식의 기본 형태로 규정한다. 분업에 의거한 협업인 매뉴팩처나 기계제 대공업도 협업의 복잡한 형태라 할 수 있다.

단순한 형태의 협업은 모든 대규모 생산의 필연적인 부수물이지만, 단순협업 그 자체가 자본주의적 생산방식의 어떤 특수한 발전단계를 특징짓는 하나의 고정적인 형태는 아니다. 단순협업이 기껏해서 대략이나마 위와 비슷한 것으로 나타난 것은, 매뉴팩처의 수공업적 초기에서, 그리고 [매뉴팩처 시기에 해당하며 주로 동시에 고용되는 노동자의 수와 집적된 생산수단의 규모에 의해] 농민적 경영과 구별되는 대규모 농업에서였다. 자본이 큰 규모로 사용되기는 하나 분업과 기계가 아직 중요한 역할을 하지 않는 생산부문에서는, 단순협업이 언제나 지배적 형태였으며 여전히 그러하다.

협업의 단순한 형태는 더욱 발전된 형태들과 나란히 하나의 특수한 형태로 나타나지만, 협업은 언제나 자본주의적 생산방식의 기본 형태다(마르크스, 2015a: 456~457).

3. 제14장 「분업과 매뉴팩처」

마르크스가 협업에 이어 상대적 잉여가치의 생산을 위한 두 번째 특수한 방법으로 분석한 것은 '작업장 안의 분업'이다.

분업에 토대를 두는 협업은 매뉴팩처에서 그 전형적인 형태를 취한다. 그리고 그것은 자본주의적 생산과정의 하나의 특징적인 형태로 [대략 16세기 중엽에서 18세기의 마지막 $\frac{1}{3}$ 기에 이르는] 진정한 매뉴팩처 시대를 통해 지배적이었다(마르크스, 2015a: 458).

제14장에서 마르크스는 분업과 매뉴팩처에 대해 역사적으로 서술하지 않고 상대적 잉여가치 생산방법으로서 논리적으로 파악한다. 그리고 제5절의 제목처럼 매뉴팩처의 자본주의적 성격을 파악하는 데 초점을 맞춘다. 우선 매뉴팩처의 기원에 대해 기술적으로 구별되는 두 방식을 포착한다. 역사적으로 보면 매뉴팩처는 선대제(先貸制, putting-out system)[2]로 부터 등장했다.[3]

마르크스는 제1절에서 매뉴팩처의 두 가지 기원을 개념적으로 분석한다.

첫째, "여러 종류의 독립적 수공업에 종사하는 노동자들이 동일한 자본가의 통제하에 하나의 작업장으로 모이는 경우"다. "한 대의 마차는 수레바퀴 제조공, 마구 제조공, 재봉공, 자물쇠공, 가구공, 선반공, 레이스공, 유리공, 화공, 도장공, 도금공 등 수많은 독립수공업자들의 노동의 생산물이었다." 이들이 마차 생산을 위해 한 작업장에 모여 작업한다. 곧 "중요한 변화"가 발생한다. "재봉공, 자물쇠공, 가구공 등은 이제 마차 제작을 전업으로 하게 되며, 그리하여 자기들의 종전의 수공업을 그 전체적 범위에서 수행하는 습관과 능력을 점차로 잃게" 되는 반면, "그들의 완전히 일면적인 활동이 이런 협소해진 활동 영역에 가장 적합한 형태를 취하게" 된다. 점차 마차 생산은 "각종 부분과정들로 세분되었고, 각각의 부분과정은 특정 노동자의 전문 기능으로 고정되었으며, 전체로서 매뉴팩처는 이와 같은 부분노동자들의 결합에 의해 수행되었다"(마르크스, 2015a: 458~459).

둘째, 첫째와 "반대의 방식"으로, "하나의 자본가가 같은 작업 또는 같은 종류의 작업을 수행하는 [예컨대 종이, 활자, 바늘 등을 만드는 수공업자] 수많은 수공업자들을 동시에 동일한 작업장에 고용"하는 경우다. "이것은 가장 단순한 형태의 협업이다." 그런데 점차 작업장 내에 분업이 발생해 각각의 수공업자가 작업의 전 공정을 수행하는 것이 아니라 작업을 점차 여러 공정으로 분할하고 각각의 공정을 서로 다른 수공업자에게 할당함으로써 전체 작업이 협업하는 노동자들에 의해 동시 수행된다. 그래서 "상품은 [여러 가지 작업을 수행하는] 하나의 독립수공업자의 개인적 생산물로부터 [각자가 언제나 단 한 가지의 부분작업만을 수행하는] 수공업자연합의 사회적 생산물로 된다." 그 사례로 제지 매뉴팩처, 바늘 매뉴팩처 등을 들 수 있는데, 바늘 제조의 경우 "20명의 수공업자가 20개 공정 중 한 가지만을 수행하되 모두가 동시에 작업한다"(마르크스, 2015a: 460).

이처럼 수공업에서 매뉴팩처가 성장하는 방식은 이중적이지만, "그 최종적 형태는 동일하다. 즉, 인간을 그것의 기관(器官, organ)으로 하는 생산 메커니즘이다"(마르크스, 2015a: 461). 마르크스는 매뉴팩처의 두 기원을 분석하며, 매뉴팩처 내 분업의 특정으로 두 가지를 주목한다.

첫째로 생산과정을 그 특수 국면으로 분할하는 것은, 수공업을 각종 부분작업으로 분할하는 것과 완전히 일치한다. …… 각각의 작업은 언제나 손으로 수행하고, 수공업적 성격을 보존하고 있으며, 따라서 각각의 작업은 각 노동자가 자기의 도구를 사용할 때 발휘하는 힘·기교·민첩성·정확성에 의존한다. 수공업이 여전히 그 토대이며, 그 기술적 토대가 협소하기 때문에 생산과정을 그 구성부분들로 과학적으로 분할하는 것은 불가능하다. …… 이와 같이 수공업자의 숙련이 여전히 생산과정의 토대로 되어 있기 때문에, 각 노동자는 오로지 하나의 부분 기능만을 수행하게 되고, 그의 노동력은 이 부분 기능의 평생 기관으로 전환된다. 둘째로 이 분업은 하나의 특수한 종류의 협업이며, 분업의 이점 중 많은 것은 협업 일반의 성질로부터 나오는 것이지 협업의 이 특수한 형태로부터 나오는 것은 아니다(마르크스, 2015a: 461~462).

그는 협업이 "하나의 동일한 생산과정에, 또는 서로 다르지만 상호 연관된 생산과정에 많은 사람이 계획적으로 함께 협력해 일하는 노동형태"이며, "하나의 새로운 생산력, 즉 집단적인 힘"을 창조한다고 말한다. 분업이 가능한 것은 바로 이런 협업을 전제하기 때문이다. 외관상 분업으로 보이지만 그 토대는 협업이고, 따라서 분업은 협업의 특수한 형태에 지나지 않으므로 "분업의 이점 중 많은 것은 협업 일반의 성질로부터 나오는 것"이다.

제2절에서 마르크스는 매뉴팩처의 가장 단순한 요소들인 "부분노동자와 그의 도구"를 분석해 매뉴팩처 내 집단적 노동자의 주요 특징을 포착한다.

일생 동안 하나의 동일한 단순 작업을 수행하는 노동자는 자기의 신체를 그 작업을 위한 자동적이고 일면적인 도구로 전환시킨다는 점이다. …… 매뉴팩처의 살아 있는 메커니즘을 형성하고 있는 집단적 노동자는 순전히 이와 같이 일면적으로 전문화된 부분노동자들로 구성되어 있다. 그러므로 독립적 수공업에 비해 더 적은 시간에 더 많은 것이 생산된다. 다시 말해 노동생산성이 향상된다. 더욱이 이 부분노동이 한 사람의 전문 기능으로 확립되면 부분노동의 방법도 개선된다. 동일한 단순 작업을 계속 반복하고 그 작업에 주의를 집중하기 때문에, 어떻게 하면 힘을 가장 적게 들여 원하는 효과를 얻을 수 있을지를 경험을 통해 알게 된다. …… 이렇게 체득한 기술과 작업 요령은 확립되고 축적되며 또 다음 세대로 전달된다(마르크스, 2015a: 462).

이처럼 작업장 안의 분업 자체가 노동자의 숙련을 생산해 노동생산성을 향상시킨다면, 매뉴팩처는 또한 도구를 발전시켜 노동생산성을 더욱 향상시켰다.

노동생산성은 노동자의 숙련뿐 아니라 그의 도구의 질에도 달려 있다. ······ 매뉴팩처의 특징은 노동도구의 분화와 특수화인데, 노동도구의 분화에 의해 도구가 특수한 용도에 맞는 형태로 고정되며, 노동도구의 특수화에 의해 각각의 특수한 도구들은 특수한 부분노동자의 손에서만 그 능력을 충분히 발휘할 수 있게 된다. 버밍엄에서만도 약 500종에 달하는 망치들이 생산되고 있는데 ······ 매뉴팩처 시대는 노동도구를 각 부분노동자들의 전문적인 특수 기능에 적합하게 만듦으로써 그것을 단순화하고 개량하며 다양하게 한다. 그리하여 또한 이 시대는 [다수의 간단한 도구들의 결합으로 구성되는] 기계의 출현을 위한 물질적 조건의 하나를 창조한다(마르크스, 2015a: 465).

마르크스는 노동도구의 분화와 특수화가 "기계의 출현을 위한 물질적 조건의 하나"를 창조함으로써 매뉴팩처가 기계제 대공업으로 질적 비약을 이룰 수 있었다는 점을 밝혀낸다.

제3절에서 마르크스는 매뉴팩처의 두 가지 기본 형태인 이질적 매뉴팩처와 유기적 매뉴팩처를 분석하고, 매뉴팩처에서 상대적 잉여가치가 어떻게 생산되는지 따져본다. 매뉴팩처의 두 가지 기본 형태는 기계에 의한 근대적 공업으로 전환될 때 전혀 다른 기능을 하게 되는데, "이 두 형태는 생산되는 제품의 성질, 즉 그 제품이 독립적으로 만들어진 부품들의 단순한 기계적 조립에 의해 완성되는가, 또는 그 완성 형태가 상호 관련된 일련의 과정과 조작에 의해 주어지는가로부터 생긴다"(마르크스, 2015a: 466).

이질적 매뉴팩처의 대표적 예는 시계 제조다. 이 경우 완성된 생산물과 그 다종다양한 구성 요소(부품)의 외적 관계는 부분노동자들이 반드시 동일한 작업장 안에 함께 모여 노동할 필요가 없게 만든다. 각각의 세분화된 작업은 별도의 작업장 또는 부분노동자의 집에서 수행할 수 있다.

이와 달리 유기적 매뉴팩처는 "서로 연관된 전후 단계들을 통과하는 [즉, 일련의 과정들을 한 단계씩 차례차례 통과하는] 제품을 생산한다. 예컨대 바늘 매뉴팩처에서 철사는 72명, 때로는 92명의 특수한 부분노동자의 손을 통과한다"(마르크스, 2015a: 468). 마르크스는 이런 유기적 매뉴팩처의 독특한 메커니즘을 상세히 검토한다.

개별 작업들[그리고 개별 노동자들] 사이의 직접적 상호 의존성이 각각의 노동자로 하여금 자신의 작업에 필요시간만을 지출하도록 강요하며, 그 결과 [독립적 수공업에서나 단순협업에서 볼 수 있는 것과는 전혀 다른] 노동의 연속성 · 일률성 · 규칙성 · 질서 그리고 특히 노동의 강도가 생긴다. 어떤 한 상품의 생산에 지출되는 노동시간은 그것의 생산에 사회적으로 필요한 노동시간을 초과해서는 안 된다는 법칙은 상품생산 일반에서는 경쟁의 외적 강제로 나타나며 …… 그런데 매뉴팩처에서는 일정한 노동시간에 일정한 양의 생산물을 생산한다는 것이 생산과정 그 자체의 기술적 법칙이 된다.

…… 그리하여 매뉴팩처 제도의 분업은 사회의 집단적 노동자의 질적으로 상이한 부분들을 단순화시키고 증가시킬 뿐 아니라, 이 부분들의 양적 규모를 규정하는 고정된 수학적 비율[즉, 각각의 전문 기능을 수행하는 노동자들의 상대적인 수 또는 노동자 그룹의 상대적 크기]도 만들어낸다. 매뉴팩처적 분업은 사회적 노동과정의 질적 편성과 더불어 그 과정의 양적 규칙과 비례성까지도 발전시킨다.

일정한 생산 규모에서 각 집단 사이에 부분노동자 수의 가장 적합한 비율이 경험적으로 일단 확정되면, 생산 규모는 오직 각 개별 집단노동자 수의 배수를 고용함으로써만 확대될 수 있다(마르크스, 2015a: 470~471).

이런 분석을 토대로 마르크스는 "인간을 그것의 기관으로 하는 생산 메커니즘"인 매뉴팩처의 특징을 요약한다.

매뉴팩처 시대의 특징적 기계는 바로 수많은 부분노동자들의 결합에 의해 형성되는 집단적 노동자 자신이다. 노동과정에서 한 상품의 생산자가 차례차례로 수행하는 각종 작업들은 그 생산자에게 여러 가지 능력을 발휘할 것을 요구한다. …… 각종 작업이 분리·독립·고립된 뒤, 노동자들은 자기의 뛰어난 자질에 따라 구분·분류·편성된다. 만약 노동자들의 타고난 재능이 분업의 토대라고 한다면, 매뉴팩처는, 일단 도입된 뒤에는, 일면적이고 특수한 기능에만 적합한 새로운 능력(노동자의 능력)을 발전시킨다. …… 부분노동자의 일면성과 불완전성조차도 그가 집단적 노동자의 한 기관일 때는 장점으로 된다. 한 가지 일만을 수행하는 습관은 부분노동자를 결코 실수하는 일이 없는 기관으로 만들며, 그리고 전체 기구와의 관련은 그로 하여금 기계의 일부와 같은 규칙성을 가지고 일하지 않을 수 없게 한다(마르크스, 2015a: 475~476).

또한 매뉴팩처는 숙련의 정도에 따라 "노동력의 등급제를 발전"시키고, "미숙련노동자라는 하나의 부류"를 만들어내는 등 노동력의 가치를 저하한다.

집단적 노동자가 수행하는 각종 기능에는 단순한 것과 복잡한 것, 저급한 것과 고급의 것이 있기 때문에, 그 구성원인 개별 노동력은 정도가 서로 다른 훈련을 필요로 하며 따라서 각각 다른 가치를 가지고 있음에 틀림없다. 그러므로 매뉴팩처는 노동력의 등급제를 발전시키며, 이것에 임금의 등급이 대응하게 된다. …… 어떤 생산과정에서도 누구나 할 수 있는 간단한 조작들이 있게 마련인데, 그런 조작들도 이제는 내용이 더 풍부한 활동과의 끊임없는 상호작용에서 분리되어 특수한 개인의 배타적인 기능으로 굳어버린다.

이리하여 매뉴팩처는 자기가 장악하는 모든 업종에서 이른바 미숙련노동자라는 하나의 부류(수공업은 그 성질상 이런 부류를 엄격히 물리친다)를 만들어낸다. 매뉴팩처가 인간의 전반적 노동능력의 희생 위에서 일면적 전문성을 완벽한 경지에까지 발전시킨다면, 그것은 또한 미숙련노동자에서 보는 바와 같이 전혀 발전하지 않은 것을 하나의 전문성으로 여기기 시작한다. 등급제의 등급과 나란히 숙련공과 미숙련공이라는 단순한 구분이 나타난다. 미숙련공은 수련비가 들지 않고, 숙련공은 자기의 기능이 단순하게 된 결과 수련비가 수공업 노동자의 경우에 비해 줄어든다. 어느 경우에나 노동력의 가치는 떨어진다(마르크스, 2015a: 476~477).

매뉴팩처의 핵심적 특징인 작업장 내 분업을 분석한 다음, 마르크스는 제4절에서 매뉴팩처 안의 분업과 "모든 상품생산의 토대를 형성하는 사회 안의 분업" 사이의 관계를 고찰한다.

상품생산과 상품유통은 자본주의적 생산양식의 일반적 전제이므로, 매뉴팩처 안의 분업은 사회 안의 분업이 일정한 정도로 발전하고 있는 것을 필요로 한다. 또한 거꾸로 매뉴팩처 안의 분업은 사회적 분업에 반작용해서 그것을 발전시키며 증가시킨다. 노동도구의 분화에 따라 이 도구를 생산하는 산업들도 더욱더 분화된다. …… [매뉴팩처 시대를 탄생시킨 일반적 조건의 일부를 형성하는] 세계시장의 확대와 식민제도는 사회 안 분업의 발전에 크게 기여한다. ……

그러나 사회 안의 분업과 작업장 안의 분업은, 비록 그들 사이에 수많은 유사점과 연관성이 있기는 하나, 정도에서뿐 아니라 본질에서도 서로 다르다. …… 매뉴팩처 안의 분업은 한 자본가의 수중에 생산수단이 집적되는 것을 전제하지만, 사회 안의 분업은 서로 독립된 다수의 상품생산자 사이로 생산수단이 분산되는 것을 전제한다. 매뉴팩처 안에서는 비례성의 철칙이 일정한 수의 노동자들을 일정한 기능들에 종속시키지만, 매뉴팩처 밖의 사회에서는 우연과 변덕이 작용해 사회적 노동의 각종 부문들 사이에 생산자들과 그들의 생산수단이 분배되는 것은 제멋대로다. …… 매뉴팩처 안의 분업이 의거하고 있는 계획되고 규제되는 사전적 체계는, 사회 안의 분업에서는 생산자들의 규제받지 않는 변덕을 통제해야 하는 자연적인 사후적 필연성(이것은 시장가격의 변동에서 알 수 있다)으로 변한다(마르크스, 2015a: 480~484).

마르크스는 사회 안의 분업, 즉 사회적 분업이 자연발생적이고 무정부적인 반면, 작업장 안의 분업은 철저히 의식적·계획적이라는 점에서 두 가지를 본질적으로 구별한 다음, 역사적 비교를 통해 작업장 안의 분업이 자본주의적 생산양식의 독특한 창조물임을 밝힌다.

자본주의적 생산양식이 지배하는 사회에서는 사회적 분업의 무정부 상태와 매뉴팩처적 분업의 독재가 서로 다른 것의 조건으로 되고 있으나 이와는 반대로 [직업의 분화가 자연발생적으로 생겨 응고되고 최후로 법률에 의해 고정된] 이전의 사회형태에서는, 한편으로 사회의 노동이 공인된 권위적인 계획에 따라 조직되는 것을 볼 수 있으며, 다른 한편으로 작업장에서는 분업을 완전히 배제하든가 그렇지 않으면 그것을 작은 규모로 이따금 우연적으로만 발전시키는 것을 볼 수 있다.

…… 비록 길드 조직이 수공업의 분리·고립·개선에 의해 매뉴팩처의 물질적 존재 조건의 창조에 크게 공헌했지만, 길드 조직은 매뉴팩처의 특징인 작업장 안의 분업을 허용하지 않고 있었다. ……

전체 사회 안의 분업은, 상품교환에 의해 매개되든 아니든, 매우 다양한 경제적 사회구성체에 존재할 수 있지만, 매뉴팩처에서 수행되고 있는 바와 같은 작업장 안의 분업은 자본주의적 생산양식의 전혀 독특한 창조물이다 (마르크스, 2015a: 485~488).

제5절에서 마르크스는 매뉴팩처의 자본주의적 성격을 분석한다. 매뉴팩처는 단순협업과 달리 작업장 안의 분업을 통해 노동방식을 변혁함으로써 노동생산성을 향상시키는 상대적 잉여가치 생산을 추구했는데, 이것이 노동자계급에 어떤 영향을 미쳤는지 분석한다. 그 첫 번째는 작업장 내 분업이 노동자를 부분노동자로 전락시켜 불구자로 만듦으로써 "매뉴팩처 노동자에게 자본의 소유물이라는 낙인을 찍는다"는 것이다.

단순협업은 개개인들의 노동방식을 대체로 변경시키지 않지만, 매뉴팩처는 그것을 철저히 변혁시키며 개별 노동력을 완전히 장악한다. 매뉴팩처는 노동자의 모든 생산적 능력과 소질을 억압하면서 특수한 기능만을 촉진함으로써 노동자를 기형적인 불구자로 만든다. …… 처음에는 노동자가 상품생산을 위한 물질적 수단을 가지지 못했기 때문에 자기의 노동력을 자본에게 판매했다면, 이제는 그의 개별 노동력은 자본에 판매되지 않는 한 소용없는 것으로 되어버린다. …… 독립적으로 어떤 물건을 만드는 것에 부적합해진 매뉴팩처 노동자는 자본가의 작업장의 부속물로서만 생산적 활동을 발휘할 수 있을 뿐이다. …… 분업은 매뉴팩처 노동자에게 자본의 소유물이라는 낙인을 찍는다(마르크스, 2015a: 489~490).

두 번째는 이런 노동력 불구화와 동전의 양면을 이루는 것으로서, 자본주의적 노동과정의 중요한 특징으로 언급되는 구상과 실행의 분리, 즉 육체노동과 정신노동의 분리가 매뉴팩처에서 본격적으로 발전한다는 점이다.

비록 작은 규모에서이기는 하지만 독립적 농민 또는 수공업자도 지식·판단력·의지를 발휘했다. 그러나 매뉴팩처에서는 그런 능력은 오직 작업장 전체를 위해서만 요구될 뿐이다. 생산상의 정신적 능력이 한 방면에서는 확대되면서 다른 여러 방면에서는 완전히 소멸된다. 부분노동자들이 잃어버리는 것은 그들과 대립하고 있는 자본에 집적된다. 부분노동자들이 물질적 생산과정의 정신적 능력을 타인의 소유물로 또 자기를 지배하는 힘으로 상대하게 되는 것은 매뉴팩처적 분업의 결과다. 이 분리 과정은, 개개의 노동자에 대해 자본가가 결합된 노동의 통일성과 의지를 대표하게 되는 단순협업에서 시작된다. 그리고 이 분리 과정은 노동자를 부분노동자로 전락시켜 불구자로 만드는 매뉴팩처에서 더욱 발전한다. 끝으로, 이 분리 과정은 과학을 자립적 생산력으로 노동과 분리시켜 자본에 봉사하게 만드는 대공업에서 완성된다(마르크스, 2015a: 490~491).

마르크스는 작업장 내 분업으로 인한 노동자의 불구화에 대해 실증적으로 자세히 보여주지 않고 이에 대한 애덤 스미스 등의 고발을 인용하는 한편, "분업에 의해 국민 대중이 완전히 퇴화하는 것을 방지하기 위해 스미스는 국가가 국민교육을 신중하게 최소한도로 실시할 것을 권장하고 있다"(마르크스, 2015a: 493)는 사실을 제시한다.

그리하여 마르크스는 매뉴팩처의 자본주의적 성격이 상대적 잉여가치 생산의 특수한 방법이며 "더 문명화되고 세련된 착취" 방법이라 총괄한다.

> 매뉴팩처적 분업은 사회적 생산과정의 독특한 자본주의적 형태 …… 에서는 상대적 잉여가치를 생산하는 하나의 특수한 방법 또는 노동자의 희생 위에서 자본 …… 의 자기증식을 증대시키는 하나의 특수한 방법에 지나지 않는다. 매뉴팩처적 분업은 노동의 사회적 생산력을, 노동자를 위해서가 아니라 자본가를 위해서, 더욱이 개별 노동자를 불구로 만듦으로써, 증대시킨다. 매뉴팩처적 분업은 노동에 대한 자본의 지배를 강화하는 새로운 조건을 만들어낸다. 이리하여 매뉴팩처적 분업은 역사적으로, 한편에서는 사회의 경제발전에서 하나의 진보이고 하나의 필연적인 단계로 나타나고, 다른 한편에서는 더 문명화되고 세련된 착취의 한 방법으로 나타난다(마르크스, 2015a: 495).

끝으로, 그는 매뉴팩처가 상대적 잉여가치를 생산하는 데 주요한 장애로 작용한 두 가지 요인을 제시한다. 첫 번째는 생산관계 차원에서 수공업적 숙련에 기초한 숙련노동자들의 저항이다.

> 진정한 매뉴팩처 시대 …… 에는 매뉴팩처 특유의 경향들의 완전한 발전

은 여러 가지 장애에 부닥친다. …… 숙련노동자의 압도적인 우세로 말미암아 미숙련노동자의 수는 여전히 매우 제한되어 있다. 비록 매뉴팩처는 …… 부녀자와 아동에 대한 착취의 길을 개척하기는 하지만, 이와 같은 경향은 관습과 성인 남성 노동자들의 저항에 부딪혀 대체로 좌절된다. 비록 수공업의 분할은 노동자의 육성비를 …… 저하시키지만, 비교적 어려운 부분노동은 여전히 긴 수련 기간을 필요로 하며, 또 그것이 불필요한 경우에도 노동자들은 그것을 열렬히 고집한다. 예컨대 영국에서는 7년간의 수련 기간을 규정한 도제법이 매뉴팩처 시대의 말기까지 효력을 완전히 유지했으며, 그것이 완전히 폐지된 것은 대공업의 출현 이후였다. 수공업적 숙련은 여전히 매뉴팩처의 토대이며, 매뉴팩처의 메커니즘 전체가 노동자 자신들로부터 독립된 어떤 객관적 골격을 가지고 있지 않기 때문에, 자본은 끊임없이 노동자의 불복종 행위와 싸우지 않으면 안 된다. ……

그러므로 매뉴팩처 시대 전체를 통해 노동자의 규율 부족에 대한 불평이 그치지 않는다. …… 16세기부터 대공업 시대에 이르기까지 자본은 매뉴팩처 노동자들의 이용 가능한 노동시간 전체를 자기의 것으로 만드는 데 성공하지 못했다. ……(마르크스, 2015a: 499~500).

두 번째는 생산력 차원에서 수공업적 숙련이라는 협소한 기술적 토대로 인해 매뉴팩처가 사회의 생산을 전체적으로 장악할 수도 없었고, 근본적으로 변혁할 수도 없었다는 점이다.

그와 동시에, 매뉴팩처는 사회의 생산 전체를 완전히 장악할 수도 없었고 사회의 생산을 근본적으로 변혁할 수도 없었다. 매뉴팩처는 도시의 수공업과 농촌의 가내공업이라는 광범한 기반 위에 우뚝 선 인위적 경제조직이었다. 매뉴팩처가 일정한 발전단계에 이르자, 매뉴팩처 자신의 협소한 기술적 토대는 매뉴팩처 자신에 의해 만들어진 생산상의 여러 가지 필요[예컨대 대량생산: 역자]와 모순하게 되었다(마르크스, 2015a: 501).

상대적 잉여가치 생산방법으로서 매뉴팩처의 발전에 관한 이런 장애들은 기계에 의해 철폐되었다.

매뉴팩처의 가장 완전한 성과 중의 하나는 노동도구 그 자체 …… 를 생산하는 작업장이었다. …… 매뉴팩처적 분업의 성과인 이 작업장은 이번에는 기계를 생산했다. 기계는 수공업적 노동자가 사회적 생산의 규제 원리로 기능하는 것을 철폐한다. 그리하여 …… 위의 규제 원리가 자본의 지배에 가한 장애물들도 사라져버린다(마르크스, 2015a: 501).

매뉴팩처에서 기계제 대공업으로 이행하는 역사적 필연성에 관한 마르크스의 이 분석에서 주목되는 것은, 마르크스가 숙련노동자들의 저항을 매뉴팩처의 가장 중요한 한계로 제시한다는 점이다. 마르크스는 사회적 생산의 기술적 토대로서 수공업적 숙련이 생산력과 생산관계 차원 모두에서 매뉴팩처 발전의 장애로 작용했다고 분석하지만, 생산관계에서 숙련노동자들의 저항이 자본의 지배에 가한 제한과 그로 인한 상대적 잉여가치 생산의 한계를 더 우선적으로, 그리고 더 비중 있게 분석한다. 이 점은 제10장에 나오는 표준노동일 제정을 둘러싼 계급투쟁 분석과 마찬가지로 마르크스의 역사유물론적 관점을 잘 보여준다. 자본주의적 생산을 변화·발전시키는 원동력은 계급투쟁인 것이다.

4. 제15장 「기계와 대공업」

마르크스는 제15장에서 "자기 자신의 두 발로 선" 자본주의적 생산양식의 기술적 토대인 기계제 대공업에 대해 180쪽이 넘는 방대한 분량으로 상세히 분석한다. 그는 15장을 10개의 절로 구분해 기계제 대공업의 여러 측면을 자세히 검토한다. 제1절과 제2절에서는 기계의 의미와 매뉴팩처와의 차별성을 개념적으로 분석하며, 제3~5절에서는 기계제 생산이 노동자들에게 미치는 직접적 영향과 공장체계, 그리고 노동자와 기계 사이의 투쟁을 분석한다. 이 부분은 마르크스가 기계제 대공업이 자본/노동의 계급관계에 미친 영향을 분석한 것으로서 가장 중요하다. 제7~10절에서는 기계제 대공업이 매뉴팩처·수공업·가내공업, 그리고 '공장법'과 농업에 미친 영향을 분석한다.

자본주의적 생산양식은 협업, 분업과 매뉴팩처를 거쳐 '기계와 대공업'에서 이윤 생산을 위한 물적 토대를 완성했다. 기계 도입에 대한 마르크스의 분석은 부르주아 이론가들의 기술결정론, 즉 기계가 모든 것을 바꾸었다는 주장과 명확하게 구별된다. 마르크스는 오히려 생산관계, 즉 상대적 잉여가치의 생산이라는 관점에서 기술의 변화 자체도 분석한다. 앞서 제14장에서 보았듯이, 생산관계와 생산력 차원 모두에서 매뉴팩처가 상대적 잉여가치 생산에 지니는 장애와 모순을 극복하는 가운데 기계가 등장했다. 이에 대한 분석에서도 마르크스는 생산관계 차원의 장애(숙련노동자들의 저항)를 더 주요한 것으로 분석했다. 마찬가지로 제15장에서도 마르크스는 기계제 생산이 생산관계에 미치는 영향을 중점적으로 분석한다. 그리고 이를 자본주의적 생산의 고유한 특징으로 분석하고, 이런 특징이 상대적 잉여가치 생산의 특수한 방법으로서 협업·매뉴팩처에 이어 어떻게 기계제 대공업에서 더욱 완성된 형태로 나타나는지 분석한다.

마르크스의 기계제 대공업 분석은 기술결정론에 따른 것이 아니라는 점이 중요하다. 조직 형태로서 협업, 분업에 의한 협업의 발전이 필연적으로 기계를 낳고, 이제 "기계들의 단순협업 또는 기계들의 분업에 의한 협업"으로 발전한 것이 기계제 대공업이다. 마르크스는 생산관계를 중심으로 생산력과 생산관계의 상호작용을 분석하고 있다. 이는 자본주의적 생산양식 내에서 자본주의적 생산관계가 어떻게 자본주의적 생산력을 발전시키고, 또 그 생산력이 자본주의적 생산관계에 어떻게 영향을 미치는가에 초점이 놓여 있다는 점을 염두에 두고 다음 논의로 넘어가자.

1) 제1절「기계의 발달」

마르크스는 먼저 자본주의적 생산에서 기계의 도입이 결코 "그 누구의 수고를 덜어주기" 위한 것이 아님을 분명히 한다. "기계는 노동생산성을 발전시키는 다른 모든 수단과 마찬가지로 상품의 값을 싸게 하며, 노동일 중 노동자가 자기 자신을 위해 필요로 하는 부분을 단축시키며, 노동일 중 자본에게 공짜로 제공하는 다른 부분을 연장시키기 위한 것이다." 따라서 "기계는 잉여가치를 생산하기 위한 수단이다"(마르크스, 2015a: 503).

마르크스는 생산방식의 변혁에서 매뉴팩처와 기계제 대공업의 차이를 "매뉴팩처에서는 노동력에서 시작하고, 대공업에서는 노동수단에서 시작한다"(마르크스, 2015a: 504)는 점에서 찾는다. 그러므로 기계와 수공업 도구의 차이가 무엇인지 연구할 필요성을 제기하며, 양자의 차이를 '일반적 특징'에서 살펴본다. 마르크스는 기존의 부르주아 경제학자들이 "도구는 단순한 기계이고 기계는 복잡한 도구"라고 설명하는 것이 도구와 기계는 본질적으로 아무 차이 없다고 보는 것이라고 비판한다. 또 다른 설명인 "도구에서는 인간이 동력이며 기계에서는 동물·물·바람 따위의 인간력과는 다른 자연력이 동력이라는 점에서 도구와 기계의 차이를 찾으려고" 하는 견해에 대해서는 "매우 상이한 여러 시대에 사용된 [소가 끄는] 쟁기는 기계일 것이고, 반면에 노동자 한 사람의 손으로 1분간에 9만 6000개의 코를 짜내는 클라우센식 회전기계는 단순한 도구가 될 것이다"(마르크스, 2015a: 504)라며 간단히 반박한다.

마르크스는 기계와 도구의 차이에 대한 이런 기존의 설명을 비판한 후, 도구에 의한 매뉴팩처와 기계체계의 '일반적 특징'이 어떻게 다른지 분석한다. 마르크스는 기계를 기계체계로서 개념적으로 파악한다. 기계체계는 "어느 것이나 본질적으로 서로 다른 세 부분, 즉 동력기, 전동장치, 도구 또는 작업기로 이루어진다. 동력기는 전체 기계장치의 동력으로 작용한다"(마르크스, 2015a: 505). 그런데 "진정한 기계체계"는 "노동대상이 일련의 상호보완적인 각종 작업기에 의해 수행되는 서로 관련된 한 계열의 부분과정들을 통과할 때 비로소" 등장한다. 즉, "특수한 기능을 가진 작업기들의 결합으로 나타난다." 이때 "각 작업기는 결합된 기계장치에서 특수한 기능을 수행하는 한 개의 특수한 기관을 형성한다"(마르크스, 2015a: 514).

마르크스는 기계체계가 발전하는 역사적 과정을 개념적으로 분석한다. 작업기가 18세기 산업혁명(1760~1830)의 출발점이 된다. "현재에도 수공업적 생산 또는 매뉴팩처적 생산이 기계제 생산으로 옮겨갈 때는 언제나 이 작업기가 출발점이 된다"(마르크스, 2015a: 506). 1735년 존 와이엇(John Wyatt)은 방적기계를 발명해 산업혁명의 신호탄을 쏘아올렸다. 이런 "작업기의 규모 확대와 작업 도구의 수 증대는 이것들을 작동시킬 더 큰 기계장치를 요구하며, 이 기계장치는 그 자체의 저항력을 극복하기 위해 인간의 동력보다 …… 더 강력한 동력을 요구"(마르크스, 2015a: 509)함에 따라 동력기가 발달하게 된다. 동력기는 마력과 수력에서 증기기관으로 발전한다. 18세기 후반에 제임스 와트(James Watt)가 발명한 증기기관은 "대공업의 보편적 동력기"가 된다. 증기기관의 발명은 동력기, 전동장치, 작업기로 이루어지는 기계체계를 완성한다.

도구가 인간 유기체의 도구로부터 기계장치의 도구, 즉 작업기의 도구로 전환된 뒤에야 동력장치도 비로소 인간력의 제한성에서 완전히 해방되어 독립적인 형태를 취하게 되었다. 이렇게 됨으로써 우리가 이상에서 본 개개의 작업기는 기계제 생산의 단순한 하나의 요소로 격하된다. 이제는 한 개의 동력기가 많은 작업기를 동시에 가동시킬 수 있게 되었다. 동시적으로 운동하는 작업기의 수가 증대함에 따라 동력장치도 커지고 이와 아울러 전동장치도 하나의 방대한 장치가 된다(마르크스, 2015a: 512).

마르크스가 「공장 감독관 보고서」에 나오는 문장 "증기기관은 공업 도시의 어머니다"(마르크스, 2015a: 511)를 인용하듯이, 동력기의 발달은 기계체계 성립의 중요한 계기가 되었다.

마르크스는 기계체계의 성립 과정을 개념적으로 분석한 후 기계체계의 '일반적 특징'을 매뉴팩처와 비교·분석한다.

곧 매뉴팩처적 생산과 기계제 생산 사이에는 하나의 본질적인 차이가 나타난다. 전자에서는 노동자들이 개별적으로든 집단적으로든 그들의 손 도구를 가지고 각각의 특수한 부분과정을 수행하지 않으면 안 된다. …… 이런 주체적인 분업 원칙은 기계제 생산에서는 없어진다. 여기에서 총과정은 객체적으로 그 자체로 고찰되며, …… 그것을 구성하고 있는 여러 단계들로 분할된다. 각각의 부분과정을 어떻게 수행하고, 상이한 부분과정을 어떻게 통합하는가의 문제는 기계학·화학 등의 응용에 의해 해결된다. …… 매뉴팩처에서 부분노동자들의 직접적 협업이 부분노동자 집단들 사이에 일정한 수적 비율을 확립하는 것과 마찬가지로, 편성된 기계체계에서도 한 부분기계는 다른 부분기계와 끊임없이 서로 관련되어 움직이고 있으므로 그것들 사이에도 수·규모·속도의 일정한 비율이 확립된다. …… 매뉴팩처에서는 각 부분과정들의 분리가 분업의 성질이 요구하는 조건이라면, 이와는 반대로 발달된 공장에서는 각 부분과정들의 연속이 지배한다(마르크스, 2015a: 514~515).

매뉴팩처가 부분노동자들의 분업에 의한 협업이라면, 기계체계는 기계들의 분업에 의한 협업이다. 따라서 "매뉴팩처에서는 각 부분과정들의 분리가 분업의 성질이 요구하는 조건이라면, 이와는 반대로 발달된 공장에서는 각 부분과정들의 연속이 지배한다." 이런 객체적이고 연속적인 생산체계가 매뉴팩처와 구별되는 기계체계의 '일반적 특징'이고, 따라서 기계체계는 노동자와 독립적인 기계들로 이루어진 하나의 '자동체계'로 발전할 수 있게 된다.

마르크스는 이런 기계체계 발전의 결정적 계기를 "기계에 의한 기계의 생산"에서 찾는다. 마르크스는 먼저 수공업적 매뉴팩처에 의한 기계 생산이 자연발생적으로 한계와 장애에 부딪히게 됨을 지적한다.

발명의 수가 증가하고 또 새로 발명된 기계에 대한 수요가 증대함에 따라, 기계 제작업이 다양한 독립부문으로 분화되었고, 기계 제작 매뉴팩처 안의 분업이 더욱더 발전했다. 그러므로 우리는 이 매뉴팩처에서 대공업의 직접적인 기술적 토대를 본다. 이 매뉴팩처는 기계를 생산했는데, 그 기계의 도움에 의해 대공업은 [그것이 처음으로 손에 넣은 생산부문들에서] 수공업 생산과 매뉴팩처 생산을 없앤 것이다. 이와 같이 기계를 생산하는 체계는 자기에 적합하지 않은 물질적 토대 위에서 자연발생적으로 생긴 것이다. 그 체계가 일정한 발전단계에 도달했을 때, [그동안 종래의 형태로 더욱 발전한] 이 빌려온 토대를 타도하고 자신의 생산방식에 알맞은 새로운 토대를 창조하지 않으면 안 되었다. …… 대공업도 그것에 특징적인 생산수단인 기계 그 자체가 개인의 힘과 개인의 숙련에 의존하고 있던 동안은 …… 그 발전이 불완전했다. …… 일정한 발전단계에 이르러서는 대공업은 수공업과 매뉴팩처가 제공한 기술적 토대와 양립할 수 없게 되었다. 다수의 기술적 문제가 발전 과정에서 자연발생적으로 생겼다. …… 작업기는 [그것의 제작을 처음 지배하고 있었던] 수공업적 모형과 점점 더 괴리되고 [그것의 기계적 과업에 의해서만 규정되는] 자유로운 형태를 취하게 되었다(마르크스, 2015a: 517~518).

이 모순을 해결하기 위해 선반과 공작기계가 발명되면서 기계에 의한 기계의 생산에 이르게 된다.

그리하여 대공업은 그 특징적 생산수단인 기계 그 자체를 떠맡아서, 기계로 기계를 생산하지 않으면 안 되었다. 이때부터 비로소 대공업은 자기에게 적합한 기술적 토대를 창조했으며 자기 자신의 두 발로 서게 되었다. 19세기의 첫 수십 년 동안 기계의 생산이 증대함과 동시에, 기계제 생산이 점차로 작업기의 제작을 담당하게 되었다. ……

기계에 의한 기계의 생산에 가장 필수적인 생산조건은 [어떤 출력도 낼 수 있으며 또 이와 동시에 인간이 완전히 통제할 수 있는] 원동기였다. 이 조건은 증기기관에 의해 이미 충족되고 있었다. 그러나 이와 동시에 기계의 개별적인 부분들에 필요한 엄밀한 기하학적인 직선·평면·원·원통·원주·공을 기계로 생산하는 것이 필요했다. 이 문제는 1810년대에 헨리 모즐리(Henry Moseley)가 선반활대를 발명함으로써 해결되었는데, 이것은 곧 자동화되었으며, 그리고 그 뒤 변경된 형태로 선반용 이외에 다른 공작기계들에도 적용되었다. 이 기계장치는 어떤 특수한 도구를 대체한 것이 아니라 사람의 손을 대체했으며, 이 절삭공구로 철이나 다른 노동재료로부터 일정한 형태를 만들어내었다(마르크스, 2015a: 520).

기계제 대공업은 기계로 기계를 생산함으로써 "자기에게 적합한 기술적 토대를 창조했으며 자기 자신의 두 발로 서게 되었다"(마르크스, 2015a: 520). 물론 이 과정에서 한 공업 분야에서 일어난 생산방식의 변혁은 다른 분야에서도 생산방식의 변혁을 일으켰다. 또한 공업과 농업에서 생산방식의 혁명은 사회적 생산과정의 일반적 조건들인 통신수단과 운송수단의 혁명을 필요로 했다.

기계체계에 대한 이런 분석의 결론으로 마르크스는 매뉴팩처와 비교되는 기계체계의 '일반적 특징'을 다시 한 번 요약한다.

기계의 형태를 취한 노동수단은 인간력을 자연력으로 대체하도록 하며, 경험적 숙련을 자연과학의 의식적 응용으로 대체하게 한다. 매뉴팩처에서는 사회적 노동과정의 조직은 순전히 주체적이며 또 부분노동자들의 결합인데, 기계체계에서는 대공업은 전적으로 객체적인 생산조직이고 여기에서 노동자는 이미 존재하는 물질적 생산조건의 단순한 부속물에 불과하다. 단순협업, 그리고 분업에 의해 전문화된 협업에서조차, 결합된 노동자가 고립된 노동자를 몰아내는 것은 아직도 어느 정도 우연적 현상이다. 그런데 기계는 …… 오직 결합노동 또는 공동노동에 의해서만 기능을 수행한다. 따라서 여기에서는 노동과정의 협업적 성격은 노동수단 자체가 강요하는 기술적 필연성이다(마르크스, 2015a: 521~522).

2) 제2절 「기계에서 생산물로 이전된 가치」

마르크스는 제8장 「불변자본과 가변자본」에서 상세히 분석한 불변자본인 생산수단(기계)의 가치 이전 문제를 제2절에서 한 번 더 확인한다. "협업과 분업으로부터 생기는 생산력은 자본가에게 아무런 비용이 드는 것이 아니"고 "사회적 노동이 만들어내는 자연력이다." 이는 "생산과정에 적용되는 증기·물 등과 같은 자연력"이 "아무런 비용이 들지 않는" 것과 마찬가지다(마르크스, 2015a: 522). 이와 유사하게 "대공업이 거대한 자연력과 자연과학의 결과를 생산과정에 도입함으로써 노동생산성을 크게 상승시키는 것"도 자연력처럼 자본가의 비용이 거의 들지 않는다(마르크스, 2015a: 523).

불변자본의 모든 다른 구성부분과 마찬가지로, 기계는 아무런 가치도 창조하지 않으나 그것으로 생산되는 생산물에 자기 자신의 가치를 옮긴다. …… 기계는 생산물가치의 한 구성부분을 이룬다. …… 기계는 노동과정에는 언제나 전체로 참가하지만 가치증식과정에는 언제나 일부씩만 참가한다. …… 기계는 마멸에 의해 평균적으로 상실하는 가치 이상으로는 결코 생산물에 가치를 첨가하지 않는다. 그러므로 기계의 가치와, 일정 기간에 기계에서 생산물로 이전되는 가치 부분 사이에는 큰 차이가 있다. …… 기계와 도구는 매일의 평균적 비용[즉, 그것들의 매일의 평균적 마멸과 예컨대 기름·석탄 등과 같은 보조 원료의 소비에 의해 생산물에 첨가되는 가치구성부분] 이외에는 인간노동의 협력 없이 존재하는 자연력과 마찬가지로 공짜로 일한다. 기계의 생산적 효율성이 도구의 그것에 비해 크면 클수록, 기계의 무상 봉사의 크기도 그만큼 더 크다. 대공업에서 비로소 인간은 자기의 과거 노동의 생산물(이미 대상화된 노동)을 자연력과 같이 공짜로 이용하게 되었다(마르크스, 2015a: 523~524).

기계의 가치가 감가상각비만큼 생산물로 이전됨을 확인한 마르크스는 기계 생산에 드는 노동과, 그 기계의 사용으로 절약되는 노동을 비교해 자본가가 기계를 도입하는 조건을 따져본다.

기계의 생산에 소요되는 노동과 그 기계의 사용으로 절약되는 노동이 같은 크기라면 노동의 대체밖에 일어나지 않을 것이며, 그 결과 상품의 생산에 드는 노동의 총량은 감소하지 않으며 그리하여 노동생산성은 증가하지 않는다는 점이다. …… 기계의 생산에 드는 노동[기계의 가치] 중 생산물로 이전되는 부분이 노동자가 도구를 사용해 생산물에 첨가하는 가치[가치생산물*]보다 적은 한, 기계는 노동을 절약한다고 말할 수 있다. 그러므로 기계의 생산력은 기계가 대체하는 인간노동력의 크기에 의해 측정된다. ……

만약 기계를 생산물을 싸게 하는 수단으로만 본다면, 기계를 사용하는 한계는 기계 자체의 생산에 드는 노동이 기계의 사용에 의해 대체되는 노동보다 적어야 한다는 데 있다. 그러나 자본가가 기계를 사용하는 데는 그 이상

의 한계가 있다. 자본가는 노동에 대해 지불하는 것이 아니라 노동력의 가
치만을 지불하므로, 자본가에 의한 기계 사용의 한계는 기계의 가치와 기계
가 대체하는 노동력의 가치 사이의 차이에 의해 설정된다(마르크스, 2015a:
528~530).

이처럼 경제적인 순수 비용 차원에서 자본가가 기계를 사용하는 조건은
노동생산성의 향상("기계 자체의 생산에 드는 노동이 기계의 사용에 의해 대체
되는 노동보다 적어야 한다"는 것, 즉 기계의 가치가 대체하는 노동의 가치생산물
보다 적어야 한다는 것)이 아니라 기계의 가치가 그것을 대체하는 노동력의
가치보다 적어야 한다는 점을 확인한 마르크스는 현실에서 임금수준이 높
은 곳에서만 기계가 사용되는 역사적 사례를 든다. "오늘날 영국에서 발명
되는 기계는 미국에서만 사용되고, 16세기와 17세기에 독일에서 발명된
기계는 네덜란드에서만 사용되었으며, 또 18세기의 프랑스의 많은 발명은
영국에서만 이용된 것이다"(마르크스, 2015a: 531). 더욱 적나라한 예로, 영
국에서 여성의 임금이 매우 낮아 운하에서 배를 끄는 일에 때때로 말 대신
여전히 여성들이 고용되는 사례를 들고 있다. 오늘날에도 제3세계 나라들
에서는 과잉인구로 인해 저임금이 구조화된 경우 기계를 도입하지 않고
노동력을 사용해 생산한다.

3) 제3절 「기계제 생산이 노동자에게 미치는 가장 직접적 영향」

마르크스는 제3절에서 기계제 생산이 노동자들에게 미치는 직접적 영
향을 여성·아동 고용, 노동일 연장, 노동 강화 등 세 측면에서 매우 상세
히 분석하는데, 이 문제를 제15장에서 가장 비중 있게 논의한다. 제1절과

제2절에서 자본주의적 생산관계가 어떻게 기계제 생산을 발전시켰는지 살펴보았다면, 이제부터는 역으로 이 기계제 생산이 자본주의적 생산관계에 어떤 영향을 미쳤는지 살펴볼 것이다.

첫째, 마르크스는 가장 먼저 기계가 여성과 아동을 추가 노동력으로 고용하는 자본의 수단이 된다는 점을 들고 있다.

> 기계는, 근육의 힘을 요구하지 않는 한, 근육의 힘이 약하거나 또는 육체적 발달은 미숙하지만 팔과 다리는 더욱 유연한 노동자를 사용하는 수단이 된다. 그러므로 여성노동과 아동노동은 자본가에 의한 기계 사용의 첫 번째 결과였다! 노동과 노동자를 대신하는 이 강력한 수단, 즉 기계는 즉시로 남녀노소의 구별 없이 노동자 가족의 구성원 모두를 자본의 직접적 지배 아래 편입함으로써 임금노동자의 수를 증가시키는 수단이 되었다. 자본가를 위한 강제노동은 아동의 유희 시간뿐 아니라 가정 안에서 가족을 위한 최소한의 자유노동까지도 빼앗았다(마르크스, 2015a: 533).

그뿐만 아니라 "기계는 노동자 가족의 전체 구성원들을 노동시장에 내던짐으로써 가장의 노동력 가치를 자기 가족의 전체 구성원들로 나눈다. 그러므로 가장의 노동력 가치를 저하시킨다." 이제 한 가족이 생활하기 위해 가족 구성원 모두가 자본가에게 고용되어야 한다. 그래서 마르크스는 "기계는 처음부터 자본의 가장 특징적 착취 대상인 인간적 착취 재료를 추가할 뿐 아니라 착취의 정도도 증가시킨다"(마르크스, 2015a: 534)라고 말한다. 더 나아가 자유계약관계라는 자본/노동 사이의 계약을 변화시킨다.

기계는 또 노동자와 자본가 사이의 상호관계를 형식적으로 규정하는 그들 사이의 계약을 근본적으로 변혁시킨다. 상품교환의 바탕 위에서는 자본가와 노동자가 자유로운 인격으로, 독립적인 상품 소유자로, 즉 한쪽은 화폐와 생산수단의 소유자로, 다른 쪽은 노동력의 소유자로 상대한다는 것이 우리의 첫 전제였다. 그러나 현재 자본은 아동들과 미성년자들을 산다. 종전에는 노동자는 형식상 자유로운 인격으로서 처분할 수 있는 자기 자신의 노동력을 판 것인데, 이제 그는 처자를 판다. 그는 노예 상인이 된 것이다. 아동노동에 대한 구인 광고는 형식상으로도 [미국의 신문광고에 잘 나오는 바와 같은] 흑인 노예에 대한 구인 광고와 비슷하다(마르크스, 2015a: 534~535).

성인 남성 노동자가 자신의 처자를 노예처럼 매매하는 사례와 그로 인한 참상, 즉 "유아 살해와 아동들에 대한 아편 마취", 도덕적·정신적 타락 등에 대해 마르크스는 「공장 감독관 보고서」, 제3차와 제5차 「아동노동 조사위원회 보고서」, 「공중 보건에 관한 제6차 보고서」 등에 근거해 자세히 폭로한다. 특히 노동자계급 가정의 유아사망률이 대단히 높다는 점을 고발한다. 유아사망률이 높은 것은 주로 여성의 취업 때문이었다.[4]

여성노동과 아동노동의 이러한 참상은 국가의 개입을 초래했다. 한편으로 "기계가 노동력의 구매자와 판매자 사이의 법률적 관계에 일으킨 혁명은, 전체 거래로 하여금 자유로운 인격들 사이의 계약이라는 겉모양조차 잃게 함으로써, 그 뒤에 영국 의회가 국가로 하여금 공장 문제에 개입하게 하는 법적 구실을 주었다"(마르크스, 2015a: 536). 다른 한편으로 "미성년자들을 잉여가치를 생산하는 단순한 기계로 전환시킴으로써 인위적으로 만든 지적 황폐…… 는, 결국 영국 의회로 하여금 초등교육을 [공장법'의 적용을 받는 공업부문들에서] 14세 미만 아동들의 '생산적' 고용을 위한 법적 조건으로 선포하지 않을 수 없게 했다"(마르크스, 2015a: 540).

마르크스는 자본에 의한 여성·아동 고용의 또 다른 중요한 결과로서 "기계는 아동과 여성을 대량으로 노동자계급에 추가함으로써, 성인 남성 노동자가 매뉴팩처 시기 전체를 통해 자본의 독재에 대항했던 반항을 드디어 타파하게 된다"(마르크스, 2015a: 544)는 점을 지적한다.

둘째, 기계는 노동일을 연장하는 가장 강력한 수단이 된다. 기계는 노동일 연장을 가능케 하는 새로운 조건들을 만들어내는 한편, 자본이 노동일 연장을 추진할 새로운 동기들을 만들어냈다. 마르크스가 새로운 조건들로 제시한 것은 노동자로부터 자립적인 기계체계가 노동자의 저항을 약화한다는 점이다.

> 자본으로서 노동수단은 인간완고하지만 신축성 있는 자연적 장애물의 저항을 최소한도로 축소시키려는 충동으로 꽉 차 있다. 이 저항은 기계로 하는 노동이 겉모양에서는 힘들지 않다는 사정과, 거기에 고용된 여성과 아동이 온순하며 다루기 쉽다는 사정에 의해 감소된다(마르크스, 2015a: 545).

마르크스는 자본가가 노동일 연장을 추진할 새로운 동기로 다섯 가지 측면을 제시한다. 첫 번째는 "쓰지 않는 칼이 칼집에서 녹슬 듯이" 기계를 사용하지 않으면 기계의 마멸이 생기므로 기계 사용을 최대한 늘리기 위해 노동일을 연장한다. 두 번째는 이른바 "도덕적 가치감소(감가)" 때문에 노동일을 연장하려 한다. "기계가 아무리 아직 새것이며 생명력이 있다 하더라도, 그 가치는 더 이상 그 기계 자체에 실제로 대상화되어 있는 노동시간에 의해 결정되는 것이 아니라 그 기계의 재생산 또는 더 우수한 기계의 재생산에 필요한 노동시간에 의해 결정"(마르크스, 2015a: 547)되기 때문에 기술혁신이 발생하면 기계 가치는 감소한다. 기계 도입 초기에 기계 생산의 혁신이 활발히 이루어지므로 도덕적 가치감소가 발생하기 전에 기계를 최대한 사용하기 위해 "기계의 생애 초기에는 노동일을 연장하려는 이 특수한 동기가 가장 강하게 작용한다." 세 번째는 "노동일의 연장은 기계와 건물에 지출되는 자본량을 변경시키지 않고도 생산 규모를 확대시켜"(마르크스, 2015a: 548)주기 때문에 잉여가치가 증가할 뿐 아니라 잉여가치의 착취에 필요한 지출이 감소한다. 네 번째는 특별잉여가치가 일시적으로만 존재하기 때문에 그것이 사라지기 전, 기계 도입 초기에 노동일을 연장함으로써 최대한 손에 넣으려 한다. 마지막 다섯 번째 측면은 다음 인용에서처럼 조금 복잡하다.

잉여가치량은 두 개의 요인, 즉 잉여가치율과 [동시에 고용되는] 노동자의 수에 의해 규정된다. 노동일의 길이가 일정할 때, 잉여가치율은 노동일이 필요노동과 잉여노동으로 분할되는 비율에 의해 결정된다. …… 그런데 기계의 사용이 노동생산성의 향상에 의해 필요노동을 희생시켜 잉여노동을 확대시킨다 하더라도, 기계의 사용은 [일정한 금액의 자본이 고용하는] 노동자의 수를 감소시킴으로써만 이런 결과를 얻는다는 것은 명백하다. …… 그러므로 잉여가치의 생산을 위한 기계의 사용에 내재적 모순이 있다. 왜냐하면, 일정한 금액의 자본이 창조하는 잉여가치의 두 요인 중 하나인 잉여가치율은 다른 요인인 노동자의 수를 감소시키지 않고서는 증대할 수 없기 때문이다. 이 내재적 모순은, 기계가 어떤 공업부문에서 보편적으로 사용되어 기계가 생산하는 상품의 가치가 그 종류의 모든 상품의 사회적 가치를 규제하게 되자마자 나타난다. 그리하여 이 모순은 또다시 자본가로 하여금 ― 그가 이 사실을 알지 못하면서도 ― 착취되는 노동자 수의 상대적 감소를 상대적 그리고 절대적 잉여노동의 증가로 보상하기 위해 노동일을 무자비하게 극도로 연장시키게 한다(마르크스, 2015a: 550).

자본가는 이렇듯 여러 측면의 새로운 동기들 때문에 노동일을 연장하려 한다. 마르크스는 기계의 자본주의적 사용이 노동시간을 단축하는 것이 아니라, 반대로 노동일을 극도로 연장하는 경향을 보이는 것을 하나의 "경제학적 역설"로 총괄한다.

그리하여 기계의 자본주의적 사용은 한편으로 노동일의 무제한 연장에 강력한 새로운 동기를 제공하고, 또 노동방식 자체와 사회적 노동유기체의 성격을 크게 변혁시킴으로써 노동일을 연장하려는 경향에 대한 반항을 모두 좌절시키게 된다. 다른 한편으로, 기계의 자본주의적 사용은 부분적으로는 노동자계급 중 종전에 자본가의 손이 미치지 않았던 층들을 자본가에 복종 시킴으로써, 또 부분적으로는 기계가 쫓아낸 노동자들을 하는 일 없게 만듦으로써, 자본의 명령에 복종하지 않을 수 없는 과잉노동인구를 생산한다. 기계는 노동일의 길이에 관한 온갖 도덕적·자연적 제한을 없애버린다는 근대 산업사의 주목할 만한 현상이 여기에서 나온다. 또한 노동시간을 단축할 수 있는 가장 강력한 수단이, 노동자와 자기 가족의 모든 생활시간을 자본의 가치증식에 이용할 수 있는 노동시간으로 전환시키기 위한 가장 확실한 수단이 된다는 경제학적 역설이 이로부터 생긴다(마르크스, 2015a: 551).

셋째, 기계는 노동의 강도(노동강도)를 강화하는 수단이 된다. 마르크스는 노동의 강도를 노동의 "외연적 크기가 내포적 크기로 전환되는 것" 또는 "노동의 속도"(마르크스, 2015a: 553)로 규정한다. 그래서 "일정한 시간으로 압축된 더 많은 노동은 당연히 더 많은 노동량으로 계산"되므로, "'외연적 크기'의 척도[즉, 노동시간]에 추가해 노동은 이제 강도, 농축 또는 밀도라는 척도를 가지게 된다"(마르크스, 2015a: 554)라고 말한다.

마르크스는 표준노동일 제정에 따라 자본이 노동강도의 강화를 추진하는 역사적 과정을 분석한다.

점차 증대하는 노동자계급의 반항 때문에 의회가 노동시간을 강제적으로 단축하고, 먼저 진정한 공장에 대해 표준노동일을 명령하지 않으면 안 되게 되자마자, 즉 노동일의 연장에 의한 잉여가치의 생산 증가가 전혀 불가능하게 된 바로 그 순간부터, 자본은 기계체계의 발전을 한층 더 촉진함으로써 전력을 다해 상대적 잉여가치를 생산하는 데 몰두했다. 이와 동시에 상대적 잉여가치의 성격 변화가 나타났다. 일반적으로 상대적 잉여가치는, 노동생산성의 향상에 힘입어 노동자가 동일한 노동 지출로 동일한 시간 안에 더 많이 생산할 수 있게 됨으로써, 생산된다. …… 그러나 강제적 노동일 단축과 함께 사태는 달라진다. 이 단축은 생산성을 발전시키고 생산조건을 절약하도록 강력한 자극을 주는 한편, 노동자들에게는 동일한 시간 안에 노동력 지출을 증가시키고 노동력의 긴장도를 높이며 느슨한 노동일을 빡빡하게 만드는 따위, 다시 말해 단축된 노동일의 범위 안에서만 달성 가능한 정도로 노동을 농축시키도록 강요하게 된다(마르크스, 2015a: 553~554).

다른 한편, 노동일의 단축은 노동강도의 강화를 위한 노동과정의 주체적 요소(인적 요소)의 조건, 즉 노동자가 일정한 시간에 더 많은 노동력을 지출할 수 있는 조건을 만들어낸다. 하루 노동시간이 줄어드는 만큼 노동자는 신체적·물리적으로 더 높은 노동강도로 일할 수 있기 때문이다. 그리하여 "노동일의 단축이 법적으로 강제되자마자, 기계는 자본가의 수중에서 주어진 시간에 더 많은 노동을 짜내기 위한 객체적인 [또 체계적으로 사용되는] 수단이 된다. 이것은 두 가지 방식, 즉 기계 속도의 증가와 노동자 1인당 감독 또는 운전하는 기계 수의 증대에 의해 달성된다"(마르크스, 2015a: 557). 이런 노동강도의 강화는 "12시간 노동이 현재는 10시간 노동 이하로 압축되고 있다"(마르크스, 2015a: 563)라는 당시 공장 감독관의 보고에서 잘 드러난다.

마르크스는 당시 노동일 단축이 이미 노동자의 건강을 위협하는, 따라서 노동력 자체를 파괴하는 정도의 노동강도를 일으켰음을 인정하는 공장 감독관의 보고를 인용한다.

> 대다수의 면 공장, 소모사 공장, 명주실 공장들에서는 최근 수년간 운전 속도가 매우 빨라진 기계를 노동자들이 제대로 관리하기 위해 극도로 긴장하지 않을 수 없는 점이 폐병에 의한 사망률 증가 …… 의 한 원인으로 된 것 같다(마르크스, 2015a: 564).

마르크스는 표준노동일 제정에 대한 자본의 대응이 "노동강도를 체계적으로 강화하는 경향과 노동력을 흡수하는 더욱 완전한 수단으로 기계를 개량하는 경향"을 가져왔지만, "이런 과정은 얼마 안 가서 또다시 노동시간의 새로운 단축을 불가피하게 하는 한계점에 도달하지 않을 수 없다는 것"을 지적하며, "현재(1867) 랭커셔에서는 공장 노동자들 사이에 8시간 노동일을 위한 선동이 시작되었다"(마르크스, 2015a: 564)라고 각주에서 밝힌다.

10시간 노동제 실시(1848) 이후 노동강도가 강화되어 노동자들에게는 노동시간 단축이 절실했다. 따라서 1864년 창립된 제1인터내셔널은 8시간 노동제를 주요 요구로 내걸었고, 제2인터내셔널은 1889년 5월 1일을 노동절로 선포하고 8시간 노동제 실시를 위한 세계적 캠페인을 벌였다.

4) 제4절 「공장」

제4절에서 마르크스는 기계제 대공업 아래에서 "공장을 전체로서 그리고 가장 발달한 형태에서 고찰"한다. 이는 현실의 모든 공장에 관한 다양한 모습을 역사적으로 기술하는 것이 아니라 '가장 발달한 공장'의 전형을 파악하는 것이다. 마르크스가 자주 언급하는 '자동공장'은 노동자가 거의 필요 없는, 오늘날의 완전 자동화 공장을 상정한 것이 아니라 노동자로부터 독립한 객관적인 기계체계를 의미하므로 이 점을 오해하면 안 된다.

마르크스는 먼저 기계의 도입으로 숙련의 해체 또는 탈숙련화가 이루어지면서 노동력의 구성이 어떻게 변화되는지 살핀다. '기계취급노동자'라는 반(半)숙련노동자를 중심으로 노동력의 편제가 달라진다.

노동도구와 함께 그것을 사용하는 노동자의 숙련도 기계로 옮아간다. 도구의 작업 능력은 인간노동력의 제한들로부터 해방된다. 이리하여 매뉴팩처의 분업이 의거하고 있던 기술적 토대는 파괴된다. 그러므로 매뉴팩처를 특징짓는 전문 노동자들의 위계 제도 대신 자동공장에서는 기계의 관리인들에 의해 수행되어야 할 작업의 균등화 또는 수평화 경향이 나타나며, 또한 부분노동자들 사이의 인위적 구별 대신 주로 나이와 성(性)에 따른 자연적 차이가 지배하게 된다.

자동공장에서 나타나는 분업은, 주로 전문화된 기계들에 노동자들을 분배하는 형태며, 그리고 공장의 여러 부문으로 일정한 수의 노동자 …… 를 분배하는 형태인데, 공장의 각 부문에서 그들은 쭉 늘어선 같은 종류의 작업기에 붙어서 작업하고, 따라서 그들 사이에는 단순협업이 있을 따름이다. 여기에서는 매뉴팩처에서와 같은 유기적 집단 대신에 우두머리 노동자와 여러 명의 조수 사이의 결합이 나타난다. 주된 분업은 실제로 작업기에 붙어 일하는 노동자들[기계취급노동자: 역재 …… 과 그들의 단순한 조수들(거의 전적으로 아동들이다) 사이에 있다. …… 이 두 부류의 주요 노동자들 이외에도 예컨대 기술자, 기계공, 목수 따위와 같이 모든 기계들을 돌보며 그것들을 때때로 수리하는 수적으로 중요하지 않은 인원들이 있다. 이들의 일부는 과학교육을 받았고 일부는 수공예 훈련을 받은 고급 노동자 계층으로서, 공장 노동자 계층과는 구별되며, 다만 후자와 함께 집계되고 있을 따름이다. 이 분업은 순전히 기술적인 성격을 띠고 있다(마르크스, 2015a: 567~568).

이처럼 노동력 재구성의 중심은 작업기에 붙어 일하는 기계취급노동자들인데, 이들은 기계 다루는 법을 쉽게 배울 수 있으므로 특별히 "육성할 필요가 없게" 된다. 마르크스가 언급한 "작업의 균등화 또는 수평화"는 이런 탈숙련화를 뜻한다.

마르크스는 기계취급노동자를 "가장 발달한 형태"의 공장제도에서 숙련이 해체된 반숙련노동자의 전형으로 상정하며, 자본에 대한 노동자계급의 종속이 '완성된다'고 파악한다.

기계는 기술적 관점에서는 종래의 분업 체계를 타파하기는 하지만, 그 분업 체계는 처음에는 매뉴팩처로부터 물려받은 전통으로 공장에 존속하며, 다음에는 자본에 의해 노동력의 착취 수단으로서 더욱 지독한 형태로 체계적으로 재생산되어 고정된다. 이전에는 동일한 도구를 다루는 것이 평생의 전문직이었는데, 이제는 동일한 기계에 봉사하는 것이 평생의 전문직으로 된다. 기계는 노동자 자신을 유년시절부터 특정 기계의 한 부분으로 전환시키는 것에 악용된다. 그리하여 노동자 자신의 재생산에 필요한 비용이 현저히 감소할 뿐 아니라, 동시에 공장 전체에 대한, 따라서 자본가에 대한 노동자의 절망적인 종속이 완성된다. …… 매뉴팩처와 수공업에서는 노동자가 도구를 사용하지만, 공장에서는 기계가 노동자를 사용한다. …… 매뉴팩처에서는 노동자들은 하나의 살아 있는 메커니즘의 구성원들이지만, 공장에서는 하나의 생명 없는 기구가 노동자로부터 독립해 존재하며 노동자는 그것의 단순한 살아 있는 부속물이 되어 있다(마르크스, 2015a: 570~571).

기계체계 아래서의 노동에 대해 마르크스는 엥겔스의 『영국 노동자계급의 상태(Die Lage der Arbeitenden Klasse in England)』(1845)를 인용해 "똑같은 기계적인 과정을 수없이 반복하는 싫증나고 단조로운 고역, 이것은 마치 시시포스(Sisyphus)의 형벌과도 같다"(마르크스, 2015a: 571)라고 평가한다. 그리고 자본주의적 생산관계 아래서 노동은 소외되며, '구상과 실행의 분리'에 따라 '퇴화'할 수밖에 없다고 추론한다.

노동이 가벼워지는 것조차 고통의 원천으로 되는데, 왜냐하면 기계가 노동자를 노동에서 해방시키는 것이 아니라 그의 노동으로부터 일체의 내용을 빼앗아버리기 때문이다. 자본주의적 생산은 노동과정일 뿐 아니라 동시에 자본의 가치증식과정이기 때문에, 어떤 자본주의적 생산에서도 노동자가 노동조건을 사용하는 것이 아니라 이와는 반대로 노동조건이 노동자를 사용한다는 점은 공통된다. 그러나 이 거꾸로 된 관계는 기계의 출현과 함께 비로소 기술적인 분명한 현실성을 얻게 된다. 자동장치로 전환됨으로써 노동수단은 노동과정의 진행 중에 자본[즉, 살아 있는 노동력을 지배하며 흡수하는 죽은 노동]으로서 노동자와 대립한다. 생산과정의 지적 요소들을 육체적 노동으로부터 분리시키고 전자를 노동에 대한 자본의 지배력으로 전환시키는 것은, …… 기계의 토대 위에 세워진 대공업에 의해 비로소 완성된다. 개별 기계취급노동자의 특수한 기능은 [기계체계에 체현되어 있는] 과학과 거대한 물리력과 사회적 집단노동 앞에서는 보잘것없는 것으로 사라져버리며, 기계체계는 이 세 가지 힘들과 함께 고용주의 지배력을 구성하게 된다(마르크스, 2015a: 571~572).

한편 객관적 기계체계의 운영은 "노동수단의 규칙적 운동에 노동자를 기술적으로 종속시켜야 하기 때문에, 그리고 노동 집단이 남녀노소의 모든 개인들로 구성되어 있기 때문에, 하나의 병영 같은 규율이 필요하게 된다. 이 규율은 공장에서 완전한 제도로 정교해지고, 또 이미 말한 감독노동을 완전히 발전시킴으로써 노동자를 육체적 노동자와 노동 감독자로, 산업군의 병사와 하사관으로 분할하게 된다"(마르크스, 2015a: 572).
다른 한편 마르크스는 이런 공장제도의 작업환경을 "완화된 감옥"으로 평가한다.

빈틈없이 설치한 기계들은 계절처럼 규칙적으로 사망자와 부상자의 명단을 제공하고 있는데, 이러한 생명의 위험 이외에도 인위적으로 만든 높은 온도, 원료의 먼지로 가득 찬 공기, 고막을 찢는 소음 따위로 말미암아 모든 감각기관이 손상된다. 공장제도에서 급속히 성숙되고 강화되는 사회적 생산수단 사용의 절약은, 자본의 수중에서는, 작업 중 노동자의 생명에 필요한 것들[즉, 공간·공기·광선]을 체계적으로 빼앗아가는 것으로 변하며, 그리고 생명에 위험하고 또한 건강에 해로운 [생산과정의] 부수물들로부터 노동자를 보호하는 모든 수단―노동자의 편의 시설은 말할 것도 없고―을 체계적으로 빼앗아가는 것으로 변한다. 푸리에가 공장을 '완화된 감옥'이라고 부른 것이 과연 부당하겠는가(마르크스, 2015a: 575~577).

5) 제5절 「노동자와 기계 사이의 투쟁」

기계의 도입은 숙련노동자의 숙련 저하와 일자리 상실을 가져왔다.

자본가와 임금노동자 사이의 투쟁은 자본관계가 생긴 첫날부터 시작된다. 그것은 매뉴팩처 시기 전체를 통해 맹렬하게 전개된다. 그러나 기계가 도입된 때로부터 비로소 노동자는 자본의 물질적 존재형태인 노동수단 자체에 대해 투쟁하게 된다. 노동자는 생산수단의 이 특정 형태가 자본주의적 생산양식의 물질적 기초이기 때문에 그 생산수단에 대해 도전한 것이다(마르크스, 2015a: 577~578).

마르크스는 기계 도입에 저항하는 노동자들의 투쟁에 관한 수많은 역사적 사례를 제시한 후, '노동자와 기계 사이의 투쟁'의 절정이었던 19세기 초 러다이트운동, 즉 기계파괴운동을 정치적으로 미성숙한 것으로 평가한다.

19세기의 첫 15년간에 영국 공장지구들에서 대규모 기계파괴는 주로 증기직기의 사용 때문에 일어났으며 러다이트운동이라는 이름으로 알려지고 있는데, 이는 시드머스, 캐슬레이 등의 반자코뱅 정부에게 매우 반동적인 강압 수단을 취할 구실을 주었다. 노동자가 기계와, 자본에 의한 기계의 이용을 구별하고, 따라서 물질적 생산수단 그 자체를 공격하는 것에서 그것을 이용하는 사회형태를 공격하는 것으로 옮길 줄 알게 되기까지에는 시간과 경험이 필요했다(마르크스, 2015a: 579~580).

마르크스는 기계 자체와 그 기계의 자본주의적 사용을 구별하고 기계 자체가 아니라 그 자본주의적 사용을 문제 삼는 것, 즉 자본주의 자체를 문제로 파악하려면 노동자의 정치적·계급적 인식과 각성이 필요하다고 본 것이다. 그러나 마르크스는 노동자가 기계를 대상으로 투쟁하게 된 것이 결코 우연이 아님을 밝힌다. 실제로 "노동수단은 기계의 형태를 취하자마자 곧 노동자 자신의 경쟁자가 되기"(마르크스, 2015a: 582) 때문이다.

수십 년 계속되어오다가 드디어 1838년에야 끝난 영국 수직조공들의 점차적인 몰락보다 더 처참한 광경은 세계 역사상에 없다. 그들 중 많은 사람이 굶어 죽었으며, 또 많은 사람이 가족들과 함께 오랫동안 하루 2½ 펜스로 연명했다. 다른 한편으로 영국의 면방직기계는 인도에도 '심각한' 영향을 미쳤다. 인도 총독은 1834~1835년에 "이 재난이야말로 무역사(貿易史)에 유례가 없을 것이다. 면방직공들의 해골이 인도의 벌판을 하얗게 물들이고 있다"고 보고했다. …… 자본주의적 생산양식이 노동조건과 노동생산물에 주는 [노동자로부터의] 독립성과 [노동자에 대한] 소외성은 기계의 출현과 함께 철저한 적대관계로 발전한다. 따라서 노동수단에 대한 노동자의 난폭한 반항은 기계가 출현하자 처음으로 나타났다. 노동수단이 노동자를 파멸시킨다(마르크스, 2015a: 582~584).

마르크스는 1860년대 면화공황 당시 기계의 급속한 개선이 이루어지는 사례를 연구하면서, 그 당시 노동자들이 실업과 임금 삭감에 맞서 유일한 구제책으로 노동시간 단축, 즉 '주 4일 노동'을 주장한 사실을 언급하고 이를 정당한 것으로 평가한다(마르크스, 2015a: 588). 21세기는 19세기와 비교할 수 없을 정도로 생산력이 발달해 대폭적인 노동시간 단축이 얼마든지 가능한데도, 선진국이 아직도 주 35~40시간 노동제에 머물러 있는 오늘날의 현실과 비교하면 19세기 노동자들이 훨씬 더 상상력도 풍부하고 진취적이었던 것 같다.[5]

더 나아가 마르크스는 기계가 대량실업을 만들어냈을 뿐 아니라 노동자의 저항을 진압하는 계급투쟁의 무기로서 의식적으로 도입되었음을 역사적 사실로 입증한다.

기계는 임금노동자를 과잉으로 만들 준비가 언제나 되어 있는 우세한 경쟁자로서만 작용하는 것은 아니다. 기계는 노동자의 적대 세력이고, 자본은 이 사실을 소리 높여 또 의식적으로 선언하며 또 이용한다. 기계는, 자본의 독재를 반대하는 노동자들의 주기적 반항인 파업을 진압하기 위한 가장 유력한 무기로 된다. 피터 개스켈(Peter Gaskell)에 따르면, 증기기관은 처음부터 '인간력'의 적대물이었으며, 자본가들로 하여금 노동자들의 증대하는 요구[이것은 겨우 나타나기 시작한 공장제도를 위기에 빠뜨릴 수 있었다]를 분쇄할 수 있게 했다. 그리하여 노동자들의 반항을 진압하는 무기를 자본에게 제공한다는 유일한 목적에서 출현한 [1830년 이래의] 발명들에 대해 한 권의 책을 쓸 수 있을 것이다(마르크스, 2015a: 588~589).

기계가 자본주의적 생산에서 계급투쟁의 무기로 도입되었다는 역사적 사실에 대한 마르크스의 분석이 의미하는 바는, 앞서 노동력 가치의 결정, 표준노동일 제정 등과 마찬가지로 자본주의의 경제 현상이 계급관계·계급투쟁과 분리되어 있지 않음을 다시 한 번 보여준다.

6) 제6절 「기계가 쫓아내는 노동자들에 대한 보상이론」

마르크스는 제6절에서 기계와 관련된 부르주아 경제학자들의 주장, 즉 "노동자들을 축출하는 모든 기계들이 이 쫓겨나는 노동자들을 취업시킬 만한 자본을 동시에 그리고 반드시 풀려나게 한다"(마르크스, 2015a: 592)라는 이른바 보상이론을 현실에 비추어 이론적으로 반박한다.

부르주아 경제학자들의 주장에 따르면, 기계 도입으로 노동자 고용을 줄이면 가변자본을 절약하게 되고, 그 절약된 자본으로 자본가는 사업을 확장해 다시 노동자의 일부를 고용하게 되므로, 결국 기계로 인한 실업이 발생하지 않는다는 것이다. 그래서 '보상이론'이다. 마르크스는 어느 정도의 '보상'이 있을 수 있으나, 그것은 "투자할 곳을 찾고 있는 새로운 추가자본에 의해 이루어지는 것이지, 이미 전부터 기능했고 지금은 기계로 전환되어버린 자본에 의해 이루어지는 것은 결코 아니다"(마르크스, 2015a: 595)라고 반박한다. 그리고 설혹 해고된 노동자들이 재고용된다 하더라도, 그들은 "새로운 직장을 찾는 과도기에 그 대부분이 굶어 죽고 사라진다"(마르크스, 2015a: 596)라며 냉혹한 자본주의 현실을 고발한다.

이렇게 부르주아 경제학자들의 보상이론을 반박하며 마르크스는 기계와 기계의 자본주의적 사용과 관련된 중요한 진실을 폭로한다.

그들[경제학적 변호론자들*]은 앞뒤가 맞지 않는 주장을 다음과 같이 한다. 즉, 기계의 자본주의적 사용에 달라붙어 있는 모순과 적대관계는 존재하지 않는데, 그 이유는 그 모순과 적대관계는 기계 자체로부터 생기는 것이 아니라 기계의 자본주의적 사용으로부터 생기기 때문이라는 것이다! 기계 그 자체는 노동시간을 단축시키지만 자본주의적으로 사용되면 노동시간을 연장시키며, 기계 그 자체는 노동을 경감시키지만 자본주의적으로 사용되면 노동강도를 높이며, 기계 그 자체는 자연력에 대한 인간의 승리지만 자본주의적으로 사용되면 인간을 자연력의 노예로 만들며, 기계 그 자체는 생산자의 부를 증대시키지만 자본주의적으로 사용되면 생산자를 빈민으로 만든다. 이런 이유 때문에 부르주아 경제학자들은 간단하게, 기계 그 자체를 고찰해보면, 이런 모든 명백한 모순들은 일상적 현실의 단순한 겉모양에 지나지 않으며, 이런 모순들은 현실적으로도 이론적으로도 존재하지 않는다는 것은 명약관화한 사실이라고 단언한다. 그리하여 그는 더 이상 이 문제에 머리를 쓰지 않을 뿐 아니라, 오히려 그의 반대자가 어리석게도 기계의 자본주의적 사용을 반대해 싸우는 것이 아니라 기계 그 자체를 반대해 싸우고 있다고 말한다(마르크스, 2015a: 596~597).

마르크스는 자본주의 사회에서 "기계의 자본주의적 사용 이외의 다른 어떤 사용도 그들에게는 있을 수 없으므로"(마르크스, 2015a: 597) 문제가 되는 것은 기계의 자본주의적 사용이라고 지적한다.

마르크스는 오히려 기계제 생산이 생산력을 고도로 발전시키며 사회적 분업을 촉진하고, "기계 도입의 직접적 결과는 잉여가치와 [잉여가치가 들어 있는] 생산물의 양을 증대시킨 것"(마르크스, 2015a: 601)이라며 이렇게 증대된 잉여가치가 어디에 투자되는지 추적한다. 마르크스는 이 문제를 『자본론』 2권과 3권에서 집중적으로 검토하는데, 여기서는 사치품 생산이 증대한다는 것, 세계시장의 확대에 따라 운수업의 많은 부문들, 즉 운하·부두·터널·교량 등의 확장이 촉진된다는 것, 그리고 전혀 새로운 생산부문들, 예컨대 가스 제조업, 전신업, 사진업, 항해업, 철도업 등이 형성된다는 점 등을 제시한다. 마지막으로 비생산적 고용의 증가를 든다.

> 대공업 분야에서 생산력의 비상한 증대는 다른 모든 생산부문들에서 노동력에 대한 내포적·외연적 착취의 강화를 수반하는데, 이로 말미암아 노동자계급의 더욱더 많은 부문이 비생산적으로 고용된다. 그 결과, 옛날의 가내노예는 하인·하녀·심부름꾼 등을 포함하는 '봉사자 계급(servant class)'이라는 이름으로 더욱더 큰 규모로 재생산되고 있다(마르크스, 2015a: 602).

마르크스는 잉글랜드와 웨일스의 1861년 인구조사 통계를 이용해 "농업 노동자 109만 8261명, 섬유공장 노동자 64만 2607명, 탄광·금속 광산 노동자 56만 5835명, 금속 공장 노동자 39만 6998명, 봉사자 계급 120만 8648명"으로 추계한 것을 근거 삼아 봉사자 계급, 즉 "현대의 가내노예들"이 급증한 것도 "기계의 자본주의적 사용의 결과"임을 지적한다(마르크스, 2015a: 603).

7) 제7절 「기계제 생산의 발전에 따른 노동자의 축출과 흡수. 면공업의 공황」

제7절에서 마르크스는 "기계의 도입기와 발전기의 모든 공포 이후에, 기계는 결국 임금노예의 수를 감소시키는 것이 아니라 증가시킨다"(마르크스, 2015a: 604)라는 부르주아 경제학자들의 주장을 역사적으로 살펴본다. "몇몇 사례에서, …… 공장제도의 비상한 확대는 일정한 발전단계에서는

취업 노동자 수의 상대적 감소뿐 아니라 절대적 감소까지도 동반할 수 있지만"(마르크스, 2015a: 605), "기계에 의해 실제로 내쫓기거나 또는 잠재적으로 대체될 수 있는 노동자들이 많은데도, 공장 노동자의 수가 매뉴팩처 노동자 또는 수공업 노동자의 수보다 더 많을 수 있다는 것은 이해할 만하다"(마르크스, 2015a: 606)라고 평가한다. "왜냐하면 일정한 산업에서 공장을 더욱 많이 짓거나 종래의 공장을 확대하면 공장 노동자의 수가 증가하기 때문이다." 따라서 "취업 노동자 수의 상대적 감소는 그 절대적 증가와 양립할 수 있다"(마르크스, 2015a: 607).

마르크스는 이 문제에 관해 제7편 「자본의 축적과정」에서 본격적으로 이론적 해명을 하겠다고 예고하며, 이 문제의 실제적 측면에서 기계제 생산에 따른 외국시장의 정복, 그리고 산업순환이 노동자의 축출과 흡수에 어떻게 작용하는지에 대한 역사적 고찰을 추가한다. 그는 먼저 기계제 생산이 외국시장을 정복함으로써 국제적 분업의 변화를 가져온다는 점을 지적한다.

공장제도가 충분히 보급되고 일정한 성숙 단계에 도달할 때, …… 기계제 대공업은 탄력성[즉, 돌발적·비약적 확대 능력]을 획득하며, 오직 원료의 이용 가능성과 판매 시장의 규모만이 이 확대 능력의 한계를 설정한다. 그러나 한편으로 기계는, 예컨대 조면기가 면화 생산을 증대시킨 것처럼 원료의 공급 증대를 직접 촉진한다. 또 다른 한편으로 기계제품의 싼 가격과 운수·교통수단의 변혁은 외국시장을 정복하기 위한 무기가 된다. 기계제 생산은 타국의 수공업적 생산을 파멸시킴으로써 타국을 강제적으로 자기의 원료 생산지로 만든다. 그리하여 예컨대 인도는 영국을 위해 면화·양모·대마·황마·남색 염료 등을 생산하도록 강요당했다. 대공업은 그것이 확립된 모든 나라에서 노동자들을 끊임없이 '과잉인구'로 전환시킴으로써 해외 이민을 강화하며 타국의 식민지화를 촉진하는데, 이 식민지들은, 예컨대 호주가 양모 생산지로 전환되듯 종주국을 위한 원료 생산지로 전환된다. 주요 공업국들의 필요에 적합한 새로운 국제적 분업이 생겨나며, 이에 따라 지구의 어떤 부분은 [공업을 주로 하는 다른 부분을 위해] 농업을 주로 하는 지역으로 전환된다(마르크스, 2015a: 608~609).

다음으로, 산업순환 과정에서 노동자의 축출과 흡수 문제가 어떻게 나타나는지 살핀다.

공장제 생산의 방대한 비약적 확장력과 세계시장에 대한 그 의존성은 필연적으로 다음과 같은 순환(cycle) — 즉, 열병적인 생산과 그에 뒤이은 시장에 대한 과잉공급, 그리고 시장의 축소와 그에 따르는 생산의 마비 — 을 일으킨다. 산업의 생애는 중간 정도의 활황, 번영, 과잉생산, 공황, 침체라는 일련의 시기들로 구성된다. 기계가 노동자의 고용과 생활 형편에 주는 불확실성과 불안정성은 산업순환의 이러한 주기적 교체 때문에 일상적으로 생기게 마련이다. 번영기를 제외하고는 자본가들 사이에 시장에서 각자의 몫을 둘러싸고 맹렬한 투쟁이 벌어진다. 각자의 시장 몫은 생산물이 얼마나 싼가에 정비례한다. 이 때문에 노동력을 대체하는 개량된 기계의 사용과 새로운 생산방식의 도입에서 경쟁이 일어날 뿐 아니라, 어느 산업순환에서도 상품을 싸게 하려고 임금을 노동력의 가치 이하로 강제적으로 삭감하려고 시도하는 한 국면이 나타나게 된다.

따라서 공장 노동자 수가 증가하는 데 필요한 조건은 공장에 투하된 총자본이 상대적으로 훨씬 더 급속하게 증가해야 한다는 것이다. 그러나 이 노동자 수의 증가 과정은 산업순환의 호황과 불황에 의해 규정될 뿐 아니라 노동자들을 잠재적으로 대체하거나 그들을 실제로 축출하는 기술적 진보에 의해 끊임없이 중단된다(마르크스, 2015a: 611~612).

여기서 마르크스는 공황이나 산업순환 자체를 이론적으로 검토하기보다는 산업순환으로 인한 노동자의 축출과 흡수 문제에 한정시켜 살피고 있다. 공황 문제는 『자본론』 3권에서 본격적으로 다룬다. 마르크스는 역사적 사례로서 19세기 영국 면공업의 발달 과정과 산업순환 가운데 공장 노동자들이 얼마나 고통스러운 운명에 처하게 되었는가를 「공장 감독관 보고서」를 통해 구체적으로 보여준다. 이를 통해 '불황과 침체'가 '호황과 번영'보다 더 길어지고, 번영기에조차 과잉인구 때문에 성인 남성 노동자들은 대대적인 해외 이민을 요구할 만큼 실업의 고통에 시달렸음을 알 수 있다.

8) 제8절 「대공업이 매뉴팩처·수공업·가내공업에 미친 혁명적 영향」

제8절에서 마르크스는 매뉴팩처와 그 시대에 공존한 광범위한 수공업·가내공업이 기계제 대공업으로 이행하는 과정에서 어떤 변형을 거쳐 결국 '공장법'의 일반화에 따라 추세적으로 밀려나는지 살핀다. 매뉴팩처와 가내공업에도 기계가 부분적으로 도입되어, 각각 '근대적 매뉴팩처'와 '근대적 가내공업'으로 변형되는 '과도기'를 거치지만, 경쟁 때문에 결국 대공업으로 이행할 수밖에 없고, 이러한 이행 과정은 '공장법'의 적용이 확대되면서 촉진되었다.

마르크스는 먼저 생산력에서 수공업에 의거한 협업과 분업, 즉 매뉴팩처가 기계제 대공업의 경쟁 상대가 되지 않고, 결국 공장제 생산으로 이행할 수밖에 없다는 점을 제침기의 실례를 들어 밝힌다.

애덤 스미스에 따르면, 자기[매뉴팩처*] 시대에 10명이 분업에 의해 하루에 4만 8000개의 바늘을 만들었다고 한다. 그런데 이제는 단 한 대의 기계가 11시간의 1노동일에 14만 5000개를 만든다. 1명의 부인 또는 소녀가 그런 기계 4대를 관리하며, 하루에 약 60만 개 …… 를 생산한다. 단 한 대의 작업기가 협업 또는 매뉴팩처를 대체할 때, 그 작업기 자체가 이번에는 새로운 수공업적 생산의 토대가 될 수 있다. 그러나 기계를 토대로 하여 수공업적 생산이 재생되는 것은 공장제 생산으로 가는 과도기에 불과한데, 기계적 동력[증기 또는 물]이 인간의 근육을 대체해 기계를 운전하게 되면 공장제 생산이 나타나는 것이 보통이다(마르크스, 2015a: 620).

매뉴팩처와 가내공업에 기계가 도입되면서 과도기적 변형이 이루어져, 가내공업이 "공장, 매뉴팩처 또는 선대(先貸) 상인의 외부 부서"가 되는 과정, 즉 '근대적 매뉴팩처', '근대적 가내공업'의 등장을 살펴보자.

기계제 생산의 원리 ─ 즉, 생산과정을 그 구성 단계들로 분해하며 또 거기에서 생기는 문제들을 기계학·화학 등, 간단히 말해 자연과학을 응용해 해결한다 ─ 는 어디에서나 결정적 기능을 하게 된다. 그리하여 기계는 매뉴팩처에 침입해 때로는 이 부분과정, 때로는 저 부분과정에 적용된다. 이리하여 [종래의 분업에 기반을 두는] 부분과정들의 위계적 편성이 지닌 고정적 성격은 사라지고, 그 편성이 분해되어 끊임없는 변화가 일어난다. 이 점을 도외시하더라도 집단노동자 또는 결합된 노동 인원의 구성에 근본적인 변혁이 일어난다. 매뉴팩처 시기와는 반대로, 이제 분업은 [가능하다면 어디서나 부인, 각종 나이의 아동, 그리고 미숙련공, 간단히 말해 …… '값싼 노동'의 고용에 의거하게 된다. 이 점은 대규모 생산에만 …… 해당하는 것이 아니라 이른바 가내공업에도 …… 해당된다. 이 근대적 '가내공업'은 구식의 가내공업 …… 과는 명칭 외에는 아무런 공통점도 없으며, 이제 공장, 매뉴팩처 또는 선대 상인의 외부 부서가 되었다(마르크스, 2015a: 621~622).

마르크스는 "아일랜드의 런던데리에 있는 틸리 합명회사의 셔츠 공장은 1000명의 공장 노동자와 농촌에 산재한 9000명의 가내노동자를 고용하고 있다"(마르크스, 2015a: 622)라며 근대적 가내공업의 사례를 든다. 또한 이런 근대적 가내공업에서 뻔뻔스러운 초과착취가 가능했던 조건을 밝힌다.

　이른바 가내공업에서의 착취는 매뉴팩처의 착취보다 한층 더 뻔뻔스럽다. 왜냐하면, 노동자들의 반항 능력이 그들의 분산성으로 말미암아 감소하기 때문이고, 수많은 약탈적 기생자들이 본래의 고용주와 노동자 사이에 개입하기 때문이며, 가내공업은 항상 같은 생산부문의 기계제 생산 또는 적어도 매뉴팩처적 생산과 경쟁하지 않으면 안 되기 때문이고, 빈곤이 공간·햇빛·환기 따위의 노동자들에게 가장 필요한 노동조건들까지도 빼앗아가기 때문이며, 취업의 불규칙성이 증대하기 때문이고, 끝으로 [대공업과 대농업에서 쫓겨난] '과잉'인구의 이 마지막 피난처에서는 노동자들 사이의 경쟁이 필연적으로 최고도에 달하기 때문이다. [공장제도에 의해 비로소 체계적으로 실시되는] 생산수단 사용의 절약은 …… 가내공업에서 그 적대적이고 살인적인 측면을 최고도로 드러내고 있다(마르크스, 2015a: 622~623).

마르크스는 근대적 매뉴팩처와 근대적 가내공업의 구체적인 실례를 들어 하루 14~16시간의 살인적인 장시간 노동, 극도로 열악한 작업환경, 그리고 그런 악조건에서 아동들이 음주와 도덕적 타락 등으로 견뎌가는 모습을 생생하게 폭로한다. 「아동노동 조사위원회 보고서」는 레이스를 생산하는 근대적 가내공업의 경우 "압도적 다수는 부인과 남녀 미성년자 및 아동"인데, 이들의 일은 "진짜 노예노동과 같다"(마르크스, 2015a: 630)라고 밝히고 있다. "가난에 쪼들리는 타락한 부모들은 자기 아이들로부터 가능한 한 더 많이 짜내는 것 이외에는 아무것도 생각하지 않는다. 아이들이 자라서 부모를 업신여기며 부모를 버리는 것은 당연하다"(마르크스, 2015a: 633)라고까지 말한다.

마르크스는 근대적 매뉴팩처와 근대적 가내공업은 이런 과도노동 또는 초과착취가 더 이상 강화될 수 없는 어떤 자연적 한계에 부닥쳐 대공업으로 이행될 수밖에 없었다고 분석한다.

여성 노동력과 미성년 노동력의 순수하고 완전한 남용, 모든 정상적 노동조건과 생활조건의 박탈, 과도한 노동과 야간 노동의 잔인성 따위에 의한 노동력의 저렴화는 결국 그 이상 넘을 수 없는 어떤 자연적 한계에 부닥친다. 이와 함께 이런 방식에 의거한 상품의 저렴화와 자본주의적 착취 일반도 또한 이 자연적 한계에 부닥친다. 마침내 이 한계점에 도달하게 되재그렇게 되기까지는 오랜 시간이 걸리지만] 기계를 도입하지 않을 수 없게 되고, 분산된 가내공업과 매뉴팩처를 공장제 생산으로 급속히 전환시키지 않을 수 없게 되었다(마르크스, 2015a: 633~634).

마르크스는 모자, 부인복, 내의, 구두, 장갑 등 의류품 생산에서 재봉기가 발명되고 증기기관을 사용함으로써 어떻게 다양한 과도적 형태들이 공장제 생산으로 전환하는지 실례로 보여준다. "생산수단 변혁의 필연적 산물인 사회적 생산방식의 변혁은 다양한 과도적 형태들의 혼합 속에서 이루어"지고, 그 과도적 형태들은 "재봉기가 이러저러한 공업부문을 이미 장악한 범위", "매뉴팩처·수공업·가내공업의 비중"(마르크스, 2015a: 637) 등 여러 요인에 따라 변화하지만, "과도적 형태들이 비록 다양하다 하더라도 그들은 진정한 공장제 생산으로 전환하는 경향을 감추지는 못한다"(마르크스, 2015a: 638)라고 분석한다.

과도적 형태들이 공장제 생산으로 이행하는 과정은 '공장법'의 적용이 확대되면서 인위적으로 촉진되었다.

자연발생적으로 수행되는 이 산업혁명은, 또한 여성·미성년자·아동이 노동하고 있는 모든 공업부문으로 공장법의 적용이 확대됨으로써 인위적으로 촉진된다. 노동일의 길이, 휴식, 작업의 시작 시간과 끝나는 시간, 아동의 교대제도 등에 관한 강제적 규제, 그리고 일정한 나이 미만의 모든 아동의 고용 금지 등은 더 많은 기계의 사용을 필요하게 하며, 동력으로서 근육을 증기로 교체할 것을 자극한다. 다른 한편, 시간에서 잃은 것을 공간에서 얻으려는 경향은 공동으로 이용하는 생산수단[난로, 건물 등]의 확장을 가져온다. 즉, 한곳에 생산수단이 더욱 집적되고 이에 따라 노동자들의 집결이 강화된다. 공장법에 의해 위협받는 매뉴팩처가 격렬하게 반복하는 최대의 항의는, 공장법의 적용을 받으면서 사업을 종전의 규모로 계속하려면 더욱 큰 투자가 필요하다는 것이다. 그러나 매뉴팩처와 가내공업 사이의 중간 형태들과 가내공업 그 자체에 관해 말한다면, 그들은 노동일과 아동노동 고용에 제한이 가해지면 몰락해버린다는 점이다. 값싼 노동력의 무제한 착취가 그들 경쟁력의 유일한 토대를 이루기 때문이다(마르크스, 2015a: 639~640).

마르크스는 '공장법'의 실시가 자본가들이 "자연이 부과하는 영원한 장애"(마르크스, 2015a: 641)로 여긴 '자연적 장애'를 모두 제거했다는 점을 확인한다.

영국 의회 …… 는 경험에 의해, 생산과정의 성질이 노동일의 제한과 규제를 불가능하게 한다는 이른바 '자연적 장애'의 모두를 하나의 단순한 강제법에 의해 일소할 수 있다는 결론에 도달했다(마르크스, 2015a: 642~643).

물론 자본가들은 '자연적 장애'가 아닌 이런 기술적 장애를 제거하는 데 더 많은 투자를 필요로 했다.

공장법이 이와 같이 매뉴팩처 제도를 공장제도로 전환시키는 데 필요한 물질적 요소들을 인위적으로 빨리 성숙시키지만, 그와 동시에 그것은 투자의 증대를 필요하게 함으로써 소규모 장인들의 몰락과 자본의 집적을 촉진한다(마르크스, 2015a: 643).

마르크스는 근대적 매뉴팩처 등 과도적 형태들이 공장제 생산으로 이행하는 것이 '공장법'의 강제에 의해 인위적으로 촉진되는 과정을 자세히 추적하며, 말미에 그런 모든 변혁이 "노동시간을 강제적으로 규제하는 '의회 일반법의 압력 아래에서만'"(마르크스, 2015a: 647) 자본가들에게 받아들여졌다는 점을 다시 한 번 강조한다. 이는 표준노동일 제정을 중심으로 한 '공장법' 자체가 계급투쟁에 의해 사회적으로 강제될 경우에만 자본가들에게 받아들여진 것과 똑같다.

마르크스가 19세기에 공장제 생산 이전의 과도적 형태들에서 극단적으로 나타났다고 분석한 바 있는 '과도노동'은 오늘날 21세기 세계자본주의에서도 제3세계와 선진국에 여전히 나타난다. 그 이유는 19세기와 똑같다. 나이키 신발, 축구공 등이 제3세계에서 무제한적 아동노동 착취로 생산되는 것은 대부분의 제3세계 나라들에는 '공장법'처럼 노동권을 보호하는 사회적 입법이 없기 때문이다. 노동권을 보호하는 사회적 입법이 있는 선진국 일부에 잔존하는 과도노동은 주로 불법 이주노동자를 대상으로 불법적인 형태로 이루어진다.

이처럼 초과이윤에 대한 자본의 갈망은 자본의 본성이기 때문에 '과도노동'과 과도적 형태들의 존재는 기술적 요인이나 선진국/제3세계 여부로 규정되는 것이 아니며, 어느 시대에나 사회적 요인, 즉 노동권을 보호하는 사회적 입법으로 표현되는 계급 간 세력관계(또는 힘 관계)에 의해 규정된다는 점을 알 수 있다.

9) 제9절 「공장법의 보건·교육 조항. 영국에서 공장법의 일반적 확대 적용」

제9절에서 마르크스는 '공장법'의 보건·교육 조항을 상세히 검토하는 한편, 영국에서 '공장법'의 일반적 확대 적용이 가져온 결과를 일반화해, 자본주의의 모순이 심화되는 과정에서 오히려 자본주의를 극복할 조건이 형성되고 있음을 밝혀낸다. '공장법'의 보건·교육 조항을 검토해 대공업의 기술적 토대와 그 자본주의적 형태 사이의 모순을 날카롭게 찾아냄으로써, 노동자가 '부분적으로 발달한 개인'에서 '전면적으로 발달한 개인'으로 대체되도록 요구받는다는 점을 논증하고, 노동력 재생산을 담당하는 가족제

도의 중요한 변화를 포착한다.

그는 먼저 "공장법은 생산과정의 자연발생적 발전 형태에 대한 사회의 최초의 의식적이며 계획적인 반작용인데, 이것은 우리가 이미 본 바와 같이 면사·자동기계·전신과 마찬가지로 대공업의 필연적인 산물이다"(마르크스, 2015a: 647~648)라며 '공장법'을 '역사적 필연성'으로 파악한다.[6]

마르크스는 노동자의 생명과 건강을 지키기 위한 작업환경 개선, 산업재해·직업병 예방을 위한 투자에 무관심한 자본주의적 생산양식의 특징을 "매우 간단한 청결·보건 규정의 준수도 의회 법률에 의거해야 한다는 사실"(마르크스, 2015a: 649)에서 가장 명백히 볼 수 있다고 비판한다. 마르크스는 '공장법'의 보건 조항이 "자본주의적 생산양식은 그 본질로 보아 일정한 한계를 넘으면 어떤 합리적 개량도 하지 않는다는 것"(마르크스, 2015a: 649)을 뚜렷이 보여준다며 '공장법' 보건 조항의 한계를 지적한다.

반면 마르크스는 '공장법'의 교육 조항이 "대체로 빈약한 것이지만 초등교육을 아동 고용의 의무 조건으로 선언"했고, "이 조항들이 성공을 거둠으로써, 교육과 체육을 육체노동과 결합시키는 것의 가능성, 따라서 육체노동을 교육·체육과 결합시키는 것의 가능성이 처음으로 입증되었다"(마르크스, 2015a: 650~651)라고 평가한다. 그리고 14세 미만 자녀가 초등교육을 받지 않았을 경우 부모가 자녀를 그 법의 통제를 받는 공장에 보낼 수 없게 하고, 공장주는 고용 아동의 초등교육을 의무화한 '공장법' 교육 조항의 긍정적 효과에 주목한다.

로버트 오언이 상세하게 지적하고 있는 바와 같이, 공장제도로부터 미래의 교육의 싹이 나오고 있다. 이 교육은 일정한 연령 이상의 모든 아동들에게 생산적 노동을 학업·체육과 결합시키게 될 것인데, 이것은 생산의 능률을 올리기 위한 방법일 뿐 아니라 전면적으로 발달한 인간을 키우기 위한 유일한 방법이기도 하다(마르크스, 2015a: 652).

아울러 대공업에서의 자본주의적 분업도 매뉴팩처와 마찬가지로 '부분적으로 발달한 개인'을 만들어낸다는 부정적 측면을 분석한다.

대공업은 [각 인간을 어떤 한 부분작업에 일생 동안 묶어두는] 매뉴팩처적 분업을 기술적으로 타파한다. 그러나 그와 동시에 대공업의 자본주의적 형태는 그 분업을 더욱 괴상한 것으로 재생산한다. 즉, 진정한 공장 안에서는 노동자를 기계의 의식 있는 부속물로 전환시킴으로써, 그리고 진정한 공장 이외의 모든 곳에서는 기계와 기계취급노동자를 드문드문 사용함으로써, 그리고 분업의 새로운 토대로서 부인·아동·미숙련공의 노동을 도입함으로써, 분업을 괴상한 형태로 재생산한다. …… 즉, 근대적 공장과 근대적 매뉴팩처에 고용된 아동들의 대부분은 매우 어릴 때부터 가장 단순한 작업에 묶여 여러 해 착취당하면서도 나중에 동일한 공장에서라도 유용한 어떤 기능 하나도 배우지 못한다. …… (마르크스, 2015a: 652~653).

다른 한편, 대공업은 생산과정 자체를 체계적으로 분할하는 근대적 과학인 기술공학(technology)을 발전시켰다.

18세기에 이르기까지 각각의 직업을 '비법'이라고 불렀고, 오직 경험적으로 또 직업적으로 통달한 사람들만이 그 비법을 체득할 수 있었다는 점이다. 대공업은 이런 장막 — 즉, 인간에게 자기 자신의 사회적 생산과정을 은폐하고, 또 자연발생적으로 분화된 각종 생산부문들을 외부 사람뿐 아니라 그 부문의 상속자들에 대해서까지 수수께끼로 만든 그 장막 - 을 찢어버렸다. 대공업의 원리 - 즉, 각 생산과정을 그 자체로서 파악하며 그것을 구성 운동들로 분해하는 것 …… -는 새로운 근대적 과학인 기술공학을 낳았다. 사회적 생산과정의 다양하고 언뜻 보기에 내부 관련이 없는 듯한 고정된 형태들은 자연과학의 의식적이고 계획적인 응용을 위해 분해되었고, 특정한 유용 효과를 얻기 위해 체계적으로 분할되었다(마르크스, 2015a: 655).

마르크스는 이어 "기술공학은, 또한 비록 사용되는 도구들은 다양하더라도, 인체의 모든 생산적 활동이 필연적으로 취하게 되는 소수의 주요 기본 운동형태들을 발견"(마르크스, 2015a: 656)했다고 서술한다. 이는 19세기 말과 20세기 초에 등장한 '테일러주의(과학적 관리)'의 '동작연구'와 '시간연구'를 선취한 것으로 보인다. 또한 그는 기술공학의 발전을 바탕으로 한 대공업의 기술적 토대와 그 자본주의적 형태 사이의 모순을 찾아낸다.

근대적 공업은 결코 어떤 생산과정의 기존 형태를 최종적인 것으로 보지도 않으며 그렇게 취급하지도 않는다. 그러므로 종전의 모든 생산방식은 본질적으로 보수적이었지만 근대적 공업의 기술적 토대는 혁명적이다. 근대적 공업은 기계, 화학적 과정, 기타 방법들에 의해 생산의 기술적 토대뿐 아니라, 노동자의 기능과 노동과정의 사회적 결합들을 끊임없이 변혁시키고 있다. 따라서 근대적 공업은 또한 사회 안의 분업도 변혁시키며, 대량의 자본과 노동자를 한 생산부문에서 다른 생산부문으로 끊임없이 이동시킨다. 그러므로 대공업은 본성상 노동의 전환성(variation), 기능의 유동성(fluidity), 노동자의 전면적인 이동성(mobility)을 필요로 한다. 그러나 다른 한편 대공업은 그 자본주의적 형태에서는 종래의 분업을 그 고정된 특수성을 가진 채로 재생산한다(마르크스, 2015a: 656).

마르크스는 이 모순을 "대공업의 기술적 필요성과 대공업의 자본주의적 형태에 내재하는 사회적 특성 사이의 절대적 모순"으로 파악하며, 이 모순이 공황을 통해 그 해결책(노동의 전환성 또는 전면적으로 발달한 개인)을 강요한다고 본다.

이 모순은 노동자계급의 끊임없는 희생과 노동력의 한없는 낭비와 사회적 무정부성의 파괴적인 영향이라는 형태로 자기를 드러내고 있다. 이것은 부정적 측면이다. 그러나 노동의 전환성은 한편으로는 지금 불가항력적인 자연법칙으로서, 그리고 자연법칙의 맹목적 파괴 작용[도처에서 저항에 부딪힌다]을 동반하면서 실현되고 있지만, 다른 한편으로 대공업은 노동의 전환성[따라서 노동자가 다양한 종류의 노동에 최대로 적합하게 되는 것, 또는 노동자의 다양한 능력을 가능한 최대한도로 발전시키는 것]을 기본적 생산법칙으로 인정하라고 자기의 파국[공황: 역자]을 통해 강요하고 있다. 따라서 노동 전환의 이런 가능성은 사회적 생산의 일반법칙이 되어야 하며, 기존 관계들은 이것이 현실적으로 실현될 수 있도록 개조되어야만 한다. 자본주의적 착취의 탐욕을 항상 충족시켜주기 위해 비참한 상태에 묶어두고 있는 산업예비군이라는 괴물은 어떤 종류의 노동이라도 절대적으로 할 수 있는 개인으로 대체되어야만 한다. 즉, 부분적으로 발달한 개인[그는 다만 하나의 특수한 사회적 기능의 담당자일 뿐이다]은 전면적으로 발달한 개인[그에게는 각종의 사회적 기능은 그가 차례차례로 행하는 각종의 활동 방식에 불과하다]에 의해 대체되어야 한다(마르크스, 2015a: 657~658).

마르크스는 대공업의 기술적 필요성과 대공업의 자본주의적 형태 사이의 이 절대적 모순에 대해, 자본주의에서는 결코 충분한 해결책을 찾지 못하며 자본주의를 지양한 새로운 사회에서 "이론과 실천이 병행하는 기술교육"에 의해 해소될 것이라고 전망한다.

> 대공업에 기반을 두고 자연발생적으로 발전한 이 변혁 과정의 한 요소는 공업학교와 농업학교이며, 다른 요소는 '직업학교'[여기에서는 노동자의 자녀들이 기술공학과 각종 노동도구의 실제 사용법에 관해 약간의 수업을 받는다]다. 자본으로부터 쟁취한 최초의 빈약한 양보인 공장법은 초등교육을 공장 노동과 결합시키는 데 불과하지만, 노동자계급이 불가피하게 정권을 장악했을 때는 이론과 실천이 병행하는 기술 교육이 노동자 학교에서 마땅한 자리를 차지하게 될 것은 의심의 여지가 없다. 또한 이와 같은 혁명의 효소들―이것들의 목표는 종래의 분업을 철폐하는 것이다―은 자본주의적 생산형태와 이것에 어울리는 노동자의 경제적 상태와는 전적으로 모순된다는 것도 의심의 여지가 없다. 그러나 **어떤 생산양식과 그에 조응하는 사회조직이 그 해체와 변혁을 향해 나아가는 유일한 현실적인 길은 그 내재적 적대의 역사적 발전이다. 이것은 낙관론적 또는 사회주의적 공론가가 이해하려 하지 않는 역사적 운동의 비밀이다**(마르크스, 2015a: 657~658).[7][*]

한국은 대학 교육이 일반화되어 있는데, 최근의 추세로 본다면 자본은 대학 교육에 모순된 요구를 하는 것으로 나타난다. 한편으로 자본이 당장 필요로 하는 실무 기능 교육을 대학에서 담당해주기를(실무 기능적 인간형) 요구하면서, 다른 한편으로는 창의력 있는 노동력을 육성하도록(전인적 인간형) 요구한다. 그래서 대학은 한편으로 기초 인문사회과학을 폐지하고

공대·경영대 등 실무 기능 교육을 강화하면서, 다른 한편으로 '통섭 학문'
이나 '융합 교육'의 필요성을 제기하는 등 모순적인 대응을 보여주고 있다.
그 결과, 인문학과 공학을 결합한 교육과정이 등장했다. 이는 자본의 이윤
추구에 필요한 기능적 창의력을 양성하려는 것으로, 기괴하고 모순적인
결합이다.

다음으로, 마르크스는 대공업과 '공장법'이 기존 가족제도의 경제적 토
대를 무너뜨려 종래의 가부장제를 해체하고 아동권을 인정한 것에 대해
분석한다.

> 공장법이 이른바 가내노동을 규제하게 되면 그것은 곧 부권(父權)[즉, 근
> 대적 용어로 말하면 친권(親權)]에 대한 직접적 침해로 나타난다. 그리하여
> 다정한 영국 의회는 이러한 규제 조치를 취하는 것을 오랫동안 망설이는 체
> 했다. 그러나 대공업은 종래의 가족제도의 경제적 토대와 이에 어울리는 가
> 족노동을 붕괴시킴으로써 종래의 가족관계까지도 해체하게 되었으므로, 의
> 회는 이 현실을 인정하고, 아동의 권리를 선언하지 않을 수 없었다(마르크
> 스, 2015a: 659).

> "불행하게도 남녀 아동을 어느 누구보다도 그 부모들로부터 보호할 필요
> 가 있다는 것이 모든 증언에 의해 명백하다." (아동노동 일반, 특히 가내 아
> 동노동을 무제한 착취하는 제도는) "부모가 어리고 연약한 자기 자녀들에게
> 자기 마음대로 해로운 권력을 아무런 구속도 통제도 받지 않고 행사함으로
> 써만 유지된다. …… 부모가 자기 자녀들을 매주 얼마간의 임금을 얻기 위
> 한 단순한 기계로 만들 절대권을 가져서는 안 된다. …… 아동과 미성년자
> 는 자기들의 체력을 너무 일찍부터 파괴하며 자기들의 도덕적·지적 수준을

저하시키는 모든 것으로부터 자기들을 보호해줄 것을 하나의 자연권으로서 정당하게 의회에 요구할 수 있다"(마르크스, 2015a: 659~660).

여기서도 마르크스는 대공업에 의한 가부장제도 해체의 긍정적 측면에 주목하고, 대공업이 좀 더 높은 형태의 가족제도를 위한 새로운 경제적 토대를 창조했음을 밝힌다.

자본이 미성숙 노동력을 직접적 또는 간접적으로 착취하게 된 것은 친권의 남용 때문이 아니다. 오히려 이와 반대로 자본주의적 착취 방식이야말로 친권에 어울리는 경제적 토대를 제거함으로써 친권을 남용하게 만든 것이다. 그런데 자본주의 체제 안에서 종래의 가족제도의 붕괴가 아무리 무섭고 메스껍게 보일지라도, 대공업은 가정 영역 밖에 있는 사회적으로 조직된 생산과정에서 부인·미성년자·남녀 아동에게 중요한 임무를 부여함으로써, 가족과 남녀관계의 더 높은 형태를 위한 새로운 경제적 토대를 창조하고 있다. …… **남녀노소의 개인들로 집단적 노동자가 구성되어 있다는 사실은 자본주의적 지배 아래에서의 퇴폐와 노예 상태의 원천이지만 새로운 사회적 진화의 싹을 자기 자신 안에 품고 있다. 역사에서도 자연에서와 마찬가지로 부패는 생명의 실험실이다**(마르크스, 2015a: 660).[8][*]

마르크스는 '공장법'의 교육·보건 조항에 대한 분석을 통해 노동의 전환성을 둘러싼 모순과 가부장제도의 해체를 분석한 후, '공장법'의 확대 적용이 가져온 일반적 효과를 탐색한다. 먼저 '공장법'이 일반화하게 된 결정적 요인으로 두 가지를 든다. 첫째는 "자본은 사회의 어떤 한 지점에서 국가의 통제를 받게 될 때는 다른 모든 지점들에서 더욱더 무모하게 보상을 받으려고 한다는 끊임없이 반복되는 경험적인 사실 때문"이다. '공장법'의 적용을 받지 않은 근대적 매뉴팩처, 근대적 가내공업에서 나타나는 부인·미성년자·아동에 대한 과도노동과 초과착취를 들 수 있다. 둘째는 "자본가 자신이 경쟁 조건의 평등, 즉 노동 착취에 대한 규제의 균등화를 요구하고 있다는 사정 때문"(마르크스, 2015a: 661)이다.

마르크스는 '공장법'이 일반화되는 영국의 사례를 상세히 기록한 후, '공장법' 일반화의 효과에 대해 "자본주의적 형태의 모순과 적대"를 격화하고, "새로운 사회를 형성할 요소들과 함께 낡은 사회의 파괴적 힘들을 동시에 발전시킨다"라고 결론 내린다.

> 노동자계급의 육체와 정신의 보호 수단으로서 공장법의 일반화가 불가피한 것으로 되었다면, 다른 한편 이 일반화는 …… 다수의 분산된 소규모 사업체들이 소수의 결합된 대규모 사업체로 전환하는 것을 촉진하며, 따라서 자본의 집적과 공장제도의 배타적 지배를 강화한다. 공장법의 일반화는 [자본의 지배가 아직도 부분적으로 은폐되고 있는] 낡은 형태들과 과도적 형태들을 파괴하고, 자본의 직접적이고 노골적인 지배로 대체하기 때문에, 자본의 지배에 대한 직접적인 투쟁도 일반화한다. 또한 공장법의 일반화는 개별 작업장에서 균일성·규칙성·질서·절약을 강요하지만, 다른 한편으로 노동일의 제한과 규제가 기술 개량에 준 강력한 자극을 통해 자본주의적 생산 전체의 무정부성과 파국, 노동강도, 그리고 기계와 노동자 사이의 경쟁을 증대시킨다. 더욱이 공장법의 일반화는 소규모 가내공업을 붕괴시킴으로써 '과잉인구'의 마지막 피난처를 파괴하며, 따라서 또 사회 기구 전체의 지금까지 내려온 안전판을 제거한다. 결국 공장법의 일반화는 **생산의 물질적 조건과 사회적 결합과 함께 그 자본주의적 형태의 모순과 적대를 발전시킴과 동시에,**

새로운 사회를 형성할 요소들과 함께 낡은 사회의 파괴적 힘들도 발전시킨다
(마르크스, 2015a: 679).[9][*]

한편 마르크스는 이 제9절에서 기계제 대공업의 '자본주의적 형태'를 언급함으로써, 자본주의를 극복한 '새로운 사회'에서 기계제 대공업은 어떠해야 하는지, 즉 기계제 대공업의 '사회주의적 형태'는 어떠해야 하는지의 문제를 암묵적으로 제기한다. 현실의 기계제 대공업의 모순과 폐해가 그것의 '자본주의적 형태'에서 비롯된 것이라면, 그것을 극복한 '사회주의적 형태'에서 기계와 대공업은 어떠해야 하는가라는 문제, 즉 사회주의적 형태의 기술과 노동의 조직 방식은 과제로 남겨졌다.

10) 제10절 「대공업과 농업」

마르크스는 제10절에서 대공업이 농업에 미친 영향을 매우 간략하게 언급하며 인간과 자연의 관계에 대한 매우 중요한 문제를 제기한다. "농업 분야에서 대공업은 낡은 사회의 보루인 '소경영 농민'을 파멸시켜 임금노동자로 전환시킨다는 의미에서 다른 어느 분야보다도 더욱 혁명적인 영향을 미치기" 때문에 대공업은 농촌에서도 도시에서와 마찬가지로 "사회적 변혁의 요구와 계급적 대립"을 격화한다고 지적한다(마르크스, 2015a: 681~682).

자본주의적 생산은 인구를 끊임없이 도시로 집중시키는데, 이는 "한편으로 사회의 역사적 동력을 집중시키고, 다른 한편으로 인간과 토지 사이의 물질대사를 교란"한다. 그리하여 "자본주의적 생산은 도시 노동자의 육체적 건강과 농촌 노동자의 정신생활을 다 같이 파괴한다"(마르크스, 2015a:

682). 마르크스는 이런 기본적 추론에 바로 이어 20세기 말부터 전면화된 지구 차원의 생태 위기를 내다보는 듯한 전망을 내놓는다.

> 자본주의적 생산은 물질대사의 유지를 위한 자연발생적 조건을 파괴한 뒤에야 비로소, 물질대사를 사회적 생산을 규제하는 법칙으로서 그리고 인류의 완전한 발전에 적합한 형태로 체계적으로 재건할 것을 절박하게 요구한다(마르크스, 2015a: 682).

마르크스는 근대적 도시공업과 비교하며 근대적 농업은 노동자뿐 아니라 토지도 파괴한다고 결론 내린다.

> 근대적 도시공업에서와 같이 근대적 농업에서도 노동생산성의 향상과 노동량의 증가는 노동력 자체의 낭비와 파괴에 의해 얻어진다. 더욱이 자본주의적 농업의 모든 진보는 노동자뿐 아니라 토지를 약탈하는 방식의 진보이며, 일정한 기간에 토지의 비옥도를 높이는 모든 진보는 비옥도의 항구적인 원천을 파괴하는 진보다. …… 따라서 자본주의적 생산은 모든 부의 원천인 토지와 노동자를 동시에 파괴한 뒤에야 비로소, 각종 생산과정들을 하나의 사회 전체로 결합하여 새로운 기술을 발전시키게 된다(마르크스, 2015a: 683~684).

8장

제5편 절대적·상대적 잉여가치의 생산

마르크스는 제3편과 제4편에서 각각 절대적 잉여가치의 생산과 상대적 잉여가치의 생산을 나누어 분석했다. 그런데 이렇듯 개념적으로 구별한 두 가지 잉여가치 생산이 현실의 자본주의적 생산에서는 동시에 이루어진다. 따라서 제5편에서는 두 잉여가치 생산을 통일적으로 파악하는 절대적·상대적 잉여가치의 생산을 분석한다. 자본주의적 생산의 발전 과정에서 표준노동일의 제정에 따라 절대적 잉여가치 생산에서 상대적 잉여가치 생산으로 그 중점이 이동했듯이, 두 잉여가치 생산방법은 자본가의 입장에서 잉여가치율을 높이려 할 때 실제적이고 전략적인 선택의 문제다. "노동의 생산성과 표준강도가 주어져 있는 경우, 잉여가치율은 노동일의 절대적 연장에 의해서만 높일 수 있고", "노동일의 길이가 주어져 있는 경우 …… 그 상대적 크기의 변동은 노동생산성 또는 노동강도의 변동을 전제해야"(마르크스, 2015a: 691) 하기 때문이다. 잉여가치 생산방법에 대한 마르크스의 개념적 구별 자체가 이러한 자본의 잉여가치 생산 전략과 잉여가치 생산방법의 역사적 변화를 개념적으로 포착한 것이라 할 수 있다.

마르크스는 제16장에서 자본주의 사회에서 "생산적 노동"의 본질적 규정은 "잉여가치를 생산하는 노동"임을 명확히 밝히고, 잉여가치 생산의 전제라 할 수 있는 노동생산성 문제를 역사적 맥락에서 검토한다. 제17장에서는 노동일 길이, 노동강도, 노동생산성이라는 세 변수를 통해 현실의 자본주의적 생산이 절대적·상대적 잉여가치를 어떻게 생산하는지에 관한 몇 가지 주요한 경우를 구체적으로 살펴본다. 제18장에서는 잉여가치율을 표시하는 여러 방식의 의미를 비판적으로 검토한다.

1. 제16장 「절대적·상대적 잉여가치」

제16장에서 마르크스는 자본주의적 생산에서 '생산적 노동'과 '생산적 노동자'의 개념 규정부터 논의하기 시작한다. 그다음에 절대적 잉여가치 생산과 상대적 잉여가치 생산을 구별하는 것의 의미를 다시 확인하고, "엄밀한 의미의 자본주의적 생산양식"이라 할 수 있는 상대적 잉여가치 생산을 위한 노동생산성 발전의 의미를 역사적으로 고찰한다.

마르크스는 제7장 「노동과정과 가치증식과정」에서 논의한 '생산적 노동'에 대한 규정을 노동과정 측면에서 확장하고, 가치증식과정 측면을 추가한다. 제7장에서는 생산관계와 무관한 일반적인 추상적 노동과정, 즉 인간과 자연의 관계에서 인간에 유용한 사용가치(즉, 유용물)를 생산하는 노동을 '생산적 노동'으로 규정했다. "노동과정 전체를 그 결과인 생산물의 관점에서 고찰하면, 노동수단과 노동대상은 생산수단으로 나타나고, 노동 그 자체는 생산적 노동으로 나타난다"(마르크스, 2015a: 241~242)라고 말이다. 이제 자본주의적 생산관계하의 노동과정, 즉 자본주의적 노동과정을 고찰하게 되면, 자본주의적 생산의 기본 형태인 협업에 의해 생산자는 '개인적 노동자'에서 '집단적 노동자'로 전환되기 때문에 '생산적 노동' 규정이 달라져야 한다.

노동과정에서 '생산적 노동' 규정도 이제 노동자 개인이 직접적 생산자인지 여부가 아니라 그가 "집단적 노동자의 일원"인지 여부를 따지는 것으로 바뀐다. 사무직이나 연구직 노동자처럼 직접적 생산자가 아닌 노동자의 노동도 그 노동자가 "집단적 노동자의 일원"이라면 '생산적 노동'으로 규정되는 것이다. 자본주의적 생산에서 생산물은 '개인적 노동자'의 '직접적 생산물'로부터 '집단적 노동자의 공동 생산물'로 전환되기 때문이다. 즉,

노동과정에서의 '생산적 노동' 규정이 '개인적 노동자'에 관한 것에서 '집단
적 노동자'에 관한 것으로 확장된다.

> 개개의 인간은 자기 자신의 두뇌로 자기 자신의 근육을 운동시키지 않고
> 서는 자연을 이용할 수 없다. 인체에서는 머리와 손이 짝이 되어 활동하듯
> 이, 노동과정에서는 정신적 노동과 육체적 노동이 결합되어 있다. 나중에 가
> 서는 이 두 개가 분리되고 심지어는 적대적으로 대립하게 된다. 일반적으로
> 생산물은 개인적 생산자의 직접적 생산물로부터 하나의 사회적 생산물, 또
> 는 집단적 노동자 ─ 각각의 노동자가 노동대상의 처리에 직접적이든 간접적
> 이든 참여하는 결합된 노동자들 ─ 의 공동 생산물(joint product)로 전환된
> 다. 그러므로 노동과정의 협업적 성격이 더욱더 강화됨에 따라 필연적으로
> 생산적 노동의 개념, 그리고 그 담당자인 생산적 노동자의 개념도 확장된다.
> 생산적으로 노동하기 위해 이제는 더 이상 자신이 직접 노동대상에 손을 댈
> 필요는 없으며, 집단적 노동자의 일원이 되어 그 부분 기능의 하나를 수행하
> 면 충분하다. 생산적 노동에 관해 위에서 말한 최초의 규정은 물질적 생산
> 자체의 성질로부터 도출된 것인데, 그 규정은 전체로서 본 집단적 노동자에
> 대해서는 여전히 타당하다. 그러나 그 규정은 개별적으로 본 각각의 구성원
> 에 대해서는 이미 타당하지 않다(마르크스, 2015a: 687~688).

자본주의적 생산은 실제로 '집단적 노동자'에 의해 수행되므로 생산직
노동자만이 아니라 그 생산에 간접적으로 참여하는 사무직·연구직 노동
자의 노동도 '생산적 노동'이고, '집단적 노동자'에 포함된 노동자는 모두
'생산적 노동자'다.

다음으로, 자본주의적 생산은 "상품의 생산일 뿐 아니라 본질적으로 잉

여가치의 생산"(마르크스, 2015a: 688)이기 때문에 가치증식과정으로서 자본주의적 생산과정의 '생산적 노동' 개념에는 잉여가치를 생산해야 한다는 규정이 추가되어야 한다. 자본주의적으로 생산된 상품의 가치 속에는 잉여가치가 포함되어 있다. 즉, 자본주의적 상품에는 자본주의적 생산관계가 포함되어 있다. 이에 따라 '생산적 노동' 또는 '생산적 노동자' 개념에 이런 자본주의적 생산관계 규정이 추가되는 것이다.

노동자는 자신을 위해 생산하는 것이 아니라 자본을 위해 생산한다. 그러므로 그가 무엇인가를 생산한다는 것만으로는 충분하지 않으며, 잉여가치를 생산하지 않으면 안 된다. 자본가를 위해 잉여가치를 생산하는 노동자, 또는 자본의 가치증식에 기여하는 노동자만이 생산적이다. 물질적 생산 분야 밖의 예를 든다면, 학교 교사는 학생들의 두뇌를 훈련시킬 뿐 아니라 학교 소유자의 치부(致富)를 위해 헌신하는 경우에만 생산적 노동자다. 학교 소유자가 자기의 자본을 소시지 공장에 투자하지 않고 교육 공장에 투자했다는 사실은 여기에서는 전혀 중요하지 않다. 그러므로 생산적 노동자 개념은 노동 활동과 그 유용효과 사이의 관계, 즉 노동자와 그의 노동생산물 사이의 관계를 내포할 뿐 아니라, 노동자를 자본의 직접적 가치증식 수단으로 만드는 특수한 사회적·역사적 생산관계도 내포한다. 따라서 생산적 노동자가 되는 것은 행운이 아니라 불운이다(마르크스, 2015a: 688).

그러므로 자본주의 사회에서 쌀을 생산해 시장에 내다 파는 농부(자영업자)의 노동은 상품을 생산하는 노동(즉, 가치를 형성하는 노동)이지만 '생산적 노동'은 아니다. 자본주의적 생산관계 아래 임노동자로서 잉여가치를 생산하지는 않기 때문이다. 이처럼 마르크스의 '생산적 노동' 개념은 통상적인 '생산적 노동' 개념("무엇인가를 생산한다는 것")과 다르다는 점을 유의해야 한다. 마르크스의 논의에서는 자본주의적 생산관계 아래 임노동자(집단적 노동자)의 노동만이 '생산적 노동'이고, 임노동자만이 '생산적 노동자'다.

마르크스는 '생산적 노동' 문제를 『잉여가치학설사(Theorien über den Mehrwert)』에서 상세히 고찰하고, 『자본론』 2권에서도 다룬다. 『자본론』 2권에서 마르크스는 같은 비물질적 생산이라 하더라도, 금융과 순수 유통업은 어떤 가치나 잉여가치도 생산하지 않으므로 '비생산적 노동'으로 분류하는 반면, 커뮤니케이션·운수 노동은 '생산적 노동'으로 분류한다(마르크스, 2015b: 62~64). 서비스 노동이 '생산적 노동'인지 여부는 마르크스 이후 마르크스주의 내부에서 상당한 논쟁거리가 되고 있다. 여기서 이 논쟁의 복잡한 내용을 검토할 수는 없지만, 앞의 인용문에서 교사의 노동은 사립학교의 경우 자본에 고용된 '생산적 노동'이지만, 공립학교의 경우 '생산적 노동'이 아니게 되듯이, 생산적 노동 문제가 단순하지 않다는 점만 지적하겠다. 마르크스 당대에는 자본에 의한 재화 생산이 아닌 서비스 생산은 매우 제한적이어서 무시할 수 있을 정도였기 때문에 이 문제가 크게 부각되지 않았다. 마르크스 당대와 달리 현대자본주의에서는 서비스산업이 제조업보다 더 큰 비중을 차지하며, 특히 교육·의료·사회복지 등 공공서비스가 크게 확장되었고, 또 1980년대 이래 신자유주의 시대에는 이런 공공서비스가 사유화되어 상품으로 공급되는 현실을 고려한 추가적 검토가 필요할 것으로 생각된다.

마르크스가 '생산적 노동' 개념을 통해 강조한 것은 자본주의적 생산에서는 잉여가치 생산이라는 자본주의적 생산관계 규정이 본질적이라는 점, 따라서 "생산적 노동자가 되는 것은 행운이 아니라 불운"이라는 점을 확인하는 수준에서 넘어가자.

다음으로, 마르크스는 제3편과 제4편에서 고찰한 절대적 잉여가치와 상대적 잉여가치의 구별점을 간단하게 재확인한다.

노동자 생계비의 등가를 제공하는 데 필요한 시간을 초과해 노동일을 연장하고 이 잉여노동을 자본에 제공하는 것이 절대적 잉여가치의 생산이다. 이는 자본주의 체제의 일반적 기초이고, 상대적 잉여가치 생산의 출발점이다. 상대적 잉여가치의 생산에서는 노동일은 이미 필요노동과 잉여노동이라는 두 부분으로 나뉘어 있다. 잉여노동을 연장하기 위해 임금의 등가를 지금까지보다 적은 시간으로 생산하는 방법을 통해 필요노동이 단축된다. 절대적 잉여가치의 생산은 노동시간밖에 영향을 미치지 못하지만, 상대적 잉여가치의 생산은 노동의 기술적 공정과 사회적 결합을 완전히 변화시킨다. 그러므로 이것은 엄밀한 의미에서의 자본주의적 생산양식과 함께 발전한다(Marx, 1977: 363).

이제 마르크스는 상대적 잉여가치 생산을 가능하게 하는 노동생산성의 발달 문제를 인류의 역사 발전의 맥락에서 고찰한다.

인간이 자신들의 노동에 의해 원시의 동물 상태로부터 벗어나고 자신들의 노동이 이미 어느 정도 사회적 성격을 띤 뒤에 비로소, 어떤 사람의 잉여노동이 다른 사람의 생존 조건으로 되는 그런 상황이 발생하는 것이다. 문명의 초기에는 노동생산성은 보잘것없었고 필요(needs)[필요는 필요를 충족시켜줄 수단과 함께 그리고 그 수단에 의해 발전한다도 또한 보잘것없었다. 더욱이 이 초기에는 타인의 노동에 의해 살아가는 사회 구성원은 다수의 직접적 생산자에 비하면 매우 적다. 사회적 노동의 생산성이 향상하면서 그 적은 사회 구성원은 절대적으로나 상대적으로나 증대한다. **더욱이 자본주의적 생산은 일련의 장구한 경제적 진화와 경제적 혁명에 의해 만들어진 토양에 그 뿌리가 있다. 자본주의적 생산의 출발점으로 기능하는 노동생산성은 수 세기가 아니라 수천 세기에 걸친 역사적 발전의 결과다**(마르크스, 2015a: 692).[1] *

또한 노동생산성이 자연적 조건에 의해 제약받는다는 점을 지적한다.

　자본주의적 생산방식은 자연에 대한 인간의 지배를 전제로 한다. 너무나 풍요로운 자연은 '지나치게 보호받는 어린아이처럼 인간을 자연의 손안에서 놓아주지 않는다.' 이와 같은 자연은 인간에게 스스로를 개발할 아무런 필요성도 주지 않는다. 자본의 모국은 무위도식할 정도로 먹을 것이 풍부한 열대 지방이 아니라 온대 지방이다. 토지의 절대적 비옥도가 아니라 토양의 차이, 토지의 천연 산물의 다양성, 계절의 변화야말로 사회적 분업의 자연적 기초를 이루는 것이며, 그것들이 인간을 둘러싼 자연환경의 변화를 통해 인간을 자극시켜 인간 자신의 필요·능력·노동수단·노동방식을 다양하게 만드는 것이다. 산업의 역사에서 가장 결정적으로 기여하는 것은 자연력을 사회적으로 통제할 필요성, 그것을 절약할 필요성, 인간의 손으로 그것을 대규모로 이용하거나 또는 복종시킬 필요성이다(마르크스, 2015a: 694~695).

그러나 마르크스는 노동생산성에 대한 이런 자연조건의 제약은 잉여노동의 자연적 한계일 뿐이고, 산업의 발전에 따라 그 한계도 점차 약화된다는 점을 동시에 지적한다.

유리한 자연조건은 그 자체로서는 오직 잉여노동[따라서 잉여가치 또는 잉여생산물]의 가능성을 제공할 따름이고 결코 그 현실성을 제공하지는 않는다. 노동의 자연적 조건이 서로 다른 결과는, 동일한 노동량이 나라에 따라 서로 다른 양의 필요를 충족시키며, 그리하여 기타의 사정이 비슷한 경우에는 필요노동시간이 서로 달라진다는 것이다. 자연적 조건은 잉여노동에 대해 자연적 한계로서만 작용한다. 즉, 그것은 타인을 위한 노동이 시작될 수 있는 지점을 결정해줄 뿐이다. 산업이 발전함에 따라 이 자연적 한계는 의미가 점차 약화된다(마르크스, 2015a: 695~696).

끝으로, 자연적 조건은 잉여노동의 자연적 한계로 작용할 뿐인데 "노동생산력이 이윤 발생의 원인"이라 주장하는 리카도학파의 천박한 이론 수준을 폭로하고, 그렇게 된 이유를 그들의 부르주아적 이해관계에서 찾는다.

역사적으로 발전한 사회적 노동생산성과 마찬가지로, 자연에 의해 규제되는 노동생산성도 노동을 결합한 자본의 생산성이라는 외관을 띠게 된다.
리카도는 잉여가치의 기원에 관해서는 전혀 관심을 기울이지 않았다. 그는 잉여가치를 자본주의적 생산방식[이것은 그의 눈에는 사회적 생산의 자연적 형태다]에 내재하는 것으로 취급하고 있다. 그가 노동생산성을 논하고 있는 경우에도 그가 찾고 있는 것은 잉여가치가 존재하는 원인이 아니라 잉여가치의 크기를 규정하는 원인일 뿐이다. 이와는 반대로 그의 학파는 노동생산력이 이윤(잉여가치를 의미한다) 발생의 원인이라고 외쳤다. 어떻든 이것은 중상주의자들에 비하면 하나의 진보였다. 왜냐하면 중상주의자들은 생산물의 가격 중 생산비를 넘는 초과분을 교환 행위로부터, 즉 생산물을 자기 가치 이상으로 비싸게 판매하는 것으로부터 도출하고 있기 때문이다. 그러나 리카도학파도 문제를 회피했을 뿐 해결하지는 못했다. 사실 이 부르주아 경제학자들은 잉여가치의 기원이라는 절실한 문제를 지나치게 깊이 탐구하는 것은 대단히 위험하다는 것을 본능적으로 올바르게 알고 있었다(마르크스, 2015a: 697~698).

2. 제17장 「노동력의 가격과 잉여가치의 양적 변동」

제17장에서 마르크스는 잉여가치 생산을 노동력의 가격과 잉여가치의 양적 변동을 중심으로 구체적으로 분석한다. 교란 요인을 줄이기 위해 "상품은 그 가치대로 판매", "노동력의 가격은 때로는 그 가치 이상으로 등귀할 수는 있지만 결코 그 가치 이하로 하락하지는 않는다"(마르크스, 2015a: 702)라는 두 가지 조건을 전제한다. 자본이 현실에서 잉여가치율을 높이기 위해 일상적으로 사용하는 방법인, 노동력 가치 이하로 임금을 저하시키는 경우를 배제한 것이다.

이러한 전제하에서 노동력의 가격(즉, 임금)과 잉여가치의 상대적 크기를 규정하는 요인은 세 가지 사정, 즉 노동일의 길이("노동의 외연적 크기"), 정상적인 노동강도("노동의 내포적 크기"), 그리고 생산조건의 발전 정도에 따른 노동생산성으로 결정된다(마르크스, 2015a: 703). 이 세 요인의 서로 다른 조합에 따라 임금과 잉여가치의 상대적 크기, 즉 잉여가치율이 달라진다. 마르크스는 그 수많은 조합 중 주요한 몇 가지 조합만을 고찰한다.

첫 번째, 노동일의 길이와 노동강도는 변하지 않는데, 노동생산성이 변하는 경우, 즉 고유한 의미의 상대적 잉여가치 생산이 이루어지는 경우다. 이때 "노동생산성이 …… 변동하더라도 주어진 크기의 노동일은 언제나 동일한 양의 가치를 창조"(마르크스, 2015a: 703)하고, "노동생산성의 향상은 노동력의 가치를 저하시키고 따라서 잉여가치를 증가시키며, 반대로 노동생산성의 저하는 노동력의 가치를 증가시키고 잉여가치를 저하시킨다는 것이다"(마르크스, 2015a: 704). 따라서 "잉여가치의 증가 또는 감소는 항상 이에 상응하는 노동력 가치의 감소 또는 증가의 결과지 결코 그 원인이 아니다"(마르크스, 2015a: 705). 물론 노동생산성의 향상에 따라 노동력 가치가 어느 정도 저하할지는 "한편에서 자본의 압력, 다른 한편에서 노동자들의 반항이라는 상대적 힘에 의존한다"(마르크스, 2015a: 706). 여기서도 마르크스는 노동생산성 향상에 따른 노동력 가치의 변동이 기계적으로 이루어지는 것이 아니라 계급투쟁을 매개해 이루어진다는 점을 다시 한번 지적한다.

또한 노동생산성 향상의 성과가 계급투쟁을 매개해 자본과 노동 사이에 어떻게 분배되느냐에 따라 노동자의 절대적 생활수준을 향상시키면서도 잉여가치율은 증가할 수 있다.

> 노동력의 가격은, 노동생산성이 상승하면, 노동자의 생활수단 수량의 동시적이며 계속적인 증가를 수반하면서도 끊임없이 저하할 수 있다. 그러나 이 경우에도 노동력의 가치는 상대적으로는 [즉, 잉여가치에 비해서는] 끊임없이 감소할 것이며, 따라서 노동자의 생활수준과 자본가의 생활수준 사이의 격차는 더욱 벌어질 것이다(마르크스, 2015a: 707).

이 분석은 마르크스가 제7편과 제8편에서 말하는 노동자계급의 궁핍화 법칙이 '상대적' 궁핍화를 뜻함을, 즉 노동자계급은 절대적 생활수준이 향상되어도 자본과의 관계에서는 상대적으로 궁핍화된다는 것으로 연결된다.

두 번째, 노동일의 길이와 노동생산성은 변하지 않는데 노동강도가 변하는 경우다. 이때 노동강도가 높아짐에 따라 1노동일에 창조된 가치가 증가하고, 이 증가된 가치가 나뉘는 두 부분, 즉 노동력의 가격과 잉여가치가 동시에 (균등하게 또는 불균등하게) 증가할 수 있다.

노동강도가 높아질 경우, 외관상으로는 주어진 노동일에서 필요노동을 감소시켜 잉여노동을 증대하므로 상대적 잉여가치 생산인 것처럼 보인다. 그러나 내용적으로는 '노동의 내포적 크기', 즉 노동생산성의 증가가 아니라 노동량 지출 증대에 의해 잉여노동이 증대한 것이므로 절대적 잉여가치 생산에 해당한다는 점을 염두에 둘 필요가 있다.

세 번째, 노동생산성과 노동강도는 변하지 않는데 노동일의 길이가 변하는 경우다. 이 경우 노동일이 단축되면 노동력의 가치에 변동을 주지 않고 잉여가치를 감소시키므로 잉여가치율이 감소한다. 또 노동일이 연장되고 노동력의 가격이 변동하지 않는다면 잉여가치의 절대적 크기와 더불어 그 상대적 크기도 증가한다. 노동일이 연장되면 노동력의 가격은, 비록 그것이 명목상 불변이거나 심지어 상승하더라도, 노동력의 가치 이하로 하락할 수 있다. 이는 노동력 소모가 기하급수적으로 증가해 시간외수당이 그 소모만큼 보충하지 못할 경우 일어난다.

노동일의 연장과 분리될 수 없는 노동력 소모의 증대는 일정한 점까지는 더 높은 임금에 의해 보상될 수 있다. 그러나 이 점을 넘어서면 **노동자의 재생산과 활동의 표준적 조건을 크게 변화시켜 그의 평균수명을 단축하는 시점이 반드시 나타난다**(마르크스, 2015a: 712).[2][*]

마르크스는 이처럼 세 가지 경우를 살펴본 뒤에 세 요인, 즉 노동의 지속시간·생산성·강도가 동시에 변동하는 경우에는 수많은 조합이 가능하다며, 각각을 앞에서 살펴본 것처럼 따져보면 된다고 말한다. 마르크스는 "노동의 강도와 생산성이 상승하는 동시에 노동일이 단축되는 경우"를 살피면서 한편으로 자본주의적 낭비를 비판하고, 다른 한편으로 노동의 보편화를 통한 노동일의 단축 가능성을 제시한다.

　노동생산성이 증가하면 할수록 노동일은 더욱더 단축될 수 있으며, 노동일이 단축되면 될수록 노동강도는 더욱더 강화될 수 있다. 사회적으로 보면, 노동생산성은 노동의 절약에 비례해 증대한다. 노동의 절약에는 생산수단의 절약뿐 아니라 또한 모든 쓸모없는 노동의 제거도 포함된다. 자본주의적 생산양식은 각 개별 기업에 대해서는 절약을 강요하지만, 그 무정부적 경쟁체제를 통해 사회적 생산수단과 노동력의 가장 터무니없는 낭비를 일으키며[공황*], 또한 [지금은 없어서는 안 되는 것이지만 그 자체로서는 없어도 되는 수많은 기능들[금융·순수 유통 등 비생산적 기능들*]을 발생시킨다.

　노동의 강도와 생산성이 주어져 있을 때, 노동이 사회의 모든 노동가능인구들 사이에 더욱 균등하게 분배되면 될수록, 또한 노동의 부담[이것은 자연이 부과한 필연적인 것이다]을 자기 자신의 어깨로부터 다른 사회계층의 어깨로 넘겨씌우는 특수 계층의 권력을 더욱 많이 빼앗으면 빼앗을수록, 사회적 노동일 중 물질적 생산에 바쳐야 할 시간은 그만큼 더 짧아지며, 따라서 한 사회가 개인의 자유로운 정신적·사회적 활동을 위해 쓸 수 있는 시간은 그만큼 더 증가할 것이다. 노동일 단축의 절대적 최소한계는, 이 측면에서 보면 노동의 보편화에 있다. 자본주의 사회에서는 대중의 모든 생활시간을 노동시간으로 전환시킴으로써 한 계급이 자유로운 시간을 얻고 있다(마르크스, 2015a: 716~717).

3. 제18장 「잉여가치율을 표시하는 여러 가지 공식」

마르크스는 제9장 「잉여가치율」에서 이미 그 개념을 명확히 규정·분석한 잉여가치율을 제18장에서 다시 거론한다. 자본주의적 생산에서 잉여노동에 대한 자본의 무한한 탐욕은 잉여가치율을 높이는 것으로 나타나기 때문에 이 문제는 중요하다. 또한 잉여가치율은 자본가계급과 노동자계급 간 세력관계의 지표이기도 하다. 여기서 마르크스는 잉여가치율을 표시하는 여러 공식을 통해 고전파 정치경제학에 나타나는 부르주아 이데올로기를 비판하고 잉여가치의 의미를 재확인한다.

먼저 제9장에서 이미 살펴본 잉여가치율 공식을 제시한다.

$$\text{I. 잉여가치율} = \frac{\text{잉여가치}}{\text{가변자본}}\left(\frac{s}{v}\right) = \frac{\text{잉여가치}}{\text{노동력의 가치}} = \frac{\text{잉여노동}}{\text{필요노동}}$$

다음으로, 이와는 다른 방식으로 고전파 정치경제학이 제시한 잉여가치율 공식을 분석한다.

$$\text{II. } \frac{\text{잉여가치}}{\text{노동일}} = \frac{\text{잉여가치}}{\text{생산물의 가치}} = \frac{\text{순생산물}}{\text{총생산물}}$$

이 공식에서 마르크스는 독일어판의 '잉여생산물'을 불어판에서는 '순생산물'로 수정했다(Marx, 1977: 378). 의미는 같지만 고전파 정치경제학의 표현을 그대로 반영하기 위해 수정한 것으로 생각된다. 이 공식에서 '생산물의 가치'가 실제로 의미하는 바는 '가치생산물'(가변자본 + 잉여가치)이다. '생산물가치'에서 불변 부분을 제외한 것, 즉 1노동일에 새로 창조된 가치를 고전파 정치경제학이 잘못 표현한 것이다.

따라서 고전파 정치경제학이 실제로 표현하려 한 것을 정확히 표시하면 다음과 같다.

$$\frac{잉여가치}{노동일} = \frac{잉여가치}{가치생산물} = \frac{순생산물}{가치생산물}$$

마르크스는 고전파 정치경제학의 잉여가치율 공식에 대해 "현실의 노동착취도, 즉 잉여가치율이 잘못 표현되고" 있으며, 이 공식이 "사실상 표현하는 것은 노동일 또는 그것의 가치생산물이 자본가와 노동자 사이에 분할되는 비율이다"(마르크스, 2015a: 719)라고 지적한다. 그리고 잉여가치와 노동력의 가치를 가치생산물의 부분들로 표현하는 방법이 가져오는 이데올로기적 효과를 분석한다. 이런 표현 방법은 "자본관계의 독특한 성격[즉, 가변자본은 살아 있는 노동력과 교환되며, 따라서 노동자는 생산물로부터 배제된다는 사실]을 은폐"하고, "자본관계를 폭로하는 대신 자본가와 노동자가 생산물의 형성에 각자가 공헌한 몫에 따라 생산물을 상호 분배하는 하나의 연합(association)인 듯한 그릇된 겉모습을 우리에게 보여준다"(마르크스, 2015a: 721) 더 나아가 마르크스는 각주에서 "자본주의적 생산과정의 모든 발전된 형태들은 협업형태이므로, 이 형태들로부터 독특한 적대적 성격을 무시하고 그것들을 자유로운 연합형태로 묘사하는 것처럼 쉬운 일은 없다"(마르크스, 2015a: 721)라고 보완 설명한다.

이런 '그릇된 겉모습'은 나중에 '삼위일체의 공식', 즉 '노동-임금, 자본-이윤, 토지-지대'로 정식화·완성된다. 이것은 생산의 세 요소가 생산에 공헌한 몫에 따라 소득을 가져간다는, 즉 노동의 대가로 임금을 가져가고 자본의 대가로 이윤을 가져가며 토지의 대가로 지대를 가져간다는, 가치생산물의 분배 방식에 대한 부르주아 경제학자들의 설명이다. 이는 마치 노동자, 자본가, 지주가 '연합'해 생산물을 만들어내고, 따라서 각자가 생산에 공헌한 만큼 정당하게 분배가 이루어지는 것처럼 묘사한 것이다. 마르크스는 이 '삼위일체의 공식'에 대해 『자본론』 3권에서 자세히 분석하며 잉여노동의 착취를 은폐하는 이데올로기성을 폭로한다.[3]

공식 II의 이데올로기적 효과, 즉 자본/노동 관계의 적대적 성격을 은폐하고 자본과 노동의 "자유로운 연합형태"라는 그릇된 겉모습을 만들어내는 것을 보면, 공식 II는 오늘날 자본주의에서 끊임없이 다양한 형태로 재생산되는, 자본과 노동의 관계를 '공생 관계' 또는 '공동 운명체'로 규정하고 '협력적 노사관계'를 주장하는 부르주아 이데올로기의 원형인 것 같다.

끝으로, 마르크스는 잉여가치율의 "통속적 표현"이라며 공식 III을 제시한다.

$$\text{III.} \quad \frac{\text{잉여가치}}{\text{노동력의 가치}} = \frac{\text{잉여노동}}{\text{필요노동}} = \frac{\text{지불받지 않는 노동}(unpaid\ labor)}{\text{지불받는 노동}(paid\ labor)}$$

마르크스는 이 공식 III에서 자본과 잉여가치의 의미를 재확인한다.

애덤 스미스가 말하는 바와 같이, 자본은 타인의 노동을 자유롭게 처분할 수 있는 권능(power)일 뿐 아니라 본질적으로 지불받지 않는 노동을 자유롭게 처분할 수 있는 권능이기도 하다. 모든 잉여가치는 그 특수한 형태 —이윤, 이자, 지대 등 — 가 어떠하더라도 실질적으로는 지불받지 않는 노동의 체현(體現, materialization)이다. 자본이 가진 강한 생식력의 모든 비밀은 자본이 지불하지 않은 일정량의 타인 노동을 자유롭게 처분할 수 있다는 단순한 사실에 있다(Marx, 1977: 380).

9장

제6편 임금

제6편은 자본주의에서 가장 일상적으로 접하고, 또 노동자의 생활에서 가장 중요한 임금형태를 다룬다. 우리가 일상 속에서 매우 당연하거나 자명한 것으로 받아들이는 시간급제 또는 성과급제의 임금형태가 실제로는 매우 왜곡되고 전도된 '환상적인' 현상형태임을 과학적으로 해명한다. 마르크스가 『자본론』 곳곳에서 경쟁을 분석할 때, '과학적 분석'이 가능하려면 "자본의 내적 본성을 파악한 뒤에라야 비로소 가능하게 되는데, 이것은 마치 천체의 외관상의 운동은 [감각적으로 직접 인식할 수 없는] 천체의 진정한 운동을 익히 알고 있는 사람에게만 이해되는 것과 마찬가지"(마르크스, 2015a: 432)라고 강조했는데, 바로 제6편 임금형태 분석에서 '과학적 분석'의 모범적 사례를 보여준다.

마르크스는 제6장 「노동력의 구매와 판매」에서 이미 임금이 "노동에 대한 대가"가 아니라 "노동력의 가치"임을 밝혔다. 따라서 제6편에서는 '노동력의 가치'가 어떻게 '노동의 가치' 또는 임금이라는 현상형태로 전환되는지를 과학적으로 분석한다. 본질적 사회관계, 즉 생산관계로부터 자연발생적인 의식형태로서 임금형태를 해명하는 것이다. 이 과제는 제19장에서 노동력의 가치가 임금으로 전환되는 메커니즘을 분석함으로써 해결된다.

구체적인 임금형태로서 시간급제 임금과 성과급제 임금은 제20장과 제21장에서 분석한다. 마르크스는 자본주의 사회에서 시대와 나라를 불문하고 공통적인, 각각의 임금형태가 현실에서 작동하는 메커니즘을 명확하게 분석하고 있다. 19세기 자본주의의 임금형태를 분석한 것인데도 현재 우리나라 임금형태에 관한 분석인 듯한 착각을 불러일으킬 만큼 생생하다. 특히 저임금과 장시간 노동의 악순환이 이윤 추구를 위해 어떻게 구조화되는가에 대한 분석은 한국의 과거 개발독재 시대나 현재의 비정규직 고용 행태, 그리고 중국과 같은 대부분의 신흥국 현실에도 그대로 적용된다.

제22장에서는 임금의 국민적 차이에 대해 간략히 분석한다. 분량은 적지만, 여러 나라로 구성된 세계시장에서 가치법칙이 어떻게 수정·관철되는지 밝히고 있어 노동가치론에서는 매우 중요한 내용이다.

1. 제19장 「노동력의 가치(또는 가격)가 임금으로 전환」

마르크스는 부르주아 사회의 '표면'에 나타나는 임금의 현상형태에서 논의를 시작한다. "노동자의 임금은 노동의 가격, 즉 일정한 양의 노동에 대한 대가로 지불되는 일정한 양의 화폐로 나타난다"(마르크스, 2015a: 727). 따라서 "노동 그 자체가 그 가치 이상 또는 이하로 변동하는 시가(時價)를 지닌 하나의 상품으로 취급된다"(Marx, 1977: 381).[1] 마르크스는 여기서 바로 '노동의 가치'라는 표현의 모순점을 지적한다.

상품시장에서 화폐 소유자와 직접 마주하는 것은 노동이 아니라 노동자다. 후자가 판매하는 상품은 그의 노동력이다. 그의 노동이 현실적으로 시작될 때는 노동력은 벌써 노동자에게 속하지 않으며, 따라서 그에 의해 더 이상 판매될 수 없다. 노동은 가치의 실체이며 또 내재적 척도지만, 그 자체는 가치를 가지지 않는다.

'노동의 가치'라는 표현에서는 가치의 개념이 완전히 소멸된다. 예컨대 '토지의 가치'와 같이 그것은 불합리한 표현이다. 그러나 이들 불합리한 표현은 그 원천을 생산관계 자체에 두고 있는 이 생산관계의 현상형태를 반영한다. 사물의 겉모습과 그 실재(reality)를 구별해야 한다는 것은 정치경제학을 제외한 모든 과학에서 잘 알려진 사실이다(마르크스, 2015a: 730).[2] *

노동이 가치의 실체이고 내재적 척도인데, "노동의 가치"라는 표현은 노동이 '가치를 지닌다' 또는 '가치가 가치를 지닌다'라는 것과 같이 말이 안 되는 불합리한 표현이다.

마르크스는 '노동의 가격(또는 가치)'이라는 불합리한 표현을 고전파 정치경제학이 어떻게 해결하는지 추적한다. 마르크스는 정치경제학자들이 노동과 노동력을 구별하지 못해 생긴 혼란과 모순을 '노동의 가치'를 '노동력의 가치'로 무의식중에 바꿔치기함으로써 해소하는 과정을 밝혀낸다.

고전파 정치경제학은 '노동의 가격'이라는 범주를 일상생활로부터 아무런 비판 없이 빌려왔으며, 그 뒤에 이 가격이 어떻게 결정되는가라는 질문을 단순히 제기했다. 고전파 정치경제학은 수요와 공급 사이의 관계의 변동은 …… 가격의 변동 그 자체 …… 외에는 아무것도 설명할 수 없다는 것을 곧 깨달았다. 수요와 공급이 일치한다면, 기타의 조건이 변하지 않을 때는 가격의 진동은 멈춘다. 그러나 그때는 수요와 공급은 아무것도 설명할 수 없게 된다. 수요와 공급이 일치할 때 노동의 가격은 수요와 공급의 관계와 상관없이 결정되는 노동의 자연가격이다. 그리하여 이 자연가격이 어떻게 결정되는가를 밝히는 것이 연구의 대상으로 되었다. …… 노동의 우연적인 시장가격들을 지배하고 조절하는 가격[즉, 이른바 '노동의 필요가격'(중농주의자들) 또는 '자연가격'(애덤 스미스)]은 다른 상품들의 경우와 마찬가지로 화폐로 표현된 노동의 가치일 수밖에 없다. 이와 같이 하여 정치경제학은 노동의 우연적인 가격들을 파헤쳐 그 가치에까지 도달할 수 있다고 믿었다. 이 가치는 다른 상품들의 경우와 마찬가지로 더욱 깊게 들어가니 생산비에 의해 규정되었다. 그런데 **노동자**의 생산비[즉, 노동자 자신을 생산 또는 재생산하는 데 드는 비용]란 도대체 무엇인가? 이 질문이 정치경제학에서 무의식중에 최초의 질문[노동의 가치: 역자]을 대체했다. 왜냐하면 정치경제학은 노동 그 자체의 생산비를 문제로 삼음으로써 악순환에 빠지고 거기에서 빠져 나갈 수 없었기 때문이다. 정치경제학이 '노동의 가치'라고 부른 것은 사실상 [노동자라는 인물 속에 현실적으로 존재하는] 노동력의 가치다. 노동력은 [마치 기계가 그것이 수행하는 작업과 다르듯이] 자기 자신의 기능인 노동과는 다르다. 정치경제학자들은 …… 분석 과정에서 노동의 시장가격으로부터 자기들이 가정한 노동의 가치에 이르게 되었을 뿐 아니라, 이 노동의 가치 자체를 이번에는 노동력의 가치로 해소했다는 것을 결코 알지 못했다(마르크스, 2015a: 731~732).

마르크스는『잉여가치학설사』에서 정치경제학자들의 혼란과 모순을 상세히 분석해 앞의 인용문처럼 명쾌하게 해명하고 비판한다. 이렇게 일상생활과 고전파 정치경제학에서 노동자의 임금이 '노동의 가치(또는 가격)'로 여겨지는 것에 대해 마르크스는 "노동의 가치라는 것은 노동력의 가치를 나타내는 불합리한 표현"(마르크스, 2015a: 733)이라고 밝힌 후, 임금이 노동의 가치라는 표현의 이데올로기적 효과를 살펴본다. 실제로는 노동일의 일부(필요노동시간)로 지불되는 임금이 노동일 전체(필요노동시간 + 잉여노동시간)의 가치로 나타나기 때문에, "임금형태는 노동일이 필요노동과 잉여노동으로, 또 지불받는 노동과 지불받지 않는 노동으로 분할된다는 것을 전혀 알아보지 못하게 한다. 전체 노동이 지불받는 노동으로 나타난다"(마르크스, 2015a: 733).

마르크스는 '노동의 가치 또는 가격'으로서 임금형태가 자본주의 사회의 온갖 허위 이데올로기의 원천이 되고 있음을 부역노동이나 노예노동과 비교해 밝힌다.

부역노동에서는 사정이 달라, 농노가 자신을 위해 하는 노동과 영주를 위해 하는 강제노동은 공간적으로나 시간적으로나 매우 명확하게 구별된다. 노예노동에서는 노동일 중 노예가 자기 자신의 생활수단 가치를 대체하는 부분[즉, 그가 사실상 자기 자신을 위해 노동하는 부분]조차도 주인을 위한 노동으로 나타난다. 노예의 전체 노동은 지불받지 않는 노동으로 보인다. 이와는 반대로, 임금노동에서는 잉여노동[즉, 지불받지 않는 노동]까지도 지불받는 노동으로 보인다. 노예노동에서는 소유관계가 노예의 자기 자신을 위한 노동을 은폐하는데, 임금노동에서는 화폐관계가 임금노동자의 무상 노동을 은폐한다.

이로부터 노동력의 가치와 가격이 임금의 형태로 [또는 노동 그 자체의 가치와 가격으로] 전환되는 것이 얼마나 결정적인 의의를 가지는가를 알 수 있다. **임노동의 허위의 겉모습만을 표현하는 이 형태는 자본과 노동의 현실적 관계를 은폐하고 그와 정반대되는 관계를 보여준다. 이 형태로부터 임금노동자와 자본가의 모든 법률상 관념, 자본주의적 생산의 모든 신비화, 속류 경제학의 모든 자유주의적 환상과 모든 허위의 변호론적 핑계 등이 파생된다**(마르크스, 2015a: 733~734).[3] *

2. 제20장 「시간급」

마르크스는 제20장에서 시간급의 몇 가지 특징을 서술한다. 노동력의 판매는 항상 일정한 기간에 걸쳐 이루어지므로 노동력의 하루 가치, 한 주의 가치, 한 달의 가치 등이 직접적으로 전환된 형태는 시간급제 임금형태, 즉 일급(日給)·주급(週給)·월급(月給) 등이다.

일급, 주급 등 임금 총액은 '노동의 가격'과 다르다. 노동의 평균가격, 즉 일정한 노동량의 화폐가치는 노동력의 하루의 평균 가치를 평균 노동일의 시간 수로 나누면 나온다. 노동력의 하루 가치가 6노동시간의 가치생산물인 3원이고 노동시간이 12시간이라면, 1노동시간의 가격 = $\frac{3}{12}$ = $\frac{1}{4}$ 원이다. 이렇게 발견된 1노동시간의 가격이 노동 가격의 측정 단위가 된다. 그런데 '노동력의 가치'가 이처럼 '노동의 가치'로 전환되면 임금이 노동력의 재생산비로서 '노동력의 가치'라는 의미를 상실하게 되고, 자본이 임의로 초저임금이나 장시간 노동을 통해 착취할 수 있게 해준다.

> 이[노동의 가격의*] 측정 단위는 (노동력의 하루 가치)/(주어진 시간 수의 노동일)이라는 비율에 의해 결정되므로, 노동일이 명확한 시간 수를 내포하지 않게 되자마자 이 측정 단위는 모든 의미를 상실하게 된다. 지불받는 노동과 지불받지 않는 노동 사이의 관련은 없어진다. 이제 자본가는 노동자의 생존 유지에 필요한 정도의 노동시간을 허용하지 않고도 노동자로부터 일정한 양의 잉여노동을 짜낼 수 있다. 자본가는 취업의 규칙성을 완전히 무시하고 다만 자신의 편의나 기분, 순간적인 이익에 따라 혹독한 과도노동과 상대적·절대적 작업 중단을 교대할 수 있다. 그는 '노동의 표준적 가격'을 지급한다는 핑계로 노동자에게 어떤 알맞은 보상도 없이 노동일을 비정상적으로 연장할 수 있다(마르크스, 2015a: 742).

또한 노동일이 비정상적으로 연장되면서 '시간외노동'과 그에 대한 '특별임금'(오늘날의 '시간외수당')이 자연발생적으로 생겨났다. 이는 노동시간 연장에 따른 노동력의 소모가 노동의 기능시간 증가보다 더 빨리 증대하기 때문이다. 노동일에 법적 제한을 받지 않는 산업부문에서도 "노동일을 일정한 점까지만, 예컨대 10시간이 끝나는 때까지만, 표준적인 것('표준노동일', '하루 작업', '정규적 노동시간')으로 여기는 관습이 자연발생적으로 생겼다"(마르크스, 2015a: 742). 그런데 마르크스는 이 '시간외수당'이 "웃음이 날 정도로 작다"라고 지적한다.

자본은 노동일을 연장하기 위해 '노동의 가격'을 비참할 정도로 낮게 책정했다. 노동일이 긴 산업부문일수록 임금이 더 낮은 현상은 19세기 영국에서 일반적이었다. 이런 "사태를 완전히 정확하게 파악한" 런던의 건설노동자들은 1860년의 대파업 때 1노동시간의 가격과 표준노동일을 동시에 결정하도록 요구했다. 즉, "10시간 노동일의 한 시간에 대한 가격은 9시간 노동일의 한 시간에 대한 가격보다 더 높아야 할 것"을 요구했다(마르크스, 2015a: 744 각주 9).

마르크스는 노동자들 사이의 경쟁과 자본 간 경쟁을 통해 노동시간의 연장과 노동 가격의 저하가 이루어지는 메커니즘을 설명한다.

노동의 가격이 낮다는 것이 노동시간을 연장시키는 자극제로 작용한다. 그러나 노동시간의 연장은 또한 노동 가격의 저하를 가져오며 따라서 일급 또는 주급의 저하를 가져온다. …… 노동일의 연장은, 만약 이것에 대한 아무런 보상이 없다면, 그 자체만으로도 노동 가격을 저하시킨다. …… 만약 한 사람이 1½명 또는 2명분의 일을 수행하면, 시장에서 노동력의 공급은 일정하더라도 노동의 공급은 증가한다. 그리하여 노동자들 사이의 경쟁이 자본가로 하여금 노동 가격을 저하시킬 수 있게 하며, 노동 가격의 저하는 이번에는 자본가로 하여금 노동시간을 더욱 연장할 수 있게 한다. 그러나 이런 비정상적인 지불받지 않는 노동량 …… 을 마음대로 이용할 수 있는 힘은 얼마 지나지 않아 자본가 자신들 사이의 경쟁의 원천이 된다. …… 이것이 경쟁을 일으키는 제1단계다. 경쟁을 일으키는 제2단계는 노동일의 연장에 의해 만들어내는 비정상적인 잉여가치의 적어도 일부를 역시 상품의 판매 가격에서 제외하는 것이다. 이리하여 경쟁 때문에 비정상적으로 낮은 상품 판매 가격이 형성되는데, 그것은 처음에는 이따금 발생하고 그다음부터는 점차 고정된다. 이처럼 형성된 낮은 판매 가격이 이제는 거꾸로 과도한 노동시간에 대한 비참한 임금을 확립하는 토대로 된다(마르크스, 2015a: 744~746).

마르크스는 이런 과도노동과 초저임금에 대해 "노동자들의 지불받지 않는 노동을 토대로 …… 경쟁을 수행"한다며 비판한 자본가 내부의 목소리를 그대로 인용한다. 다음은 런던 빵 제조업자들 가운데 '제값대로 파는' 제조업자가 정상가격 이하의 헐값으로 파는 경쟁자들을 의회의 조사위원회 앞에서 고발한 내용이다.

그들은 첫째로 대중을 기만함으로써[상품의 불량화를 통해: 역자], 둘째로 그들의 직공들에게 12시간의 임금을 주고 18시간의 노동을 짜냄으로써 존재할 수 있다. …… 노동자들의 지불받지 않는 노동을 토대로 …… 경쟁을 수행했고 오늘날까지 경쟁을 수행하고 있다. …… 빵 제조업자들 사이의 경쟁은 야간 노동의 폐지를 곤란하게 만드는 원인이다. 밀가루 가격의 변동에 따라 변동하는 생산비 이하의 헐값으로 빵을 파는 사람은 자기의 직공들로부터 더 많은 양의 노동을 짜냄으로써 자기의 손실을 보상한다. …… 나는 내 노동자들로부터 오직 12시간 노동만을 짜내고, 내 옆집 사람은 18시간 또는 20시간을 짜낸다면, 그는 상품의 판매 가격에서 나에게 타격을 줄 것이다. 만약 노동자들이 과도노동에 대한 지급을 요구할 수 있다면 이런 일들은 곧 해결될 것이다. …… 헐값으로 파는 사람들에게 고용된 노동자들의 다수는 외국인들과 아동들인데, 이들은 주는 대로 어떤 임금이든 받을 수밖에 없는 처지에 있다(마르크스, 2015a: 746~747).

마르크스는 이런 "개탄의 소리"를, 즉 초과착취 행태만을 '착취'라고 비난하는 자본가의 주장에 대해 반박한다.

> 이런 개탄의 소리는, 자본가의 두뇌에는 오직 생산관계의 겉모습만이 반영된다는 것을 보여준다는 점에서 흥미가 있다. 자본가는 정상적인 노동 가격도 일정한 양의 지불받지 않는 노동을 포함하고 있으며, 바로 이 지불받지 않는 노동이 자기 이윤의 정상적인 원천이라는 것을 모른다. 잉여노동시간이라는 범주는 그에게는 일반적으로 존재하지 않는다. 왜냐하면, 잉여노동시간은 표준노동일 속에 포함되어 있으며 이 표준노동일에 대해 그는 일급으로써 완전히 지급했다고 생각하기 때문이다(마르크스, 2015a: 747).

실제로 주류 경제학(부르주아 경제학)에서는 자본가의 이윤, 즉 잉여가치가 '자본에 대한 대가'로서, '노동에 대한 대가'인 임금과 마찬가지로 비용으로 계산된다. 그래서 정상적인 평균이윤[4]은 생산가격에 포함되므로 자본가는 평균이윤을 넘어서는 초과이윤만을 '이윤'이라 생각한다.[5]

마르크스는 시간급과 관련해 시간외노동에 대한 특별임금 속에도 잉여노동이 포함되어 있음을 지적한다.

> 12시간 노동일의 한 시간 가격은 $\frac{1}{4}$원, 즉 $\frac{1}{2}$노동시간의 가치생산물[12노동시간의 가치생산물이 6원이므로, 1노동시간의 가치생산물은 $\frac{6}{12} = \frac{1}{2}$원이

고, 시간외노동 한 시간의 가격은 $\frac{1}{3}$ 원, 즉 $\frac{2}{3}$ 노동시간의 가치생산물이라고 하자. 그러면 자본가는 첫째 경우에는 1노동시간 가운데서 절반을 무상으로 취득하며, 둘째 경우에는 $\frac{1}{3}$ 을 무상으로 취득한다(마르크스, 2015a: 748).

3. 제21장 「성과급」

마르크스는 성과급이 "시간급의 전환된 형태"임에도 생산자의 작업 능력에 의해 결정되는 것처럼 보이는 현상부터 지적한다.

시간급이 노동력의 가치 또는 가격의 전환된 형태인 것과 마찬가지로 성과급(piece-wage)은 시간급의 전환된 형태 이외의 아무것도 아니다. 성과급에서는 얼핏 보아서는 노동자로부터 구매하는 사용가치는 그의 노동력의 기능인 살아 있는 노동이 아니라 이미 생산물에 대상화되어 있는 노동인 듯이 보이며, 또 이 노동의 가격은 시간급에서와 같이 (노동력의 하루의 가치)/(주어진 시간 수의 노동일)이라는 분수에 의해 결정되는 것이 아니라 생산자의 작업 능력에 의해 결정되는 듯이 보인다(마르크스, 2015a: 749).

그리고 이런 겉모습에도 불구하고 실제로는 성과급이 "시간급의 변형된 형태"임을 밝힌다.

보통의 노동일이 12시간인데, 그중 6시간은 지불되고 6시간은 지불되지 않는다고 하자. 이 노동일의 가치생산물은 6원이고 따라서 1노동시간의 가치생산물은 $\frac{1}{2}$ 원이라 하자. 또 [평균 정도의 강도와 숙련을 가지고 일하며,

따라서 이 생산물의 생산에 사회적으로 필요한 노동시간만을 소비하는[노동자가 12시간에 24개의 생산물 …… 을 생산한다는 것을 경험에 의해 알고 있다고 하자. 이런 조건에서는 이 24개의 가치는 거기에 포함되어 있는 불변자본 부분을 빼면 6원이며, 한 개의 가치는 $\frac{1}{4}$ 원이다. 노동자는 한 개당 $\frac{1}{8}$ 원을 받으며, 따라서 12시간에 3원을 번다. ……

성과급 형태는 시간급 형태와 마찬가지로 불합리하다. …… 성과급은 사실상 어떤 가치관계도 분명하게 표현하지 않는다. 여기에서 관심사는 상품 한 개의 가치를 거기에 체현된 노동시간에 의해 측정하는 것이 아니라, 반대로 노동자가 수행한 노동을 그가 생산한 개수에 의해 측정한다는 것이다. 시간급에서 노동은 직접적인 지속시간에 의해 측정되는데, 성과급에서는 노동은 [일정한 지속시간의 노동이 응결된] 생산물의 양에 의해 측정된다. 노동시간 자체의 가격은 결국 하루 노동의 가치 = 노동력의 하루 가치라는 방정식에 의해 결정된다. 그러므로 성과급은 시간급의 변형된 형태다(마르크스, 2015a: 751~752).

마르크스는 성과급의 특징을 자세히 고찰한다.

첫째, 성과급제에서는 "노동의 질이 제품 자체에 의해 통제된다. 왜냐하면 노동자가 각각의 제품에 대해 완전한 보수를 받으려면 그 제품이 평균적 품질을 가지지 않으면 안 되기 때문이다"(마르크스, 2015a: 752).

둘째, "성과급은 자본가들에게 노동강도를 측정하는 가장 확실한 척도를 제공한다. 자본가에 의해 미리 정해지며 경험에 의해 고정되는 일정한 양의 상품에 체현되어 있는 노동시간만이 사회적으로 필요한 노동시간으로 인정되며, 또 그런 것으로서 지급된다"(마르크스, 2015a: 752).

셋째, 근대적 가내노동과 "착취와 억압의 계층체계"의 토대를 이룬다.

[성과급제에서는*] 노동의 질과 강도가 임금형태 자체에 의해 통제되므로 노동에 대한 감독은 대부분의 경우 필요 없게 된다. 그러므로 성과급은 …… 근대적 가내노동의 토대를 이루며, 또한 착취와 억압의 계층체계의 토대를 이룬다. 이 계층체계에는 두 개의 기본 형태가 있다. 성과급은 한편으로는 자본가와 임금노동자 사이에 기생충이 개입하는 것을 쉽게 하며, 이리하여 '노동의 하청'이 생기게 된다. 이 중개인의 이득은 자본가가 지불하는 노동 가격과 이 가격 중 중개인이 실제로 노동자에게 넘겨주는 부분 사이의 차액에서 전적으로 나온다. 영국에서는 이 제도를 그 특색을 살려 '고한제도(苦汗制度, sweating system)'라고 부른다. 성과급은 다른 한편으로 자본가로 하여금 두목 노동자 …… 와 한 개당 얼마라는 식의 계약을 체결할 수 있게 하며, 그 가격으로 두목 노동자 자신이 자기의 보조 노동자들을 모집하고 그들에게 임금을 지급하게 한다. 자본에 의한 노동자의 착취가 여기에서는 노동자에 의한 노동자의 착취를 통해 실현된다(마르크스, 2015a: 753).

마르크스가 서술한 이런 착취 형태는 오늘날의 소사장제, 사내 하청, 노동자 파견회사, 건설 현장의 십장제도나 도급제도 등 다양한 중간착취 형태와 똑같다.

넷째, "성과급이 실시되는 경우, 노동자가 자기의 노동력을 가능한 한 집약적으로 발휘하는 것이 자기의 개인적 이익이 되는 것은 당연한데, 이것이 자본가로 하여금 노동의 표준강도를 더욱 쉽게 올릴 수 있게 한다. 더욱이 이제는 노동일을 연장하는 것도 역시 노동자의 개인적 이익으로 된다"(마르크스, 2015a: 753~754).

다섯째, 성과급제하에서 "노동자의 실제 수입은 개별 노동자들의 숙련·체력·정력·지구력 등이 다름에 따라 큰 차이가 생긴다. 물론 이 때문에 자본과 임금노동 사이의 일반적 관계가 변하는 것은 결코 아니다. …… 그러나 성과급은 개성에 더 큰 활동의 여지를 줌으로써, 한편으로는 노동자들의 개성을, 따라서 그와 함께 그들의 자유감·독립심·자제심 등을 발달시키고, 다른 한편으로는 그들 상호 간에 경쟁심을 발전시키는 경향"이 있다. 그러므로 성과급은 개인적 임금을 평균 수준 이상으로 높이면서 동시에 이 평균 수준 자체를 저하시키는 경향을 가지고 있다"(마르크스, 2015a: 755).

마르크스는 이상과 같은 성과급의 특징에 대한 분석의 결론으로 "성과급은 자본주의적 생산양식에 가장 잘 어울리는 임금형태"라고 평가하며 성과급의 역사를 살펴본다.

성과급은 결코 새로운 것은 아니지만(그것은 시간급과 함께 14세기 프랑스와 영국의 노동법령에 공식적으로 규정되어 있다), 그것이 처음으로 광범한 부문에 적용된 것은 진정한 매뉴팩처 시대의 일이다. 대공업의 질풍노도의 시대, 특히 1797년부터 1815년까지는 성과급은 노동일 연장과 임금인하를 위한 지렛대로 이용되었다. ……

공장법의 적용을 받는 작업장에서는 자본은 노동일을 다만 내포적으로만 확대할 수 있기 때문에 성과급이 통례로 되어 있다(마르크스, 2015a: 756~768).

마르크스는 '공장법' 적용 이후 성과급이 일반화된 상황의 예증으로 "성과급을 받는 노동자들이 아마도 전체 공장 노동자의 $\frac{4}{5}$를 차지할 것이다"(마르크스, 2015a: 758)라는 1858년의 「공장 감독관 보고서」를 인용한다.

오늘날 자본주의가 고도로 발달한 선진국에서는 스톡옵션제 같은 성과급이 광범하게 확산되어 있고, 한국에서도 자본가와 정부가 임금체계를 호봉제에서 성과급으로 전환하려 노력하는 것도 성과급이 자본주의적 생산양식에 가장 잘 어울리는 임금형태이기 때문이다.

한편 성과급 수준은 자본가와 노동자 사이에 끊임없는 투쟁을 불러일으켰다.

> 노동생산성의 변동에 따라 동일한 생산물량이 표현하는 노동시간도 달라진다. 그러므로 성과급의 수준도 또한 달라진다. 왜냐하면 그것은 [생산물한 개당 생산에 소요되는] 노동시간의 가격 표현이기 때문이다. …… 성과급의 수준은, 동일한 시간에 생산되는 개수가 증가하는 것과 같은 비율로, 따라서 같은 한 개에 드는 노동시간이 감소되는 것과 같은 비율로 저하한다. 이와 같은 성과급의 수준 변동은, 그 자체로서는 순전히 명목적인 것이지만, 자본가와 노동자 사이에 끊임없는 투쟁을 불러일으킨다. 왜냐하면, 자본가가 노동의 가격을 실제로 인하하기 위한 구실로 성과급의 수준을 인하하기 때문이거나, 노동생산성의 증대가 노동강도의 증대를 수반하기 때문이거나, 노동자가 성과급의 겉모습[자기의 노동력에 대해 지급받는 것이 아니라 자기의 생산물에 대해 지급받는다는 겉모습]을 진실이라고 믿고 상품 판매 가격의 인하가 수반되지 않는 임금인하에 반항하기 때문이다(마르크스, 2015a: 759).

4. 제22장 「임금의 국민적 차이」

제22장에서 마르크스는 각국의 임금수준을 비교할 때 고려해야 하는 사정과, 가치법칙이 불가피하게 수정될 수밖에 없는 문제를 간략히 검토한다. 제1편에서는 세계가 하나의 나라, 하나의 시장으로 되어 있다는 가정

하에 가치법칙이 어떻게 관철되는가를 분석했다면, 제22장에서는 그 가정을 완화해, 즉 '추상수준'을 더 낮추어, 세계가 여러 나라로 구성되어 있고 세계시장이 그 나라들에 의해 분절되어 있는 상황을 상정한 뒤 이런 상황에서 가치법칙이 어떻게 관철되는지 검토한다.

이런 검토는 『자본론』 1권의 '추상수준', 즉 자본일반 수준의 분석에서는 이례적이다. 마르크스 당대에 나라별 임금을 비교하는 논의가 광범하게 진행되었는데, 각국 임금수준의 차이가 어디에서 비롯되는지에 관한 잘못된 이론이 제시된 것에 대해 올바른 해명의 필요성을 느끼고 분석에 추가한 것으로 생각된다. 예컨대 영국의 공장 감독관은 "영국과 유럽 대륙 나라들의 통계를 비교함으로써, 대륙의 노동은 영국보다 임금이 더 낮고 노동일이 훨씬 더 길지만 생산물에 대비하면 영국보다 더 비싸다는 것을 증명하고 있다"(마르크스, 2015a: 764). 또한 미국의 보호무역론자 헨리 케리(Henry Carey)는 "각국 임금수준의 차이는 각국 노동일의 생산성 정도에 정비례한다는 것을 증명하고, 이 국제적 관계로부터 임금은 일반적으로 노동생산성에 비례해 등락한다는 결론을 끌어내려 하고 있다"(마르크스, 2015a: 766). 전자는 올바른 비교지만, 후자는 엉터리 이론이다. 임금의 크기를 규정하는 여러 요인이 있고, 그 가운데 일부인 노동생산성과 노동강도의 국제 비교에서는 복잡한 고려가 필요하기 때문이다.

마르크스는 각국 임금 비교에서 고려해야 할 요소들을 이론적으로 제시하고, 그 주요 요소인 노동강도와 노동생산성 문제에서 국가를 매개로 자본 간 경쟁이 제한됨에 따라 가치법칙이 불가피하게 수정된다고 해명한다.

우선 "서로 다른 나라의 임금을 비교할 때는 노동력 가치의 크기 변동을 규정하는 모든 요소들", 즉 "[자연적으로 그리고 역사적으로 발달한] 주요 생활필수품의 범위와 가격, 노동자의 육성비, 여성노동과 아동노동의 역할,

노동생산성, 노동의 외연적·내포적 크기 등"(마르크스, 2015a: 761)을 고려해야 한다. 마르크스는 불어판에서 이 요소들에 "노동자 가족의 평균적 크기"(Marx, 1977: 397)를 추가했다.[6]

임금수준의 비교를 위해서는 기준을 표준화해야 한다. 우선 "가장 피상적인 비교를 위해서도 먼저 각국의 동일한 산업의 하루의 평균임금을 같은 길이의 노동일에 대한 것으로 환원할 필요가 있다." 그다음에 "시간급을 성과급으로 환산해야 한다. 왜냐하면, 성과급만이 노동생산성이나 노동강도에 대한 척도로 될 수 있기 때문이다"(마르크스, 2015a: 761~762).

그런데 이렇게 환산할 경우에도 노동강도와 노동생산성과 관련해 "개개의 나라들이 그 구성부분으로 되어 있는 세계시장에서는" 한 나라 내에서의 경우와는 "사정이 달라진다"며, 먼저 노동강도의 국제 비교 문제를 제기한다.

각각의 나라에는 일정한 평균적 노동강도가 있는데, 이 평균강도보다 낮은 노동은 일정한 상품의 생산에 사회적으로 필요한 시간보다 더 많은 시간을 소비하게 되며, 따라서 정상적인 질의 노동으로 여기지 않는다. 주어진 나라에서는 국민적 평균 수준보다 높은 강도만이 노동시간의 단순한 길이에 의한 가치의 측정을 변경하게 된다[더 높은 가치로 인정된다*]. 그러나 …… 세계시장에서는 사정이 달라진다. 평균적 노동강도는 나라에 따라 다르며, 어떤 나라에서는 높고 어떤 나라에서는 낮다. 그러므로 이런 국민적 평균들은 하나의 등급을 이루는데, **이 등급의 측정 단위는 보편적 노동(universal labor)의 통상의 강도이다**. 따라서 강도가 더 높은 국민 노동은 강도가 더 낮은 국민 노동에 비해 같은 시간에 더 큰 가치를 생산하며, 이 가치는 더 많은 화폐량으로 표현된다(마르크스, 2015a: 762).[7][*]

일국적 차원에서는 국민적 평균강도를 기준으로 가치법칙이 성립된다. 제1편에서 보았듯이, 국민적 평균강도 이상의 노동만이 더 높은 가치로 인정된다. 일국적 차원에서 노동강도의 평균화가 이루어지기 때문이다. 그런데 세계적 차원에서는 자본 간 경쟁의 제한 때문에 노동강도의 평균화가 이루어지지 않으므로 세계적 평균강도가 성립되지 않는다. 따라서 나라들 간에 국민적 평균강도의 차이와 등급이 그대로 유지된 채 비교·평가된다. 세계적 평균강도가 성립되지 않고 국민적 평균강도의 등급이 그대로 남는다는 것이 가치법칙의 첫 번째 수정이다. "강도가 더 높은 국민 노동은 강도가 더 낮은 국민 노동에 비해 같은 시간에 더 큰 가치를 생산"하는 것으로 평가되는 것이다.

첫 번째 수정의 현실적 의의는 노동강도가 신흥국 또는 제3세계보다 상대적으로 더 높은 선진국의 노동이 더 높은 가치로 평가된다는 점이다. 만약 세계적 평균강도가 존재한다면 선진국의 높은 노동강도는 세계적 평균강도와의 차이만큼만 더 높은 가치로 평가될 텐데, 그런 세계적 평균강도보다 더 낮은 신흥국의 노동강도와 비교해 평가되기 때문에 실제보다 더 높은 가치로 평가되는 것이다. 이는 자본주의적 발달이 더 이루어진 나라와 그렇지 않은 나라 간의 국제무역에서 부등가교환의 한 원인이 된다.

가치법칙의 첫 번째 수정이 노동강도와 관련된 것이라면, 가치법칙의 두 번째 수정은 노동생산성과 관련된 것이다.

더욱이 가치법칙은, 국제적으로 적용되는 경우, 다음과 같은 사정에 의해서도 수정된다. 즉, 노동생산성이 더욱 높은 국민이 자기 상품의 판매 가격을 그것의 가치 수준으로 인하하도록 세계시장의 경쟁이 강제하지 않는 한, 생산성이 더욱 높은 노동도 강도가 더욱 높은 노동으로 여겨진다는 사정이 바로 그것이다(마르크스, 2015a: 762).

　나라들 사이의 노동생산성 차이가 노동강도의 차이로 전환된다는 가치법칙의 두 번째 수정은 가치법칙의 중요한 수정이다. 이런 전환이 일어나는 것은, 나라들 간 자본 이동 제한 등 여러 요인으로 자본 간 경쟁이 제한될 경우 나라들 사이의 노동생산성 차이로 생긴 '특별잉여가치'가 사라지지 않고 그대로 존속되기 때문이다. 한 나라 안에서는 자본 간 경쟁에 제한이 없고, 따라서 노동생산성 차이로 인한 '특별잉여가치'는 일시적으로만 존재하며 조만간 자본 간 경쟁을 통해 사라지기 때문에 노동생산성의 차이가 노동강도의 차이, 즉 가치의 차이로 전환되지 않는다.

　가치법칙의 두 번째 수정이 현실에서 의미하는 것은, 생산력이 발달해 노동생산성이 높은 선진국과 그렇지 못한 나라들 간의 노동생산성 격차가 곧 가치의 차이로 이어진다는 점이다. 제1편에서 보았듯이 노동생산성은 가치형성과 아무 관련이 없는데, 노동생산성의 차이가 노동강도의 차이, 즉 가치형성의 차이로 전환되기 때문이다. 따라서 이 두 번째 수정은 첫 번째 수정보다 국제무역에서 부등가교환의 더 큰 원인이 된다.

　이처럼 국민국가를 경계로 자본과 노동의 이동이 제한되는 등의 문제 때문에 세계시장의 경쟁이 제한된다는 사정은 세계적 차원의 가치법칙 수정을 만들어낸다. 이런 가치법칙의 국제적 수정이 지닌 현실적 의미는 나라들 간 자본주의적 생산의 발달 차이, 그로 인한 노동강도와 노동생산성의 차이가 국제무역에서 부등가교환의 원천이 된다는 것이다.

　"세계시장의 경쟁이 강제"하는, 특히 신자유주의적 세계화로 세계시장의 경쟁이 거의 제한받지 않는 21세기 자본주의에서는 가치법칙의 국제적 수정이 거의 불필요한 것처럼 보인다. 그러나 21세기 자본주의에서도 국가를 매개로 여러 형태의 보이지 않는 자본 간 경쟁 제한이 남아 있기 때문에 가치법칙의 국제적 수정은 여전히 유효하다.

마르크스는 "노동생산성과 관련해 ······ 다른 곳에서 연구할 것이다"(마르크스, 2015a: 762 각주)라고 말하는데, 아마 '6부작 플랜'의 다섯 번째에 해당하는 '대외무역'에서 다루려 했을 것이다. 물론 마르크스는 '대외무역'에 대해 집필하지 못했으므로 이 문제에 대한 마르크스의 본격적인 분석은 없다.[8]

10장

제7편 자본의 축적과정

마르크스는 제7편에서 제3~6편의 자본주의적 생산양식의 잉여가치 생산에 관한 분석을 총괄하고, 자본주의적 생산의 동학(動學)을 자본의 축적 과정에 대한 체계적 분석을 통해 밝혀내며, 동학 분석의 결론으로서 자본주의적 축적의 '일반법칙'을 도출한다. 그리고『자본론』1권의 결론에 해당하는 제8편의 제32장「자본주의적 축적의 역사적 경향」에 등장하는 자본주의적 생산양식의 운명과 전망에 관한 근거를 제공한다. 분석적 관점에서 보면 제7편은『자본론』1권의 가장 핵심적인 내용을 담고 있으며, 그리하여 자본주의적 생산양식에 관한 마르크스 분석의 타당성 여부를 가늠하는 시금석이 되고 있다.

따라서 부르주아 이데올로그들이『자본론』을 비판하는 초점도 제7편의 결론인 자본주의적 축적의 '일반법칙'에 맞춰져 있다. 자본주의적 축적이 필연적으로 자본의 '독점화'와 노동자계급의 '궁핍화'를 가져온다는(사회 양극화와 계급 양극화 명제로 요약되는) 자본주의적 축적의 '일반법칙' 가운데 노동자계급의 '궁핍화'에 비판이 집중되는 것은 바로 노동자계급의 '궁핍화'가 자본주의 역사에 나타난 현실과 맞지 않다는 점 때문이다. 2장에서 이미 살펴보았듯이, 자본주의가 발전함에 따라 서구 역사에서 노동자계급의 절대적 생활수준이 향상되었으므로 노동자계급의 '궁핍화' 명제는 틀렸고, 따라서 마르크스의 자본주의적 생산양식 분석 전체가 틀렸다는 것이다. 이런 비판이 기본적으로 마르크스의 분석 자체에 대한 악의적 왜곡에 기초한다는 점은 2장에서 이미 논박했다. 마르크스의 '궁핍화' 개념 자체가 노동자계급의 절대적 생활수준 하락이 아니라, 절대적 생활수준이 개선되더라도 계급관계, 즉 자본/노동 관계에서 자본가계급에 비해 사회적 지위와 상태가 '상대적'으로 악화된다는 것이기 때문에 이는 악의적 왜곡이다.[1]

자본의 유통(circulation)은 유통과정과 생산과정을 연속으로 통과하는 순환 운동이다. 즉, 일정한 화폐액이 유통영역에서 생산수단과 노동력으로 전환되고, 이 생산수단과 노동력이 생산과정에서 상품을 생산하며, 이 상품은 다시 유통영역에서 판매되어 그 가치가 화폐로 실현되는 순환 운동이 자본의 유통이다. 이 자본의 유통에서 "잉여가치를 자본으로 사용하는 것, 즉 잉여가치를 자본으로 재전환시키는 것"(마르크스, 2015a: 790)을 마르크스는 '자본축적'이라고 부른다.

　마르크스는 자본의 축적과정을 분석하기 전에 "축적과정의 정확한 분석을 위해서는 축적과정의 내적 메커니즘의 작용을 은폐하는 모든 현상들을 잠시 무시할 필요"(마르크스, 2015a: 771)가 있다며 두 가지 전제조건을 제시한다. 축적과정을 정확하게 분석하기 위해 '추상력'을 발휘하는 것이다. 첫째, "자본이 자기의 유통과정을 정상적으로 통과한다고 전제한다"(마르크스, 2015a: 770). 유통과정에 대한 상세한 분석은 『자본론』 2권에서 이루어진다. 둘째, 생산된 잉여가치는 분배과정에서 "이윤·이자·상업이윤·지대 등"으로 분할되는데, 잉여가치의 분할이 축적과정에 아무런 영향을 미치지 않는다고 전제한다. "잉여가치가 각종 부분들로 분할되는 것은 결코 잉여가치의 본성이나, 잉여가치가 축적의 요소로 되는 데 필요한 조건들을 변경시키는 것은 아니기"(마르크스, 2015a: 771) 때문이다. 잉여가치의 분할 문제는 『자본론』 3권에서 다룬다.

　따라서 마르크스는 유통과정과 분배과정의 교란 요인을 무시하고 자본의 축적과정에 대해 "추상적으로[즉, 직접적 생산과정의 단순한 하나의 계기로] 고찰한다"(마르크스, 2015a: 771)는 것을 미리 밝히고 있다. 이러한 전제조건은 제7편의 결론인 자본주의적 축적의 '일반법칙'이 자본축적의 현실에 대한 역사적 서술이 아니라 유통과 분배에 의한 교란을 배제한 자본주의적 축적의 경향 법칙이라는 것을 의미한다.

제23장에서는 자본주의적 생산과 재생산의 성격을 분명하게 드러내기 위해 자본가가 모든 잉여가치를 소비재원으로 사용하는 '단순재생산'을 분석한다. 자본주의에서 경쟁 때문에 현실적으로 존재하기 어려운 '단순재생산' 상황을 상정하는 것은 자본주의적 생산과정이 "잉여가치를 생산할 뿐 아니라 자본관계 자체를, 즉 한편으로 자본가를, 다른 한편으로 임금노동자를 생산하고 재생산한다"(마르크스, 2015a: 788)는 점을 명확하게 드러내기 위한 것이다.

제24장에서는 잉여가치가 자본으로 전환됨으로써 자본축적, 즉 확대재생산이 이루어질 경우 상품생산의 소유법칙(자기 노동에 기초한 소유)이 자본주의적 취득법칙(타인의 잉여노동에 기초한 소유)으로 바뀌게 된다는 점을 밝히고, 이런 사실을 은폐하기 위한 여러 종류의 부르주아 이데올로기를 폭로하며, 자본축적의 규모를 결정하는 여러 조건을 분석한다.

제25장에서는 노동절약적 기술혁신에 의해 '자본의 구성'이 변화하는 경우와 변화하지 않는 경우로 나누어 자본축적의 유형을 검토하고, 자본축적의 경향으로 자본의 유기적 구성이 고도화되면서 상대적 과잉인구가 구조적으로 생산되는 자본주의적 '인구법칙'을 찾아낸다. 또한 상대적 과잉인구의 다양한 존재형태를 분석하고, 자본의 독점화와 노동자계급의 궁핍화 경향으로 요약되는 자본주의적 축적의 '일반법칙'을 도출한다. 또한 자본주의적 축적의 일반법칙을 증명하는 역사적 사례를 90쪽에 걸쳐 자세히 제시한다.

1. 제23장 「단순재생산」

마르크스는 먼저 생산과 구별되는 '재생산' 개념을 도입한다.

생산과정의 사회적 형태가 어떻든, 생산과정은 연속적이어야 하며 주기적으로 동일한 국면들을 끊임없이 통과해야 한다. 사회가 소비를 멈출 수 없는 것과 마찬가지로 생산을 멈출 수 없다. 그러므로 어떤 사회적 생산과정도, 그것을 연속된 전체로서, 끊임없이 새로워지는 흐름으로서 고찰할 때는, 동시에 재생산과정이다(마르크스, 2015a: 772).

따라서 "생산의 조건은 동시에 재생산의 조건이다"(마르크스, 2015a: 772).

어떤 사회도 그 생산물의 일정한 부분을 끊임없이 생산수단, 또는 새로운 생산의 요소들로 재전환하지 않고서는 생산을 계속할 수 없다. 즉, 재생산이 불가능하다. 다른 사정에 변화가 없는 한, 사회가 자기 부를 같은 규모로 재생산 또는 유지하기 위해서는, 예컨대 1년이라는 기간에 소비된 생산수단[즉, 노동수단이나 원료나 보조재료]을 같은 양의 신품으로 보충해야만 하는데, 그것에 해당하는 양은 연간의 생산량에서 분리되어 다시 생산과정에 들어가야 한다. 그러므로 연간 생산물의 일정량은 생산을 위한 것이다. 처음부터 생산적 소비로 예정된 이 부분은 대개 그 생산물의 성질 때문에 개인적 소비에는 전혀 적합하지 않은 현물형태로 존재한다(마르크스, 2015a: 772).

마르크스가 어찌 보면 자명한 이런 재생산 개념부터 분석을 시작한 것은 이에 대한 고전파 정치경제학의 몰이해를 비판하기 위해서였다. 즉, 고전파 정치경제학은 '연속된 전체'로서 보면 자본주의적 생산과정이 재생산 과정이기도 하다는 점을 이해하지 못했다. 나중에 보겠지만, 애덤 스미스가 축적을 단순히 생산적 노동자의 잉여생산물 소비로 묘사한 이래, 고전파 정치경제학은 자본으로 전환되는 전체 잉여가치가 가변자본, 즉 노동력 구매에 사용되는 것으로 잘못 이해했는데, 이는 재생산 개념이 분명하지 않았기 때문이다.

자본가치의 주기적 증가분인 잉여가치는 자본에서 생기는 수입(收入)의 형태를 취하는데, 이 수입 모두가 자본가에게 소비재원으로 사용된다면 '단순재생산'이 일어난다. 그런데 마르크스는 "자본주의적 생산과정의 단순한 연속, 즉 단순재생산"(마르크스, 2015a: 776)은 "이전과 같은 규모에서 생산과정이 단순히 반복되는 것이기는 하나, 이 단순한 반복성 또는 연속성이 생산과정에 대해 새로운 특징을 부여"(마르크스, 2015a: 773)함을 찾아내고, 한 번의 고립된 생산과정만을 생각할 때는 드러나지 않는 특징을 분석한다. 이는 가변자본과 총자본(불변자본 + 가변자본) 모두에서 나타난다. 먼저 가변자본을 살펴보자.

노동자는 자기 노동력을 지출해 노동력 가치와 함께 잉여가치를 상품의 형태로 실현한 뒤에 비로소 지급을 받는다. …… 또 그는 그 가변자본을 끊임없이 재생산하는 동안만 고용된다. …… 노동자에게 임금의 형태로 되돌아오는 것은 자기가 끊임없이 재생산하는 생산물의 한 부분이다. 자본가는 노동자에게 이 상품가치를 물론 화폐로 지급하지만, 이 화폐는 노동자의 노동생산물의 전환된 모습에 지나지 않는다. …… 화폐형태 때문에 생기는 환상은 개별 자본가와 개별 노동자 대신 자본가계급과 노동자계급을 전체적으로 고찰하기만 하면 곧 사라지고 만다. 즉, 자본가계급은 노동자계급이 생산하고 자본가계급이 취득하는 생산물의 일정한 부분에 대한 청구서를 화폐형태로 끊임없이 노동자계급에게 준다. 마찬가지로 노동자들은 이 청구서를 끊임없이 자본가계급에게 되돌려주고, 그 대신 자기 자신의 생산물 중 자기 몫으로 되는 부분을 받는다. 거래의 이와 같은 진정한 성격은 생산물의 상품형태와 상품의 화폐형태에 의해 은폐되고 있다.

따라서 가변자본이란, 노동자가 자기 자신의 유지와 재생산을 위해 필요로 하고 또 어떤 사회적 생산체제에서도 자기가 언제나 생산하고 재생산해야만 하는, 생활수단을 제공하는 재원, 즉 노동기금(labour fund)이 취하는 특수한 역사적 현상형태에 지나지 않는다(마르크스, 2015a: 773~774).

단순재생산을 계급적 관점에서 보면 가변자본이 노동자계급 자신이 생산한 '노동기금'에 지나지 않는다는 점을 분석한 마르크스는, 봉건영주에게 부역노동을 하는 농민과의 비교를 통해 "사실상 자본주의적 생산과정을 그 끊임없는 갱신의 흐름 속에서 고찰하기만 하면, 가변자본이 자본가 자신의 재원에서 투하되는 가치라는 성격은 잃게 된다"(마르크스, 2015a: 776)라고 결론 내린다.

다음으로, 마르크스는 단순재생산에 대한 분석을 통해 총자본의 성격 변화도 찾아낸다.

자본 1000원의 사용에 의해 매년 생산되는 잉여가치가 200원이라고 하고 또 이 잉여가치가 매년 소비된다고 하면, 5년 동안 소비된 잉여가치액은 200×5, 즉 최초에 투하된 1000원과 같게 되는 것은 명백하다. …… 투하된 자본가치를 매년 소비되는 잉여가치로 나누면, 최초에 투하된 자본이 자본가에 의해 소비되어 없어지는 데 걸리는 연수(또는 재생산기간의 수)가 나온다. …… 일정한 연수가 경과하면, 그[자본가*]가 소유하고 있는 자본가치는 그 동일한 연수에 등가 없이 취득한 잉여가치액과 같게 되며, 그가 소비한 가치 총액은 최초의 자본가치와 같게 된다. …… 자본가가 자기의 최초 자본과 동일한 가치를 소비했다면, 그가 가지고 있는 현재 자본의 가치는 그가 무상으로 취득한 잉여가치 총액을 대표할 따름이며, 거기에는 그의 최초 자본의 가치는 조금도 존재하지 않는다.

따라서 축적을 전혀 무시하더라도, 생산과정의 단순한 연속[즉, 단순재생산]은 조만간에 필연적으로 모든 자본을 축적된 자본, 즉 자본으로 된 잉여가치로 전환시켜버린다. 그 자본이 [생산과정에 들어갈 때] 그것을 사용하는 사람의 개인 재산이었고, 그 사람 자신이 몸소 노동해서 번 것이었다 하더라도, 그것은 조만간에 어떤 등가도 없이 취득한 가치, 즉 타인의 지불받지 않는 노동이 대상화된 것[화폐형태로든 또는 다른 형태로든]이 되는 것이다(마르크스, 2015a: 776~777).

이처럼 단순재생산의 경우, 최초의 투하자본(총자본)이 자기 노동에 기초한 재산이든 원시축적에 의한 것이든, 자본가가 그 자본가치만큼 소비한 다음부터 그의 총자본은 그가 무상으로 취득한 잉여가치 총액으로 바뀌게 된다.

단순재생산 과정에서 나타나는 총자본의 이런 성격 변화에서 마르크스는 자본주의적 재생산이 자본/노동 관계를 재생산한다는 점을 찾아낸다.

화폐를 자본으로 전환시키기 위해서는 상품의 생산과 유통 그 이상의 무엇이 필요했다. 즉, 한편에는 가치 또는 화폐의 소유자가, 다른 한편에는 가치를 창조하는 실체의 소유자가, 다시 말해 한편에는 생산수단과 생활수단의 소유자가, 다른 한편에는 노동력만의 소유자가 서로 구매자와 판매자로 마주하는 것이 필요했다. 따라서 노동의 생산물과 노동 그 자체 사이의 분리, 객체적 노동조건과 주체적 노동력 사이의 분리가 자본주의적 생산과정의 현실적 토대이며 출발점이었다.

그런데 최초에는 출발점에 지나지 않았던 것이 과정의 단순한 연속[즉, 단순재생산]에 의해 자본주의적 생산의 특징적인 결과[끊임없이 갱신되고 영구화되는 결과]로 된다. 한편으로 생산과정은 물질적 부를 자본으로, 그리고 자본가를 위한 가치증식 수단과 향락 수단으로 끊임없이 전환한다. 다른 한편으로 노동자는 언제나 그가 생산과정에 들어갈 때와 같은 모습 — 즉, 부의 인적 원천이기는 하지만 이 부를 자기 자신의 것으로 만들 모든 수단을 빼앗긴 모습 — 으로 그 과정을 나온다. 노동자가 생산과정에 들어가기 전에 자기 자신의 노동은 노동력의 판매에 의해 이미 자신으로부터 소외되고 자본가에 의해 취득되어, 자본에 합체되었기 때문에, 자기 노동은 생산과정이 진행되는 동안 끊임없이 타인의 생산물에 대상화되는 것이다. 생산과정은 또한 자본가가 노동력을 소비하는 과정이기 때문에, 노동자의 생산물은 끊임없이 상품으로 전환될 뿐 아니라 자본으로 [즉, 노동자의 가치 창조력을 빨아먹는 가치로, 인간을 실제로 구매하는 생활수단으로, 그리고 생산자를 사용하는 생산수단으로] 전환된다. 그리하여 노동자 자신은 객체적인 부를 자본[즉, 자기를 지배하며 착취하는 외부의 힘]의 형태로 끊임없이 생산하며, 자본가는 노동력을 부의 주체적 원천의 특수한 형태[노동자의 신체 속에 있을 뿐이며, 그 자신을 대상화하고 실현할 모든 수단에서 분리되어 있는 추상적인 원천]로 끊임없이 생산한다. 간단히 말해, 자본가는 노동자를 임금노동자로 생산한다. 노동자의 이 끊임없는 재생산 또는 영구화는 자본주의적 생산의 필수 조건이다(마르크스, 2015a: 777~778).

또한 마르크스는 단순재생산을 개별 자본가와 개별 노동자의 관계에서
가 아니라 계급적 관점에서 검토할 경우, 노동자의 '개인적 소비'가 "자본
의 생산과 재생산의 한 요소"를 이루고 "노동자계급은 심지어 직접적 노동
과정 밖에서까지도 자본의 부속물"이라는 결론을 내린다.

　자본가는 자기자본의 일부를 노동력으로 전환함으로써 자기 총자본의 가
치를 증식시킨다. 그는 하나의 돌로 두 마리의 새를 잡는다. 그는 노동자로
부터 받는 것에 의해서뿐 아니라 노동자에게 주는 것에 의해서도 이익을 본
다. …… 절대적으로 필요한 범위의 개인적 소비에 관해 말한다면, …… 그
것은 자본의 가장 필요불가결한 생산수단인 노동자 자신의 생산이며 재생산
이다. 그리하여 노동자의 개인적 소비는 …… 자본의 생산과 재생산의 한
요소를 이루고 있는데, 이것은 마치 기계의 청소가 …… 자본의 생산과 재
생산의 한 요소인 것과 같다. …… 노동자계급의 유지와 재생산은 언제나
자본의 재생산에 필요한 조건이다. 그러나 이 조건의 충족을 자본가는 안심
하고 노동자의 자기 유지 본능과 생식 본능에 맡길 수 있다. ……
　따라서 사회의 관점에서 보면, 노동자계급은 심지어 직접적인 노동과정
밖에서까지도 [생명 없는 노동도구와 마찬가지로] 자본의 부속물이다. 노동
자들의 개인적 소비까지도 일정한 한계 안에서는 자본의 재생산과정의 한
계기에 불과하다. …… 노동자들의 개인적 소비는, 한편으로는 그들의 유지
와 재생산을 보장하고, 다른 한편으로는 생활수단을 끊임없이 없애버림으로
써 그들을 노동시장에 계속 다시 나타나도록 만든다. 로마의 노예는 쇠사슬
에 얽매여 있었지만, 임금노동자는 보이지 않는 끈에 의해 그 소유자에게 얽
매여 있다. 임금노동자가 독립적인 존재인 것처럼 보이는 겉모습은, 개별 고
용주들이 끊임없이 바뀐다는 것과 계약이라는 법적 허구에 의해 유지되고

있다(마르크스, 2015a: 780~782).

마르크스는 자본가들이 실제로 "노동력을 자본의 소유물로 보는 견해"(마르크스, 2015a: 783)를 지니고 있음을 보여주는 두 사례를 든다. 하나는 1815년까지 영국 기계 제조 노동자들의 국외 이주가 무거운 형벌로 금지되고 있었다는 사실이다. 또 하나는 1860년대 초 공황으로 인한 대량실업이 면공업에서 발생했을 때, 노동자계급과 여러 사회계층에서 영국의 식민지나 미국으로 과잉노동자를 이주시킬 필요성에 대해 주장했으나, 자본가계급의 반대로 무산된 점이다. 당시 이 문제를 둘러싼 논쟁 과정에서 자본가계급과 그 대변자들은 노동력을 자본의 소유물로 보는 견해를 노골적으로 표명했다. 즉, 2~3년 후에 경기가 다시 활성화되면 노동자들이 필요하기 때문에 국외 이주는 안 된다는 것이었다. 마르크스는 그들의 주장을 그대로 인용한다.

노동자들은 랭커셔와 공장주의 힘이다. 즉, 그들은 한 세대 동안에는 대체될 수 없는 지적이고 훈련받은 힘이다. 그들이 사용하는 다른 기계들은 대부분 12개월 안에 유리하게 다른 것으로 대체될 수 있으며, 심지어 개선까지 가능하다. 만약 노동력의 국외 이주가 장려되거나 허가(!)된다면 자본가들은 어떻게 될 것인가? …… 가장 우수한 공장 노동자들을 수출해 이 나라의 가장 생산적인 자본과 부의 일부의 가치를 파괴함으로써 이 나라를 약화시키는 이 국외 이주안보다 모든 계급들에게 더욱 자살적인 계획이 또 있을 수 있겠는가? …… 가장 우수한 노동자들을 잃어버리는 것, 그리고 [인력을 고갈시키는 대규모 이민과 한 지역 전체의 자본과 가치의 파괴에 의해] 남아 있는 사람들을 타락시키고 무기력하게 만드는 것보다 토지소유주들이

나 공장주들에게 더 나쁜 것이 있을 수 있겠는가?(마르크스, 2015a: 784~785)

마르크스는 단순재생산에 관한 계급적 분석의 결론으로 "자본주의적 생산과정은 상품이나 잉여가치를 생산할 뿐 아니라 자본관계 자체를 생산하고 재생산한다"라고 요약한다.

그리하여 자본주의적 생산은 자기 자신의 진행에 의해 노동력과 노동조건 사이의 분리를 재생산함으로써 노동자를 착취하기 위한 조건을 재생산하고 영구화한다. 그것은 노동자로 하여금 살기 위해서는 자기의 노동력을 팔지 않을 수 없도록 끊임없이 강요하며, 또 자본가로 하여금 부유해지기 위해 끊임없이 노동력을 살 수 있게 한다. 자본가와 노동자가 상품시장에서 구매자와 판매자로 마주하는 것은 이제는 벌써 단순한 우연이 아니다. 생산과정 자체가 노동자를 자기 노동력의 판매자로 끊임없이 다시 상품시장에 내던지며, 또 끊임없이 노동자 자신의 생산물을 타인이 노동자를 구매할 수 있는 수단으로 전환시킨다. 사실상 노동자는 자기 자신을 자본가에게 팔기 전에 이미 자본에 속해 있다[계급관계가 전제되어 있다*]. 노동자의 경제적 예속은 자발적 자기 판매의 주기적 갱신, 자기에 의한 고용주 변경, 자기 노동력의 시장가격 변동에 의해 매개되기도 하고 은폐되기도 한다.

따라서 자본주의적 생산과정은, 하나의 연결된 전체 과정, 즉 재생산과정이라는 측면에서 본다면, 상품이나 잉여가치를 생산할 뿐 아니라 자본관계 자체를, 즉 한편으로 자본가를, 다른 한편으로 임금노동자를 생산하고 재생산한다(마르크스, 2015a: 787~789).

2. 제24장 「잉여가치가 자본으로 전환」

제1절에서 마르크스는 자본축적, 즉 확대재생산 과정에서 상품생산의 소유법칙이 자본주의적 취득법칙으로 전환되는 메커니즘을 해명한다. 우선 자본축적 개념을 "잉여가치를 자본으로 사용하는 것, 즉 잉여가치를 자본으로 재전환시키는 것"(마르크스, 2015a: 790)으로 정의한다. 단순재생산과 구별되는 확대재생산이 바로 자본축적이다.

마르크스는 자본축적이 자본주의적 취득법칙을 창출하는 과정을 보여준다. 예컨대 1만 원의 자본(생산수단 8000원 + 임금 2000원)에 의해 생산된 잉여가치가 2000원일 때(잉여가치율 100%), 이 잉여가치가 모두 자본으로 전환되고 기타 모든 사정이 불변이라면, 다음번의 생산에는 1만 2000원의 자본[생산수단 9600원(8000원 + 1600원) + 임금 2400원(2000원 + 400원)]이 투하되어 2400원(2000원 + 400원)의 잉여가치를 생산하게 된다. 즉, 2000원의 잉여가치가 자본(생산수단 1600원 + 임금 400원)으로 전환되어 400원의 잉여가치를 다시 생산한다. 이 400원의 잉여가치가 또 자본(생산수단 320원 + 임금 80원)으로 전환되면 80원의 새로운 잉여가치를 가져온다. 이 과정은 되풀이된다.

물론 이런 축적과정이 지속되려면 잉여생산물은 이미 추가자본, 즉 새로운 자본의 물적 요소(생산수단과 생활수단)로 구성되어 있어야 한다. 이런 물적 조건이 충족되면, "각종 나이의 추가적 노동력이 노동자계급에 의해 매년 공급되고 있으므로 자본은 다만 이것을 연간 생산물에 이미 포함되어 있는 추가적 생산수단과 결합시키기만 하면 된다. 이로써 잉여가치가 자본으로 전환하는 것이 완성된다. 구체적으로 고찰하면, 자본의 축적은 누진적으로 증가하는 규모로 자본이 재생산되는 것이다"(마르크스, 2015a: 793).

마르크스는 이 수치 예에서 최초 자본 1만 원에 대해 정치경제학의 대변자들은 "자기 자신의 노동과 자기 선조들의 노동에 의해서"(마르크스, 2015a: 794) 획득된 것으로 주장한다고 소개한다. 마르크스는 제8편 원시축적에서 최초 자본이 폭력적 수탈에 의해 형성되었음을 역사적으로 논증하지만, 제7편에서는 정치경제학자들의 이런 주장이 "상품생산의 법칙과 일치하는 유일한 가정처럼 보인다"(마르크스, 2015a: 794)라며 일단 최초 자본의 형성 문제는 제쳐둔다. 그러나 2000원의 추가자본(자본으로 전환된 잉여가치)에 대해서는 "사정이 전혀 다르다"라며 이 추가자본의 성격을 따져본다.

> 처음부터 남의 지불받지 않는 노동에서 나오지 않은 가치라고는 조금도 포함되어 있지 않다. …… 자본가계급이 이 공물의 일부로 추가 노동력을 사들일 경우, 그것이 비록 완전한 가격에 의한 것이고, 따라서 등가물과 등가물끼리의 교환이라 하더라도, 그것은 역시 [피정복자에게서 약탈한 화폐로 피정복자 자신의 상품을 구매하는] 정복자의 낡은 방식에 지나지 않는다 (마르크스, 2015a: 794).

그리하여 "그 어떤 경우에도 노동자계급은 금년의 자기의 잉여노동으로 다음 해에 추가노동을 고용할 자본을 창조한 것이다. 이것이 이른바 '자본으로 자본을 창조한다'는 것이다"(마르크스, 2015a: 795).

여기서 최초 자본이 아니라 추가자본의 성격이 중요한 것은 "단순재생산의 경우에도 모든 자본은, 그 최초의 기원이 무엇이든, 축적된 자본[즉 자본화한 잉여가치]으로 전환"될 뿐 아니라 "생산의 홍수 속에서 최초의 총투하자본은 직접적으로 축적된 자본[즉, 자본으로 재전환된 잉여가치 또는 잉여생산물]과 비교하면 무한소량"(마르크스, 2015a: 802)이기 때문이다. 이는 현대자본주의에서도 자수성가한 많은 자본가의 모습에서 잘 드러난다. 예컨대 IT 산업의 선두 기업 마이크로소프트가 개인 주택의 차고에서 창업했다는 유명한 일화는 이를 잘 보여준다. 구글이나 페이스북의 경우도 마찬가지다. 그들은 처음에 개인 차고를 마련할 정도의 작은 자본으로 출발했지만, 지금은 시가총액에서 세계의 수위를 달리고 있다.

그런데 마르크스는 이런 소유법칙 전환의 설명 방식을 불어판에서 크게 바꾸었다. 제2독일어판에서 마르크스는 이 전환 과정을 "상품생산과 상품유통에 기초한 취득법칙 또는 사적소유의 법칙은 자기 자체의 내부적인 불가피한 변증법에 의해 그 정반대의 것으로 전환된다는 것은 명백하다"(마르크스, 2015a: 795)는 식으로 설명했다. 즉, 변증법에 의해 전환된 것이라고 설명했는데, 이는 '대립물의 상호전화'라는 변증법의 운동형식에 의거해 "그 정반대의 것으로 전환된다"라고 설명한 것이다. 마르크스가 제2독일어판에서 "노동과 소유의 분리는 노동과 소유의 동일성에서 나온 것처럼 보이는 법칙의 필연적 결과로 된다"(마르크스, 2015a: 796)라는 구절에 붙인 주 6에서 이를 "변증법적 역전"으로 설명하는 것을 통해서도 확인할 수 있다. 그런데 나중에 불어판에서는 앞서 인용한 서술을 중심으로 제2독일어판의 한 문단 전체(마르크스, 2015a: 795쪽 위에서 13줄부터 796쪽 밑에서 4줄까지)를 삭제하고 다른 방식의 설명으로 대체한다. 엥겔스는 마르크스가 불어판에서 대체한 설명을 제4독일어판에 추가했다(마르크스, 2015a: 796쪽 밑에서 3줄부터 801쪽까지). 그런데 엥겔스는 마르크스가 불어판에서 삭제한 제2독일어판의 내용을 제4독일어판에 그대로 둔 채, 그 부분에 이어 불어판에서 대체한 내용을 삽입했기 때문에 혼선이 생기고 있다.

마르크스가 대체한 불어판의 설명에서는 "내부적인 불가피한 변증법에 의해"와 같은 제2독일어판의 서술은 나오지 않는다. 마르크스는 불어판에서 상품생산의 소유법칙 위반이 아니라 그 법칙의 적용에서 오히려 자본주의적 취득법칙이 생긴다는 점을 강조한다. 이 점은 제2독일어판의 설명과 다르지 않다.

> 자본주의적 취득방식은 아무리 상품생산의 최초 법칙들과 모순되는 것같이 보인다 하더라도, 이 취득방식은 결코 이 법칙들을 위반한 데서 나오는 것이 아니라 반대로 그것들을 적용한 데서 나오는 것이다(마르크스, 2015a: 797).

그리고 이 점을 명백히 하기 위해 "자본주의적 축적을 종점으로 하는 운동의 순차적 국면들을 간단히 돌이켜"(마르크스, 2015a: 797) 보는 방식으로 설명한다. 이 점이 제2독일어판의 설명과 달라진 점이다. 마르크스는 순차적 국면들을 돌이켜본 결과를 요약하며, "내부적인 불가피한 변증법에 의해서"가 아니라, 노동력의 상품화에 의해 "상품생산이 자본주의적 생산으로 전환함에 따라 상품생산의 소유법칙은 필연적으로 자본주의적 취득법칙으로 변화한다"라고 설명한다. 결국 '노동력의 상품화'를 소유법칙의 변화를 가져오는 결정적 요인으로 제시하고 있다.

> 현재 기능하고 있는 자본이 통과해온 주기적 재생산과 그것에 선행하는 축적의 계열들이 아무리 길다 하더라도, 이 자본은 언제나 자기의 시초의 처녀성을 보존한다. 교환의 법칙이 [개별적으로 본] 각각의 교환 행위에서 준수되는 한, 취득방식은 상품생산에 상응하는 소유권에 조금도 영향을 미치지 않고 완전히 변혁될 수 있다. 이 동일한 소유권은 시초에도 그리고 자본

주의 시대에도 효력을 보존하는데, 시초에는 생산물이 생산자에게 속하며 생산자는 등가물과 등가물을 교환하고 자기 자신의 노동에 의해서만 부유해질 수 있지만, 자본주의 시대에는 점점 더 많은 사회적 부가 [타인의 지불받지 않는 노동을 끊임없이 새로 취득하는 지위에 있는] 사람들의 소유로 되고 있다.

　이런 결과는 노동자 자신이 노동력을 상품으로 자유로이 판매하게 되자마자 불가피한 것으로 된다. 그러나 이 순간부터 비로소 상품생산은 보편화되며 전형적인 생산형태로 된다. …… 임금노동이 상품생산의 토대로 될 때 비로소 상품생산은 자신을 전체 사회에 강요한다. 또한 그때 비로소 상품생산은 자기의 잠재력을 전부 발휘하게 된다. 임금노동의 개입이 상품생산을 불순하게 한다고 말하는 것은, 상품생산이 불순하게 되지 않기 위해서는 상품생산이 발전하지 말아야 한다고 말하는 것과 같다. **상품생산이 자본주의적 생산으로 전환함에 따라 상품생산의 소유법칙은 필연적으로 자본주의적 취득법칙으로 변화한다. 상품생산의 영원한 법칙을 자본체제(regime)에 적용함으로써 이 체제를 분쇄할 수 있다고 생각하는 일부 사회주의 학파의 환상은 얼마나 환상적인가!**(마르크스, 2015a: 801)[2] *

마르크스가 불어판에서 수정한 이 설명에는 그 어디에도 '변증법'이라는 용어가 없다. 현재의 제4독일어판에 나와 있는 것은 엥겔스에 의해 수정된 부분이다.

　상품생산이 그 자체의 내재적 법칙에 의해 자본주의적 생산으로 전환되는 정도에 따라, 상품생산의 소유법칙은 변증법적 역전을 겪지 않을 수 없고 이리하여 자본주의적 취득법칙으로 전환된다(마르크스, 2015a: 801).

엥겔스의 이 수정은 두 가지 점에서 마르크스가 불어판에서 설명 방식을 바꾼 것을 제대로 이해하지 못해 잘못 수정한 것으로 생각된다. 첫째, 마르크스는 독일어판에서 "내부적인 불가피한 변증법"에 의해 소유법칙이 전환되었다고 설명한 것을, 불어판에서는 노동력의 상품화에 따라 상품생산이 자본주의적 생산으로 전환되면서 소유법칙이 변화되었다는 설명으로 바꾸었다. 그런데 엥겔스는 마르크스가 삭제하려 한 제2독일어판의 설명을 그대로 유지했을 뿐 아니라 불어판 원문에 없던 '변증법적 역전'을 새로 끼워넣었다. 이는 '변증법'에 의한 설명을 삭제하려는 마르크스의 의도와 반대되는 것이다. 둘째, "상품생산이 그 자체의 내재적 법칙에 의해 자본주의적 생산으로 전환"된다는 서술은 사실과도 다를 뿐 아니라 앞 문단의 문맥과도 어긋나는 서술이다. 마르크스가 그 바로 앞에서 설명하듯이, 노동력의 상품화에 의해 상품생산이 보편화되고 자본주의적 생산으로 전환된 것이지, 상품생산의 '내재적 법칙'에 의해 자본주의적 생산으로 전환된 것이 아니다. 노동력의 상품화는 제8편 원시축적에서 마르크스가 상세히 분석하듯, 상품생산의 '내재적 법칙'과 무관한 역사적 과정일 뿐이다.

엥겔스는 이처럼 마르크스의 불어판 원문에 없는 '내재적 법칙'과 '변증법적 역전'을 끼워넣어, 마르크스의 의도와는 정반대로 상품생산의 소유법칙이 자본주의적 취득법칙으로 전환된 것을 신비화하고 있다. 제2독일어판에서 "내부적인 불가피한 변증법"으로 설명한 방식이 부적절하다고 생각한 마르크스가 불어판에서 설명 방식을 바꾼 것인데, 엥겔스가 이를 다시 원래대로 되돌려놓으면서 더욱 신비화하는 결과를 가져왔다.

마르크스가 불어판에서 변경한 설명 방식으로 보면, "자기 노동에 기초한 소유"인 상품생산의 소유법칙이 "타인의 잉여노동에 기초한 소유"인 자본주의적 취득법칙으로 전환된 것은 노동력의 상품화라는 역사적 사실,

즉 자본주의적 계급관계의 필연적 결과다. 자본의 출현이 화폐의 내적 모순 또는 논리적 모순에 의한 것이 아니라 직접적 생산자를 생산수단으로부터 분리하는 역사적 과정, 즉 원시축적에 의한 것이었듯, 이런 소유법칙의 전환도 상품생산의 변증법적 모순에 의한 것이 아니라 원시축적에 의한 자본주의적 계급관계 출현의 필연적 결과일 뿐이다. 그 어떤 신비한 것도 없다.

마르크스는 소유법칙의 역사적 전환 과정을 해명하며 "상품생산의 영원한 법칙을 자본체제에 적용함으로써 이 체제를 분쇄할 수 있다고 생각하는 일부 사회주의 학파의 환상"을 비판하는데, 이는 프루동파를 염두에 둔 것이었다. 비(非)자본주의적 상품생산에서 자본주의의 대안을 찾으려는, 과거에도 있었고 현재에도 있는, 소부르주아들의 환상에 대한 비판이라 할 수 있다. 상품생산의 보편화와 자본주의적 생산은 분리될 수 없는데도, 이러한 환상은 마치 자본주의 없는 상품생산의 보편화가 가능한 듯 꿈꾸는 것이니 비현실적인 환상일 뿐 아니라 자본주의 역사에 무지한 몰역사적 인식이기도 하다.

제2절에서는 확대재생산에 관한 정치경제학의 잘못된 견해를 폭로한다. 마르크스는 고전파 정치경제학자들이 왜 불변자본을 재생산에 포함하지 않는 오류를 범하게 되었는지 추적한다.

[헤겔이 적절하게 말하고 있는 바와 같이 '가지고 있는 것을 모두 소비해 버리며', 그리고 특히 몸종들을 고용하는 사치에서 뚜렷이 나타나고 있는] 옛날 봉건귀족들의 일상적 생활방식에 반대해, 부르주아 경제학이 자본의 축적을 시민의 첫째가는 의무라고 선포하고, 그리고 추가적인 생산적 노동자들 …… 을 고용하는 데 수입의 상당한 부분을 지출하지 않고 자기 수입

을 전부 먹어버리는 사람은 축적할 수 없다고 끈기 있게 설교한 것은 결정적으로 중요했다. 다른 한편으로 부르주아 경제학은 자본주의적 생산을 퇴장화폐의 형성과 혼동하는, 따라서 또 축적된 부를 그 현재의 현물형태가 파괴되지 않은 부(즉, 소비되지 않은 부) 또는 유통에 들어가지 않은 부라고 여기는, 세속적인 편견과 투쟁하지 않으면 안 되었다. 화폐를 유통에서 배제하는 것은 화폐가 자본으로 가치증식하는 것을 배제하는 것이며, 상품을 퇴장시켜 축적하는 것은 완전히 무의미한 일일 것이다. …… 따라서 고전파 경제학이 비생산적 노동자가 아니라 생산적 노동자가 잉여생산물을 소비하는 것을 축적과정의 특징적 계기로 강조하는 것은 매우 정당하다(마르크스, 2015a: 803).

정치경제학자들이 당시의 세속적 편견에 맞서 생산적 노동자를 정당하게 강조한 것인데, 마르크스는 "여기에서 그 오류도 시작되고 있다"라고 지적한다.

애덤 스미스는 축적을 단순히 생산적 노동자에 의한 잉여생산물의 소비로서 묘사하는 것, 즉 잉여가치의 자본화는 단순히 잉여가치를 노동력으로 전환시키는 것으로 묘사하는 것을 유행시켰다. …… 리카도와 그 뒤의 모든 정치경제학자들이 애덤 스미스의 뒤를 따라 되풀이하고 있는 주장, 즉 '수입 중 자본에 추가되는 부분은 생산적 노동자에 의해 소비된다'는 주장보다 더 큰 오류는 없다. 이 관념에 따르면, 자본으로 전환되는 전체 잉여가치는 가변자본이 되지 않으면 안 될 것이다. 그러나 실제로는 그것도 시초에 투하된 가치와 마찬가지로 불변자본과 가변자본으로, 즉 생산수단과 노동력으로 분할된다. ……

애덤 스미스는 근본적으로 잘못된 자기의 분석에 의해, 각 개별 자본은 불변적 구성부분과 가변적 구성부분으로 분할되지만, **개별 자본의 총액인 사회적 자본(social capital)**은 전적으로 가변자본으로만 분해될 수 있으며, 따라서 사회적 자본은 전부 임금으로만 지출된다는, 엉터리 결론에 도달하고 있다. 예컨대, 직물 공장주가 2000원을 자본으로 전환시킨다고 하자. 그는 이 화폐의 일부를 직조공의 고용에 지출하고, 기타 부분을 실·기계 등의 구입에 지출한다. 그런데 그에게 실과 기계를 판매한 사람도 판매 대금의 일부를 다시 노동에 지불한다. 그렇게 소급해가면 결국 2000원 전부가 임금으로만 지출된다. 즉, 2000원이 대표하는 생산물 전부가 생산적 노동자에 의해 소비된다. 보는 바와 같이, 이 논증의 핵심은 '이렇게 소급해 가면'이라는 말 한마디에 있는데, 이 말이 우리를 이리저리 정처 없이 끌고 간다. 사실 애덤 스미스는 연구가 곤란하게 되기 시작한 바로 그곳에서 연구를 중단하고 있다(마르크스, 2015a: 804~805).[3][*]

마르크스는 존 스튜어트 밀(John Stuart Mill) 등 부르주아 정치경제학자들이 부르주아 관점에서도 뻔히 보이는 애덤 스미스의 이런 분석상 오류를 전혀 적발해내지 못했다고 지적한다. 반면 이런 오류에 빠지지 않은 중농주의자들을 소개한다. 마르크스는 "오직 연간 총생산을 고찰하는 한, 연간의 재생산과정은 쉽게 이해된다"라며 "중농주의자들이 그들의 『경제표』에서 처음으로 연간 생산을 [그것이 유통과정을 통해 우리에게 나타날 때의 모습으로] 묘사하려 시도한 것은 그들의 커다란 공적"(마르크스, 2015a: 806)이라고 중농주의자들을 높이 평가한다.

마르크스는 『자본론』 2권 제3편 「사회적 총자본의 재생산과 유통」에서 중농주의자의 재생산 개념에 입각해 자신의 재생산 표식을 독자적으로 고안함으로써 연간 재생산과정을 분석하고, 2부문 경제(소비재 부문과 생산재 부문) 또는 3부문 경제(사치재 부문 추가)모델을 세워 재생산을 위한 부문 간 균형 조건을 탐색한다.

제3절에서는 잉여가치가 자본과 수입(收入)으로 분할되는 비율이 축적의 크기를 결정하는데, 이 문제와 관련한 부르주아 이데올로기인 '절욕설(節慾說)'을 비판한다.

잉여가치의 일부는 자본가에 의해 수입(소득)으로 소비되고, 다른 부분은 자본으로 축적된다. 잉여가치의 양이 일정한 경우, 분할 비율이 축적 크기를 결정한다. 그래서 부르주아 대변자들은 잉여가치 중 자본가가 축적하는 부분에 관해 자본가가 '절약'한다고 말한다. 이러한 측면에 대해 마르크스는 '인격화한 자본'으로서 자본가의 의의와 역할을 역사적 맥락에서 살펴본다.

자본가는 인격화한 자본으로서만 역사적 가치와, 리히노브스키(Lichnowsky)의 실언을 빌리면, '어떤 날짜도 없는 것은 아닌' 역사적 생존권을 가지고 있다. 이런 한에서만 자본가 자신의 일시적 존재의 필연성은 자본주의적 생산양식이 [더 높은 사회로: 역자] 이행할 필연성에 포함되는 것이다. 자본가가 인격화한 자본인 한, 그의 활동 동기는 사용가치의 획득과 향락이 아니라 교환가치의 획득과 증식이다. 그는 가치증식을 열광적으로 추구하며 인류에게 무자비하게 생산을 위한 생산을 강제한다. 이리하여 자본가는 사회 생산력의 발전과, 또 [각 개인의 최대한의 자유로운 발달을 그 기본 원칙으로 삼는] 더 높은 사회형태의 유일한 현실적 토대로 될 수 있는 물질적 생산조건의 창조에 박차를 가한다. 자본의 인격화로서만 자본가는 존경을 받는다. 그러므로 자본가는 절대적 치부욕을 수전노와 공동으로 소유하고 있다. 그러나 수전노의 경우에는 개인의 열광으로 나타나는 것이 자본가의 경우에는 사회적 기구[여기서 자본가는 하나의 나사에 지나지 않는데]의 작용으로 나타난다. 더욱이 자본주의적 생산의 발전은 한 사업에 투하되는 자본액을 끊임없이 증대시키지 않을 수 없도록 만들며, 그리고 경쟁은 자본주의적 생산양식의 내재적 법칙을 각 개별 자본가에게 외적인 강제법칙으로서 강요한다. 경쟁은 자본가로 하여금 자기자본을 유지하기 위해 자본을 끊임없이 확대하지 않을 수 없게 하는데, 그는 누진적 축적에 의해서만 자기자본을 확대할 수 있다(마르크스, 2015a: 807~808).

시장기구 속 "하나의 나사"로서 경쟁에 의해 자본축적을 강요당하는 자본가는 사회 생산력을 발달시켜 자본주의 이후 새로운 사회의 물질적 토대를 창조한다는 것이고, 이런 "자본의 인격화"로서만 자본가는 존경을 받는다는 것이다. 따라서 "축적은 사회적 부의 세계를 정복하는 것이고, 착취당하는 인간의 수를 확대하는 것이며, 동시에 자본가의 직접적·간접적 지배를 확대하는 것이다"(마르크스, 2015a: 808).

자본주의적 생산양식의 초기에는 치부(致富)욕과 탐욕이 자본가의 지배적 열정이 되었다.

일정한 발전 정도에 이르면, 어느 정도의 낭비는 부의 과시(誇示)로서 또 신용 획득의 수단으로서 …… 자본가의 사업상의 필요로까지 된다. 사치는 자본의 교제비에 포함된다. …… 자본가의 낭비는 그의 축적을 결코 방해하지 않고 축적의 증대와 더불어 증대한다(마르크스, 2015a: 810).

예컨대 한국 최대 재벌인 삼성그룹 이건희 회장의 저택은 2016년 기준

공시가격 177억 원으로 국내 최고다. 또한 공시가격 기준 상위 2~4위 단독주택도 모두 이건희 회장의 소유다.[4]

마르크스는 고전파 경제학이 축적에 대한 부르주아계급의 "역사적 사명"을 잘 표현했다고 평가한다.

> 축적하라, 축적하라! 이것이 모세이며 예언자들이다! '근면은 재료를 제공하고 절약은 그것을 축적한다.' 그러므로 절약하라, 절약하라! 다시 말해, 잉여가치 또는 잉여생산물 중 가능한 한 최대 부분을 자본으로 재전환하라! 축적을 위한 축적, 생산을 위한 생산, 이 공식으로 고전파 경제학은 부르주아계급의 역사적 사명을 표현했다. 고전파 경제학은 부의 출산의 진통이 무엇인가에 대해 한순간도 잘못 생각하지는 않았다. 그러나 그것은 역사적 필연성인데, 그것을 한탄한들 무슨 소용이 있겠는가? 고전파 경제학에서 프롤레타리아가 잉여가치를 생산하는 기계로서의 의의밖에 없다면, 자본가도 역시 이 잉여가치를 추가자본으로 전환시키는 기계로서의 의의밖에 없다. 고전파 경제학은 자본가의 역사적 기능을 진지하게 취급하고 있다(마르크스, 2015a: 812).

"축적을 위한 축적, 생산을 위한 생산"은 오늘날 현대자본주의에서는 인간과 사회의 파괴, 자연과 생태의 파괴 등에 아랑곳하지 않고 경제성장을 최우선 목표로 하는 '경제성장 지상주의'로 나타난다.

마르크스는 축적욕과 관련한 에피소드로서 축적하는 일과 소비하는 일의 분업을 제창한 토머스 로버트 맬서스(Thomas Robert Malthus)의 주장을 소개한다.

자본가의 마음속에서 일어나는 향락욕과 치부욕 사이의 불행한 갈등을 잠재우기 위해, 1820년경에 맬서스는 축적하는 일은 현실적으로 생산에 종사하는 자본가가 담당하고 낭비하는 일은 잉여가치의 분배에 참여하는 기타 사람들, 즉 토지 귀족이나 관리와 목사 등이 담당하는 분업을 제창했다. '지출욕과 축적욕을 분리시키는 것'은 매우 중요한 일이라고 그는 말하고 있다 (마르크스, 2015a: 812~813).

다음으로, 마르크스는 자본가의 이윤과 축적을 자본가의 절욕에서 비롯한 것으로 설명하는 속류 경제학의 '절욕설'을 비판한다.

맨체스터에서 시니어가 자본의 이윤(이자를 포함)은 '12시간 노동 중 최후의 한 시간' 지불받지 않는 노동의 산물이라는 것을 발견한 바로 1년 전에, 그는 다른 또 하나의 발견을 세상에 발표했다. …… "나는 [생산도구로 여겨지는] 자본이라는 말을 절욕이라는 말로 바꾼다." …… "사회가 진보하면 할수록 사회는 그만큼 더 절욕을 요구한다." 즉, 타인의 근로와 생산물을 취득하는 것이 본업인 사람들의 절욕을 그만큼 더 요구한다. 노동과정을 위한 모든 조건들은 이때부터 자본가의 그만한 수의 절욕 행위로 전환된다. 곡물이 식량으로 모두 소비되지 않고 일부가 종자로 파종될 수 있는 것은 자본가의 절욕 때문이다. 포도주가 발효를 위해 일정한 시간을 가질 수 있는 것도 자본가의 절욕 때문이다. 자본가가 '생산도구를 노동자에게 대부할(!)' 때, 다시 말해 증기기관·면화·철도·비료·역축 등을 소비해버리지 않고 …… 그것들을 노동력과 결합시켜 자본으로서 그것들의 가치를 증식시킬 때, 자본가는 자기 자신을 수탈한다는 것이다. …… 세계는 오직 비슈누 신의 현대적 속죄자인 자본가의 자기 고행에 의해 굴러가고 있다는 것만으로 충분하다. 축적뿐 아니라 단순한 "자본의 유지조차도 그것을 소비하려는 유혹에 저항하기 위해 끊임없는 노력을 요구한다"(마르크스, 2015a: 814~816).

제4절에서는 잉여가치가 자본과 수입으로 분할되는 비율과 관계없이 축적의 규모를 결정하는 여러 사정을 검토한다. "잉여가치가 자본과 수입으로 분할되는 비율이 주어져 있다면, 축적되는 자본의 크기는 잉여가치의 절대량에 의존"(마르크스, 2015a: 817)할 것이다. 따라서 "잉여가치량을 결정하는 모든 사정들은 축적의 크기를 결정하는 데 그대로 작용한다." 마르크스는 제3편 제11장 「잉여가치율과 잉여가치량」에서 잉여가치량을 규제하는 요인으로 노동력의 가치, 잉여가치율, 노동자 수 등을 따져 잉여가치량을 규제하는 세 가지 법칙을 찾아냈다. 마르크스는 이 제4절에서 "축적에 관해 새로운 관점을 제공하는 한에서"(마르크스, 2015a: 818) 그 사정들 가운데 네 가지 측면을 검토한다.

첫째, 노동력의 착취도가 축적의 규모를 결정한다. 마르크스는 이제까지 "임금은 적어도 노동력의 가치와 같다고 전제"하고 논의를 전개했는데, 여기서는 "실제로는 이 가치 이하로 임금을 강제적으로 삭감하는 것이 너무나도 중요한 기능을 하기 때문에" 축적의 크기를 결정하는 첫 번째 요인으로 들었다. 임금 삭감은 "사실상 노동자의 필요소비재원을 자본의 축적재원으로 전환시키는 것이다"(마르크스, 2015a: 818). 마르크스는 그 사례로 노동자의 식사를 저렴하게 만들기 위한 요리법, "식품의 불량화"에 의한 저렴화 등을 들고 있다(마르크스, 2015a: 821). 특히 "18세기 말과 19세기 첫 십 년 동안 잉글랜드의 차지농업가들과 지주들은 농업 노동자들에게 임금의 형태로는 생계에 필요한 최저한도 이하를 지급하고 나머지는 교구(敎區)의 구호금 형태로 지급함으로써 절대적인 최저 수준의 임금을 실시했다"(마르크스, 2015a: 822)라는 사례를 제시한다.

이 밖에도 우리는 19세기 전반 영국에서 자연발생적인 노동조합운동이 처음 발생했을 때, 노동조합의 주요 요구가 "임금인하 반대"였음을 들 수 있다. 자본가들의 일상적인 임금 삭감 공세가 그만큼 심했다는 것이다. 또한 오늘날 신자유주의 시대에서 '노동의 유연화'는 다양한 형태의 비정규직 고용이든 제3세계로의 공장 이전이든 모두 노동력 가치 이하로 임금을 삭감하기 위한 것이다. 중국에서 잘 나타나는 바와 같이, 저임금은 노동력 착취도를 획기적으로 높여 30년 동안 10%대의 고도성장, 즉 급속한 자본축적을 이루어냈다.

둘째, 노동일을 연장해 노동수단을 절약하고, 그 결과 잉여생산물과 잉여가치를 증대할 수 있다. "노동력은 신축성이 있기 때문에" 노동일을 연장하면 "축적의 크기는 불변자본 규모의 사전적 확대 없이 확장된다"(마르크스, 2015a: 824). 마르크스는 노동력의 신축성이 자본축적을 증대시킨다고 지적한다.

자본은 부의 두 본원적 창조자인 노동력과 토지를 결합시킴으로써 팽창력을 획득하는데, 이 팽창력은 외관상으로는 자본 자신의 크기에 의해 설정된 것 같은 한계를 넘어서, 즉 자본의 존재형태인 이미 생산된 생산수단의 가치와 양에 의해 설정된 한계를 넘어서, 자본으로 하여금 자기의 축적요소들을 증대시킬 수 있게 한다(마르크스, 2015a: 824~825).

셋째, 사회적 노동의 생산성 수준이 향상되면 한편으로는 노동력 가치를 떨어뜨려 동일한 가변자본가치가 더 많은 노동력을 고용해 더 많은 노동을 짜냄으로써, 다른 한편으로는 동일한 불변자본가치가 더 많은 양의 생산수단을 제공함으로써 축적의 크기를 확장한다.

노동생산성의 향상에 따라 노동자의 값이 싸지며 따라서 잉여가치율이 높아진다. 비록 실질임금이 높아지는 경우에도 그렇다. 실질임금은 결코 노동생산성에 비례해 증가하지는 않는다. 그리하여 동일한 가변자본가치가 더 많은 노동력을, 따라서 더 많은 노동을 짜낸다. 동일한 불변자본가치는 더 많은 양의 생산수단으로 …… 표현되며, 따라서 생산물과 가치를 형성하는 요소들[즉, 노동을 빨아들이는 요소들]을 더 많이 제공한다. 그러므로 추가자본의 가치가 불변인 경우에는 물론이거니와 감소하는 경우에도 축적은 촉진된다. 재생산의 규모가 물질적으로 확대될 뿐 아니라 잉여가치의 생산도 추가자본의 가치보다 더욱 급속하게 증대한다(마르크스, 2015a: 825).

노동생산성의 증가는 추가자본뿐 아니라 이미 생산과정에 있는 최초 자본에 대해서도 그 갱신 과정을 통해 영향을 미친다. 노동생산성 증가에 기여하는 "과학과 기술은 자본가에게 [현재 기능하고 있는 자본의 크기와는 관계없는] 확대 능력을 준다"(마르크스, 2015a: 826).

넷째, 투하자본이 클수록 고용 노동자 수가 증대해 잉여가치량이 증가할 뿐 아니라 생산 규모가 확대되며, 그러한 규모의 경제로 생산이 더욱 '탄력적'이 되어 자본축적을 촉진한다.

노동력의 착취도가 일정한 경우에는 잉여가치량은 동시에 착취당하는 노동자의 수에 의해 결정되는데, 이 노동자의 수는 [비록 일정한 정비례관계는 아니라 하더라도] 자본의 크기에 따라 다르다. 계속적인 축적에 의해 자본이 증대하면 할수록 [소비재원과 축적재원으로 분할되는] 가치량도 증대한다.

그러므로 자본가는 더 사치스럽게 살면서 동시에 더 '절욕'할 수 있다. 그리하여 결국 투하자본량에 따라 생산 규모가 확대되면 될수록, 생산의 모든 추진력이 그만큼 더 탄력적으로 작용한다(마르크스, 2015a: 831).

제5절 「이른바 노동기금」에서 마르크스는 고전파 경제학의 이른바 노동기금 이론이 임금을 고정된 수준에 묶어둠으로써 자본가의 이윤을 정당화하는 '변호론'이라고 비판한다. 마르크스는 먼저 제3절과 제4절에서 밝힌 내용을 요약하며, 자본이 고정적 크기를 지닌 것이 아니라 매우 탄력적이라는 점을 강조한다.

자본은 고정적인 크기를 가진 것이 아니라 사회적 부 중 탄력적인 일부이며, 잉여가치가 수입과 추가자본으로 어떻게 분할되는가에 따라 자본의 크기는 끊임없이 변동한다. 또한 …… 기능하는 자본의 크기가 일정한 경우에도, 자본에 결합된 노동력·과학·토지(경제학적 관점에서 토지는 자연이 인간의 개입 없이 제공하는 모든 노동대상을 가리킨다)는 자본의 탄력적인 힘을 이루어 일정한 한계 안에서는 자본 자체의 크기와는 관계없이 자본의 작용 범위를 확대한다(마르크스, 2015a: 831~832).

마르크스는 고전파 경제학에 대한 학설사적 검토를 통해 "고전파 경제학은 항상 사회적 자본을 고정적인 능률을 가진 고정적인 크기라고 생각하기를 좋아했다"라고 밝힌다.

이 편견은 19세기의 천박한 부르주아적 지성의 무미건조하고 현학적이며 수다스러운 철학자인 큰 속물 제러미 벤담(Jeremy Bentham)에 의해 비로

소 하나의 교리로 굳어졌다. …… 이 교리는 벤담 자신과 맬서스, 제임스 밀
(James Mill), 존 램지 맥컬록(John Ramsay MacCulloch) 따위가 변호론적
목적을 위해, 특히 자본의 일부인 가변자본 …… 을 고정적인 크기로 묘사
하기 위해 이용했다. 이 교리에 의해, 가변자본의 소재적 존재[즉, 가변자본
이 노동자들을 위해 대표하는 생활수단의 양] 또는 이른바 노동기금은 사회
적 부 중 자연법칙에 의해 고정되어 변경될 수 없는 특수 부분으로 되어버렸
다(마르크스, 2015a: 833).

마르크스는 고전파 경제학이 임금을 고정적인 '노동기금'으로 상정하는
것에 대해 그 변호론적 의미, 즉 자본가의 이윤(자본가가 소비하고 투자하는
재원)에 대해 노동자가 개입할 권리가 없다는 것, 말하자면 이윤은 '자본에
대한 대가'라는 점을 폭로한다.

사회적 부 중 불변자본[또는 이것을 소재적인 형태로 표현하면 생산수단]
으로 기능해야 할 부분을 운동시키려면, 일정한 양의 살아 있는 노동이 필요
하며, 이 양은 생산기술에 의해 규정된다. 그러나 이 노동량을 확보하는 데
필요한 노동자의 수는 일정하지 않다. 왜냐하면 이 수는 개별 노동력에 대
한 착취도의 변화에 따라 변동하기 때문이다. 또한 이 노동력의 가격도 일
정하지 않다. 다만 그 가격의 최저한도[이것도 대단히 탄력적이다]가 정해져
있을 뿐이다. 그러므로 그 교리가 의거하고 있는 사실들은 다음과 같다. 한
편으로는 노동자들은 사회적 부를 [비(非)노동자들을 위한] 향락 수단, 생산
수단으로 분할하는 데 개입할 권리가 없다. 다른 한편으로는 운수가 좋은
예외적인 경우에만 노동자는 부자들의 '수입'을 희생으로 이른바 '노동기금'
을 확대할 수 있다(마르크스, 2015a: 833~834).

3. 제25장 「자본주의적 축적의 일반법칙」

마르크스는 제25장에서 "자본의 증가가 노동자계급의 운명에 미치는 영향을 고찰한다"(마르크스, 2015a: 836)라고 이 장의 초점과 과제를 명확히 밝힌다. 그리고 이 연구를 위해 '자본의 구성' 개념을 도입한다.

> 자본의 구성은 두 측면에서 고찰할 수 있다. 가치의 측면에서 고찰하면, 이 구성은 불변자본[즉, 생산수단의 가치]과 가변자본[즉, 노동력의 가치 또는 임금 총액]으로 분할되는 비율에 의해 결정된다. 생산과정에서 기능하는 소재의 측면에서 고찰하면, 어떤 자본이든 생산수단과 살아 있는 노동력으로 분할되는데, 이 구성은 사용되는 생산수단의 양과 이 생산수단의 활용에 필요한 노동량 사이의 관계에 의해 결정된다. 나는 전자를 **자본의 가치구성**이라고 부르고 후자를 **자본의 기술적 구성**이라고 부른다. 양자 사이에는 긴밀한 상호관계가 있다. 이 상호관계를 표현하기 위해 나는 자본의 가치구성이 자본의 기술적 구성에 의해 결정되고 또 기술적 구성의 변화를 반영하는 경우, 그것을 **자본의 유기적 구성**이라고 부른다. 내가 간단히 자본의 구성이라고 말할 때는 언제나 자본의 유기적 구성을 의미하는 것으로 이해해야 한다(마르크스, 2015a: 836~837).

여기서 마르크스는 세 가지 '자본의 구성' 개념을 제시하는데, 마르크스가 중시하는 개념은 노동과정의 변화를 정확히 표현해주는 "자본의 유기적 구성"이다. 현실의 노동과정을 실제로 표현하는 것은 "자본의 기술적 구성"인데, 왜 '자본의 유기적 구성'을 중시하는가? '자본의 기술적 구성'은 "사용되는 생산수단의 양과 이 생산수단의 활용에 필요한 노동량 사이의 관계"를 직접적으로 표현한 것이고, 따라서 기술혁신에 따른 노동과정의 변화를 직접적으로 표현한다. 즉, 노동절약적인 기술혁신을 통해서 생산수단에 비해 노동력이 상대적으로 감소하는 것을 바로 알려준다. 그런데 '자본의 기술적 구성'이 하나의 상품생산에서는 비교가 가능하나, 사용가치가 다른 상품들의 생산에서는 상호 비교가 불가능하다. 이런 난점을 해결해주는 것이 '자본의 가치구성'이다. 생산수단과 노동력의 구성 비율, 즉 '자본의 기술적 구성'을 '가치'로 표현하기 때문에 사용가치가 다른 상품들의 생산에서 비교가 가능해진다. 이 '자본의 가치구성' 개념도 난점이 있다. 만약 '자본의 기술적 구성'에는 변화가 없는데, 즉 노동과정의 기술적 구성에 아무 변화가 없는데도 생산수단이나 노동력의 가치가 변화하게 되면 '자본의 가치구성'이 변화하기 때문이다. 생산수단과 노동력의 가치 변동으로 인해 '자본의 가치구성'은 항상 '자본의 기술적 구성'을 정확히 반영할 수 없다. 이 난점을 해결하기 위한 것이 '자본의 유기적 구성' 개념이다. 이 개념은 생산수단이나 노동력의 가치 변동을 교정해 '자본의 기술적 구성'의 변화만을 반영하는 '자본의 가치구성'이다. 따라서 '자본의 유기적 구성'의 변화는 '자본의 기술적 구성', 즉 노동생산성의 변화를 정확히 반영하게 된다.[5]

$$\text{자본의 구성(= 자본의 유기적 구성)} = \frac{\text{불변자본}}{\text{가변자본}} = \frac{C}{V}$$

마르크스가 '자본의 구성'을 말할 때는 "한 나라의 사회적 총자본의 구성"을 의미한다.

일정한 생산부문에 투하된 수많은 개별 자본들은 서로 다소간 상이한 구성들을 가지고 있다. 그 개별적 구성의 평균은 우리로 하여금 이 생산부문 총자본의 구성을 알 수 있게 한다. 끝으로, 각 생산부문 평균 구성의 총평균은 우리로 하여금 한 나라의 사회적 총자본의 구성을 알 수 있게 하는데, 이 하에서는 결국 이것만을 문제로 삼는다(마르크스, 2015a: 837).

마르크스는 이 자본의 구성이 불변일 경우와 기술혁신에 의해 자본의 구성이 고도화할 경우, 즉 노동생산성의 변화가 없는 경우와 있는 경우로 나누어 각각의 축적 모델을 구성하고, 각각의 경우가 노동자계급의 운명에 미치는 영향을 살펴본다. 그리고 그 분석 결과를 '자본주의적 축적의 일반법칙'으로 정식화한다.

제1절에서 마르크스는 자본의 구성이 변하지 않으면, 축적에 따라 노동력에 대한 수요가 증가하는 모델을 분석한다.

자본의 구성이 불변이면, 즉 기술혁신 등에 의한 노동생산성 변화가 없으면, 노동에 대한 수요와 가변자본은 분명 자본에 비례해 증가하며, 자본의 증가가 빠르면 빠를수록 그만큼 더 급속히 증가한다.

자본의 축적욕이 노동력[또는 노동자 수]의 증가를 능가할 수 있으며, 노동자들에 대한 수요가 그 공급을 능가해 임금이 등귀할 수 있다. …… 해마다 전년보다 더 많은 노동자가 취업하기 때문에, 축적에 필요한 노동자가 평상시의 노동 공급을 상회하기 시작하며 따라서 임금 등귀가 시작되는 때가 조만간 오지 않을 수 없다. 이런 사태를 한탄하는 소리가 영국에서는 15세기 전체를 통해 그리고 18세기 전반기에 들렸다. 그러나 임금노동자들이 다소 유리한 사정 아래 자신들을 유지하고 번식한다 하더라도, 그것으로 말미암아 자본주의적 생산의 근본적 성격이 조금이라도 달라지는 것은 아니다. …… 확대된 규모의 재생산즉, 축적도 자본관계를 확대된 규모에서 재생산한다. 한끝에는 더 많은 자본가 또는 더 큰 자본가를, 다른 끝에는 더 많은 임금노동자를 재생산한다. …… 따라서 자본의 축적은 프롤레타리아의 증식(增殖)이다.

고전파 경제학은 이 명제를 너무나 잘 이해하고 있었기 때문에, …… 애덤 스미스, 리카도 등은 축적을, 잉여생산물 중 자본으로 되는 부분 전체가 생산적 노동자에 의해 소비되는 것으로, 또는 그 부분 전체가 추가적 임금노동자로 전환되는 것으로 잘못 동일시했다(마르크스, 2015a: 837~839).

이와 관련해 마르크스는 18세기 초 버나드 맨더빌(Bernard Mandeville)의 『꿀벌들의 우화(Fable of the Bees)』를 인용한다.

그날그날의 노동에 의해 생계를 꾸려가고 있는 사람들에게 …… 일을 하도록 자극을 주는 것은 오직 그들의 가난뿐이다. 그 가난을 완화시키는 것은 현명하지만 제거시켜버리는 것은 어리석다. 노동하는 사람을 근면하게 할 수 있는 유일한 길은 적당한 임금이다. …… 너무 많은 임금은 불손하고 나태하게 한다. …… 이상에서 말한 것으로부터 나오는 결론은, 노예가 허용되지 않는 자유로운 나라에서 가장 확실한 부는 다수의 근면한 빈민에 있다(마르크스, 2015a: 838~840).

마르크스는 이처럼 자본의 축적에 따라 노동의 수요가 증가하고 노동자계급이 확대되는 상황에서 노동자계급의 처지가 변화하는 과정을 살펴본 뒤, 노동자의 종속 관계와 착취에는 변함이 없으며 다만 그 긴장이 다소 완화될 뿐이라고 평가한다.

지금까지 가정한 축적 조건[즉, 노동자들에게 가장 유리한 축적 조건]에서는 자본에 대한 노동자들의 종속 관계는 견딜 만한, 또는 프레더릭 모턴 이든(Frederic Morton Eden)의 말대로 '편안하고 자유로운' 형태를 취한다. 그 종속 관계는 자본의 증대에 따라 더욱 내포적으로 되지 않고 더욱 외연적으로 될 뿐이다. 자본의 착취·지배의 영역이 자본 자체의 크기와 자본에 종속되는 사람들의 수에 따라 확대될 뿐이다. 노동자들 자신의 잉여생산물 …… 중 더 많은 부분이 지불수단[임금: 역자]의 형태로 노동자들에게 돌아오는데, 그 덕택으로 그들은 자기들의 소비 범위를 확대하고 의복·가구 등 자기들의 소비재원을 약간 늘릴 수가 있고, 심지어는 약간의 준비금까지도 형성할 수 있다. 그러나 이렇게 되더라도, 노예의 경우 입는 것과 먹는 것과 대우가 개선되고 페쿨리움[고대 로마에서 노예에게 허용해주었던 일부 재산: 역자]이 다소 많아지더라도 노예의 종속 관계와 착취가 사라지는 것이 아닌 것과 마찬가지로, 임금노동자의 종속 관계와 착취도 사라지지 않는다. 자본축적의 결과 노동의 가격이 상승하는 것은 사실상 임금노동자 자신이 이미 만들어낸 금 사슬의 길이와 무게로 말미암아 그 사슬의 긴장이 약간 완화된다는 것을 의미할 따름이다(마르크스, 2015a: 843~845).

마르크스는 자본의 구성이 불변이고, 그래서 자본축적에 따라 노동의 수요가 증가하며 임금이 상승하는 경우에도 이러한 임금 상승은 무한정 계속되지 않는다는 것을 밝힌다.

노동 가격의 등귀로 이윤이라는 자극이 감소되어 축적이 약화되는 경우 …… 축적률[잉여가치 중 자본으로 재전환되는 부분의 비율: 역자]은 감소한다. 그러나 이 감소와 더불어 이 감소의 원인 — 자본과 착취 가능한 노동력 사이의 불균형[즉, 착취 가능한 노동력의 양을 초과하는 자본의 양: 역재] — 이 사라진다. 따라서 자본주의적 생산과정의 메커니즘은 생산과정이 만들어낸 일시적인 장애물을 스스로 제거한다. 노동의 가격은 다시 자본의 자기증식욕에 적합한 수준[이 수준이 임금 등귀가 시작하기 전에 정상적이라고 생각되던 수준보다 낮든지 같든지 또는 높든지 간에]으로 떨어진다(마르크스, 2015a: 846).

마르크스는 이런 분석을 토대로 "축적률이 독립변수이고 임금률은 종속변수"인 '자본주의적 축적 법칙'을 총괄한다.

이른바 '자연적 인구법칙'의 바탕을 이루는 자본주의적 생산의 법칙은 간단히 말해, 자본축적과 임금률 사이의 관계는 [자본으로 전환된] 지불받지 않는 노동과 [추가자본의 운동에 필요한] 추가적 지불 받는 노동 사이의 관계로 환원된다는 점이다. 따라서 그것은 결코 두 개의 서로 독립적인 양[즉, 자본 크기와 노동인구 수] 사이의 관계가 아니라, 결국은 동일한 노동인구의 지불받지 않는 노동과 지불받는 노동 사이의 관계에 불과하다. 만약 노동자계급이 제공하고 자본가계급이 축적하는 지불받지 않는 노동의 양이 급속히 증가해 그것이 자본으로 전환되기 위해서는 지불받는 노동의 비상한 추가가 필요한 경우, 임금은 등귀하며, 그리고 기타 조건이 같다면, 지불받지 않는 노동은 임금 등귀에 비례해 감소한다. 그러나 이 감소는 자본을 길러내는 잉여노동이 더 이상 정상적인 양으로 제공되지 않는 점에 도달하자마자, 반작용이 시작된다. 즉, 수입 중 자본화되는 부분은 감소하고, 축적은 쇠퇴하며, 임금의 등귀 운동은 장애에 부닥친다. 그리하여 임금의 등귀는 자본주의 체제의 토대를 침해하지 않을 뿐 아니라 점점 더 확대되는 규모의 재생산을 보장하는 한계 안에 머문다. 따라서 [경제학자들에 의해 자연법칙으로까지 신비화되고 있는] 자본주의적 축적 법칙이 실제로 표현하고 있는 것은, [자본관계의 끊임없는 확대재생산을 매우 위태롭게 할 수 있는] 노동 착취도의 어떤 감소와 노동 가격의 어떤 등귀도 자본주의적 축적의 성격 자체에 의해 배제되고 있다는 점이다(마르크스, 2015a: 847~848).

제2절에서 마르크스는 자본의 구성이 고도화되어, 즉 노동생산성이 향상되어 가변자본 부분이 상대적으로 감소하는 축적 모델을 검토한다. 이 모델이 자본축적에서 주요한 측면이다. 마르크스는 자본주의적 생산양식이 노동생산성을 발전시키는 경향 또는 상대적 잉여가치 생산의 발전에서 자본의 구성이 고도화된다는 사실을 찾아낸다.

자본주의 체제의 일반적 토대가 일단 주어지면, 축적과정에서 사회적 노동의 생산성 발전이 축적의 가장 강력한 지렛대로 되는 하나의 시기가 온다. …… 노동의 사회적 생산성 수준은 노동자가 동일한 노동강도로 일정한 시간에 생산물로 전환시키는 생산수단의 상대적 규모로 표현된다. 이처럼 노동자가 전환시키는 생산수단의 양은 그의 노동생산성에 따라 증대한다. 이 경우 이 생산수단들은 이중의 역할을 한다. 어떤 생산수단의 증대는 노동생산성이 증대한 결과이고, 또 어떤 생산수단의 증대는 노동생산성을 증대시키기 위한 조건이 된다. …… [생산수단에 결합되는] 노동력에 대비한 생산수단의 양적 증대는 [노동생산성 향상의 조건이든 결과이든 간에] 노동생산성 향상의 표현이다. 따라서 노동생산성의 향상은 노동이 움직이는 생산수단의 양에 대비한 노동량의 감소로, 즉 노동과정의 객체적 요소에 대비한 주체적 요소의 양적 감소로 나타난다(마르크스, 2015a: 849~850).

이런 자본의 기술적 구성의 변화, 즉 "노동이 움직이는 생산수단의 양에 대비한 노동량의 감소"는 자본의 가치구성에도 그대로 반영된다.

> 자본의 기술적 구성의 이런 변화 …… 는 자본의 가치구성 …… 에 반영된다. 예컨대 어떤 자본이 애초에는 50%가 생산수단에, 50%가 노동력에 투하되었는데, 그 뒤 노동생산성 증대에 따라 80%가 생산수단에, 20%가 노동수단에 투하되는 경우 등이다. 자본의 가변부분에 비한 불변 부분의 점진적 증대라는 이 법칙은 …… 상품 가격의 비교분석에 의해 모든 단계에서 확인된다. 가격 중 소비된 생산수단의 가치를 대표하는 부분[즉, 불변자본 부분]의 상대적 크기는 축적의 진전에 정비례하고, 노동에 대한 지급을 대표하는 부분[즉, 가변자본 부분]의 상대적 크기는 축적의 진전에 반비례한다(마르크스, 2015a: 850).

마르크스는 제4편 「상대적 잉여가치의 생산」의 분석을 근거 삼아, 원시축적을 '역사적 토대'로 한 진정한 자본주의적 생산, 즉 노동생산성의 향상을 통한 상대적 잉여가치의 생산이 자본축적과 교호 작용해 자본의 구성을 고도화한다는 일반적 결론에 도달한다.

> 이 토대 위에서 성장하는 사회적 노동생산성의 향상 방법은 어느 것이나 동시에 잉여가치[또는 잉여생산물]의 생산을 증대시키는 방법인데, 이 잉여가치는 이번에는 축적의 형성 요소로 된다. 따라서 그 방법들은 또한 자본에 의한 자본의 생산방법들[또는 자본의 축적을 촉진하는 방법들]이다. 잉여가치가 자본으로 끊임없이 재전환하는 것은 생산과정에 들어가는 자본의 크기가 증대하는 것으로 나타난다. 그 증대는 이번에는 생산의 규모를 확대하

는 기초로 되며, 이에 따라 노동생산성을 증진하는 방법의 기초로 되며, 또 잉여가치의 생산을 촉진하는 기초로 된다. 따라서 일정한 정도의 자본축적이 진정한 자본주의적 생산방식의 전제조건이라면, 이제 거꾸로 진정한 자본주의적 생산방식은 자본의 가속적 축적의 원인으로 된다. 그리하여 자본축적에 따라 진정한 자본주의적 생산방식이 발전하고, 진정한 자본주의적 생산방식에 따라 자본축적이 발전한다. 이 두 경제적 요인들은 [그들이 서로 주고받는 자극에 복비례해] 자본의 기술적 구성에 변화를 일으키고, 이 변화 때문에 가변적 구성부분은 불변적 구성부분에 비해 점점 더 작아진다(마르크스, 2015a: 852).

자본축적에 대한 이런 분석을 토대로 마르크스는 자본축적의 첫 번째 일반법칙으로 '자본집중의 법칙'을 끌어낸다. 자본축적의 진전은 개별 자본가의 수중으로 부의 '집적(集積, concentration)'을 증대시키며, 자본가의 수도 대체로 늘어간다. 집적은 자본축적, 즉 확대재생산 자체를 말한다. 자본축적에 따라 집적과 동시에 개별 자본 간 경쟁이 격화되고, 이 경쟁의 필연적 결과로 자본의 '집중(集中, centralization)'이 이루어진다.

축적은 한편으로는 생산수단의 집적과 노동에 대한 지휘의 집적이 증가하는 것으로 나타나며, 다른 한편으로는 다수의 개별 자본가들 상호 간의 배척으로 나타난다. 사회적 총자본이 수많은 개별 자본으로 분열하거나 또는 그 분열한 조각들이 상호 배척하는 것은 그들 사이의 흡수에 의해 상쇄된다. 자본들의 흡수는 생산수단과 노동 지휘의 단순한 집적[축적과 동일한 의미의 집적]이 아니다. 그것은 이미 형성된 자본의 집적이며, 그 개별적 독립성의 파괴이고, 자본가에 의한 자본가의 수탈이며, 다수의 소자본을 소수의 대

자본으로 전환시키는 것이다. 이 흡수 과정이 앞의 집적 과정과 다른 점은, 흡수 과정은 이미 존재하고 기능하고 있는 자본들의 분배 변화만을 전제하며, 따라서 그 작용 범위는 사회적 부의 절대적 증대 또는 축적의 절대적 한계에 의해 제한받지 않는다는 점이다. …… 경쟁전은 상품 값을 싸게 하는 방식으로 진행된다. 상품 값이 싸지는 것은, 기타 조건이 같다면, 노동생산성에 의존하며, 노동생산성은 생산 규모에 의존한다. 그러므로 대자본은 소자본을 격파한다. …… 경쟁은 언제나 다수의 소자본가의 멸망으로 끝나는데, 그들의 자본은 부분적으로는 승리자의 수중으로 넘어가고 부분적으로는 사라진다(마르크스, 2015a: 853~854).

마르크스는 이러한 자본의 집중 법칙이 자본주의적 생산의 발전과 함께 발생한 신용제도를 지렛대 삼아 급속히 이루어진다는 점을 지적한다.

신용제도는 곧 경쟁전에서 새로운 무서운 무기로 되며, 결국에는 자본집중을 위한 거대한 사회적 기구로 전환된다. 자본주의적 생산과 축적의 발전에 비례해 집중의 가장 강력한 두 지렛대인 경쟁과 신용도 발전한다. …… 집중은 산업자본가들에게 그들의 사업 규모를 확대할 수 있게 함으로써 축적을 보완한다(마르크스, 2015a: 854~855).

그리하여 집중은 "축적의 작용을 강화하고 촉진함과 동시에, 자본의 기술적 구성의 변혁 …… 을 확대하고 촉진한다"(마르크스, 2015a: 856).

한편 "정상적 축적과정에서 형성된 추가자본 …… 은 특히 새로운 발견과 발명, 그리고 산업적 개량 일반의 이용을 위한 수단으로 기능한다. …… 따라서 한편으로는 축적과정에서 형성된 추가자본은 그 크기에 비해 더욱더 소수의 노동자를 흡수한다. 다른 한편으로는 새로운 구성으로 주기적으로 재생산되는 옛날 자본은 종전에 고용했던 노동자들을 더욱더 많이 쫓아낸다"(마르크스, 2015a: 856~857).

이상의 분석을 통해 마르크스는 자본의 축적이 필연적으로 집중을 가져오고, 또 집중은 자본축적을 더욱 촉진해 자본의 구성을 고도화한다는 점을 논증했다.

제3절에서 마르크스는 제2절의 분석을 근거로 자본축적이 자본의 구성을 고도화해 노동자계급에게 미치는 영향으로서 상대적 과잉인구 또는 산업예비군이 점점 더 증가한다는 점을 분석한다. 그리고 이 상대적 과잉인구의 효과를 다각도로 분석해 그것이 '자본의 독재'를 완성한다는 점을 밝힌다.

마르크스는 먼저 자본축적에 따른 자본의 유기적 구성의 변동이 자본축적의 진전보다 훨씬 더 빠른 속도로 진행된다는 점을 지적한다. "단순한 축적[즉, 사회적 총자본의 절대적 증대]은 총자본의 개별 요소들의 집중을 수반하며, 또 추가자본의 기술적 구성의 변혁은 최초 자본의 기술적 구성의 변혁을 수반하기 때문이다"(마르크스, 2015a: 857~858).

그래서 불변자본 부분과 가변자본 부분의 비율이 "최초에는 1 : 1이었으나 이제는 2 : 1, 3 : 1, 4 : 1, 5 : 1, 7 : 1 등으로 된다." 이때 "노동에 대한 수요는 총자본량에 의해 결정되는 것이 아니라 총자본의 가변적 구성부분에 의해 결정되는 것이므로, 그 수요는 …… 총자본의 증가에 비례해 증대하는 것이 아니라, 오히려 점차로 감소한다. 그 수요는 총자본의 크기에 비해 상대적으로 감소하며, 또 총자본의 증가에 따라 그 상대적 감소는 가속화된다. 총자본의 증가에 따라 그 가변적 구성부분 …… 도 증가하기는 하지만 그 구성비는 끊임없이 감소한다"(마르크스, 2015a: 858).

그런데 가변자본 부분의 이런 상대적 감소는 오히려 노동인구의 절대적 증가라는 거꾸로 된 형태를 취하게 된다.

축적이 일정한 기술적 토대 위에서 단순한 생산 확대로 작용하는 중간기 간은 단축된다. 추가 노동자를 흡수하기 위해, 또는 심지어 [옛날 자본의 끊임없는 형태변화 때문에] 이미 기능하고 있는 노동자의 취업을 유지하기 위해서도, 총자본의 가속적 축적이 필요하게 된다. 그런데 이번에는 이 증가하는 축적과 집중이 자본구성의 새로운 변동[즉, 자본의 불변적 부분에 대비한 가변적 부분의 가속적인 감소]의 원천으로 된다. [총자본의 증가에 따라 촉진되며 총자본 자체의 증가보다 빠른 속도로 촉진되는] 가변자본의 상대적 감소는 오히려 [가변자본 또는 고용수단의 증가보다 언제나 급속하게 증가하는] 노동인구의 절대적 증가라는 거꾸로 된 형태를 취하고 있다. 그러나 사실은 자본주의적 축적 그 자체가 상대적으로 과잉인, 즉 자본의 평균적인 자기증식욕에 필요한 노동인구를 초과하는 노동인구를 [자기 자신의 정력과 규모에 비례해] 끊임없이 생산해내고 있는 것이다(마르크스, 2015a: 858).

이처럼 "노동인구는 그들 자신이 생산하는 자본축적에 의해 그들 자신을 상대적으로 불필요하게 만드는[즉, 상대적으로 과잉인구로 만드는] 수단을 점점 더 큰 규모로 생산"하는데, 마르크스는 이것이 "자본주의적 생산양식에 특유한 인구법칙"(마르크스, 2015a: 861)이라고 말한다. 그리고 모든 특수한 역사적 생산양식은 자기 자신의 특수한 인구법칙을 지닌다며, 모든 역사시대에 타당한 추상적 인구법칙을 부정한다. "추상적 인구법칙이란 식물과 동물에 대해서만, 그것도 인간이 간섭하지 않는 한에서만, 존재"(마르크스, 2015a: 861)하기 때문이다.

마르크스는 이제 상대적 과잉인구의 여러 효과를 탐색한다. 첫째, 가장 중요한 것으로, 마르크스는 과잉노동인구가 축적의 필연적 산물인데, 이 과잉인구가 이제는 역으로 "자본주의적 축적의 지렛대로, 심지어는 자본주의적 생산양식의 생존 조건"이 된다는 점을 지적한다. 자본주의적 생산양식하의 불가피한 산업순환에서 호황 시 "돌발적·비약적 확대"는 상대적 과잉인구가 없다면 불가능하기 때문이다.

과잉노동인구는 [마치 자본이 자기의 비용으로 육성해놓은 것처럼] 절대적으로 자본에 속하며 자본이 마음대로 처분할 수 있는 산업예비군을 형성한다. 현실적인 인구 증가의 한계와는 관계없이, 산업예비군은 자본의 변동하는 가치증식욕을 위해 언제나 착취할 수 있게 준비되어 있는 인간 재료를 이룬다. 축적과 이에 따르는 노동생산성의 발전에 따라 자본의 갑작스러운 확장력도 증대한다. …… [축적의 진전에 따라 팽창되어 추가자본으로 전환될 수 있는] 사회적 부는 시장이 갑자기 확대되는 종래의 생산부문으로 밀려들든가, 또는 [종래의 생산부문들의 발전에 따라 이제 필요하게 되는] 새로 형성된 부문들(예컨대 철도)로 맹렬하게 밀려든다. 이런 모든 경우 다른 부문의 생산 규모에 해를 끼치지 않으면서 결정적인 부문에 신속하게 많은 사람들을 투입할 수 있어야 한다. 과잉인구가 그 사람들을 제공한다. 근대산업의 특징적인 진행 과정, 즉 평균 수준의 호황·활황·공황·침체로 이루어지는 10년을 1주기로 하는 순환 …… 은 산업예비군 또는 과잉인구의 끊임없는 형성, 다소간의 흡수와 재형성에 의존하고 있다. …… 생산 규모의 돌발적·비약적 확대는 생산 규모의 돌발적 축소의 전제조건이다. 축소는 이번에는 확대를 일으키지만, 마음대로 처분할 수 있는 인간 재료 없이는, 즉 인구의 절대적 증가에 의존하지 않는 노동자 수의 증가 없이는, 확대는 불가능하다. …… 따라서 근대산업의 모든 운동형태는 노동인구의 일부를 끊임없이 실업자 또는 반(半)취업자로 전환시키는 것에 의존하고 있다. …… 사회적 생산도 일단 확대와 축소가 교체되는 이 운동에 들어가면 끊임없이 그 운동을 반복한다. …… 이 주기성이 일단 확고해지면 정치경제학까지도 상대적 과잉인구(즉, 자본의 평균적 증식욕에 대비해 과잉인 인구)의 생산을 근대산업의 필요조건으로 이해한다(마르크스, 2015a: 861~863).

둘째, 자본축적이 진행됨에 따라 자본주의적 생산양식은 노동일을 연장하거나 노동강도를 강화해 노동자계급 중 취업자들의 과도노동을 끌어내는 수단을 발전시키는데, "노동자계급 중 취업자들의 과도노동은 그 예비군을 증가시키고, 거꾸로 예비군이 경쟁을 통해 취업자들에게 가하는 압박의 강화로 취업자는 과도노동을 하지 않을 수 없고 자본의 명령에 복종하지 않을 수 없다"(마르크스, 2015a: 867).

셋째, "임금의 일반적 변동은 전체적으로 보면, 산업순환의 국면 교체에 대응하는 산업예비군의 팽창과 수축에 의해 전적으로 규제된다. 따라서 임금의 일반적 변동은 노동인구의 절대 수의 변동에 의해서가 아니라, 노동자계급이 현역군과 예비군으로 분할되는 비율의 변동에 의해, 과잉인구의 상대적 규모의 증감에 의해, 그리고 또 과잉인구가 때로는 흡수되며 때로는 다시 축출되는 정도에 의해 결정된다"(마르크스, 2015a: 868).

마르크스는 맬서스의 '인구법칙'에 따라 임금 변동을 설명하는 경제학자들의 엉터리 교리를 "아름다운 법칙"이라고 풍자한다.

이 교리에 따르면, 자본축적의 결과로 임금은 인상되고, 임금인상은 노동인구로 하여금 더 급속하게 번식하도록 자극하며, 이 사태는 노동시장이 공급과잉으로 될 때까지 …… 계속된다. 이제 임금이 인하되고 사태가 거꾸로 된다. 임금인하의 결과로 노동인구는 점차 감소하며, 그리하여 노동인구에 비해 자본이 다시 과잉으로 된다(마르크스, 2015a: 868).

산업예비군은 노동의 수요와 공급 법칙이 작용하는 범위를 제한한다.

산업예비군은 침체기와 평균 정도의 호황기에는 현역 노동자 군대에 압력을 가하고, 과잉생산과 열광적인 확장기에는 현역군의 요구[임금인상: 역재를 억제한다. 따라서 상대적 과잉인구는 노동의 수요와 공급의 법칙이 작용하는 배경이며, 이 수요·공급 법칙의 작용 범위를 자본의 노동자에 대한 착취욕과 지배욕에 절대적으로 유리한 한계 안에 국한시킨다(마르크스, 2015a: 870~871).

마르크스는 상대적 과잉인구의 여러 효과를 '자본 독재의 완성'으로 총괄한다.

자본의 축적이 한편으로 노동에 대한 수요를 증대시킨다면, 다른 한편으로는 노동자를 '풀려나게'[해고*] 해서 노동자의 공급을 증대시키고, 동시에 실업자들의 압력은 취업자들로 하여금 더 많은 노동을 수행하지 않을 수 없게 하며, 따라서 일정한 정도까지는 노동의 공급을 노동자의 공급과 무관한 것으로 만든다. 이런 토대 위에서 행해지는 노동의 수요·공급 법칙의 작용은 자본의 독재를 완성한다(마르크스, 2015a: 872).

이처럼 상대적 과잉인구가 직간접적으로 노동규율을 확립하는 효과에 의해 '경제적 강제'가 관철된다. 마르크스는 이런 "노동의 수요·공급 법칙의 작용"이 자본에게 얼마나 중요한지를 자본과 그 대변자들이 취업자와 실업자 사이의 단결을 "수요·공급 법칙의 침해"라며 반대하는 데서 확인한다.

> 또 그들[노동자들*]이 자기들 사이의 경쟁 강도가 전적으로 상대적 과잉인구의 압력에 달려 있다는 것을 알게 되자마자, 또 그들이 자본주의적 생산의 이 자연법칙이 자기들 계급에 미치는 파멸적 영향을 제거하거나 약화시키기 위해 노동조합의 설립 등을 통해 취업자와 실업자 사이의 계획된 협력을 조직하려고 노력하자마자, 자본과 그의 아첨꾼인 정치경제학은 '영원한' 그리고 이른바 '신성한' 수요·공급 법칙에 대한 침해라고 떠들어댄다. 취업자와 실업자 사이의 어떤 단결도 이 법칙의 '조화로운' 작용을 교란시킨다는 것이다(마르크스, 2015a: 872).

제4절에서 마르크스는 상대적 과잉인구의 세 가지 존재형태를 분석하고 제25장의 결론으로서 자본주의적 축적의 일반법칙을 정식화한다.

"상대적 과잉인구는 매우 다양한 형태로 존재한다. 각 노동자는 부분적으로 취업하고 있거나 전혀 취업하고 있지 않는 기간에는 상대적 과잉인구에 속한다"(마르크스, 2015a: 873). 실업자뿐 아니라 오늘날 시간제나 아르바이트와 같은 다양한 형태의 비정규직으로 대표되는 불안정 고용도 상대적 과잉인구에 속한다는 점이 중요하다.

> 산업순환의 국면 교체에 의해 상대적 과잉인구가 주기적으로 대규모로 취하는 형태들[공황기에는 급성의 형태, 불황기에는 만성의 형태]을 도외시

하면, 과잉인구는 언제나 세 가지의 형태, 즉 유동적·잠재적·정체적 형태를 띠고 있다(마르크스, 2015a: 873).

첫째, 유동적 과잉인구는 "근대산업의 중심인 공장·제철소·광산 등에서 노동자들이 때로는 축출되고 때로는 대량으로 다시 흡수"되는 과정에서 발생하는 과잉인구다. 기술혁신 등으로 산업이 끊임없이 재편되는 과정에서 발생한다. 물론, "전체적으로 보아 취업자의 수는, 비록 생산 규모에 비해 끊임없이 감소하는 비율이긴 하지만, 증대한다"(마르크스, 2015a: 873).

둘째, 잠재적 과잉인구는 말 그대로 표면에 드러나지 않지만 사실상 실업인 경우를 말하는데, 마르크스는 농촌인구의 일부를 대표적인 예로 제시한다. "농업에 투하된 자본의 축적이 진전하는 동안 농촌 노동인구에 대한 수요는 절대적으로 감소"하나 "다른 비농업 분야와 달리 노동자의 축출은 더 큰 흡수에 의해 보상되지 않기" 때문에, "농촌인구의 일부는 끊임없이 도시 프롤레타리아나 비농업 프롤레타리아로 전환되는 상태에 있으며, 또한 이 전환에 유리한 조건을 기다리고 있다"(마르크스, 2015a: 875).

21세기 현대에도 제3세계의 개발도상국에서는 잠재적 과잉인구가 여전히 농촌인구에 많다. 한국의 경우, 잠재적 과잉인구는 농촌이 아니라 도시 자영업자층에 광범하게 퍼져 있다. 한국에서 도시 자영업자의 비중은 비정상적으로 비대한데(유럽 나라들의 2~3배), 이들은 대부분 정리해고나 명예퇴직으로 일자리를 상실한 노동자 출신이다. 특히 영세 자영업자는 가족 종사자와 함께 '노동 빈민'과 똑같은 처지의 '자영 빈민'이라 할 수 있고, 과잉 경쟁으로 대부분 폐업에 이르기 때문에 농촌인구보다 더욱 불안정한 현대판 잠재적 과잉인구라 할 수 있다.

셋째, 정체적 과잉인구는 "취업이 매우 불규칙적인 현역 노동자 집단의 일부"(마르크스, 2015a: 875)를 말한다.

> 정체적 과잉인구는 자본에게 마음대로 처분할 수 있는 노동력의 한없이 큰 저수지를 제공한다. 그들의 생활 형편은 노동자계급의 정상적인 평균 수준 이하로 떨어지며, 바로 이 사실로 말미암아 그들은 자본주의적 착취의 특수 부문들을 위한 광범한 기초가 된다. 그들의 특징은 최대한도의 노동시간과 최소한도의 임금이다. 이 정체적 과잉인구는 대공업과 농업의 과잉노동자로부터 끊임없이 보충되며, 또 특히 …… 몰락하고 있는 공업부문으로부터 보충된다. 그들의 규모는, 축적의 규모, 활력의 증대와 함께 과잉인구의 창출이 진전됨에 따라 증대한다. 그러나 동시에 그들은 노동자계급 속에서 자기 자신을 재생산하고 영구화하는 요소이며, 노동자계급의 총증가 중에서 다른 요소들보다 상대적으로 큰 비율을 차지하는 요소다(마르크스, 2015a: 876).

마르크스는 당대에 정체적 과잉인구가 가장 급속히 증가하고 있다고 관찰하며, 당시의 가내공업 노동자들을 그 주요 형태로 제시한다. 제4편의 근대적 가내공업에서 나온 사례를 보면 "잉글랜드에서 레이스 생산에 종사하는 사람은 15만 명인데 그중 1861년 '공장법'의 적용을 받는 사람은 약 1만 명"이고, "나머지 14만 명 중 압도적 다수는 부인과 남녀 미성년자 및 아동들"(마르크스, 2015a: 628)이라는 것에서 당시의 정체적 과잉인구를 확인할 수 있다.

이를 오늘날 신자유주의 시대의 현실에 비추어보면 임시직, 파트타임, 알바, 특수고용 노동자(학습지 노동자, 화물 운송 노동자) 등 다양한 형태의 비정규직 또는 불안정 고용 노동자들이 정체적 과잉인구에 해당한다. 한국에서는 불안정 고용 노동자들이 노동자계급의 과반을 넘어설 정도로 다수를 차지하고 있다.[6]

끝으로, 마르크스는 상대적 과잉인구의 최하층으로 '구호 빈민'을 든다. 요즘 우리나라 기준으로 '생활보호대상자' 또는 '국민기초생활수급권자'다. 이들은 유동적·잠재적·정체적 과잉인구 가운데 여러 이유로 스스로의 힘으로 생계를 꾸리는 것이 불가능하게 된 '빈민층'이다.

> 부랑자·죄인·매춘부, 즉 간단히 말해 본래의 룸펜프롤레타리아를 제외하면, 이 사회계층은 세 개의 범주로 구성된다. 첫째는 노동할 수 있는 사람이다. …… 구호 빈민의 수는 공황기에는 언제나 증가하고 회복기에는 언제나 감소한다. 둘째는 고아와 구호 빈민의 아이들이다. …… 셋째는 타락한 사람들, 지친 사람들, 노동할 수 없는 사람들이다. 이들은 특히 분업으로 말미암아 직업을 바꿀 능력이 없기 때문에 몰락한 사람들, 그리고 위험한 기계·광산·화학공장 따위의 증가에 따라 그 수가 점점 증가하는 산업재해자들인 불구자·병자·과부 등이다. 구호 빈민은 현역 노동자군의 폐인 수용소이고 산업예비군의 고정 구성원이다. 구호 빈민의 생산은 상대적 과잉인구의 생산에 포함되어 있으며, 전자의 필연성은 후자의 필연성에 포함되어 있다. 구호 빈민은 상대적 과잉인구와 더불어 부의 자본주의적 생산과 발전이 존재할 수 있는 조건을 이룬다. 구호 빈민은 자본주의적 생산의 공비(空費)[생산에 직접 공헌하지 않는 비용: 역자]의 일부를 이룬다. 그러나 자본은 그 비용 부담의 대부분을 자기 자신의 어깨로부터 노동자계급과 하층 중간계급의 어깨로 전가하는 방법을 알고 있다(마르크스, 2015a: 877).

마르크스는 상대적 과잉인구의 존재형태를 분석한 뒤, 자본주의적 축적의 '절대적 일반법칙'으로서 축적에 비례한 상대적 과잉인구 또는 산업예비군의 확대재생산을 정식화한다.

사회의 부, 기능하는 자본, 기능자본 증대의 규모와 활력, 이리하여 또 프롤레타리아의 절대 수와 그들 노동의 생산력이 크면 클수록, 산업예비군은 그만큼 더 커진다. 자본의 확장력을 발전시키는 원인들 바로 그것이 또한 자본이 마음대로 이용할 수 있는 노동력을 증가시킨다. 다시 말해 산업예비군의 상대적 크기는 부의 잠재적 활력과 함께 증대한다. 그런데 이 산업예비군이 노동자 현역군에 비해 크면 클수록, 고통스러운 노동을 하지 않으면 더욱 빈곤해지는 고정적 과잉인구는 그만큼 더 많아진다. 끝으로, 노동자계급의 극빈층과 산업예비군이 크면 클수록, 공식적인 구호 빈민은 그만큼 더 많아진다. **이것이 자본주의적 축적의 절대적 일반법칙이다**(마르크스, 2015a: 877~878).

물론 마르크스는 "모든 다른 법칙과 마찬가지로, 이 법칙도 이것의 실현에서는 여러 가지 사정에 의해 수정"(마르크스, 2015a: 878)된다는 단서를 붙이지만, 자본축적에 비례한 산업예비군의 확대재생산을 자본주의적 축적의 '절대적 일반법칙'으로 정식화한다. 마르크스가 그냥 '일반법칙'이 아니라 '절대적'이라는 수식어가 붙는 '절대적 일반법칙'으로 정식화한 것은 산업예비군 확대재생산의 필연성을 이중으로 강조한 것으로 보인다. 이는 바로 뒤에 붙는 '단서 조항'까지도 무력화하는 '절대적 필연성'을 암시한다.

마르크스의 상대적 과잉인구 개념을 실업자로 협소화하지 않고 그 세 가지 존재형태를 현대자본주의의 변화된 현실에 적절히 적용한다면, 한국의 경우에도 마르크스의 자본주의적 축적의 절대적 일반법칙이 그대로 관철된다고 할 수 있다. 정체적·잠재적 과잉인구의 구체적 존재형태가 현대적으로 바뀌어 마르크스 당대와 달리 불안정 고용 노동자와 영세 자영업자로 광범하게 존재하기 때문이다.

마르크스는 자본주의적 축적의 절대적 일반법칙을 정식화한 것에 바로 이어, 그 절대적 일반법칙과 제4편의 상대적 잉여가치 생산에 대한 분석을 근거로 '노동자계급의 궁핍화 법칙'을 정식화한다.

제4편에서 상대적 잉여가치 생산을 분석할 때 본 바와 같이, 자본주의 체제 안에서는 노동의 사회적 생산력을 향상시키기 위한 모든 방법은 개별 노동자의 희생 위에서 이루어진다. 생산을 발전시키는 모든 수단들은 생산자를 지배하고 착취하는 수단으로 전화되며, 노동자를 부분인간으로 불구화하며, 노동자를 기계의 부속물로 떨어뜨리며, 그의 노동의 멋있는 내용을 파괴함으로써 노동을 혐오스러운 고통으로 전환시키고, 과학이 독립적인 힘으로 노동과정에 도입되는 정도에 비례해 노동과정의 지적 잠재력을 노동자로부터 소외시킨다. 또한 노동생산력을 향상시키는 모든 방법과 수단은 노동자의 노동조건을 악화시키며, 노동과정에서 비열하기 때문에 더욱 혐오스러운 자본의 독재에 노동자를 굴복시키고, 노동자의 전체 생활시간을 노동시간으로 전환시키며, 그의 처자를 자본이라는 저거너트(juggernaut)의 수레바퀴 밑으로 질질 끌고 간다. 그런데 잉여가치를 생산하는 모든 방법은 동시에 축적의 방법이며, 그리고 축적의 모든 확대는 다시 이 방법을 발전시키는 수단으로 된다. 따라서 자본이 축적됨에 따라 노동자의 상태는, 그가 받는 임금이 많든 적든, 악화되지 않을 수 없다는 결론이 나온다. 끝으로, 상대적 과잉인구 또는 산업예비군을 언제나 축적의 규모와 활력에 알맞도록 유지한다

는 법칙은, 헤파이스토스의 쐐기가 프로메테우스를 바위에 결박시킨 것보다도 더 단단하게 노동자를 자본에 결박시킨다. 이 법칙은 자본의 축적에 대응한 빈곤의 축적을 필연적인 것으로 만든다. 따라서 한쪽 끝의 부의 축적은 동시에 반대편 끝, 즉 자기 자신의 생산물을 자본으로 생산하는 노동자계급 측의 빈곤, 노동의 고통, 노예 상태, 무지, 잔인, 도덕적 타락의 축적이다 (마르크스, 2015a: 878~879).

자본주의적 축적의 절대적 일반법칙이 제7편의 분석을 총괄한 것이라면, 이 노동자계급의 궁핍화 법칙 또는 경향은 제4편부터 제7편까지의 분석을 총괄한 것으로 볼 수 있다. 자본주의적 생산과 축적의 역사적 경향을 총괄한 정식화다. 이는 『자본론』 1권의 결론이라 할 수 있는 제8편 제32장 「자본주의적 축적의 역사적 경향」에서 가장 중요한 근거로 제시된다.

이 정식화에는 두 가지 다른 맥락이 들어 있다. 첫째는 제4편 「상대적 잉여가치의 생산」의 분석에 입각한 노동자계급의 상태에 대한 평가다. 이 평가는 경제적 차원(절대적 생활수준)을 넘어 총체적인 사회적 지위를 기준으로 이루어진다. "노동자의 상태는, 그가 받는 임금이 많든 적든, 악화되지 않을 수 없다"라는 서술이 이를 잘 보여준다. 또한 상대적 잉여가치 생산의 여러 경향이 축적을 통해 강화됨으로써 노동자의 총체적인 사회적 지위가 악화된다는 점에 근거한다. 둘째는 제7편에서 분석한 자본주의적 축적의 절대적 일반법칙에 근거한 것으로, 상대적 과잉인구의 존재와 확대재생산이 자본과 노동 간의 계급적 분할을 영구화해 '자본의 축적 = 빈곤의 축적'을 필연화한다는 점이다. 이는 제32장에서 명시적으로 서술한 바와 같이, 소수의 독점자본가 대 노동자계급이라는 사회 양극화 명제로 볼 수 있다. 마르크스는 이 두 가지를 종합해 '부의 축적 = 노동자계급 측의 빈곤, 노동의 고통, 노예 상태, 무지, 잔인, 도덕적 타락의 축적'이라는 노동자계급의 궁핍화 법칙을 정식화하고 있다.

노동자계급의 궁핍화 법칙에서 '궁핍화'가 상대적 개념이라는 점은 2장에서 충분히 살펴보았다. 자본과 비교하거나, 또는 사회적 생산력의 발전 수준과 비교해 상대적으로 노동자계급이 궁핍화한다는 것이다. 또한 이 개념이 노동자계급의 경제적 수준만을 나타내는 것이 아니라 노동자계급의 총체적인 사회적 지위를 다루는 개념이라는 점도 다시 지적할 필요가 있다. 요컨대 개념적으로 궁핍화의 의미는 자본과의 관계 속에서 노동자계급의 총체적 상태와 지위와 관련된 '상대적 궁핍화'인 것이다. 이는 이론적으로 자명하고, 실제로도 자본주의 역사가 그 옳음을 입증하고 있다. 세계자본주의는 극소수의 초국적 독점자본 대 세계 노동자계급으로 양극화되어 있다. 따라서 양극화 문제를 일국적 차원이 아니라 세계적 차원에서 우선적으로 살펴보는 것이 중요하다고 생각한다. 자본주의적 축적이 세계적 범위에서 이루어지고 있기 때문이다. 기존 좌파들조차 이 양극화 명제를 주로 선진국 중심의 일국적 차원에서 평가하는 가운데 많은 혼선이 생긴 것으로 보인다. 특히 1980년대 이래 신자유주의 시대에는 중국 등 신흥국에서 자본주의적 축적이 가장 활발하게 이루어지고 있다는 점을 놓쳐서는 안 될 것이다.

마르크스는 이 노동자계급의 궁핍화 법칙을 정식화한 바로 다음에, "자본주의적 축적의 이 적대적 성격은 정치경제학자들에 의해 각종 형태로 언급되었다"(마르크스, 2015a: 879~880)라며 몇몇 경제학 저술가의 연구 사례를 살펴본다. 이 서술을 통해 우리는 마르크스가 노동자계급의 궁핍화 법칙에서 자본주의적 축적의 '적대적 성격'을 파악하고 있음을 알 수 있다.

제5절에서 마르크스는 자본주의적 축적의 일반법칙을 증명하는 역사적

예증으로서 90쪽에 걸쳐 영국 노동자계급의 상태를 생생하게 보여준다. 자본주의적 축적의 역사적 과정에 대한 논리적·개념적 파악으로서 자본주의적 축적의 일반법칙을 분석한 뒤, 그 일반법칙의 역사적 예증을 제시한 것이다. 이 사례를 통해 당시 영국 노동자계급은 상대적으로뿐 아니라 절대적으로도 궁핍화했다는 사실이 생생하게 드러난다.

주

1장 _ 마르크스의 삶과 실천

1 물론 러시아혁명의 실천 과정에서 레닌이 새롭게 정립한 이론과 노선도 있다. 대표적으로 제국주의 이론, '전위당' 개념과 노선이 있다. 또한 레닌의 마르크스 해석도 마르크스 자신의 이론이나 노선과 다른 점도 있다. 『자본론』 1권의 제8편을 다룰 때 살펴보겠지만(이 책의 3장 참조), 레닌은 사회주의적 소유형태인 '사회적 소유'를 잘못 해석하기도 했다.

2 "이번에 나타나는 현상들은 아주 독특하며 여러 가지 점에서 이전의 공황들과는 차이가 납니다. …… 현재의 경과를 문제가 충분히 무르익을 때까지 관찰해야 합니다. 그래야만 비로소 문제를 '생산적으로', 즉 '**이론적으로** 소비할' 수 있습니다"(마르크스·엥겔스, 1990b: 203).

3 자본주의적 생산관계, 즉 자본/임노동 관계가 본격적으로 출현한 곳은 영국이 처음이지만, 그렇다고 자본주의가 영국에서 일국 자본주의로 성립되었던 것은 아니다. 자본주의는 유럽 차원에서 자본주의로 형성되었다. 당시 자본주의가 포괄한 범위는 유럽이었으므로 유럽 자본주의로 형성되었다고 할 수 있다. 그 후 제국주의에 의해 자본주의가 미치는 범위가 전 지구로 확장되면서 자본주의는 전 지구를 포괄하는 세계자본주의로 발전했다.

4 이런 과정에 대해서는 영국 좌파 역사학자 에릭 홉스봄(Eric Hobsbawm)의 자본주의 4부작 『혁명의 시대(The Age of Revolution)』, 『자본의 시대(The Age of Capital)』, 『제국의 시대(The Age of Empire)』, 『극단의 시대(The Age of Extremes)』 가운데 19세기 중반(1848~1875)을 다룬 『자본의 시대』에 잘 나와 있다. 보통 프랑스 부르주아는 프랑스대혁명 때부터 진취적이라고 이야기하는데, 영국이나 독일은 말할 것도 없고 그 진취적인 프랑스 부르주아조차 노동자계급이 하나의 정치 세력으로 혁명적으로 진출하니까 봉건귀족의 치마폭으로 들어가버렸다. 유럽 역사를 보면, 정치적으로 지배계급이 봉건귀족에서 부르주아로 대체되는 것은 단절적이 아니라 연속적이다. 과거 봉건 지주 세력과 신흥 부르주아는 겉으로 매우 적대적인 것처럼 보이지만, 그리고 실제로 싸우기도 했지만 노동자·민중 등 피지배계급과의 관계에서는 항상 같은 편이었고, 심지어 20세기 들어서까지 지배 세력 내부의 정치적 주도권은 봉건지주 세력이나 봉건귀족의 후예들에게 있었다.

5 바쿠닌은 러시아 출신인데 활동은 주로 무정부주의 경향이 강한 이탈리아에서 했다.

6 마르크스가 사회적 해방의 담당자는 프롤레타리아라는 점을 이론적으로 처음 발견한 것은 슐레지엔 봉기 직전인 1843년 12월 또는 1844년 1월에 파리에서 집필한 「헤겔 법철학 비판 서설(Zur Kritik der Hegelschen Rechtsphilosophie. Einleitung)」에서였다.

7 슐레지엔 봉기 당시 마르크스는 『1844년의 경제학 철학 초고』를 집필 중(4~8월)이었다. "1844년 6월 슐레지엔에서 더 이상 견딜 수 없는 착취와 저임금에 저항하는 방직공들의 봉기가 있었다. 그것은 전 독일에 반향을 불러일으킨 독일 프롤레타리아 최초의 공개적 활동이었다. 1844년 6월과

7월에는 바이에른에서 동프로이센에 이르기까지 노동자들의 파업 물결이 일렁였다. 뿐만 아니라 합스부르크가의 지배령인 뵈메[보헤미아]에서도 더욱 큰 노동자들의 소요가 있었다. 이에 놀란 독일의 부르주아는 영국과 프랑스의 프롤레타리아뿐 아니라 독일의 프롤레타리아 역시 위협적이고도 명백하게 자신들의 존재와 요구를 제시했음을 인정하지 않을 수 없었다. …… 루게가 그 봉기에 대해 보였던 반응은 전형적인 부르주아 출판인의 그것이었다. …… 그는 슐레지엔 사건이 '정치적 의식을 결여한 무의미하고 헛된 혼란이었다'고 주장하였다. 그는 프롤레타리아의 독립적인 행위를 단호하게 거부하였던 것이다. 마르크스는 …… 그 주장에 대해 응수하였다. …… 그는 루게에 반대해 무엇보다도 슐레지엔 봉기가 독일 노동자들의 성장한 계급의식의 표현이며 사유재산제 사회에 대한 그들의 기본적인 대립관계를 그들이 각성해가고 있는 증거라고 그 봉기의 지대한 의미를 강조하였다. 마르크스는 슐레지엔 봉기를 사회의 혁명적 변혁자인 노동자계급에 내재해 있는 막강한 잠재력에 대한 의미심장한 징표로 여겼다. 프롤레타리아의 행위와 그것에 대한 루게의 속물적 악평은 마르크스로 하여금 노동자계급의 세계사적 사명에 대한 사상의 몇 가지 측면들을 구체화시켰으며, 세계를 사회주의적으로 변혁시킬 가능성에 대한 문제를 좀 더 철저하게 숙고하도록 만들었다"(소련공산당 중앙위원회 마르크스-레닌주의 연구소, 1989: 100~101). 당시 마르크스가 슐레지엔 봉기에 대해 ≪전진!(Vorwärts!)≫에 기고한 글은 Marx(2010a: 189~206)에 수록되어 있다.

8 "노동자계급의 해방은 노동자계급 스스로에 의하여 전취되어야 한다; 노동자계급의 해방을 위한 투쟁은 계급적 특권과 독점을 위한 투쟁이 아니라 평등한 권리 및 의무와 모든 계급 지배의 폐지를 위한 투쟁을 의미한다; 노동하는 인간이 노동수단들의, 즉 생활 원천들의 독점자에게 경제적으로 예속되어 있다는 것이 모든 형태의 노예 상태의 근저에 놓여 있다 ─ 모든 사회적 빈곤, 정신적 피폐, 정치적 종속의 근저에 놓여 있다; 노동자계급의 경제적 해방은 따라서 모든 정치운동이 하나의 수단으로서 종속되어야 할 위대한 목적이다"(마르크스, 1993a: 14).

9 노동조합이 경제투쟁을 통해 임금인상을 해봐야 자본이 그 인상분을 가격 상승으로 떠넘겨 실질임금은 제자리걸음을 하게 된다는 것이 노동조합과 경제투쟁 무용론의 핵심 주장이다. 마르크스는 노동조합의 경제투쟁에 의한 임금인상이 자본 간 경쟁 때문에 가격 상승으로 전가되지 못하고 자본가의 이윤을 감소시킬 뿐이므로 임금인상투쟁이 노동자계급의 실질임금을 실제로 향상시킨다는 점을 논증한다(마르크스, 1993b: 63~118).

10 그렇다고 마르크스가 협동조합의 의의를 전면 부정한 것은 아니다. 그러나 자본주의 사회 안에서 협동조합의 한계를 지적하며 투쟁 조직으로서 노동조합을 노동자계급의 기본 대중조직으로 자리매김한 것이다. 그는 협동조합 제도를 자본주의 극복 이후 새로운 사회를 조직하는 것과 관련시킨다. "아무리 원칙상 탁월하고 실천상 유익하다 하더라도 협동조합식 노동이 개별 노동자들의 우연적인 노력이라는 협소한 영역에 제한된다면, 기하급수적으로 자라나는 독점의 성장을 억제할 수 없으며, 대중을 해방시킬 수 없으며, 심지어 그들의 빈곤이라는 짐을 눈에 띄게 덜어줄 수도 없다는 것입니다. …… 근로대중을 해방시키려면 협동조합 제도는 국민적 규모에서의 발전과 국민적 수단에 의한 추진을 필요로 합니다"(마르크스, 1993c: 11). "5. 협동조합 노동 …… (a) 우리는 협동조합 운동을 계급적대에 기초한 현재의 사회를 변혁하는 힘 가운데 하나로 인정한다. 그것의 커다란 공적은, 자본에 대한 **노동의 예속**이라고 하는 빈궁을 낳은 전제적인 현재의 제도가 **자유롭고 평등한 생산자들의 연합**의 공화주의적이고 다복한 제도에 의해 대체될 수 있음을 실천적으로 보여준

다는 점이다. (b) 그러나 협동조합 제도는, 개별 임금노예가 개인적인 노력에 의해 구성하는 왜소한 형태에 한정된다면 결코 자본주의 사회를 변혁할 수 없다. 사회적 생산을 자유로운 협동조합 노동의 대규모적이고 조화로운 하나의 제도로 전화시키기 위해서는 **전반적인 사회적 변화**와 **사회의 전반적인 조건의 변화**가 요구되며, 이러한 변화는 사회의 조직된 힘, 즉 국가권력이 자본가들과 지주들에게서 생산자들 자신에게로 옮겨지지 않고는 실현될 수 없다"(마르크스, 1993d: 137).

11 "6. 노동조합. 그 과거, 현재, 미래 (a) 그 과거: …… 노동조합들은 본래, 적어도 노예보다는 조금 나은 계약조건을 전취하기 위해 그러한 경쟁을 제거하거나 적어도 제한하려는 노동자들의 **자연발생적인** 시도로부터 생겨났다. 따라서 노동조합들의 즉각적인 목표는 일상적인 필요에만, 자본의 끊임없는 침해를 저지하는 방편에만, 한마디로 임금과 노동시간의 문제에만 한정되었다. 노동조합들의 이러한 활동은 정당할 뿐만 아니라 필요하기도 하다. 현재의 생산제도가 지속되는 한, 그것은 없어서는 안 된다. 오히려 그것은 모든 나라에 걸쳐 노동조합들이 결성되고 그것들이 결합됨으로써 일반화되지 않으면 안 된다. 다른 한편 노동조합들은 자신도 의식하지 못한 채 노동자계급의 **조직화의 중심**을 형성하고 있는데, 이것은 중세의 도시나 꼬뮌이 중간계급에게 그랬던 것과 마찬가지다. 노동조합이 자본과 노동 사이의 유격전에 필요한 것이라면, **임금노동과 자본 지배라는 체제 그 자체를 폐지하기 위한 조직된 세력**으로서는 훨씬 더 중요하다. (b) 그 현재: 자본과의 국지적이고 즉각적인 투쟁에만 지나치게 열중해왔기 때문에 노동조합들은 임금노예 제도 자체에 대항하는 행동에서의 자신들의 힘을 아직 충분히 이해하지 못하고 있다. 따라서 노동조합들은 일반적인 사회적 및 정치적 운동으로부터 너무나 멀리 떨어진 채 있었다. 그러나 최근 들어 노동조합들은 자신들의 위대한 역사적 사명의 의의에 대해 어느 정도 눈을 뜨고 있는 것처럼 보인다. …… (c) 그 미래: 본래의 목적은 물론이고, 노동조합들은 이제 **완전한 해방**이라는 폭넓은 이해관계에 있는 노동자계급의 조직화의 중심으로서 신중하게 행동하는 것을 배워야 한다. 노동조합들은 이러한 방향을 향하는 모든 사회적 및 정치적 운동을 지원해야 한다. 스스로를 노동자계급 전체의 전사이자 대표라고 생각하고 또 그렇게 행동한다면, 노동조합들은 결사에 소속되지 않은 사람들을 자신들의 대열에 끌어들여야 한다. …… 노동조합들은, 자신들의 노력들이 편협하고 이기적인 것이 아니라 짓밟힌 수백만의 해방을 목표로 하는 것임을 세계 일반에 납득시켜야 한다"(마르크스, 1993d: 138~139).

12 "정치권력을 전취하는 것은 따라서 이제 노동자계급의 커다란 의무입니다. 노동자들은 이것을 이미 파악하고 있는 것으로 보이는데, 왜냐하면 영국과 프랑스와 독일과 이탈리아에서 동시적인 부흥이 보이고 노동자당의 재조직을 위한 동시적인 시도들이 일고 있기 때문입니다"(마르크스, 1993c: 12).

13 제2인터내셔널은 제1차 세계대전 발발의 분위기가 고조되던 1907년 슈트트가르트 대회에서 레닌과 로자 룩셈부르크(Rosa Luxemburg)의 주도로 제국주의 전쟁 반대의 기본 강령을 만장일치로 채택했다. "전쟁 발발의 위협이 있는 경우에는 가장 효과적이라고 판단되는 수단에 의해 전쟁 발발을 방지하고자 총력을 기울이는 것이, 인터내셔널 사무국과의 공동행동으로 지지받고 있는 그 국가의 노동자계급 및 의회대표의 의무이다. 전쟁 방지의 수단은 당연히 계급투쟁과 일반정치정세의 강약에 따라서 달라진다. 그럼에도 불구하고 전쟁이 발발할 경우에는 신속한 종전을 위해 개입하며, 전쟁으로 야기된 경제적 및 정치적 위기를 이용해 인민을 궐기시킴으로써 자본주의제도의 폐

지를 촉진하도록 전력을 기울이는 것이 그들의 의무이다"(포스터, 1986: 271에서 재인용).

제2인터내셔널의 제국주의 전쟁 반대 강령에 따라 1917년 러시아혁명이 일어났을 때도 레닌을 비롯한 러시아 혁명가들은 러시아에서만 혁명이 일어나면 절대 사회주의혁명이 성공할 수 없다고 생각했다. 그러나 러시아 혁명가들은 러시아혁명이 촉발제가 되어 유럽에서 혁명이 일어나 세계혁명으로 발전할 것으로 믿고, 러시아혁명을 감행했다. 이들은 러시아혁명이 1921년 내전에서 승리해 성공한 후에도 유럽에서 혁명이 일어나 세계혁명으로 발전하지 않으면, 유럽에서 가장 낙후된 자본주의였던 러시아의 사회주의혁명이 유지되기 어렵다고 생각하며 유럽에서 혁명이 일어나기를 손꼽아 기다렸다.

소련이 유럽 혁명을 포기한 것은 1923년 독일에서 세 번째 혁명이 실패하고 난 이후였다. 그때서야 러시아혁명의 독자 생존을 모색하게 된다. 그전까지는 러시아 단독 혁명으로는 사회주의혁명이 살아남을 수 없다고 모두 생각했다. 러시아의 혁명가들은 물론이고 유럽의 혁명가들도 마찬가지였다. 이처럼 노동자국제주의는 당연한 것이었고, 또한 사회주의혁명은 당연히 세계혁명으로 이루어질 것이라 생각했다. 실제로 유럽의 혁명가들은 자본주의 모순이 극단적으로 표출된 제1차 세계대전과 러시아혁명을 발판 삼아 독일을 필두로 유럽 각국에서 혁명을 시도했지만 모두 실패했다.

노동자국제주의와 세계혁명 사상은 혁명에 성공한 러시아를 중심으로 1919년 제3인터내셔널의 결성으로 이어졌으며, 20세기 전반기까지는 수많은 혁명가·활동가의 사상과 실천을 지배하고 있었다. 1936년 스페인에서 군부 쿠데타로 공화제가 전복되어 스페인 내전이 발생했을 때 스페인 공화국을 지키기 위해 유럽 각국에서 수만 명의 사회주의자와 무정부주의자가 국제 의용군으로 스페인 내전에 목숨을 걸고 참여한 것도 이런 노동자국제주의 전통이 살아 있었기에 가능한 것이었다.

14 1881년 2월 16일 자술리치는 훗날 '노동해방그룹'으로 들어간 동지들의 이름으로 마르크스에게 편지를 써서 러시아의 역사적 발전 전망과 특히 러시아 촌락공동체의 운명에 관한 마르크스의 견해를 의뢰했다(마르크스·엥겔스, 1990b: 318).

15 "자본주의적 생산의 등장을 분석하면서 저는 다음과 같이 말했습니다. '요컨대 자본주의 체제는 생산수단으로부터 생산자의 급격한 분리에 기초되어 있다. …… 이 모든 발전의 기반은 **농민들에 대한 수탈**이다. 이것은 영국에서 처음으로 폭력적 방식으로 수행되었다. …… 그러나 **서유럽의 다른 모든 나라**가 동일한 운동을 거친다'(Marx, 1977: 519). 이처럼 이 운동의 '역사적 필연성'은 **명백하게 서유럽 나라들**에 국한되어 있습니다." 1881년 3월 8일 자 서한(마르크스·엥겔스, 1990b: 211). "마르크스는 그가 이른바 자본의 본원적 축적에 관한 장에서 다루었던, 서유럽 자본주의의 성립 과정에 대한 역사적 서술을 '모든 민족에게 운명적으로 규정되어 있는 보편적 발전 과정에 관한 역사철학적 이론'으로 변질시키는 것에 단호하게 반대하였다. '문제되는 것은 항상 그 민족들이 처해 있는 역사적 상황인 것이다'"(소련공산당 중앙위원회 마르크스-레닌주의 연구소, 1989: 901).

16 "마르크스는 러시아처럼 촌락공동체가 계속 유지되었던 곳에서 그 공동체가 겪게 될 운명은 이 나라들의 비자본주의적 발전 전망에 달려 있다고 생각하였다. 그는 원칙적으로 그러한 발전이 가능하다고 여겼지만 발전된 자본주의국가들에서 사회주의혁명이 승리를 거둘 때만 그것이 가능하다는 전제를 덧붙였다. 이 경우 남아 있는 촌락공동체 형태들은 그것이 더 이상 전제국가에 의해 억압당하지도 않고, 농노제에서와 같이 착취당하지도 않는 — 러시아는 인민혁명을 통해서만 이러한 상태에 이를 수 있었다 — 유리한 내적 상태에서 사회주의 변혁의 출발점을 이룰 수 있을 것이다.

사회가 그런 식으로 발전할 경우 촌락공동체는 자본주의에 의해 필연적으로 야기되는 몰락을 피하고, 부르주아 사회가 이미 이루어놓은 새로운 생산력을 토대로 변형되어 집단노동 형태로 재구성될 것이다. 간단히 말해 촌락공동체는 마르크스의 말처럼 '새로운 삶을 시작'할 수 있게 되는 것이다"(소련공산당 중앙위원회 마르크스-레닌주의 연구소, 1989: 825).

17 "자본가는 노동력 구매를 통해 노동 그 자체를 살아 있는 효모로서, 역시 그의 것인 죽어 있는 생산물 형성 요소들과 결합시킨다. 자본가의 처지에서 본다면, 노동과정은 자기가 구매한 노동력이라는 상품의 소비에 지나지 않지만, 그는 노동력에 생산수단을 첨가함으로써만 노동력을 소비할 수 있다. 노동과정은 자본가가 구매한 물건과 물건 사이의, 즉 그에게 속하는 물건과 물건 사이의 한 과정이다"(마르크스, 2015a: 247~248).

18 "우리는 모든 인간의 실존 및 모든 역사의 첫 번째 전제, 즉 '역사를 만들 수 있기' 위해서는 인간이 살 수 있어야만 한다는 전제를 확립하는 것으로부터 출발해야만 한다. 그러나 무엇보다도 모든 먹을 것, 마실 것, 집과 옷, 그리고 기타 몇몇 다른 것들은 생활 [자체]에 속한다. 최초의 역사적 행위는 그래서 이 필요의 충족을 위한 수단들의 창출, 물질적 생활 그 자체의 생산이며, 게다가 이는 하나의 역사적 행위, 즉 인간이 생명을 유지하기 위해서 수천 년 전이나 오늘날에나 매일 매시 충족되어야만 하는, 모든 역사의 근본조건이다"(마르크스·엥겔스, 1991a: 208).

19 "이러한 역사 파악의 근거는 현실적 생산과정을 그것도 직접적 생활의 물질적 생산으로부터 출발하여 현실적 생산과정을 전개하는 것, 그 생산양식과 연관된 그리고 그 생산양식에 의해 산출된 교류형태[생산관계*]를, 따라서 그 다양한 단계에 있어서의 시민사회를 역사 전체의 기초로서 파악하는 것, 그리고 시민사회를 그 행동에 있어서 국가로서 표현하는 것, 이와 함께 종교, 철학, 도덕 등등의 의식의 각종 이론적 산물들과 형태들을 시민사회로부터 설명하고, 또한 그 형성과정을 시민사회로부터 추적하는 것 등에 있는데, 이렇게 함으로써 사태는 그 총체성 속에서(그래서 또한 이들 다양한 측면들의 상호작용도) 표현될 수 있다"(마르크스·엥겔스, 1991a: 220).

20 일부 마르크스주의자들, 특히 루이 알튀세르(Louis Althusser)에서 시작된 구조주의적 마르크스주의나, 문화 연구자들에게 인기 있는 자율주의적 마르크스주의[사실 자율주의에서 안토니오 네그리(Antonio Negri)는 자율주의 그룹 내의 여러 흐름 가운데 하나에 불과한데, 한국에서는 '자율주의' 하면 네그리로 알려져 있다]등은 마르크스의 역사유물론에서 변증법을 부정한다. 마르크스가 초기에는 변증법을 사용했는데, 나중에는 일종의 '인식론적 단절'로서 헤겔 변증법의 품에서 벗어났으며 점차 청산했다고 주장한다. 그러면서 성숙한 마르크스도 헤겔의 영향을 완전히 청산하지 못해 변증법의 잔재가 남아 있는데, 이는 마르크스가 잘못한 것이라고 주장한다. 그래서 알튀세르 이후 구조주의적 마르크스주의자들은 마르크스주의를 구조주의로 완전히 재구성한다. 말하자면, 자기들 관점대로 마르크스를 재창조한 것으로, 마르크스 이론에서 변증법을 완전히 제거했다. 변증법을 제거했다는 것은 마르크스 이론을 실증주의적으로 재구성했다는 것이다. 하지만 그런 이론은 마르크스주의가 아니다. 조금 과장해 말하면, 마르크스 사상과 이론에서 변증법을 빼면 남는 것이 별로 없다. 주체도 없고, 실천도 없으며, 그렇게 해서 남은 것이 '구조'다. 이런 맥락에서 구조주의적 마르크스주의자들은 '주체 없는 역사', '주체 없는 구조'를 주장한다. 그러면 인간 주체는 무엇이 되는가? 인간 주체를 '구조에 의해 호명된 주체', 즉 구조에 의해 규정되어 반영만 하는 그런 존재로 파악하게 된다. 이것이 구조주의적 마르크스주의의 골격이다. 마르크스 이론에서 변증법을 부

정하는 구조주의적 마르크스주의나 자율주의적 마르크스주의는 사실상 마르크스의 사상이나 이론과 무관하다. 마르크스의 사상과 이론은 변증법 없이 구성될 수 없기 때문이다.

21 이는 마르크스의 딸이 여러 번 그에게 내놓은 장난기 어린 질문서에 대해 1865년 4월 1일에 내놓은 답변서 「고백(Confession)」의 내용 중 일부다. "당신이 좋아하는 미덕: 소박함, 당신의 주된 특성: 목표지향적, 당신이 가장 싫어하는 악덕: 비굴, 당신이 가장 쉽게 용서할 수 있는 악덕: 쉽게 믿는 성격, 당신의 행복의 개념: 투쟁, 당신의 불행의 개념: 굴종, 당신의 영웅: 스파르타쿠스, 요하네스 케플러(Johannes Kepler), 당신의 좌우명: 인간적이지 않은 것은 내게 걸맞지 않다"(소련공산당 중앙위원회 마르크스-레닌주의 연구소, 1989: 658).

22 "그 자신의 말대로 마르크스는 『자본론』에 '건강과 인생의 행복, 가족을 바쳤다.' …… 예니 마르크스는 '노동자들이, 오로지 그들을 위해 그리고 그들의 이해관계 속에서 집필된 이 책을 완성하는 데 들인 희생을 감지해주기'를 바랐다"(소련공산당 중앙위원회 마르크스-레닌주의 연구소, 1989: 577).

23 "나는 낮에는 박물관[대영박물관을 지칭한 것으로 도서관을 말함*]에 가고 밤에는 집필을 하네"(소련공산당 중앙위원회 마르크스-레닌주의 연구소, 1989: 573).

2장 _ 마르크스의 자본주의 분석

1 이는 마르크스가 『자본론』 1권의 러시아어 번역과 관련해 보낸 1878년 서한에서도 확인된다. "1. 저는 **장(章) 구분**이 ― 이는 **세분**에도 그대로 적용됩니다 ― 불어판에 따라서 이루어지길 바랍니다. 2. 번역자가 계속해서 꼼꼼하게 독일어 2판을 불어판과 대조해 보았으면 합니다. 불어판에는 중요한 수정·보완 사항이 많이 들어 있기 때문입니다." 「마르크스가 페테르부르그에 있는 니콜라이 프란체비치 다니엘손에게」(1878년 11월 15일)(마르크스·엥겔스, 1990b: 201).

2 $$잉여가치율 = \frac{잉여가치}{노동력의\ 가치}$$

3 $$이윤율 = \frac{잉여가치}{투하자본}$$

4 "실질임금이 그대로라 할지라도, 심지어 오른다고 하더라도, 그럼에도 불구하고 상대적 임금은 떨어질 수 있다. 예를 들어 모든 생활수단의 가격이 3분의 2씩 내린 반면에 일당은 단지 3분의 1만, 따라서 예를 들자면 3마르크에서 2마르크로 내린다고 가정하자. 비록 노동자가 이 2마르크를 가지고 예전에 3마르크를 주고 살 수 있었던 것보다 더 많은 양의 상품을 살 수 있다고 하더라도, 그의 임금은 자본가의 이득에 비해 줄어든 셈이다. 자본가의 (예를 들어 공장주의) 이윤은 1마르크 늘어났는데, 말하자면 노동자는 자본가로부터 더 적은 액수의 교환가치를 받고 전보다 더 많은 액수의 교환가치를 생산해야만 하는 것이다. 자본의 몫은 노동의 몫에 비하여 증가하였다. 자본과 노동 사이에서의 사회적 부의 분배가 더욱더 불균등하게 되었다. 자본가는 똑같은 자본으로 더 많은 양의 노동을 지휘한다. 노동자계급을 지배하는 자본가계급의 힘은 더 커졌고, 노동자의 사회적 지위는 더욱 악화되었으며 자본가의 지위 아래로 한 단계 더 떨어진 것이다"(마르크스, 1991c: 562).

5 '과학적 관리'로도 부른다. 19세기 말 대불황기에 자본의 집중이 진행되는 가운데 자본가들은 더 많은 이윤을 얻으려 숙련노동자들과 격렬한 계급투쟁을 벌이게 되었다. 이때 자본가들은 노동자들에게 더 많은 작업량을 부과하기 위해 숙련노동자의 숙련을 해체하고 통제·감시 작업방식을 재조직하려 시도했다. 당시 이는 '효율성 운동'이라는 이름으로 광범하게 실시되었다. 그 가운데 가장 탁월한 성과를 이룬 것이 미국 철강 산업에서 이루어진 프레더릭 윈즐로 테일러(Frederick Winslow Taylor)의 '과학적 관리'였다. 테일러는 노동자의 작업 과정을 초시계로 측정하는 시간연구와 동작연구를 통해 가능한 한 단순·반복 동작으로 표준화하고 차별능률급제를 채용하는 등 이른바 '과학적 관리'법을 개발했다. 과학적 관리는 생산성을 획기적으로 높였으나, 이는 노동자의 노동을 단순·반복 노동으로 격하해 노동 소외 문제를 야기했고, 대폭 높아진 노동강도를 대가로 한 것이었다. 20세기 초에 과학적 관리는 자본주의 작업방식의 조직에 광범하게 도입되었다.

6 노동일(working day)은 하루 기준 노동시간을 말한다. 노동자는 매일 휴식과 수면이 필요하기에 노동력의 판매는 매일 일정 시간에 한해 노동하는 형태로 이루어진다. 따라서 노동력 판매의 시간 단위는 1일이다. 노동자가 자본가 밑에서 노동하는 하루 노동시간을 서구에서는 '노동일'이라 부른다. '노동일', '1노동일', '표준노동일'은 모두 하루 노동시간을 말한다. 우리가 '8시간 노동제'라고 부르는 것은 하루의 노동시간을 8시간으로 규정한 것을 의미한다.

7 한글 번역본은 '경제적(economic) 세포형태'로 번역되어 있는데, 의미상 '경제의 세포형태'로 하는 것이 적절하다. 보통 '경제'는 하나의 유기적 총체로서 자본주의적 생산양식 또는 경제적 사회구성체를 가리키는 말이고, 이를 구성하는 세포형태라는 뜻이기 때문이다.

8 우리가 앞서 공부한 마르크스의 자본주의 분석 '6부작 플랜'이 바로 이런 서술 방법에 따른 것이다. 처음에 자본, 토지소유, 임노동을 분석하고, 그다음에 국가, 대외무역, 세계시장과 공황을 순차적으로 분석하려 계획한 것은 추상수준이 더 낮은 여러 규정을 차례로 도입해 분석하려는 것이다. 그래서 마지막 '세계시장과 공황' 분석에 이르면 가장 복잡한 자본주의 사회라는 '구체적인 총체'가 이론적으로 재생산된다. 또 마르크스가 『자본론』 1권에서 가장 추상적인 것으로 '상품과 화폐' 분석(제1편)에서 시작해 자본 개념(제2편), 그리고 자본주의적 생산과 축적(제3~7편) 분석으로 점차 추상수준을 낮추어 더 많은 규정을 도입하며 서술한 점도 이런 서술 방법에 따른 것이다. 그런데 이 연구 방법과 서술(발표) 방법의 구별도 논쟁거리가 되어왔다. 『자본론』에서 마르크스의 발표가 항상 추상적인 것에서 구체적인 것으로 나아가는가 하는 문제다. 반드시 그런 것은 아니다. 『자본론』 각 권의 서술에서 큰 틀에서는 그러하지만, 세부적으로 들어가면 어떤 부분에서는 아주 구체적인 것에서 추상적인 것으로 나아가기도 한다. 『자본론』의 서술이 항상 모든 곳에서 추상에서 구체로 단선적으로 써 내려갔다고 볼 수는 없다는 것이다. 따라서 너무 기계적으로 『자본론』의 처음부터 끝까지 다 그렇게 적용되었다고 볼 것이 아니라 조사·연구 방법과 서술 방법이 다를 수밖에 없다는 점을 상식적으로 받아들이면 될 것 같다.

9 마르크스의 '경제법칙'이 '자연법칙'과 다르다는 점은 제2독일어판 후기에 구체적으로 나온다. "종래의 경제학자들은 경제법칙을 물리학·화학의 법칙과 동일시함으로써 경제법칙의 성질을 잘못 이해했던 것이다"(마르크스, 2015a: 17). 또한 "[경제학자들에 의해 자연법칙으로까지 신비화되고 있는] 자본주의적 축적 법칙"(마르크스, 2015a: 848)이라는 서술에서도 마르크스가 자신의 '경제법칙'을 '자연법칙'과 다르게 파악하고 있음을 알 수 있다. 다만 마르크스는 경제법칙의 필연성을 강

조하기 위해 경제법칙을 자연법칙에 자주 비유한다. 예를 들면 가치법칙과 관련해 "생산물의 생산에 사회적으로 필요한 노동시간이 [마치 우리 머리 위로 집이 무너져 내릴 때의 중력의 법칙과 같이] 규제적인 자연법칙으로서 자기 자신을 관철"(마르크스, 2015a: 97)시킨다고 서술한다. 또한 "세계시장과 그것의 상황, 시장가격의 운동, 신용기간, 산업과 상업의 경기순환, 번영과 공황의 교체로 말미암아 생산관계들의 상호 관련이 생산 담당자들에게는 불가항력적인 자연법칙으로 나타나서 맹목적인 필연성으로서 그들을 지배하게 되는 방식"(마르크스, 2015c: 1054)과 같은 서술을 예로 들 수 있다.

10 이에 대한 자세한 논의는 박승호(2015: 109~111) 참조.

11 "인간 자신도 노동력의 인격화로서만 고찰한다면"(마르크스, 2015a: 270)이라는 서술은 불어판에서 "인간 자신은 노동력의 단순한 현존(existence)으로서는"으로 수정되었다.

12 마르크스의 이 문구가 많은 사람들을 헷갈리게 만들기도 하고, 구조주의적 마르크스주의자들이 마르크스를 구조주의자로 보는 근거로 이용되기도 한다. 개인은 오로지 "경제적 범주의 인격화", "일정한 계급관계와 계급이익의 담당자"로만 간주되고, 이런 계급관계 자체에는 책임이 없으며, 개인은 오히려 사회적으로 계급관계의 산물에 불과할 뿐 아니라, 경제적 사회구성체(생산양식)의 발전을 '자연사적 과정'으로 본다고 하니 구조주의적 해석의 여지가 생긴 것이다. 역사의 주체인 개인은 결국 구조의 담당자, 즉 '구조에 의해 호명된 주체'일 뿐이고, 또 역사는 '주체 없는 구조의 역사'로 해석될 수 있는 것이다. 구조주의적 마르크스주의의 주장이 그러한데, 이는 '경제적 범주의 인격화'를 모든 개인에 적용한 오류에서 비롯되었다.

13 "물질적 생산성에 조응해서 사회적 관계들을 생산하는 인간이 **관념**도, **범주**도, 즉 바로 이들 사회적 관계의 추상적·관념적 표현도 생산한다"(마르크스·엥겔스, 1990b: 58). "추상이나 관념은 개인들을 지배하는 저 물질적 관계들의 이론적 표현에 지나지 않는다. 관계들은 관념들을 통해서만 표현될 수 있으며 …… 이데올로기적 관점에서 볼 때, 관계들의 지배가 개인들의 의식 속에서는 관념들의 지배로 현상하고"(마르크스, 2000a: 146) 있다.

14 알튀세르 같은 구조주의자들은 "마르크스가 변증법을 이야기하는 것은 헤겔과의 불장난이다, 그것은 비(非)마르크스적인 것"이라며 구조주의적 마르크스주의를 만들었다. 이는 알튀세르가 창조한 마르크스지, 마르크스 자신의 것은 아니다. 마르크스는 변증법을 사회의 변화·발전을 분석하는 방법론의 핵심으로 생각하는데, 제멋대로 마르크스적이지 않다고 제거하는 것은 말이 안 된다. 또 자율주의의 일부인 네그리주의도 다른 이유로 변증법을 부정한다. 변증법을 부정하는 많은 경우 구조주의나 주의주의로 일탈하게 된다.

3장 _ 제8편 이른바 원시축적

1 서유럽에서 봉건적 반동에 맞선 대표적인 농민반란으로는 프랑스의 자크리의 난(1358), 영국의 와트 타일러의 난(1381), 서부 독일의 농민전쟁(1525) 등이 있다. 동유럽에서는 서유럽보다 300년이 지난 17세기 이후에 농민반란이 등장했다. 러시아의 카자크의 난(1603~1614), 스텐카 라친의 난(1670~1671), 푸가초프의 반란(1773~1775) 등이 그것이다. 농민반란의 대표적인 예로 영국의

'와트 타일러의 난'을 보자. 1348년부터 페스트 확산에 따른 영국 인구 3분의 1 이상 감소, 그로 인한 노임 급등 등으로 위기에 직면한 영국 봉건 지배계급은 농노에 대한 이동 금지, 지대 인상, 페스트 발생 이전 수준으로의 노임 동결 등 '봉건적 반동'으로 대응했다. 그럼에도 노동력 부족 현상 때문에 임금은 계속 올랐고, 농노들은 다른 장원으로 도망가 불법적으로 일하는 등 봉건 질서가 위기에 처했다. 이런 봉건제의 위기 상황에서, 그리고 그런 위기를 벗어나기 위한 봉건 지배 세력의 시도로서 영국과 프랑스 간의 영토 전쟁인 백년전쟁(1339~1453)이 벌어졌고, 이 전쟁 비용을 조달하기 위해 1380년 인두세(15세 이상의 모든 국민에게 부과하는 세금)를 크게 부과했다. 이 인두세 부과를 계기로 발생한 영국 사상 최대의 농민반란이 '와트 타일러의 난'이다. 농민을 중심으로 도시 수공업자, 장인, 도시 빈민 등 10만 명 이상이 참여했고, 잉글랜드의 절반 이상과 런던까지 점령했다. 주요 요구는 농노제·인두세·시장세 폐지, 교회 영지 몰수 후 민중 분배, 탄압 법률의 폐지 등이었다. 영국 왕을 굴복시켜 농노제 폐지, 매매의 자유, 지대 인하를 칙령으로 받아내기도 했다. 그러나 지배 세력의 책략에 걸려 와트 타일러(Wat Tyler) 등 주모자 1500명이 살해되고 반란은 실패했다. 영국 왕은 농노제 폐지 등의 칙령을 취소했지만, 이 농민반란을 계기로 인두세가 폐지되었고, 농노는 점차 해방되어 자유농민이 되었다. 와트 타일러의 난으로 영국의 봉건제는 사실상 끝났다. 반란은 실패했지만, 이제 사람들의 머릿속에서는 하늘과 땅이 뒤집어져 버렸다. 농노들이 귀족들이나 자신들을 재판하는 심판관들과 종교인들을 잡아다 죽였으니, 세상이 뒤집어진 것이다. "잉글랜드에서는 농노제가 14세기 말에 사실상 소멸했다"(마르크스, 2015a: 982).

2 마르크스는 독립자영농의 소규모 토지소유와 소경영과 관련해 『자본론』 3권에서 농촌 가내공업을 "이 토지소유의 정상적 보완물"로, 그리고 공유지를 "항상 소규모 경영의 제2의 보완물이며 가축의 사육을 가능하게 하는 유일한 것"으로 기술하고 있다(마르크스, 2015c: 1022).

3 소농 경영과 같은 역사적으로 과도기적 형태를 '우클라드(uklad)'라고 한다. 우클라드는 우리말로 번역하면 '경제제도'다. 이 용어를 마르크스가 사용한 것은 아니다. 주로 러시아혁명 이후에, 러시아가 자본주의에서 사회주의로 이행하는 단계를 거칠 때 이를 설명하기 위해 도입되었다. 이행기에는 자본주의 제도와 사회주의 제도가 같이 공존할 수밖에 없는데, 두 제도 간 격렬한 대립·투쟁을 거쳐 사회주의 제도가 자본주의 제도를 이겨 사회주의로 이행한다는 것이다. 이런 이행 과정을 설명하기 위해 우클라드 개념이 도입되었다. 따라서 자본주의가 지배적인 경제제도로 자리 잡기 전, 즉 봉건제 붕괴 이후 원시축적에 의해 자본주의가 성립되기 전까지 약 3세기에 걸친 과도기 동안 소농 경영 또는 소상품생산이 과도기적 형태로서 하나의 우클라드로 존재했다고 볼 수 있다. 이 소농 경영이 원시축적에 의해 부정당하면서 자본주의로 이행하게 된다. 소규모 토지소유에 의한 소농 경영 또는 소경영 생산방식은 "사회적 생산의 발전과 노동자 자신의 자유로운 개성의 발전에 필요한 조건"이었다. 그러나 이 생산방식은 "토지의 분할과 기타 생산수단의 분산을 전제하고 생산수단의 집중을 허용하지 않기 때문에, 각 생산과정 안의 협업과 분업, 자연력에 대한 사회적 통제와 규제, 사회의 생산력의 자유로운 발전도 불가능하게 한다"(마르크스, 2015a: 1043~1044)는 점에서 한계가 있었다.

4 이 문제에 대해 2차 이행논쟁의 승자 브레너는 1차 이행논쟁의 승자인 돕과 유사한 견해를 제시한다. 농노제가 해체되고 봉건제가 망한 후 독립자영농이 출현하고 시장경제가 발달하면서, 경쟁의 격화로 촉발된 독립자영농 내부의 양극분해로 인해 생산적이고 효율적인 독립자영농은 부농을 거

처 자본가로 성장하고, 그렇지 못한 독립자영농은 몰락해 프롤레타리아로 전락했다는 것이다.

"영국 농민의 계층분화는 새로 등장한 사회적 소유관계 아래에서는 그들이 가능한 한 효율적으로 경쟁함으로써 – 비용을 절감하고 그리하여 전문화와 잉여의 축적 그리고 혁신을 이루어 나감으로써 – 성장하고 있는 시장에 반응하는 것 말고는 **선택의 여지가 전혀 없었다**는 사실에 의해 결정적으로 조건지어졌다"(브레너, 1991: 408).

브레너의 이런 입장은 엘린 메익신스 우드(Ellen Meiksins Wood)에 의해 더욱 강화된다. "브레너는 다음과 같은 점을 사실이라고 보지는 않았다. 즉, 영국의 지배계급은 폭력의 사용을 통해서만 소농들로부터 토지를 몰수할 수 있었다거나, 혹은 그들은 소규모 생산자들의 탈소유를 가능하게 할 수 있을 뿐만 아니라 그것을 통해 수익을 얻을 수 있는 그러한 대단히 특수한 경제적 조건들이 결여된 상태에서는, 그렇게 했을 것이라고 하는 생각이다. 결국에는 자본주의적 농장주들과 무산 노동자들로의 양극화로 귀결될 영국 농민층의 분해('요먼의 발흥')에 대한 브레너의 설명은 영국 농장주들로 하여금 전례 없는 방식과 강도로 경쟁의 지상명령들에 복종시키는 새로운 경제적 논리와 관련되어 있다. …… 그 논리의 결과는 덜 생산적인 농민들에 대한 압력을 증대시켜 그들을 토지로부터 쫓아내었으며, 반면 보다 성공적인 농민들은 보다 많은 토지를 획득하게 되었다. 바로 그런 의미에서 농민층의 분해는 새로운 소유관계의 원인이 아니라 결과였다"(우드, 2002: 91). "이러한 것은 대규모의 그리고 집중된 소유에 경제적 이해관계를 가진 지주들의 직접적인 강제 못지않게, 순전히 경쟁이라는 '경제적' 압력을 통해 일어났다. 프롤레타리아 대중은 그 과정의 시작이 아니라 **결과**였다. 브레너는 충분히 강조하지 않았지만, 경제 행위자들의 시장 의존은 프롤레타리아화의 결과가 아니라 **원인**이었다"(우드, 2002: 92).

그러나 자본주의의 성립에 관한 이런 견해는 마르크스의 원시축적론을 전면 부정하는 입장이다. 마르크스는 원시축적에 의해 자본/노동 관계가 출현했고, 그 핵심은 폭력적인 토지 수탈인 인클로저에 의해 프롤레타리아가 역사적으로 출현한 것이라고 제8편에서 밝히고 있다. 그런데 이들은 그런 폭력적인 토지 수탈이 아니라 시장경쟁으로 인한 양극분해 때문에 프롤레타리아가 출현했다고 주장하고 있다. 이 '양극분해'론이 역사적 사실과 다르다는 것은 이후 마르크스의 원시축적론을 통해 반박할 수 있다.

5 만약 원시축적이 합리적인 시장경쟁을 통한 '양극분해'에 의한 것이라면 이런 결론이 나올 수 없을 것이다. 마르크스가 원시축적이 기본적으로 폭력적 과정임을 수차례 강조하고 있는 반면, 서구 좌파들의 이행논쟁에서는 자본가와 프롤레타리아의 출현 과정이 독립자영농 내부의 경쟁을 통한 '양극분해'에 의한 것으로 파악되는데, 이는 잘못이다. 그런 식의 '양극분해'론은 마르크스가 비판하고 있는 원시축적에 관한 부르주아 정치경제학의 거짓 이데올로기와 비슷하다.

6 이 시기 영국 전체 토지의 10% 내외에서 목양 인클로저가 발생했다. 16세기의 목양 인클로저에 맞선 농민들의 반대 운동으로 '은총의 순례'(1536~1537), '케트의 반란' 등 농민봉기가 일어났으나 진압되었다.

7 이들은 대부분 몰락한 지방 영주들의 후예로서 '젠트리', '젠틀맨' 또는 '향신 계급'으로 불린다. 이들은 영국의 농업자본주의 성립 과정에서 주도적 역할을 했다. 청교도혁명(1640~1660) 직전인 1640년의 조사에 따르면, 조사 대상 3300개 농장 중에 젠트리 소유는 80%, 귀족은 7%, 국왕은 2%였다. 이 시기 인클로저를 주도하고 종교개혁 등을 계기로 토지소유를 확대한 주요 지주 계층

은 젠트리였다.

8 당시 곡물 수요의 증대에 따라 곡물 가격이 상승한 조건 아래 대규모 토지에서 개량농법(노펵농법)을 실시하면 농업 생산력을 크게 높일 수 있기 때문에 지주와 농업자본가는 큰 이익을 얻을 수 있었다. 개량농법은 제2차 인클로저와 함께 18세기 후반기에 크게 확산되었다. 특히 1760~1840년에 인클로저가 급진전하면서 농촌공동체의 토대인 공유지는 완전히 사유화되었다. 이에 따라 농촌에서 공유지가 완전히 사라짐으로써 봉건적 토지소유 제도의 잔재는 완전히 청산되고 자본주의적 사적 소유 제도가 확립되었다. 이는 봉건제의 잔재로 남아 있던 독립자영농과 소작농들의 공유지에 대한 점유권(관습권)이 소멸한 것을 의미했다. 그래서 봉건적 토지소유인 국유지, 교회 영지, 공유지가 완전히 사라지고 토지에서 사적 소유 제도(공동체적 소유와 대립하는 배타적인 사적 소유)가 확립되었다. 이와 동시에 남아 있던 자영농, 소작농(관습보유농) 등이 더 이상 독립자영농으로서 농사를 짓기 어렵게 만듦으로써 농민들은 농촌과 도시의 프롤레타리아로 전락하게 되었다.

9 반면 프랑스의 경우 봉건영주나 지주 세력은 16세기에 영국을 본받아 양모 인클로저를 시도했으나 실패했다. 한편으로 독립자영농이 완강하게 저항했고, 다른 한편으로 왕이 왕권을 강화하기 위해 봉건세력을 억압하고 독립자영농을 보호했기 때문이다. 그래서 프랑스에서는 독립자영농이 전체 토지의 90% 정도를 보유했다. 프랑스에서는 이런 독립자영농을 토대로 절대주의 왕권이 수립되었다. 프랑스의 독립자영농은 이후 절대주의 국가에 의한 무거운 과세로 수탈당했고, 세금을 내기 위해 빚을 지면서 결국 고리대자본에 의해 토지를 상실하고 프롤레타리아로 전락하게 되었다. 서부 독일에서도 프랑스와 유사한 방식으로 프롤레타리아가 창출되었다(브레너, 1991).

10 영국의 경우 프랑스대혁명(1789) 이후 그 혁명의 여파가 영국에 파급되는 것을 막기 위해 지배계급이 "노동자는 3명 이상 모이면 역적모의를 한다"라며 '단결금지법'(1799)을 제정했다. 그러자 노동자들의 단결은 비밀결사화해서 더 급진화·혁명화되었다. 노동자들의 급진화는 1810~1820년대에 기계파괴운동(러다이트운동)으로 터져 나왔다. 집단적으로 공장을 습격해 기계를 파괴하거나 방화하는 폭동 사태가 영국 전역으로 확산되었다. 이에 놀란 영국 지배계급은 노동운동을 체제 안으로 포섭하기 위해 노동자의 단결을 부분적으로 허용하는 방향으로서 1825년 '단결금지법'을 부분 폐지했다. 그때 허용한 것이 노동조합을 통해서 임금과 노동조건 개선을 위해 단결·투쟁하는 것이었다. 그것 이외의 정치적 요구를 위한 단결·투쟁은 여전히 불법으로 금지되었다. 정식으로 노동조합이 법적으로 인정된 것은 1871년이었다.

11 역사적 자료로 확인되어야 하겠지만, 자본주의적 차지농업가들이 지주계급과 함께 공유지를 횡령한 사실은 이들 차지농업가의 출신에 대해 추론할 수 있게 해준다. 영국의 신흥 지주 세력인 젠트리는 대체로 몰락한 지방 영주의 후예이거나 대상인 또는 대금융업자 등 도시 부르주아 출신으로 구성되었는데, 이들이 인클로저를 주도했다. 이들이 인클로저를 주도하면서 공유지 횡령에 참여시킨 차지농업가라면, 이 지주계급과 밀접한 연관이 있는 친인척이나 충성스러운 측근이었을 가능성이 크다. 지주 세력은 자식에게 땅을 물려줄 때 토지 규모를 유지하기 위해 절대로 상속 분할을 하지 않았고, 장남에게 통째로 물려주었다. 그래서 지주는 '토지의 인격화'로 나타났다. 장남을 제외한 나머지 자식들은 법률가, 지식인 등이 되거나 규모 있는 자본주의적 차지농업가가 되었을 가능성이 크다.

12 한글판 번역이 부정확하고, 또한 마르크스가 불어판에서 해당 부분의 표현을 좀 더 적절하게 수정

했기 때문에 불어판을 번역한 것이다(Marx, 1977: 548).

13 지금까지 살펴본 원시축적에 대한 논의를 토대로 한국의 자본주의 성립에 관한 '조선 후기 자본주의 맹아(萌芽)론'을 비판적으로 검토할 수 있다. 한국의 자본주의 성립과 발전에 관해서는 '자본주의 맹아론'과 '식민지 수탈론'을 한편으로 하고, '조선사회 정체성론'과 '식민지 근대화론'을 다른 한편으로 하는 논쟁이 지금도 진행 중이다. 이 논쟁 자체를 검토할 수는 없지만, '조선사회 정체성론'과 '식민지 근대화론'이 일제강점기에 일본 제국주의가 조선에 대한 식민지 통치를 정당화하기 위해 제시한 식민사관이라는 점은 지적할 필요가 있다. 그러나 이 식민사관이 역사적 사실과 다른 역사 왜곡이라고 해서 이를 반박하는 '조선 후기 자본주의 맹아론'이 옳은 것은 아니다. '식민지 수탈론'에서 제국주의가 식민지 지배를 통해 식민지에 자본주의를 이식해서 식민지 초과착취와 수탈을 감행했다는 점은 역사적 사실이지만, '조선 후기 자본주의 맹아론'은 이론적으로 오류다.

'조선 후기 자본주의 맹아론'의 이론적 근거는 스탈린주의의 '역사 발전 5단계설'과 서구 좌파의 '자본주의 이행논쟁'에서 '정통좌파'가 취한 '양극분해론'이다. 고려와 조선 시대가 유럽으로 따지면 중세 시대와 유사한 성격과 구조를 지녔다는 것은 분명한 역사적 사실이다. 그런데 김용섭의 '조선 후기 자본주의 맹아론'은 서구 좌파의 '자본주의 이행논쟁'에서 대립한 '독립자영농의 양극분해론'과 '상업발달론' 중 '양극분해론'을 우리 사회에 적용한 것이다.

김용섭은 농업 연구를 통해 17세기 이전 양반의 대농장에서 사역(使役)하던 노비(奴婢)가 모내기 등 생산성의 발달로 인해 독립적인 영농을 하게 되어 소농사회(독립자영농)가 진전되었다고 주장한다. 그는 여기서 더 나아가 소농들 사이에서 높은 생산성과 농업 생산품의 상품화 거래를 통해 성장한 부농(富農)이 등장하고, 부농과의 경쟁에서 다수 농민이 쇠퇴한다는 경영형 부농론을 주장한다. 이 경영형 부농이 농업자본가로 발전할 '자본주의의 맹아'인 셈이다. 이는 '조선판 양극분해론'으로, 이를 도식화하면 양반의 사역농장 해체 → 소농사회 진전 →소농의 빈농/부농 양극분해로 표시할 수 있다.

이 이론에서 말하는 '경영형 부농'은 영국의 요먼(Yeoman)에서 착안한 개념이다. 즉, 영국 사회와 같은 농업 변동이 조선 후기에도 있었다고 주장한다. 그래서 '조선사회 정체성론'에 대해 반박해 조선사회는 정체하지 않았으며, 도리어 자본주의의 선두주자인 영국과 같은 궤적으로 발전했다고 강조한다.

그런데 이는 이론적으로 잘못된 전제에 근거하고 있다. 영국에서조차 자본주의로 이행하는 과정에서 봉건제의 붕괴 이후 등장한 독립자영농의 '양극분해'에 의해 부농(요먼층)이 등장한 것이 아니었다. 영국에서 자본주의 성립의 결정적 계기인 원시축적은 '양극분해'가 아니라 농민들의 경작지를 수탈(인클로저)한 데서 비롯위한 광범위한 프롤레타리아 창출이었다.

우리나라에서 근대적 프롤레타리아 계급이 광범위하게 창출된 것은 일제에 의해 실시된 토지조사사업(1910~1918)에 의해서였다. 이 사업의 결과 이제까지 실제로 토지를 소유해온 수백만의 농민이 토지에 대한 권리를 잃고 영세 소작인, 화전민, 자유노동자로 전락했으며, 조선총독부는 전 국토의 40%에 해당하는 전답과 임야를 차지해 대지주가 되었다. 총독부는 이러한 토지를 일본 이주민들에게 무상 또는 싼값으로 불하해 일본인 대지주가 출현했다. 영국에서 젠트리가 주도한 토지 수탈을 조선총독부가 수행한 것이다.

또한 상업의 발달이나 임금노동자의 부분적 존재 등은 자본주의 성립의 지표가 될 수 없다. 이는 유럽에서도 마찬가지고, 제3세계에서도 마찬가지다. 유럽에서도 상업의 발달과 임금노동자의 존재는 고대에도 광산 등에서 이미 발견된다. 그러나 화폐의 존재와 상업의 부분적 발달이 상품경제(상품생산사회)를 가리키는 것은 아니다. 부분적인 상품경제는 고대부터 존재했다. 우리가 시장경제 또는 상품생산사회를 말할 때 상품생산과 유통이 전면화되는 자본주의만을 가리키듯이, 부분적인 임금노동자의 존재 역시 자본주의 성립의 지표가 될 수 없다. 광범위한 임금노동자의 존재, 그래서 자본/임노동 관계가 규정적이고 지배적인 사회관계가 되었을 때 자본주의가 성립하는 것이다. 그리고 그 전제는 광범위한 프롤레타리아의 창출이다. 따라서 조선 후기에 부분적으로 상업이 발달하고, 광산 등에 부분적으로 임금노동자가 존재했다고 해서 그것이 곧 '자본주의의 맹아'라고 볼 수는 없다.

자본주의가 먼저 발달한 유럽의 경우에도 봉건제 말기에 농민(농노)에 대한 수탈이 강화되고 생산성이 정체하면서 사회가 위기에 처했고, 그 위기 상황에서 봉건영주계급과 농노계급 간의 계급투쟁에 의해 봉건제가 붕괴되었다. 그리고 봉건제의 붕괴는 계급투쟁의 결과에 따라 달라졌다. 서유럽은 일찍이 14세기 말부터 영국을 필두로 계급투쟁에서 농노계급이 승리하면서 봉건제가 붕괴하고 광범위한 독립자영농이 창출되었지만, 동유럽은 이 계급투쟁에서 농노계급이 패배하며 서유럽보다 3~4세기 뒤늦은 19세기 후반(러시아의 경우)에야 농노해방이 이루어졌다. 우리나라는 동유럽의 농노해방과 유사한 '노비해방'이 1895년 동학농민전쟁의 결과로 비로소 이루어졌다. 물론 조선 후기 개혁 군주인 정조 때부터 지배계급에 의해 노비해방이 점진적으로 추진되면서 노비의 수가 점점 줄어들었지만, 동학농민전쟁에 의해 노비해방이 본격적으로 이루어졌다고 볼 수 있다.

따라서 이때 외세인 청이나 특히 일본의 제국주의가 개입하지 않았다면 동학농민전쟁은 승리했을 것이고, 우리 사회는 봉건제를 해체하고 자주적으로 근대국가로 이행했을 것이다. 그러나 이런 자주적인 근대사회로의 이행은 일제에 의해 봉쇄되었고, 조선은 일본 제국주의의 식민지로 편입되며 '식민지 자본주의'로서 근대사회로 전환하게 되었다. 그 이후 '식민지 수탈'이 진행되었다.

14 또한 노동자의 '개인적 소유'가 없는 소련 사회주의의 '국유화'는 그와 관련한 경제 운영 방식을 필연적으로 '국가에 의한 위로부터의 계획경제'로 정립했다. 노동자의 '개인적 소유' 개념은 생산에서 의사결정권을 인민대중에게 이양하는 것을 포함하기 때문에, 전 사회적 차원에서 무엇을 어떻게 생산할 것인가에 관한 문제인 계획경제도 당연히 생산과 소비에 관련해 인민대중에 의한 아래로부터의 결정 방식(예컨대 참여계획경제)으로 이루어져야 했으나, 소련 사회주의는 국가에 의한 위로부터의 계획경제, 즉 중앙 집중적 계획경제로 나아갔다. 이런 경향 때문에 스탈린 시대에 이미 국가의 명령에 의한 '지령경제' 형태로 고착화되었다. 이는 결국 생산성이 정체되고 자원이 낭비되는 계획경제의 비효율성을 가져왔다.

소련 사회주의의 국유화와 중앙 집중적 계획경제모델이 초래한 노동자의 소외 문제와 중앙 집중적 명령경제의 비효율성을 해결하기 위한 방안으로 등장한 것이 '개혁사회주의' 또는 '시장사회주의'였다. 1950년대에 유고슬라비아 사회주의는 노동자 자주관리제도를 기반으로 한 시장사회주의 개혁을 추진했다. 기업에서부터 '국가적 소유'를 '사회적 소유'로 전환하고 노동자 자주관리와 시장경쟁을 도입했으며, 이후 노동자 자주관리제를 전 사회적으로 확대했다. 그러나 유고슬라비아의 개혁은 1980년대에 결국 실패했다. 노동자들의 집단이기주의 때문에 기업소득의 대부분을 기술 개발 등에 생산적으로 재투자하거나 사회적으로 재분배하기보다는 노동자의 임금형태로 모두 지출함으로써 소비지출의 급증과 높은 인플레이션을 촉발했기 때문이다. 또한 이로 인한 투자 재원의 고갈은 외자도입을 불가피하게 했고, 이에 따라 외채 상환 문제가 심각해졌다. 그뿐만 아니라 사회적 재분배가 이루어지지 않음으로써 지역 간 경제력 격차가 확대되고 실업률이 높아지는 등 사회적·경제적 위기를 야기했다.

유고슬라비아의 시장사회주의의 이런 실패에서 확인되는 것은 '사회적 소유'의 주체로서 개인은 근대적인 '사적 개인'을 넘어선 '사회적 개인'이어야 한다는 점이다. 노동자 자주관리의 실시에도 불구하고 노동자들이 집단이기주의를 뛰어넘지 못한 것은, 국가 차원의 사회적 조정(예컨대, 참여계획경제)을 포기하고 시장 조절을 채택한 데서 비롯된 구조적인 문제였다. 노동자 자주관리기업 간의 시장경쟁은 집단이기주의를 필연화했다.

한편 현실사회주의에서 노동자의 '개인적 소유'가 없는 생산수단의 국유화와 국가에 의한 지령경제는 필연적으로 그에 조응하는 국가형태를 만들어냈다. 국가 관료의 위계적 통제가 경제 운용뿐 아니라 사회의 여타 영역에도 시행됨으로써 모든 사회생활을 국가가 위계적으로 통제하는 '전 사회의 국가화'를 가져왔다. 당연한 귀결로 국가기구는 비대해졌고, 그 국가기구를 관료층이 위계적으로 통제했다. 국가기구의 관료화를 방지하고 바로잡는 역할은 당에 위임되었으나, 당 역시 관료화되며 '관료제적으로 왜곡된 노동자 국가'를 바로잡지 못했고, 당과 국가의 관료화가 고착되었다. '사회적 소유' 형태에 조응하는 국가형태는, 의사결정권을 인민대중에게 점진적으로 이양함으로써 국가권력의 형태로 소외된 자기결정권을 사회가 환수하고, 노동자 국가는 점진적으로 소멸해가는 방향으로 나아가는 것이다. 반면 소련의 국가형태는 관료층이 의사결정권을 독점함으로써 인민대중을 소외시켰고, 관료적 지배를 유지하기 위해 국가기구를 더욱 팽창시키는 방향으로 나아갔다.

다른 한편, '사회적 소유'가 아닌 '집단적 소유'로서의 국가 소유제에 조응하는 이데올로기 형태는 집단주의 사상이었다. 집단주의 사상은 자율적이고 독립적인 근대적 개인을 '개인주의'로 비판·부정함으로써 자유로운 개성을 지닌 '사회적 개인'의 발전을 저해했다. 그 대신에 '개인'이 없는, 사회와 국가를 절대시하는 전체주의로 나타났다. 이런 상태에서 '집단주의'라는 공산주의 도덕이 당과 국가에 의해 인민대중에게 추상적으로 교육되었다. 그래서 소련 사회에서 개인은 자유로운 개성이 없고 공동체(또는 집단)에 매몰된 전근대적 개인, 즉 봉건적 신민(臣民)으로 퇴행했고, 착하지만 자주성이 없는 인간성이 형성되었다. 따라서 소련의 노동자는 관료적 지배에 대해 적극적 저항으로 떨쳐나서지 못하고 소극적 저항(지각, 무단결근, 음주, 사보타지 등)에 머물렀으며, 소련이 해체될 때도 대중적으로 저항하지 않았다.

15 소경영을 기준으로 그 범위를 조금 넓게 잡으면 자유로운 차지농(관습보유농)이나 농노제하의 예속 농민의 토지에 대한 점유권까지도 포함할 수 있다. "자영농민의 자유로운 소유는 분명히 소규모 경영 — 이 생산방식에서는 토지의 점유가 노동자가 자기 자신의 노동의 생산물을 소유하기 위한 하나의 조건이며 경작자는 자유로운 소유자이든 예속 농민이든 언제나 자기 자신의 생활수단을 고립된 노동자로서 가족과 함께 독립적으로 생산해야만 한다 — 을 위한 가장 정상적인 토지소유 형태다"(마르크스, 2015c: 1021).

16 자본주의적 축적의 '역사적 경향'에 대한 이런 추론은 마르크스가 『자본론』 1권의 불어판을 발간한 1870년대 초반까지의 역사적 사실에 근거한 것이었다. 그 시기는 자본주의 역사상 최초의 구조적 위기였던 대불황(1873~1896)의 초기 단계였다. 마르크스가 죽은 후 이 대불황을 계기로 독점

자본이 역사적으로 출현해 마르크스의 전망이 현실화되었다. 또한 마르크스가 전망한 "자본주의 체제의 국제적 성격의 증대"는 독점자본과 거의 동시에 등장한 제국주의에 의해 실현되었다. 노동 자계급의 계급투쟁에 의한 자본주의의 타도는 1917년 러시아혁명과 그 이후의 여러 '사회주의혁 명'으로 현실이 되었다. 비록 21세기 현시점에서 대부분의 현실사회주의가 실패하고 자본주의로 되돌아갔지만 말이다. 21세기 초반인 현재의 시점에서 자본주의적 축적의 '역사적 경향'을 추론한 다면 무엇이 추가되어야 할까? 아마 주기적 공황과 구별되는 구조적 위기(역사적으로 대불황, 대공 황, 1970년대의 장기 침체, 그리고 21세기 대공황 등으로 표출되었다), 제국주의, 그리고 제국주의 간에 일어난 세계적 규모의 전쟁(역사적으로 제1차·제2차 세계대전) 등이 아닐까? 마르크스의 역 사유물론이 '역사와 역사적 과정'의 유물론이기 때문에 마르크스 이후의 역사적 과정에 대한 논리 적·개념적 파악으로서 이러한 것들이 추가될 것으로 생각된다.

17 "노동과정에서는 인간의 활동이 노동수단을 통해 노동대상에 처음부터 의도하고 있던 변화를 일으 킨다. 노동과정은 생산물 속에서는 사라진다. 그 생산물은 하나의 사용가치며, 자연의 재료가 형태 변화에 의해 인간의 필요에 적합하게 된 것이다"(마르크스, 2015a: 241).

4장 _ 제1편 상품과 화폐

1 영어 'need'를 우리말로 어떻게 번역할지가 논란이 되고 있다. 김수행 교수는 초기에는 '욕망'으로 번역했다가 2015년 개역판에서는 '욕구'로 번역했다. 강신준 교수는 '욕망'으로 번역하고 있다. 일 본에서는 '필요'로 번역하기도 하고 '욕구'로 번역하기도 한다. 독일어 원문에는 'Bedürfnis'를 사용 했는데, 사전적 뜻풀이를 보면 욕구, 욕망, 필요 등을 모두 포함한다. 마르크스가 교열한 불어판에 는 'besoin'으로 번역되어 있다. 영어 'need'나 불어 'besoin'은 모두 독일어 'Bedürfnis'와 똑같이 욕구, 욕망, 필요 등의 의미를 지닌다. 이와 관련해 한 가지 참고할 만한 것이 있다. 『자본론』 1권에 서 마르크스는 영국 정치경제학자 니컬러스 바본(Nicholas Barbon)의 글을 인용하면서(마르크스, 2015a: 43 주 2) 영어 'want(필요 또는 결핍)'를 독일어로는 'Bedürfnis', 불어로는 'besoin'으로 번 역하는 한편, 영어 'desire(욕구 또는 욕망)'를 독일어로는 'Verlangen', 불어로는 'désir'로 번역함으 로써 영어 'want'와 'desire'를 구별하고 있다. 이런 마르크스의 용어법에 따르면 'Bedürfnis'의 의미 는 'desire/Verlangen(욕구 또는 욕망)'과 구별된 'want'의 의미로 해석되어야 하므로, 'Bedürfnis'는 우리말로 '욕구'나 '욕망'이 아니라 '필요'로 번역하는 것이 적절할 것으로 생각된다. Marx(2010c: 45)에서는 'Bedürfnis'를 영어 'want'로 번역하고 있다.

2 제6장 「노동력의 구매와 판매」에 나오는 다음의 서술도 참조. "노동력의 발휘인 노동에는 인간의 근육·신경·뇌 등의 일정한 양이 지출되는데"(마르크스, 2015a: 225).

3 모이셰 포스턴(Moishe Postone)에 따르면 상품생산에서 노동은 자기 매개적이고 사회구성적 성격 을 지니기 때문에, 마르크스가 '추상적 인간노동'을 가치의 '실체'로 규정할 수 있었다고 한다. 상품 생산사회에서 노동은 스스로를 매개하므로 스스로에게 사회적 근거를 부여하고, 따라서 철학적 의 미에서 '실체(substance)'의 속성을 띠게 된다는 것이다(Postone, 1993: 156).

4 "인간노동력 일반의 지출"에 대한 측정 단위로서 단순노동과, 단순노동/복잡노동의 구별은 많은 논

쟁을 불러일으키고 있다. 그런데 이질적인 유용노동을 포함한 모든 노동을 단순노동으로 환산하는 문제는 자본주의적 생산의 발달에 따라 대규모 기업 단위의 '집단적 노동자'에 의해 주요 상품들이 생산되면서 사실상 사라진다. 집단적 노동자에 의해 생산된 상품에서는 평균적 노동생산성이 문제가 되며, 집단적 노동자 내부의 개별 노동자 간 숙련도의 차이는 더 이상 문제되지 않기 때문이다. 생산직의 경우 업종과 관계없이 기계화에 따른 탈숙련화가 상당히 진행되어 반(半)숙련노동으로 동질화되는 추세이기도 하지만, 단순노동/복잡노동의 차이에 해당하는 생산직과 기술직·연구직 사이의 차이는 단순노동으로 환산되어 '집단적 노동자'의 평균적 노동생산성으로 나타나게 된다.

5 마르크스가 독일어판 제2절의 마지막 문단을 불어판에서 수정한 내용을 번역한 것이다.

6 '가치의 현상형태'인 가치형태는 가치-형태와 구별된다. 후자는 '가치라는 사회적 형태'를 의미한다.

7 제1장 제3절에서 가치형태의 발전과 화폐의 발생 과정을 논리적으로 분석한다면, 제2장에서는 교환과정의 모순과 그에 대한 해결로서 화폐의 발생 과정을 역사적으로 서술한다고 이야기된다. 이는 마르크스의 논리적·역사적 방법을 논리적 방법과 역사적 방법으로 분리하고 병렬시키는 해석이다. 그렇게 해석할 수도 있는 측면이 있다. 그러나 마르크스의 논리적·역사적 방법을 역사적 과정을 논리적·개념적으로 파악하는 방법으로 이해한다면, 이런 해석은 조금 무리가 있다. 마르크스가 제2장을 시작하면서 "상품은 스스로 시장에 갈 수도 없고 스스로 자신을 교환할 수도 없다. 그러므로 우리는 상품의 보호자, 즉 상품 소유자를 찾지 않으면 안 된다"(마르크스, 2015a: 110)라고 서술하듯이, 상품은 인간노동의 산물이고, 사람들이 상품을 교환하는 것이다. 상품교환의 모순 역시 상품교환의 발달에 따라 역사적으로 전개되고 사람들에 의해 해결되는 것이다. 따라서 제1장 제3절을 논리적 분석, 제2장을 역사적 서술로서 기계적으로 구별하는 것은 무리라고 생각한다.

8 좌변의 상품은 자기의 가치를 표현하려 하는 능동적 기능을, 우변의 상품은 다른 상품의 가치를 표현해주는 수동적 기능을 한다. 이 점에서 가치관계는 수학의 등식(=)이 대칭적인 것과는 다르다. 수학에서는 A = B이면 B = A이기 때문이다.

9 마르크스가 불어판에서 수정한 내용을 번역한 것이다. 한국 번역본에서는 마르크스(2015a)의 114쪽 맨 위 문단이다.

10 이 부분을 불어판에서 인용한 것은 마르크스가 제2독일어판의 해당 서술 부분(마르크스, 2015a: 92~93)의 오류를 불어판에서 수정했기 때문이다. 특히 93쪽 위에서 열째 줄부터 열다섯째 줄까지가 불어판에서 모두 삭제된다. 즉, "그러므로 상품형태의 신비성은, 상품형태가 인간 자신의 노동의 사회적 성격을 노동생산물 자체의 물적 성격[즉, 물건들의 사회적인 자연적 속성]으로 보이게 하며, 따라서 총노동에 대한 생산자들의 사회적 관계를 그들의 외부에 존재하는 관계[즉, 물건들의 사회적 관계]로 보이게 한다는 사실에 있을 뿐이다. 이와 같이 바꾸어놓는 것[substitution, 치환 또는 대체*]에 의해 노동생산물은 상품으로 되며"라는 부분이 삭제된다. 마르크스가 이 부분을 삭제한 것은 "치환"(또는 "대체")이라는 설명이 잘못되었기 때문으로 생각된다. 사람들의 사회적 관계가 물건들의 사회적 관계로 '치환'되는 것이 아니라 상품생산사회에서 사람들의 사회적 관계는 물건들의 사회적 관계로서만 표현된다. 즉, 물건들의 사회적 관계는 사람들의 사회적 관계의 현상형태 또는 표현양식이다. 이는 사람들의 주관적 인식과 관계없는 객관적 사실이다. 삭제된 부분의 서술은 그것이 객관적 사실이 아니라 사람들의 주관적 착각에서 비롯된 것으로 오해할 소지가 있어 마르크스가 삭제한 것으로 생각된다.

11 독일어판에서 'gegenständlichen Schein'이 영어판에서는 'objective appearance'로 번역되었고, 마르크스가 불어판에서는 'apparence matérielle'로 번역했다. 독일어 'gegenständlich'에는 '대상적인', '물질적인', '객관적인', '구체적인' 등 여러 의미가 있다. 영어로 'objective'는 '객관적인'의 의미가 강하다. 그러나 불어 'matérielle'은 '물질적인', '육체적인', '구체적인'의 뜻을 지닌다. 따라서 불어판의 'apparence matérielle'는 '물질적 겉모습'으로 번역하는 것이 적절한 것으로 생각된다. 한국어판에서는 영어판의 'objective appearance'를 '객관적 현상형태'(마르크스, 2015a: 107)로 번역하고 있다.

12 "그러므로 생산자들에게는 자기들의 사적 노동 사이의 사회적 관계는, 개인들이 자기들의 작업에서 맺는 직접적인 사회적 관계로서가 아니라, [실제로 눈에 보이는 바와 같이] 물건을 통한 개인들 사이의 관계로, 그리고 물건들 사이의 사회적 관계로 나타난다"(마르크스, 2015a: 94~95)라는 구문에서 "물건을 통한 개인들 사이의 관계로"는 오역이다. "개인들 사이의 물질적 관계로(material relations between persons)"로 번역되어야 한다. 그런데 마르크스는 불어판에서 "개인들 사이의 물질적 관계로"라는 구절을 삭제한다. "개인들 사이의 물질적 관계"라는 표현이 무엇을 의미하는지 모호하기에 삭제한 것으로 생각된다.

13 해당 부분과 관련해 독일어판의 잘못된 서술을 마르크스가 수정한 불어판 내용을 번역한 것이다. 독일어판에는 "그러므로 사람들은 자기들의 노동생산물이 단순히 동질의 인간노동을 품고 있는 물적 겉껍질이기 때문에 서로 가치로서 관계를 맺는다고 보지 않고, 그 반대로 생각한다. 즉, 사람들은 그들의 상이한 생산물들을 교환에서 서로 가치로서 같다고 함으로써 그들의 상이한 노동을 인간노동으로서 동등시하고 있는 것이다. 그들은 이것을 의식하지 못하면서 그렇게 하고 있다"(마르크스, 2015a: 96)라고 되어 있는데, 이 문구는 앞뒤 서술이 모순된다. "그 반대로 생각한다. ······ 동등시하고 있는 것이다"라고 서술하고서는 바로 뒤에서 "그들은 이것을 의식하지 못하면서 그렇게 하고 있다"라고 반대로 말하기 때문이다.

14 강조한 부분은 마르크스가 불어판에서 수정한 내용을 번역한 것이다(Marx, 1977: 70).

5장 _ 제2편 화폐가 자본으로 전환

1 이는 마르크스가 『자본론』 3권에서 유통 분야에 나타나는 '가치를 낳는 가치'를 "자본 물신"으로 서술하는 데서도 확인할 수 있다. "자본이 최초에 자본 물신[즉, 가치를 낳는 가치]으로 유통의 표면에 나타났다면"(마르크스, 2015c: 1052).

2 마르크스는 「루이 보나빠르뜨의 브뤼메르 18일(Der achtzehnte Brumaire des Louis Bonaparte)」(마르크스·엥겔스, 1992: 291)에서 이 말을 처음 사용했다. "여기가 로두스다. 여기서 뛰어라!(Hic Rhodus, hic salta!)"라는 금언(金言)은 『이솝우화(Aesop's Fables)』의 「뽐내는 운동선수」에서 유래한 것이다. 그 이야기는 다음과 같다. 어떤 운동선수가 자신이 로두스 섬에 있을 때 누구도 따라오지 못할 만큼 멀리 뛰었고, 자신의 말을 입증해줄 증인도 있다고 자랑한다. 그러자 어떤 행인이 "그래! 여기가 로두스라 치고, 여기서 지금 그 점프를 보여달라"라고 말한다. 이 우화는 사람들은 스스로 주장한 바가 아니라 그들의 행위로 평가되어야 한다는 것을 비유적으로 말하고 있다. 마르

크스 이전에 헤겔이 『법철학(Philosophie des rechts)』 서문에서 이 금언을 사용했는데, 그는 사회생활을 변혁할 수 있는 비전(秘傳)의 지식을 보유한다고 주장하는 특정 신비학파(神秘學派)를 염두에 두고, 사회를 변화시키는 요소는 사회 자체에 있지 어떤 초월적 세계의 이론 속에 있는 것이 아니라는 함의(含意)로 사용했다. 이 금언은 정치학에서 '당신이 할 수 있는 것을 지금 여기서 입증하라'는 의미로 사용된다. 마르크스가 이 금언을 여기서 사용한 것은 자본의 일반공식의 모순을 해결해보라는 뜻이다.

6장 _ 제3편 절대적 잉여가치의 생산

1   '탄소동화작용'처럼 '동화한다'는 것은 자연의 소재를 인간에게 유용한 물건으로 변화시킨다는 의미다.

2   마르크스는 "노동은 …… 과정이다"라는 독일어판의 부자연스러운 표현을 불어판에서 "노동은 …… 행위다"로 수정했다.

3   마르크스는 독일어판에서 '개인적 소비'를 "개인의 생활수단으로 소비", '생산적 소비'를 "노동의 수단으로 소비"로 서술한 것이 야기할 수 있는 혼란을 줄이기 위해 불어판에서 인용문처럼 수정했다.

4   마르크스는 노동이 사회적 평균 수준의 단순노동인가 아니면 복잡노동인가와는 무관하게 오직 노동력 가치 이상으로 노동이 수행되면 가치증식과정이 된다고 말한다. 이 설명 과정에서 마르크스는 독일어판에서 복잡노동에 대해 오해를 일으킬 수 있는 서술(단순노동/복잡노동의 구별을 노동력 가치의 차이, 즉 양성비의 차이로 환원하는 오류)을 불어판에서 수정한다. "사회적 평균노동보다 고도의 복잡한 노동은, 단순한 미숙련노동력보다 많은 양성비가 들고 그것의 생산에 더 많은 시간과 노동이 드는 노동력이 지출되는 것이다. 이런 노동력은 가치가 더 크기 때문에 고급 노동으로 나타나며, 따라서 동일한 시간 안에 상대적으로 더 큰 가치로 대상화된다"(마르크스, 2015a: 263)라는 서술은 복잡노동이 더 큰 가치를 창조하는 이유가 노동력 양성비의 차이에서 기인되는 것처럼 서술하고 있다. 마르크스는 이런 오해를 바로잡기 위해 불어판에서 "예를 들면, 보석 세공 노동자의 노동이 방적공의 노동에 비해 더욱 고도의 능력을 가진 노동이고, 한편이 단순노동, 다른 편이 복잡노동 ─ 이 노동에서는 양성하기 더 어려운 노동력이 발현되고, 이 노동은 동일한 시간 내에 더 많은 가치를 창출한다 ─ 이라고 가정하자"(Marx, 1977: 149)로 수정했다. 마르크스는 제1편에서 '복잡노동'을 "강화된 또는 몇 배로 된 단순노동", 즉 더 많은 정신적·육체적 에너지의 지출로서 개념을 규정하고 있는데, 독일어판에서처럼 복잡노동을 노동력 양성비의 차이로 설명할 경우 제1편에서의 복잡노동 개념 규정과 모순되기 때문에 수정한 것으로 생각된다.

5   마르크스는 독일어판의 "생산과정의 두 측면"(마르크스, 2015a: 263)이라는 표현을 불어판에서 "상품생산의 두 측면"으로 수정했다.

6   여러 연구에 따르면, 한국의 잉여가치율은 1980~2000년에 300%에 달한다. 1노동일이 10시간이라면 필요노동이 2.5시간, 잉여노동이 7.5시간인 것이다.

7   곡물법은 곡물 수입관세를 높게 매겨 외국 곡물의 자유로운 수입을 규제하는 법으로, 곡물 가격을 올려 지주가 받는 지대를 증가시켰지만, 노동자의 임금수준을 올려 산업자본가의 이윤을 감소시켰다.

8 "1980년에서 2005년 사이 25년 동안 세계시장에 진출할 수 있는 노동자 수는 4배나 증가했다. 그 대부분은 1990년대 이후에 증가했고, 절반 이상이 동아시아 지역에서 증가했다. 그 규모를 보면, 동아시아에서 노동자계급은 1억 명에서 9억 명으로 무려 9배 증가했다. …… 실제로 전 세계 노동력이 대략 30억 정도인데, 15억의 노동자계급이 오늘날 동아시아와 남아시아에 살고 있다"(맥낼리, 2011: 90). "오늘날 중국의 노동자계급은 7억 5000만 명 정도로 추정된다. 이는 OECD의 부자나라 30개국의 노동력을 모두 합친 것보다 1.5배 더 큰 수치다. 중국의 잉여노동[상대적 과잉인구*]은 OECD 국가들의 전체 제조업 노동력보다 3배 정도 더 크다. 30년간의 시장 주도 경제성장 이후 중국 제조업 노동자들의 임금이 미국 수준의 대략 5% 정도밖에 되지 않는 핵심적 이유가 바로 여기에 있다"(맥낼리, 2011: 91~92). "1990년대 이후 북반구 선진자본주의가 세계 제조업에서 차지하는 지분의 감소(85% → 73%)는 거의 대부분 중국 제조업 지분의 증가(2% → 18%)와 동전의 양면이다. …… 2002년 중국의 제조업 종사 노동자 수는 세계 최대의 산업국가들, 즉 G7(미국, 독일, 일본, 영국, 프랑스, 이탈리아, 캐나다)의 노동자 수를 다 합한 것보다 두 배가량 더 많다"(맥낼리, 2011: 95~96).

9 이러한 저임금과 장시간 노동이 가능했던 것은 한국의 경우 박정희 군사정권의 '개발독재'가, 중국의 경우 중국 공산당의 국가자본주의적 요소를 이용해 국가가 노동자계급을 체계적으로 억압했기 때문이다. 이런 요인 외에 두 나라 모두 국가에 의한 '경제개발계획'을 장기간 계획적으로 실시해 경제성장을 급속히 추진했다.

7장 _ 제4편 상대적 잉여가치의 생산

1 경제적 법칙과 경쟁의 이런 관계를 마르크스는 『정치경제학 비판 요강 III』에서 더욱 명확히 밝힌다. "경쟁은 자본의 내적 법칙들을 집행한다. 경쟁은 이 법칙들을 개별 자본에게 강제법칙들로 만들지만 이 법칙들을 발명하지는 않는다. 경쟁은 이 법칙들을 실현할 뿐이다"(마르크스, 2000b: 19).

2 매뉴팩처의 등장과 성장 이전, 중세 길드의 수공업 생산이 매뉴팩처로 이행하는 과정에 과도적으로 존재한 것이 선대제 생산이다. 선대제는 상인이 수공업 생산자들에게 원료나 생산도구를 제공해 상품을 생산하게 하고 완제품을 인수해 판매하는 공업 생산조직이다. 따라서 선대제는 수공업 생산자들이 각자의 작업장에 분산되어 독립적으로 생산하는 가내공업제를 기반으로 한다.

선대제는 원격지 무역과 관련된 중세도시의 일부 공업부문에서 14세기부터 나타났다. 예컨대 이탈리아 도시의 견직물, 피렌체 등의 모직물 공업 등이 있다. 그러나 중세도시의 선대제는 그 범위가 한정된 것이었다. 선대제가 확산된 계기는 15세기 말 이후 지리상 발견으로 상업혁명이 일어나고, 시장권이 크게 확대된 것에 대응하면서부터다.

중세 길드가 해체되면서 수공업자 길드가 계급적으로 분화되어 소수의 대상인이 수공업자 길드를 지배하는 한편, 길드 체제의 독점과 통제를 강화했다. 그래서 도시의 소(小)상인 · 직인이 도시의 길드 통제를 벗어나 농촌으로 이주해 독립소상품생산자로서 수공업 생산을 수행했다. 영국에서는 15세기에 모직물 공업을 중심으로 도시공업이 쇠퇴하고, 독립소생산자들에 의한 농촌공업이 발달했다.

이런 농촌공업의 발달에 맞서 절대왕정은 16세기에 특권 상인의 공업 독점을 확보하기 위해 농촌에서의 공업 생산 활동을 억제하는 정책을 폈다. 1555년 '직포공 조례', 1563년 '직인 조례' 등은 농촌 내 직물 생산자의 직기 대수와 도제 수 제한, 염색 금지, 직인에 대한 도제 수업 강요 등을 통해 농촌공업을 억제하고 도시공업의 특권적 지위를 보장하려 했다. 이는 16세기에 독립소생산자들에 의해 농촌공업이 광범하게 발달했음을 말해준다.

선대제는 바로 이런 농촌공업의 발달을 배경으로 등장했다. 한편으로 독립수공업자가, 다른 한편으로 독립자영농이 부업으로서 가내공업을 광범하게 꾸리고 있던 상태에서 16세기에 상업혁명으로 시장이 확대되자 선대제도 확산된 것이다. 특히 영국의 모직물 공업에서 광범하게 전개되었다. 모직물 공업은 생산 설비가 비교적 단순하고 자본도 많이 필요하지 않아 가내공업으로 운용이 가능했다. 모직물 공업뿐 아니라 메리야스 공업에서도 선대제가 런던을 중심으로 광범하게 전개되었다. 기타 여러 공업부문에서도 선대 상인들은 수출 상품을 확보하기 위해 운영자금, 원료, 생산도구 등을 선대했다.

3 선대제에서 매뉴팩처로의 발전은 여러 경로를 통해 이루어졌다. 크게 두 경로로 나누어볼 수 있다. 하나는 위로부터의 경로다. 이는 특권 상인이 절대왕정의 독점적 특권에 힘입어 선대제로 운영하던 것을 특권적인 집중 매뉴팩처로 발전시킨 경우다. 예컨대 16세기 영국에서는 한 작업장에 200대의 직기를 설치하고, 준비공정에서 완성공정에 이르기까지의 여러 공정에 1000명이 넘는 남녀 노동자를 고용해 모직물을 생산했다. 프랑스에서는 장바티스트 콜베르(Jean-Baptiste Colbert) 통치시대의 특권 매뉴팩처 아래 수백 명에서 1000명에 달하는 노동자들이 한 작업장에 고용되어 노동을 수행했다. 또한 절대왕정이 군사적 필요로 광업, 제철, 병기 제조업 등에서, 그리고 귀족의 사치적 수요를 위해 견직물, 도자기, 유리공업 등에서, 또한 수출 증대를 위해 모직물 공업에서 독점권과 금융상 특혜 등의 특권을 부여하며 집중 매뉴팩처를 보호·육성했다. 이런 식의 절대왕정 특권에 기댄 집중 매뉴팩처는 그 특권이 사라지자 대부분 실패·소멸했다. 전체 공업부문을 놓고 보면, 절대왕정의 특권에 의존한 이런 대규모 집중 매뉴팩처는 예외적이었다.

그리고 광산업이나 야금업 등 일부 공업에서는 그 기술적 필요에 따라 집중 매뉴팩처가 전개되고 운영 규모가 확대되었다. 그 외 조선공업, 제당, 위스키 제조, 비누 제조, 제염, 맥주 제조, 화약 제조, 유리 제조 등 대자본이 필요한 공업에서는 집중 매뉴팩처가 전개되었다.

다른 하나는 아래로부터의 경로다. 이는 선대제에 의해 독립수공업이나 가내공업 형태로 운영되던 수공업 생산이 소규모 분산 매뉴팩처로 발전하고, 이런 소규모 매뉴팩처들이 점차 고용 노동자 수를 늘리면서 상호 간 경쟁을 통해 대규모 매뉴팩처로 발전해 본격적인 산업자본가로 성장하는 경로다. 이때 소규모 분산 매뉴팩처의 경우 선대제와 결합되어 존재했고, 대규모 매뉴팩처도 일부 부분공정을 주변 독립소생산자들에게 선대하는 경우가 있었다.

이처럼 선대제와 매뉴팩처는 자본의 규모나 기술적 조건이 달랐지만 공존했고, 상호 연관되어 발전했다. 또한 본격적인 산업자본가의 탄생을 의미하는 대규모 매뉴팩처의 발전에 이르는 경로는, 상인이 선대제로부터 산업자본가로 발전하거나 독립소생산자가 아래로부터 산업자본가로 발전하는 경우가 모두 존재했다. 어느 경로이든 자본의 '원시축적'은 "사회의 집중되고 조직된 폭력인 국가권력"의 도움으로 이루어졌다.

4 "주로 어머니의 가정 밖 취업과 이로부터 생기는 유아에 대한 무관심과 학대, 예컨대 부적당한 음

식, 영양부족, 마취제의 사용 따위인데, 이 밖에도 어머니와 유아 사이의 부자연스러운 반목, 그 결과 고의적으로 굶기는 것, 독 있는 음식을 주는 것 등이 그 원인으로 되고 있다. 이와는 반대로 '여성 취업이 가장 적은' 농업 구역들에서는 '사망률이 가장 낮다'"(마르크스, 2015a: 537~538).

5 21세기 세계적 차원의 생산력에서는 주 20시간제가 충분히 가능하다는 연구도 제시되고 있다.

6 마르크스의 이런 인식은 마르크스의 '논리적·역사적 방법'에서 '논리적'인 것과 '역사적'인 것이 '논리적 분석'과 '역사적 서술'로 기계적으로 분리되지 않고, '논리적·역사적 방법'은 역사적 과정을 개념적으로(논리적 또는 이론적으로) 파악하는 것, 즉 '역사적 필연성'으로 분석하는 것이라는 점을 확인해준다.

7 강조한 부분은 마르크스가 불어판에서 의미를 더 명료하게 수정한 내용을 번역한 것이다(Marx, 1977: 347).

8 강조한 부분은 마르크스가 불어판에서 의미를 더 명료하게 수정한 내용을 번역한 것이다(Marx, 1977: 349).

9 강조한 부분은 마르크스가 불어판에서 의미를 더 명료하게 수정한 내용을 번역한 것이다(Marx, 1977: 359).

8장 _ 제5편 절대적·상대적 잉여가치의 생산

1 강조한 부분은 마르크스가 불어판에서 의미를 더 명료하게 수정한 내용을 번역한 것이다(Marx, 1977: 364).

2 강조한 부분은 마르크스가 불어판에서 의미를 더 명료하게 수정한 내용을 번역한 것이다(Marx, 1977: 375).

3 『자본론』 3권 제7편의 제48장 「삼위일체의 공식」 참조(마르크스, 2015C).

9장 _ 제6편 임금

1 마르크스가 불어판에서 의미를 더 명료하게 수정한 내용을 번역한 것이다.

2 강조한 부분은 마르크스가 불어판에서 의미를 더 명료하게 수정한 내용을 번역한 것이다(Marx, 1977: 382).

3 강조한 부분은 마르크스가 불어판에서 의미를 더 명료하게 수정한 내용을 번역한 것이다(Marx, 1977: 384).

4 자본 간 경쟁을 통해 자본가의 이윤율은 균등화된다. 더 높은 이윤율이 나타나는 부문에는 다른 자본이 진입할 것이고, 더 낮은 이윤율이 나타나는 부문에서는 자본이 더 높은 이윤율의 부문으로 빠져 나갈 것이기 때문이다. 이런 과정을 통해 자본 간에는 평균이윤율이 형성되는 경향이 있다. 이 평균이윤율에 투하자본을 곱하면 평균이윤이 된다. 그래서 자본가들은 자신이 생산하는 상품의 생산가격을 계산할 때 평균이윤을 비용으로 계산한다. 자본의 이런 계산에는 이윤(잉여가치)이 '자본

에 대한 대가'라는 관념이 자리 잡고 있다.

5 부르주아 경제학은 '초과이윤'이 장기적으로는 존재하지 않는다고 보아 '장기 이윤율'을 0으로 상정하는데, 이는 결국 평균이윤율로 수렴한다고 보는 것이다. 자본의 실제 이윤이 장기적으로 0이 되는 것은 아니다.

6 현대에는 이 밖에도 직접임금과 간접임금의 구성 비율과 세금 문제 등이 추가로 고려되어야 할 것이다. 유럽과 같은 선진국의 경우, 사회보장제도를 통한 간접임금이 자본으로부터 받는 직접임금의 크기와 거의 비슷하기 때문에, 각국의 직접임금만으로 임금수준을 비교하는 것은 난센스가 될 것이다.

7 강조한 부분은 마르크스가 불어판에서 수정한 내용을 번역한 것이다(Marx, 1977: 397). 독일어판의 '평균강도'가 불어판에서는 '통상의 강도'로 수정되었다. 이는 세계시장에 '평균강도'가 존재하지 않고 노동강도의 위계적 등급만이 존재한다는 앞선 서술과 모순되기 때문에 수정한 것으로 생각된다. 'universal labor'는 '세계 노동'보다는 '보편적 노동'이 더 적절한 번역어라고 생각된다.

8 다만 『자본론』 3권(제14장 제5절 「대외무역」)에 부분적인 언급이 있다. "대외무역에 투하된 자본은 더 높은 이윤율을 얻을 수 있다. 왜냐하면 먼저 덜 발달된 생산 설비를 가진 타국들이 생산하는 상품들과 경쟁하므로, 선진국은 경쟁국들보다 싸게 판매하더라도 그 상품의 가치 이상으로 판매하기 때문이다. 선진국의 노동이 더 높은 가치를 가진 노동으로 실현되는 한 이윤율은 상승한다. 왜냐하면 [국내에서는: 역자] 질적으로 더 높은 노동으로 지불받지 못하던 노동이 [대외무역에서는: 역자] 그런 것으로 판매되기 때문이다. 선진국이 상품을 주고받는 상대국에 대해서도 동일한 관계가 성립할 수 있다. 즉, 그 상대국은 자기가 받는 것보다 큰 대상화된 노동을 현물로 제공한다 — 비록 자기가 스스로 그 해당 상품을 생산하는 것보다 싸게 얻기는 하지만. 이것은, 새로운 발견이 보편화되기 전에 이 발견을 이용하는 제조업자는 경쟁자들보다 싸게 판매하면서도 자기 상품의 개별 가치 이상으로 판매하여, 자기가 고용하는 노동의 특별히 높은 생산성을 잉여노동으로 전환시켜 초과이윤을 실현하는 것과 마찬가지다"(마르크스, 2015c: 296~297).

10장 _ 제7편 자본의 축적과정

1 좌파 내에서 마르크스를 옹호하기 위한 다음 두 주장은 틀린 말이 아니다. 하나는 1980년대 이래 신자유주의 시대에 들어 서구 선진국에서조차 '1 대 99'라는 사회 양극화 현상이 극심해졌으므로 마르크스의 노동자계급 '궁핍화' 명제는 옳다는 것이다. 다른 하나는 제2차 세계대전 이후 30년간 이른바 복지국가 또는 케인스주의 시대에 선진국에서 소득재분배를 통해 빈부 격차가 완화된 것은 자본주의 역사 속의 예외적이고 일시적 현상이었다는 것이다. 그러나 이런 주장은 핵심을 놓치고 있다. 그들은 마르크스의 노동자계급 '궁핍화'를 '상대적' 궁핍화, 즉 사회 양극화로 이해하고는 있으나 '경제적' 측면만을 고려하고 있다. 나중에 살펴보겠지만 '상대적 궁핍화'는 경제적인 것을 포함한 '사회적 지위', 즉 노동자계급의 총체적 지위와 상태의 악화를 의미한다.

2 강조한 부분은 불어판을 번역한 것이다(Marx, 1977: 417). 엥겔스가 불어판 내용을 제4독일어판에 추가했음에도 내용이 다른 것은 추가 과정에서 엥겔스가 불어판 원문을 수정했기 때문이다.

3 강조한 부분은 불어판에서 마르크스가 추가한 부분을 번역한 것이다(Marx, 1977: 419).

4 "'가장 비싼 집'은 이건희 회장 이태원 저택 ······ 177억원", ≪연합뉴스≫, 2016년 4월 28일 자.

5 '자본의 구성' 개념과 유사한 개념으로 부르주아 경제학에는 '노동의 자본장비율' 개념이 있다. 그런데 노동의 자본장비율 개념에서 자본에는 자본설비, 즉 유형고정자산인 노동수단만 포함되고 원료나 중간재 등 노동대상은 포함되지 않기 때문에 이 개념은 노동자 '1인당 자본설비액'을 의미한다. '자본의 구성' 개념에서 불변자본은 노동수단뿐 아니라 원료나 중간재 등 노동대상도 포함하기 때문에 '자본의 구성'과 '노동의 자본장비율' 개념은 서로 다른 개념이다.

6 2016년 3월 현재 비정규직 노동자의 규모를 정부는 616만 명(32.0%), 노동사회연구소는 839만 명(43.6%)으로 달리 추정하고 있다. 동일한 경제활동인구조사 부가조사 자료를 분석했음에도 그 규모가 크게 차이 나는 이유는, 설문 문항 중 어디까지를 비정규직으로 보는가에서 비롯된다. 또한 노동사회연구소에 따르면 정부 통계에서는 사내 하청 노동자들이 정규직 노동자로, 특수고용 노동자들이 자영업자로 잘못 분류되고 있어, 실제 비정규직 노동자의 비율은 50%를 넘어설 것으로 추산된다(김유선, 2016).

참고문헌

김유선. 2016. 「비정규직 규모와 실태: 통계청, '경제활동인구조사 부가조사'(2016.3) 결과」. ≪노동사회≫, 189호, 54~94쪽.

돕, 모리스 H.(Mayrice H. Dobb) 외. 1984. 『자본주의 이행논쟁』. 김대환 편역. 동녘.

마르크스, 칼(Karl Marx). 1991a. 『1844년의 경제학 철학 초고』. 최인호 옮김. 박종철출판사.

_____. 1991b. 『철학의 빈곤』. 『칼 맑스 프리드리히 엥겔스 저작 선집』 제1권. 최인호 외 옮김. 박종철출판사.

_____. 1991c. 「임금노동과 자본」. 『칼 맑스 프리드리히 엥겔스 저작 선집』 제1권. 최인호 외 옮김. 박종철출판사.

_____. 1991d. 「포이어바흐에 관한 테제들」. 『칼 맑스 프리드리히 엥겔스 저작 선집』 제1권. 최인호 외 옮김. 박종철출판사.

_____. 1993a. 「국제노동자협회 임시 규약」. 『칼 맑스 프리드리히 엥겔스 저작 선집』 제1권. 최인호 외 옮김. 박종철출판사.

_____. 1993b. 『임금, 가격, 이윤』. 『칼 맑스 프리드리히 엥겔스 저작 선집』 제3권. 최인호 외 옮김. 박종철출판사.

_____. 1993c. 「국제노동자협회 발기문」. 『칼 맑스 프리드리히 엥겔스 저작 선집』 제3권. 최인호 외 옮김. 박종철출판사.

_____. 1993d. 「임시 중앙평의회 대의원들을 위한 개별 문제들에 대한 지시들」. 『칼 맑스 프리드리히 엥겔스 저작 선집』 제3권. 최인호 외 옮김. 박종철출판사.

_____. 1995. 「고타 강령 초안 비판」. 『칼 마르크스 프리드리히 엥겔스 저작 선집』 제4권. 최인호 외 옮김. 박종철출판사.

_____. 1998. 『정치경제학 비판을 위하여』. 김호균 옮김. 청사.

_____. 2000a. 『정치경제학 비판 요강 I』. 김호균 옮김. 백의.

_____. 2000b. 『정치경제학 비판 요강 III』. 김호균 옮김. 백의.

_____. 2015a. 『자본론』 1권. 김수행 옮김. 비봉출판사.

_____. 2015b. 『자본론』 2권. 프리드리히 엥겔스 엮음. 김수행 옮김. 비봉출판사.

_____. 2015c. 『자본론』 3권. 프리드리히 엥겔스 엮음. 김수행 옮김. 비봉출판사.

마르크스(Karl Marx)·엥겔스(Friedrich Engels). 1990a. 『신성가족』. 편집부 옮김. 도서출판 이웃.

_____. 1990b. 『자본론에 관한 서한집』. 김호균 옮김. 중원문화.

_____. 1991a. 『독일 이데올로기』. 『칼 맑스 프리드리히 엥겔스 저작 선집』 제1권. 최인호 외 옮김. 박종철출판사.

_____. 1991b. 『공산주의당 선언』. 『칼 맑스 프리드리히 엥겔스 저작 선집』 제1권. 최인호 외 옮김. 박종철출판사.

_____. 1991c. 『칼 맑스 프리드리히 엥겔스 저작 선집』. 제1권. 최인호 외 옮김. 박종철출판사.

_____. 1992. 『칼 맑스 프리드리히 엥겔스 저작 선집』 제2권. 최인호 외 옮김. 박종철출판사.

_____. 1993. 『칼 맑스 프리드리히 엥겔스 저작 선집』 제3권. 최인호 외 옮김. 박종철출판사.

_____. 1995. 『칼 맑스 프리드리히 엥겔스 저작 선집』 제4권. 최인호 외 옮김. 박종철출판사.

맥낼리, 데이비드(David McNally). 2011. 『글로벌 슬럼프』. 강수돌·김낙중 옮김. 그린비.

모스트, 요한(Johann Most). 2014. 『자본과 노동: 마르크스의 숨겨진 자본론 입문』. 카를 마르크스 개정·가필. 오타니 데이노스케 일본어판 옮김·주석. 정연소 옮김. 한울.

박승호. 2015. 『좌파 현대자본주의론의 비판적 재구성』(제2판). 한울.

브레너, R.(R. Brenner) 외. 1991. 『농업계급구조와 경제발전: 브레너 논쟁』. 이연규 옮김. 집문당.

소련공산당 중앙위원회 마르크스-레닌주의 연구소. 1989. 『칼 마르크스 전기』. 김라합 옮김. 소나무.

엥겔스, 프리드리히(Friedrich Engels). 1991. 「공산주의의 원칙들」. 『칼 맑스 프리드리히 엥겔스 저작 선집』 제1권. 최인호 외 옮김. 박종철출판사.

우드, 엘린 메익신스(Ellen Meiksins Wood). 2002. 『자본주의의 기원』. 정이근 옮김. 경성대학교출판부.

포스터, 윌리엄 Z.(William Z. Foster). 1986. 『세계노동운동사 I』. 정동철 옮김. 백산서당.

홉스봄, 에릭(Eric Hobsbawm). 1998a. 『혁명의 시대』. 정도영 외 옮김. 한길사.

_____. 1998b. 『자본의 시대』. 정도영 외 옮김. 한길사.

Marx, Karl. 1977. *Le Capital Livre premier*. Paris: Éditions sociales.

_____. 1988. *Das Kapital Erster Band*, MEW 23. Berlin: Dietz Verlag.

_____. 2010a. *Karl Marx March 1843-August 1844*, MECW 3. Lawrence & Wishart Electric Book.

_____. 2010b. *Marx 1861~1864*, MECW 34. Lawrence & Wishart Electric Book.

_____. 2010c. *Capital Volume 1*, MECW 35. Lawrence & Wishart Electric Book.

Postone, M. 1993. *Time, Labour and Social Domination: A Reinterpretation of Marx's Critical Theory*. Cambridge and New York: Cambridge University Press.

찾아보기

지은이 **박승호**

현재 경상대학교와 성공회대학교 정치경제학 강사이다. 서울대학교에서 경제학 박사 학위를 받았다. '전태일을 따르는 민주노동연구소' 소장을 지냈으며, 자본주의 비판과 대안 사회로서 21세기 사회주의에 대해 연구하고 있다. 주요 저서로는 『박정희 체제의 성립과 전개 및 몰락』(공저, 2007), 『좌파 현대자본주의론의 비판적 재구성』(2판, 2015), 『21세기 대공황의 시대』(2015) 등이 있다.

한울아카데미 1945

자본론 함께 읽기

ⓒ 박승호, 2016

지은이 ┃ 박승호
펴낸이 ┃ 김종수
펴낸곳 ┃ 한울엠플러스(주)

편집책임 ┃ 최진희
편집 ┃ 정경윤

초판 1쇄 인쇄 ┃ 2016년 12월 1일
초판 1쇄 발행 ┃ 2016년 12월 15일

주소 ┃ 10881 경기도 파주시 광인사길 153 한울시소빌딩 3층
전화 ┃ 031-955-0655
팩스 ┃ 031-955-0656
홈페이지 ┃ www.hanulmplus.kr
등록번호 ┃ 제406-2015-000143호

Printed in Korea.
ISBN 978-89-460-5945-0 03300(양장)
      978-89-460-6262-7 03300(학생판)

※ 책값은 겉표지에 표시되어 있습니다.
※ 이 책은 강의를 위한 학생용 교재를 따로 준비했습니다.
  강의 교재로 사용하실 때는 본사로 연락해주시기 바랍니다.